DUMBARTON OAKS
MEDIEVAL LIBRARY

Jan M. Ziolkowski, General Editor

HOMILIES

SOPHRONIOS OF JERUSALEM

DOML 64

Homilies

SOPHRONIOS OF JERUSALEM

Edited and Translated by

JOHN M. DUFFY

DUMBARTON OAKS
MEDIEVAL LIBRARY

HARVARD UNIVERSITY PRESS
CAMBRIDGE, MASSACHUSETTS
LONDON, ENGLAND
2020

First Printing

Library of Congress Cataloging-in-Publication Data
Names: Sophronius, Saint, Patriarch of Jerusalem, approximately 560–
    approximately 638, author. | Sophronius, Saint, Patriarch of Jerusalem,
    approximately 560–approximately 638. Sermons. | Sophronius, Saint,
    Patriarch of Jerusalem, approximately 560–approximately 638.
    Sermons. English. | Duffy, John M., editor, translator.
Title: Homilies / Sophronios of Jerusalem ; edited and translated by John
    Duffy.
Other titles: Dumbarton Oaks medieval library ; 64.
Description: Cambridge, Massachusetts : Harvard University Press, 2020. |
    Series: Dumbarton oaks medieval library; DOML 64 | Includes
    bibliographical references and index.
Identifiers: LCCN 2020008230 | ISBN 9780674248588 (cloth)
Subjects: LCSH: Sophronius, Saint, Patriarch of Jerusalem, approximately
    560–approximately 638 — Sermons. | Sermons, Early Christian. | Fasts
    and feasts — Sermons — Early works to 1800.
Classification: LCC BR65 .S65 2020 | DDC 252/.014 — dc23
LC record available at https://lccn.loc.gov/2020008230

Contents

Introduction

This volume presents a revised Greek text and the first English translation of the seven complete homilies that have survived from the pen of Sophronios, the seventh-century patriarch of Jerusalem.[1]

The Author

Sophronios was born sometime in the period 550 to 560 and passed away in late 638 or early 639.[2] He was a native of Damascus and was most likely bilingual in Syriac and Greek. He received a thorough education in Hellenic culture, and the title of "sophist," which he carried for many years, indicates that he was a teacher of Greek rhetoric, a qualification that in all probability he received in his native city. It is more than likely that he was directly acquainted with Syriac hymnography, which will have had an impact on his literary style. While still in his twenties he left Syria and migrated to Palestine, where he spent some time, as a layman, in the monastery of St. Theodosios, not far from Bethlehem. It was there that he encountered the monk John Moschos, the compiler of the *Spiritual Meadow*,[3] and the two went on to develop a special partnership that endured for forty years until the death of Moschos. Early in their relationship the

pair went on a study tour in Egypt, but after about six years they returned to St. Theodosios, where Sophronios received the monastic habit. Over the course of the following decades, the two of them, as younger and older monk (with Moschos in the role of "supervisor"), traveled widely, visiting and residing at monasteries around Palestine and at Mount Sinai. They had a second stay in Egypt during the patriarchate (610–619) of John the Almsgiver, the leader of the minority Melchite, that is, pro-Chalcedonian church in that part of the empire. For some years they acted as that prelate's special theological advisors and, as staunch Orthodox monks, are reputed to have been helpful in winning over numerous Monophysites. In 614 the two friends left the East and went to Rome, where Moschos passed away some five years later.

Sophronios returned to the monastery of St. Theodosios for a period, but he later migrated to Africa in the company of his student Maximos the Confessor.[4] Having made his way back to Palestine once more, he was appointed patriarch of Jerusalem in 634, when he was already eighty years of age or close to it. In that role he was still a vigorous defender of Orthodoxy, as his homilies make abundantly clear, and was a dedicated leader of his Jerusalem flock in the face of the encroaching Arabs. It was he who, in 638, officially surrendered the city to the caliph Omar. He died within a year of the traumatic event.

Sophronios was a sophisticated and versatile author in several genres who seems to have composed prose and poetry with the same ease. His series of odes in the ancient anacreontic meter and his classical epigrams give him a badge of distinction among Greek writers of the late sixth

and early seventh centuries. His prose works extend across the genres of biography, encomium, miracle account, and homily, in addition to a long theologically infused *Synodical Letter,* written following his elevation to the patriarchal throne.[5] The seven surviving sermons were composed for feast days over the course of the Church year. They vary in length, at least in their current form, from a brief eight pages for the feast of Saints Peter and Paul to a rather massive forty-eight pages for the Annunciation. In addition to the evidence from two fragments,[6] it is likely that he delivered other sermons during his patriarchate that have not come down to us.

STYLE AND PROSE RHYTHM

One of the remarkable traits of the patriarch's prose writing is the absolute consistency in style. In fact, from a reading of all his works, one comes away with the conviction that, regardless of genre or subject matter, he was incapable of shifting gears and changing his characteristic way of expressing himself in prose. Even the *Synodical Letter,* centered on matters of faith and combating heresies, shows all of the dramatic flair and literary embellishment found in the other works. He was a consummate artist, and his writings exhibit the whole plethora of rhetorical figures that began in antiquity with the orator Gorgias and expanded over the centuries to a long list, ranging from *anacoluthon* to *zeugma.* This type of Greek prose, sometimes referred to as Asianism (as opposed to Atticism), has always had its detractors as well as supporters. It is no different in the case of Sophronios in modern times, where critics have been divided in their as-

sessment of his merits as a writer. The British Byzantinist Norman Baynes, in a short essay on the *Spiritual Meadow* of Moschos, was inspired to make this comment: "Unlike much hagiographical writing, it [the *Meadow*] is free from tortured rhetoric: it can be read not merely as a painful duty laid upon the historical student, but as a positive pleasure. When one sees what Sophronius, the friend and companion of John Moschus, could make of four lines of a simple statement in the life of St. Anastasius, one can only be grateful that he refrained from rewriting the *Pratum Spirituale*."[7] At the other extreme is the French scholar Edmond Bouvy, who was a great admirer of the patriarch's prose and was much more open to its stylistic qualities. In his monograph on the origins of accentual rhythm in Greek Orthodox hymnography, he singles out a passage from the homily on the Annunciation. It is the section containing Sophronios's recreation of the *chairetismos*, the greeting of the messenger Gabriel to the Virgin Mary. Its rhythmical structure and sculpted artistic refinement moved Bouvy to exclaim, "The *Akathistos* hymn . . . does not contain a *troparion* more lyrical, more harmonious, or more charming than this oratorical passage."[8]

The mention of accentual rhythm brings us to another standout characteristic of the writing of Sophronios, namely his attachment to the so-called *clausula*, that is, to a fixed pattern of stress at the end of each colon or part of the prose period. Also known as the *cursus*, it was long a feature of Greek and Latin literature. Its parameters in Greek were first fully explored by Wilhelm Meyer toward the end of the nineteenth century.[9] "Meyer's Law," as the fruits of his research became known, and as refined later by scholars such

as Paul Maas, may be stated as follows: "Between the last two primary stresses of each sentence part there should be an interval of zero or two or four or six unstressed syllables," that is, zero or an even number of unaccented syllables. It should be immediately pointed out, as most clearly expressed in modern times by Wolfram Hörandner, that certain "secondary" or "helping" words (in particular articles, conjunctions, negative particles, prepositions, and some pronouns) are ambiguous in the matter of stress;[10] normally they are regarded, from the point of view of rhythm, as being stressless or without accent, but it occasionally happens otherwise.

For a simple illustration of the *clausula* in practice we present a few lines from the homily *On the Epiphany* in which, for the ending of each sentence part, the two primary stresses are marked by a macron and the unaccented syllables by a breve: Ταῦτα γὰρ καὶ πᾶς πέφῠκεν ἄνθρωπος | ἐξ Ἀδὰμ φυσικῶς κατᾰγόμενος | καὶ σώζων πρὸς αὐτὸν τὴν συγγένειᾰν | ὡς συμφυὴς υἱὸς καὶ ἀπόγονος· ‖ ταῦτα καὶ ὁ Λόγος τοῦ Θεοῦ καὶ Θεὸς | ὁ τούτων κτίστης γεγένηται, | σῶσαι βουληθεὶς τὸ ἀνθρώπῐνον φῠραμᾰ (Homily 3.4). In addition, if we look at this text again we can see that in every instance, except one (ταῦτα καὶ ὁ Λόγος τοῦ Θεοῦ καὶ Θεὸς), the last primary accent is followed by two unaccented syllables, thereby creating a pattern (– ∪ ∪ – ∪ ∪) that came to be given the nickname "double dactyl" because of the similarity to the poetic metrical unit. The extraordinary fact about Sophronios is that he employed the "double dactyl" rhythm over ninety percent of the time in every one of his prose compositions. It is such a marked feature of his style that it can be used as a real litmus test in deciding for

or against his authorship in disputed cases. Apart from that, it can be extremely helpful for divining problems in the text and in controlling emendations.[11] It does not, however, in any direct way have a bearing on the translation and cannot be mirrored in the English version.

THEOLOGY

In the ninth-century history of Church councils that goes under the title *Synodicon Vetus,* the anonymous author gives a short and sweet characterization of the patriarch, referring to him in the context of the *Synodical Letter* simply as "the honey-tongued champion of the truth" (ὁ μελίγλωσσος τῆς ἀληθείας πρόμαχος), and so endorsing both his writing and his orthodoxy.[12]

The era of the reign of Emperor Heraclius (610–641) saw Byzantine territory repeatedly under attack from without, and most severely on the eastern front, by Persians and Arabs. The fate of Jerusalem is symptomatic of the precarious state of the empire—the city was captured by the Persians in 614 and fell to the Arabs during the tenure of Sophronios in 638. Internally, church and society were rent by the dissensions of warring ecclesiastical factions and splinter groups, who were continuing the doctrinal infighting that dated all the way back to the Council of Chalcedon in 451, centering on the problems concerning the nature and person of Christ. At the heart of the definition of faith issued by the Council of 451 is the statement that Christ's two natures, the human and divine "are united without confusion, change, division or separation . . . in one person and a single

hypostasis."[13] This formulation was aimed mainly at the rival positions of Nestorios and Eutyches, the former known for separating the two united natures, the latter for combining or confusing them into a single nature. The aftermath of that conciliar decree is nicely encapsulated in the title of one of the books of John Meyendorff, *Imperial Unity and Christian Divisions: The Church 450–680 AD,*[14] if one takes "Imperial Unity" here to refer to the various attempts by emperors to patch up the differences between the churches, often by compromise formulas that misfired.

Sophronios was a lifelong supporter of the Council of 451, and his efforts to defend and promote Chalcedonian teaching are well reflected in the sermons he delivered in Jerusalem during his patriarchate. The homily on the Nativity, for example, delivered on Christmas Day in 634, is probably best known these days because of its overt references to the occupation of Bethlehem by the Arabs. But a strict theological vein runs through its central sections, in which Sophronios presents his congregation with a dogmatic lesson on the incarnation of God the Word. He draws on much of the technical language used for the doctrine; he cites by name Pope Leo I and Cyril of Alexandria, two of his heroes as staunch supporters of orthodoxy; he argues for the use of the term *Theotokos* (that is, Mother of God) for the Virgin Mary, a title rejected by Nestorios; and he ends the lesson on a ringing Chalcedonian note: "He appointed her Mother of God to bear witness to his ineffable divinity, because He was most truly God and Son of God and of the same nature with the Father, even if He appeared as a man like us to those seeing him, shining forth in the two natures, I mean of divinity

and humanity, in no way divided, remaining one Christ and Son beyond change and confusion and equally beyond separation and division" (Homily 2.15).

The homily on the Baptism of Christ, also known as the Feast of Lights (Τὰ Φῶτα), was delivered on January 6, and like the Nativity sermon it too begins on an impressive note, with repeated evocations of light and illumination that herald the rebirth (ἀναγέννησις) through baptism in water and the Spirit. As Sophronios leads up to his re-creation of the encounter between John the Forerunner (the Baptist) and Christ, he inserts several simple reminders for his listeners of basic Christological and Trinitarian doctrine, as if preparing the way for more concentrated treatment later in the sermon. So, for example, speaking of Christ he comments, "He deigned to be born a man like me having, though incorporeal, assumed flesh which was produced from the blood of a virgin, as well as a rational and invisible soul akin to our souls" (Homily 3.3). Or, in a typically tightly packed sentence about the Word of God, he goes on to nail down the unity and single will of the Trinity: "This is what the Word of God, who is God and Creator of man, has become, having chosen to save the human substance—God the consentient Father's very own work and fashioning—with the agreement of the kindred Spirit, for the will of the blessed Trinity is one, since single also is its essence and divinity, as we believe" (Homily 3.4). Later, following the doctrinal lesson, he launches into an extended frontal attack on the ringleaders of those groups that are identified as the enemies of the true faith. The lineup includes Areios, Eunomios, Makedonios, and of course Nestorios and Eutyches. Each is intro-

duced by a variation on the same sneering rhetorical question: "Where now is the abominable Makedonios?" "Where now is Eutyches the God-hounded?" Each is identified by his heretical position and then roundly refuted for his views, on the evidence of the voice of the Father and the descent of the Holy Spirit, which are witnessed during the Baptism of Christ.

The homily on the Presentation of Jesus in the Temple celebrates the first public appearance of the infant Son of God, forty days after the Nativity, and is used by Sophronios to beat the drum once more on themes that must have become very familiar to his Jerusalem audience: the mystery of the incarnation, the two natures in Christ, his "uncircumscribed" divinity, and the virginity of the Mother of God before and after the birth of her Son. There is also the usual parade of villainous heretics to be refuted, headed once again by Nestorios and Eutyches. But on this occasion the preacher is more combative than usual and takes on even older enemies. Using a text that expounds the words of Saint Paul, "Has not God made foolish the wisdom of the world" (1 Corinthians 1:20), he proceeds to dismantle the great institutions of Greek philosophy: "For this reason, the Academy has ceased activity, the Stoa has fallen silent, the Peripatos lies idle, the Lyceum slumbers, and Athens has been humbled, namely, in order that these places, having rejected God the Creator, not turn God's creations into gods. For they waged war against God and the wisdom of God . . ." (Homily 4.2). Later, and again using the words of Paul as encouragement to defend the mystery of Christ's incarnation, he identifies the main culprits by name, Anaxagoras, Anaxi-

mander, the Pythagoreans, Aristotle, and Plato, all lumped together with delicious sarcasm as "men who expelled themselves from God's wisdom and gorged themselves on empty folly" (Homily 4.4).

The homily on the Annunciation is in every way the most extraordinary of the patriarch's sermons. Its length is twice that of any of the others, and its delivery must have lasted at least an hour and a half. It is a tour de force of both Sophronian rhetoric and Chalcedonian theology, in which all the stops are pulled out for sonorous writing and no holds are barred in attacking the enemies of the Trinity and the incarnation. The opening words are "Εὐαγγέλια," ἀδελφοί, "εὐαγγέλια," καὶ πάλιν ἐρῶ "εὐαγγέλια" ("Glad tidings," brethren, "glad tidings," and again I say, "glad tidings"), and this triple evocation of Gabriel's good news for Mary leads to an extended and dense exposition on the doctrine of the Trinity, which begins with this description, "the blessed Trinity, I mean, the Father, Son and Holy Spirit; which is a triad regarded also as a unit and a unit that proves to be a triad, having its being on the one hand in three hypostases, but on the other hand in one single divinity" (Homily 5.1). The immediate plunge into the topic of the Trinity on the occasion of the feast of the Annunciation is a surprise, but Sophronios quickly assures the faithful that it is appropriate, even when the main subject is the incarnation of one of the three. It is appropriate, he says, as long as the two subjects are not mixed or confused. The mention of "mixed" and "confused" is his signal to launch, once more, into a cleverly worded outburst against Eutyches and his Monophysite followers, which deserves to be quoted in full:

For being sick with the total confusion of the abomi-
nable and mad Eutyches and having supped from the
completely mixed cup, they confound and confuse ev-
erything, mixing the incarnational with the trinitarian,
compounding the trinitarian with the incarnational,
forcing the two natures into one, combining the two
essences into one, expelling from the ranks of their
own dogmas the two separate forms which are div-
inity and humanity, in their wish to allot Christ one
form, one essence, and one nature, in order to prevent
the teachings on the Trinity from remaining pure and
unmixed, and to keep the doctrines on the Incarna-
tion from escaping their Eutychian (or rather "unfor-
tunate")[15] mutation and confusion. But having leaped
into the depths of impiety let them confound them-
selves [φυρέτωσαν ἑαυτοὺς] and become totally con-
fused, and let them be overwhelmed by the waves of
their own impiety. (Homily 5.6)

In the preparation of the text and translation of the homi-
lies of Sophronios, I have been the grateful recipient of vari-
ous kinds of help from the following scholars: Pauline Allen,
André Binggeli, Phil Booth, Fr. Maximos Constas, Chris-
tian Förstel, Daniel Galadza, Panagiotis Manafis, Apostolos
Spanos, and Vessela Valiavitcharska.

My greatest gratitude is reserved for two ideal colleagues,
Alex Alexakis and Alice-Mary Talbot, who have spent many
hours revising and making numerous suggestions for the im-
provement of my work. Richard Greenfield also played a

leading role in the final editing of the volume and deserves my warm thanks. Louis-Patrick St-Pierre, a research fellow at Queen's University, helped review the proofs. I accept full responsibility for any and all errors and infelicities that may have remained undetected by any of the five of us.

The volume itself I happily dedicate to my niece and my nephew, Emily and Gavin Duffy.

NOTES

1 There are two fine modern translations of the homilies of Sophronios, into Italian (Antonino Gallico, *Le Omelie*) and into French (Jeanne de la Ferrière, *Fêtes chrétiennes à Jérusalem*).

2 The best account in English of Moschos and Sophronios until recent times was the classic article by Henry Chadwick, "John Moschus and his Friend Sophronius the Sophist." It has been largely superseded by the much broader and impressive study of Phil Booth, *Crisis of Empire*. For issues of theology, the book of Christoph von Schönborn, *Sophrone de Jérusalem*, is still of the highest value.

3 The *Spiritual Meadow* (also known by its Greek titles, *Leimon/Λειμών* or *Leimonarion/Λειμωνάριον*) is a collection of edifying tales and anecdotes mostly about the lives and deeds of monks and hermits. It was very popular as spiritual reading throughout the Orthodox world and was translated in Latin, Arabic, and Church Slavonic.

4 Maximos, born in 580, was a distinguished theologian and author. Like Sophronios, he was a strenuous defender of Orthodoxy, and his fight against the influential Monothelete heresy led to his exile for a number of years as a result of his religious views.

5 Pauline Allen has produced a first-rate English version of this document, along with an important introduction, *Sophronius of Jerusalem and Seventh-Century Heresy: The Synodical Letter and Other Documents* (Oxford, 2009).

6 Some segments from a sermon on the Feast of the Circumcision have survived as an extract in a Sinai manuscript. See John Duffy, "New Fragments of Sophronius of Jerusalem and Aristo of Pella?" in *Bibel, Byzanz und*

christlicher Orient: Festschrift für Stephen Gerö zum 65. Geburtstag, ed. Dmitrij Bumaznov, Emmanouela Grypeou, Timothy B. Sailors, and Alexander Toepel, Orientalia Lovaniensia Analecta 187 (Louvain, 2011), 15–28. In the PG (87.3:3364) there is a fragment from an encomium on John the Evangelist; it was translated into Italian by Antonino Gallico at the end of his volume *Le Omelie.*

7 Baynes, "The *Pratum Spirituale*," 404.

8 *Poètes et Mélodes: Étude sur les Origines du Rythme tonique dans l'Hymnographie de l'Église grecque* (Nîmes, 1886), 198–99: "l'hymne ἀκάθιστος n'a pas de tropaire plus lyrique, plus harmonieux, plus entraînant que cette période oratoire."

9 *Der accentuirte Satzschluss in der griechischen Prosa vom IV. bis XVI. Jahrhundert* (Göttingen, 1891).

10 Wolfram Hörandner, *Der Prosarhythmus in der rhetorischen Literatur der Byzantiner* (Vienna, 1981).

11 See also John Duffy, "The Homilies of Sophronius of Jerusalem: Issues of Prose Rhythm, Manuscript Evidence, and Emendation," in *Ars Edendi: Lecture Series,* ed. Eva Odelman and Denis M. Searby (Stockholm University, 2014), vol. 3, 49–69. It is appropriate to mention at this place that Theodore Nissen used the rhythm of Sophronios as an important criterion when he suggested a series of improvements for the text of the homilies (without consulting any of the manuscript evidence) in *Byzantinische Zeitschrift* 39 (1939): 89–115, under the title "Sophronios Studien II."

12 John Duffy and John Parker, eds., *Synodicon Vetus: Text, Translation and Notes,* Dumbarton Oaks Texts (Washington, D.C., 1979). The description of Sophronios appears in chapter 131.

13 *ACO* 2, 1, 129.

14 John Meyendorff, *Imperial Unity and Christian Divisions: The Church 450–680 AD* (Crestwood, N.Y., 1989).

15 Sophronios is playing on the name of Eutyches, which comes directly from the Greek adjective εὐτυχής, "fortunate."

HOMILIES

Σωφρονίου ἀρχιεπισκόπου Ἱεροσολύμων· Λόγος εἰς τὴν Ὕψωσιν τοῦ τιμίου Σταυροῦ, καὶ εἰς τὴν ἁγίαν Ἀνάστασιν

Σταυροῦ πανήγυρις, καὶ τίς οὐ σκιρτήσειεν; Ἀναστάσεως κήρυξις, καὶ τίς οὐ γελάσειεν; Ὁ μὲν γὰρ ἐν τόπῳ Κρανίου παγεὶς καὶ τὸν Δεσπότην προσηλωμένον ἔχων τῆς κτίσεως τὸ καθ᾽ ἡμῶν χειρόγραφον ἔρρηξε, καὶ δεσμῶν ἁμαρτίας ἡμᾶς ἠλευθέρωσεν—ὅπερ Ἀδὰμ ἡμῶν ὁ προπάτωρ ὑπέγραψε, παραβὰς τοῦ Θεοῦ τὰ ἐντάλματα—καὶ σὺν θυμηδίᾳ σκιρτᾶν παρεσκεύασεν, ὡς ἐκ δεσμῶν ἀνειμένα μοσχάρια. Ἔνθα γὰρ ἡ ἁμαρτία ἐπλεόνασεν, ἡ χάρις τοῦ Θεοῦ ἐπερίσσευσεν. Ἡ δὲ θανάτου τὴν φθορὰν ἐξωστράκισε, καὶ τοῦ Ἅιδου τὸν ζόφον ἀπήλασε, καὶ τοὺς τεθνεῶτας τῶν τάφων ἀνέστησε, καὶ προσώπου παντὸς (προφητικῶς εἰπεῖν) πᾶν ἀπήλειψε δάκρυον, καὶ τὴν χάριν τὴν ἀληθῶς ἀδιάδοχον ἀνθρώπῳ παντὶ προσκεχάρισται. Οὐ γὰρ μερικὸν τὸ τῆς Ἀναστάσεως δώρημα, οὐδ᾽ εἰς ὀλίγους τινὰς ἡ ταύτης ἐδείχθη κατόρθωσις. Θεὸς γὰρ ἁπάσης ὑπῆρχε τῆς κτίσεως, ὁ ἀνθρωπείᾳ σαρκὶ τὴν ταφὴν ἐν

Homily 1

Sophronios, Archbishop of Jerusalem: Homily on the Exaltation of the Revered Cross and on the Holy Resurrection

It is the feast of the Cross: who will not leap for joy? The Resurrection is proclaimed: who will not be filled with happiness? For the Cross, fixed in the ground on Golgotha with the Lord of creation nailed to it, wiped out *the debt against us* and freed us from the bonds of sin—that debt incurred by our forefather Adam, when he disobeyed God's commands—and it made us *leap* with delight, *like little calves let loose from their tethers.* For where *sin increased, the grace* of God *abounded all the more.* And as for the Resurrection, it banished death and its corruption, it cast out Hades with its gloom, it raised the dead from their tombs, *it wiped away* (as the prophet says) *all tears from every face,* and on every living person it bestowed the grace that truly lasts forever. You see, the gift of the Resurrection was not restricted nor was its achievement evident only to a certain few. For He who entombed himself (or rather performed the Resurrection)

3

αὐτῇ ποιησάμενος, μᾶλλον δὲ τὴν Ἀνάστασιν, καὶ πάσῃ παρέσχεν ἀνθρωπείᾳ σαρκὶ τὴν Ἀνάστασιν, ὃς μερικὰς οὐκ οἶδε παρασχέσθαι <τὰς> χάριτας, οὐδὲ προσωποληψία τις παρ' αὐτῷ πολιτεύεται. Πάντων γὰρ Θεὸς ἀληθὴς γνωριζόμενος, εἰς πάντας ἀνθρώπους τῆς σωτηρίας ἐκτείνει τὸ χάρισμα, εἰκόνος τῆς ἰδίας φειδόμενος, καὶ ταύτην ἀνανεῶν τελεώτατα, ἐπεὶ καὶ πᾶς ἐπίγειος ἄνθρωπος ἐν εἰκόνι Θεοῦ πεπλαστούργηται.

2 Σταυροῦ προῆλθε μνημόσυνα, καὶ τίς ἀνθρώπων ἑαυτὸν οὐ σταυρώσειε; Τοῦτον γὰρ οἶδε προσκυνητὴν γνησιώτατον, τὸν ἑαυτὸν τῷ κόσμῳ σταυρώσαντα, καὶ ἑαυτὸν δεικνύντα τοῖς πράγμασιν, ὡς Σταυροῦ φίλος πεφώραται γνήσιος. Ἀναστάσεως τὰ ἐγκαίνια, καὶ τίς πιστὸς οὐκ ἀνακαινισθήσεται, πᾶσαν παθῶν ἀπωσάμενος νέκρωσιν, καὶ ἀφθαρσίαν ψυχῆς ἐνδυσάμενος; Ἄλλος γὰρ ψυχῆς διορίζεται θάνατος, καὶ ἄλλος τοῦ περὶ αὐτὴν γινώσκεται σώματος. Ἐκεῖνον μὲν γὰρ <ἡ> ἁμαρτία κυΐσκει τὸν θάνατον, ὡς ὁ ταύτης τῆς καθέδρας ἀρχηγὸς καὶ ἡγούμενος, ὁ ἀδελφόθεος Ἰάκωβος γέγραφε· τοῦτον δὲ ἡ τῶν στοιχείων γεννᾷν ἀνάλυσις πέφυκεν, ἐξ ὧν οὐσιωδῶς καὶ συνέστηκε. Ναὶ μὴν καὶ ἡ τῆς ἀθανάτου ψυχῆς ἀναχώρησις (κἂν ἰατρῶν παισὶ μὴ δοκῇ, τοῖς μόνα θεραπεύειν ἐπαγγελλομένοις τὰ σώματα), ἐπειδὴ τῷ ἀνθρώπῳ τῆς θείας ἐντολῆς παρακούσαντι, τοῦτ' αὐτὸ πρὸς τοῦ Κτίσαντος, σαφὲς ἐπιτίμιον δέδοτο. Σταυρὸς εἰς ὕψος ἐπαίρεται, καὶ τίς ἀπὸ γῆς μυστικῶς οὐκ ἀρθήσεται; Ἔνθα γὰρ ὁ Λυτρωτὴς ὑπεραίρεται, ἐκεῖ καὶ ὁ λυτρωθεὶς φοιτᾷ καὶ διάλλεται, ποθῶν ἀεὶ συνεῖναι τῷ σώσαντι, καὶ τὴν ἀπ' αὐτοῦ τρυγᾷν οὐ

in a human body was the God of all creation, and He who knows not how to bestow the gift of grace in a partial way and in whom respect of persons finds no place, made the Resurrection available for all human flesh. Being recognized as the true God of all, He extends the gift of salvation to all human beings, caring for his own image and renewing it to the fullest degree, since every earthly person has been fashioned in the image of God.

The commemoration of the Cross is upon us, so who will 2 not crucify himself? For God knows that the truest worshipper is *the one who has crucified himself to the world* and shows by his actions that he is a proven and genuine friend of the Cross. It is the feast of the dedication of the church of the Resurrection, so what believer will not be *renewed,* throwing off completely the death of the passions and *putting on the incorruption* of the soul? For the death of the soul is one thing, and that of its surrounding body is another. It is *sin* that produces the former *death,* as James the brother of God, the first bishop and leader of this see, has written. The latter comes about through the dissolution of the elements that constitute the substance of the body. And indeed, the departure of the immortal soul (even if medical doctors, who profess to treat only the body, do not accept it) has been meted out by the Creator to mankind as a clear punishment for disobeying the divine command. The Cross is raised on high, so who will not be mystically borne aloft from the earth? For where the Redeemer is exalted, to that place too the redeemed springs up to go, yearning always to be in the presence of his Savior and to reap from him the

φθειρομένην ἀντίληψιν. Σήμερον ἡ Ἀνάστασις πρόεισι, καὶ φαιδρύνει τῇ προόδῳ τὰ σύμπαντα, αὔριον ὁ Σταυρὸς ἐμφανίζεται, καὶ τοῖς προσκυνηταῖς τὰ δῶρα παρέχεται· σήμερον ἡ Ἀνάστασις ἥπλωται, καὶ αὔριον ὁ Σταυρὸς ὑπερίπταται, ἡ μὲν τὴν φθορὰν στηλιτεύουσα, ὁ δὲ τῶν δαιμόνων τὰς φάλαγγας, ἡ μὲν δι᾽ ἑαυτῆς προκηρύττουσα, ὡς ἀληθῶς τεθανάτωται θάνατος, ὁ δὲ διαγγέλλων τοῖς ἅπασιν, ὡς πᾶσα κακουργία δαιμόνων κατήργηται, καὶ ὡς πᾶσα αὐτῶν ἐκνενέκρωται μιαρὰ καὶ ψυχοφθόρος ἐνέργεια.

3   Καὶ ὢ τοῦ θαύματος, καὶ τί εἰπεῖν ἀπορῶ τὸ μυστήριον· πάλαι μὲν γὰρ τῆς Ἀναστάσεως ὁ Σταυρὸς προηγήσατο, ἄρτι δὲ ἡγεμόνα καὶ πρόδρομον ὁ Σταυρὸς τὴν Ἀνάστασιν κέκτηται. Ὦ τῆς θαυμαστῆς ἀνταμείψεως· ὁρῶ γὰρ κἀνθάδε τοῦ Σωτῆρος τὸ λόγιον ἀναφανδὸν ἐπ᾽ αὐτοῖς ἐκπληρούμενον—ἰδοὺ γὰρ οἱ ἔσχατοι γεγόνασι πρώτιστοι, καὶ τοὔμπαλιν οἱ πρῶτοι πεφήνασιν ἔσχατοι. Καὶ τίς ἄρα φάναι δυνήσεται τουτωνὶ τῶν ἀμοιβῶν καὶ ἀλλαγμάτων τὸ αἴτιον; Οὐ γὰρ δρόμοις τισὶ τὰ πράγματα χρώμενα, ἡ μὲν προπεπήδηκεν, ὁ δὲ ὡς βραδὺς ἐφυστέρησε. Τί γὰρ μὴ ὡς καὶ πρότερον, ὁ μὲν θεῖος Σταυρὸς προανατείλας ἐξήστραψεν, ἡ δὲ φωτοφόρος Ἀνάστασις μετ᾽ ἐκεῖνον τριήμερος ἔλαμπε; Καὶ τί μὲν συνειδότες ἡμῶν οἱ γεννήτορες, τούτων τὴν ἀμοιβὴν ἐποιήσαντο, λέγειν ἀναμφιβόλως οὐκ ἔχομεν. Οἰόμεθα δὲ καὶ στοχαζόμεθα, τοὺς ἐκ τῶν περάτων ἀφικνουμένους πρὸς τὴν αὐτῶν ζωηφόρον προσκύνησιν τῆς ὑστερήσεως καὶ τῆς προπορεύσεως εἶναι τὸ αἴτιον, ὅπως πρότερον οὗτοι τῆς σεπτῆς Ἀναστάσεως τὴν

support that never fades. Today the Resurrection issues forth and in its procession makes all things splendid; tomorrow the Cross will appear and will bestow its gifts on those who worship it. Today the Resurrection is revealed and tomorrow the Cross will soar aloft, the first disparaging the corruption of the body, the second denouncing the troops of demons; the first proclaiming through itself that death is truly dead, the second announcing to everyone that all the wickedness of demons has been reduced to naught and that every foul and soul-destroying activity of theirs has been rendered fully ineffective.

O the marvel! I am at a loss to explain the mystery. For originally the Cross preceded the Resurrection, but now the Resurrection leads the way and goes before the Cross. O the wonderful change of places! Here I can see the word of the Savior clearly fulfilled by these two feasts—*for the last have become the first and the first turn out to be the last.* And who can give the reason for this change and transfer of position? For it is not that these events were in some kind of race, and the Resurrection sprang ahead, while the Cross was left behind because it was slower. Why has not the divine Cross, as in former times, risen first and blazed forth, with the light-filled Resurrection shining out three days after it? Now, on the basis of what knowledge our forefathers made this change, we are not able to say beyond a doubt. But we suppose and we guess that the reason why the one was put first and the other later is on account of those who travel from very distant parts to offer life-giving worship to both. That is to say, in order that, having first celebrated the bright and joyous feast of the sacred Resurrection, and immediately

περιχαρῆ καὶ λαμπρὰν ἑορτὴν ἑορτάσαντες, μετὰ δὲ ταύ-
την εὐθὺς Σταυροῦ τὴν μακαρίαν ὕψωσιν βλέποντες, ἐφό-
διον καλὸν καὶ σωτήριον τὴν αὐτοῦ πανσθενεστάτην συμ-
πόρευσιν ἔχοιεν, ἐν ὁδοιπορίαις συνθέουσαν, ἐν πελάγει
συμπλέουσαν, καὶ τὴν πανταχοῦ σωτηρίαν βραβεύουσαν,
καὶ ἐκ πάντων ἐναντίων φυλάττουσαν, καὶ αὐτοῖς ἡμῖν
δεικνῦσαν τοῖς πράγμασιν, ὡς πάντα τῆς οἰκουμένης τὰ
πέρατα ἡ παναλκεστάτη τοῦ Σταυροῦ περιείληφε δύναμις,
καὶ ὡς τὰ πάντα πληροῖ, καὶ ἀκόπως πανταχοῦ παραγίνε-
ται, τῶν δυσχερῶν τοὺς πιστοὺς διασῴζουσα, καὶ σωτη-
ρίαν τοῖς εὐσεβοῦσι πυρσεύουσα, καὶ τὰ πάντων ἐχθρῶν
καταργοῦσα βουλεύματα.

4   Τάχα δέ τις καὶ ἕτερος λόγος ἔνεστι κρύφιος, ὃν ἴσασι
καὶ ἐπίστανται οἱ πάλαι γεγονότες ταυτησὶ τῆς ἐκκλησίας
διδάσκαλοι, ὃν ἡμεῖς οἱ ἐλάχιστοι μὴ εἰδέναι τὰ νῦν σαφῶς
ὁμολογεῖν οὐκ αἰδούμεθα. Δοίη δὲ ὁ Θεὸς καὶ τούτου τὴν
εἴδησιν, ὡς ἀραρότως πιστεύομεν διὰ μόνην ἡμῶν τῶν
πιστοτάτων ὠφέλειαν.

5   Τί τοίνυν τούτων ἡμῖν τῶν μακαρίων ἑορτῶν ὑψηλότε-
ρον; Τί τούτων ἡμῖν τῶν ἱερῶν πανηγύρεων ἐν τοῖς οὖσίν
ἐστιν ἱερώτερον; Ἢ πῶς οὐ χαρησόμεθα καὶ σκιρτήσομεν,
τούτων τὰς ἑορτὰς ἑορτάζοντες; Ἀναστάσεως ἔλλαμψις,
καὶ Σταυροῦ δᾳδοῦχος προσκύνησις—ταῦτα ἡμῶν τῆς
πάσης σωτηρίας τὰ τρόπαια, ταῦτα ἡμᾶς θανάτου καὶ
παθῶν λυτρωσάμενα, καὶ τῆς τῶν δαιμόνων κακίστης
λυμάνσεως πρὸς τὸν Δεσπότην ἡμῶν ἐπανήγαγε, τὰ κατ-
ηφῆ καὶ σκυθρωπὰ κατευνάσαντα, καὶ τῶν χαροποιῶν
ἡμῖν τὴν αὐγὴν ἐκπετάσαντα. Ἢ οὐ ζωῆς ἡμῖν ἡ ζωοτόκος

after this seeing the blessed exaltation of the Cross, they might have the all-powerful company of the Cross as a good and salutary resource to travel with them over land and sail with them on the sea, dispensing safety to them in all situations and protecting them from all adversaries. And by these very actions the exaltation of the Cross provides evidence to us that its almighty power has extended to all the limits of the inhabited world, that it fills all things and reaches all places without effort, rescuing the faithful from their difficulties, signaling salvation like a beacon to the true believers, and bringing to naught the plans of every enemy.

Now, it could well be that there is also another, hidden 4 reason, one which the earlier teachers of this church knew and believed, but which we in our great lowliness are not ashamed to admit that we do not clearly understand at this time. May God grant knowledge of this as well, because we firmly believe that it will be for the sole benefit of us, his most faithful followers.

What, then, for us is more sublime than these two blessed 5 feasts? What is more holy for us in the world than these two sacred festivals? How will we not rejoice and leap for joy when we celebrate the feasts of those events? The illumination of the Resurrection, the torch-bearing worship of the Cross—these are the signs that our full salvation has been accomplished; these are what have redeemed us from death, the passions, and the most evil destructiveness of demons, and have led us back again to our Master, having mitigated the gloom and despondency, and having extended to us the light of things that bring us joy. Does not the life-bearing

Ἀνάστασις δωρεῖται τῆς ἀθανάτου τὴν εἴσοδον; Ἢ οὐ πα-
θῶν ἡμῖν ἀπολύτρωσιν ἐγγεννᾷ καὶ ὁ Σταυρὸς ἀνυψούμε-
νος; Καὶ γὰρ ἀληθῶς ταῦτα τῆς πρὸς Θεὸν οἰκειώσεως
πάλιν ἡμᾶς μετόχους ἀνέδειξε, δι' ἣν καὶ γεγέννηται καὶ
πᾶσιν ἡμῖν τοῖς ἐπὶ γῆς ἀνατέταλκε.

6   Τούτων τοιγαροῦν τὴν μυστικὴν γινώσκοντες δύναμιν,
καὶ ὅσον ἡμᾶς εὐηργέτησε, καὶ ὧνπερ ἡμῖν ταῦτα γεγένη-
ται πρόξενα, οὕτως αὐτὰ καλῶς καὶ εὐσεβῶς ἑορτάσωμεν,
ὡς αὐτὰ τιμώμενα βούλεται, μὴ κοίταις καὶ ἀσελγείαις (ἃ
τῶν ἐθνικῶν ἑορτῶν ὑπῆρχε τὰ σύμβολα), μὴ ἔριδι καὶ
ζήλῳ, μὴ ἁρπαγαῖς καὶ ἀδικίαις, καὶ τῶν λοιπῶν <ὧν> σιγῶ
τὸν κατάλογον. Τολμῶ γὰρ εἰπεῖν, ἀδελφοὶ γνησιώτατοι—
καὶ τῆς αὐτῆς ἡμῶν πίστεως σύγκληροι, καὶ γονὰς τὰς
αὐτὰς πνευματικὰς συμπλουτήσαντες—ὡς τὸν οὕτως αὐτὰ
ἑορτάζειν ἐθέλοντα, οὐ μόνον οὐχ ὁρᾷ, οὐ προσίεται, ἀλλὰ
καὶ ἀποστρέφεται καὶ βδελύττεται, ὡς ἀπρεπῶς αὐτοῖς πο-
λιτευόμενον, καὶ τὰ μισητὰ πάμπαν αὐτοῖς ἐργαζόμενον.
Διὸ παρακαλῶ καὶ προτρέπομαι, ταῦτα μισεῖν καὶ ἐκτρέ-
πεσθαι, ἅπερ ἡμῶν μισεῖ τὰ σεβάσμια, κἀκεῖνα φιλεῖν καὶ
ἐργάζεσθαι, ἅπερ ἀρέσκειν αὐτοῖς ἐπιστάμεθα. Ἀρέσκειν
δὲ καὶ τέρπειν ἐπίσταται, ὅσα πρὸς σωτηρίαν ἐπανάγει τὸν
πράττοντα, καὶ ὅσα πρὸς ζωὴν ὁδηγεῖ τὴν αἰώνιον. Ἢ οὐ
ζωὴν ἡμῖν μὴ τελευτῶσαν δεδώρηται, καὶ φῶς ἡμῖν οὐ
δυόμενον ἤστραψε, Χριστόθεν ἀνθρώποις ἐκλάμψαντα;
Οὐκοῦν ἀμείψωμεν καὶ ἡμεῖς τὰ ἑαυτῶν πολιτεύματα, καὶ
τὴν προτέραν ἀναστροφὴν ἀπωσάμενοι, ὡς βλαβερὰν καὶ
ὀλέθριον, ἐν καινότητι ζωῆς εὐδρομήσωμεν. Ἢ οὐ ζωῆς

Resurrection gift us with entrance to life immortal? Does not the exalted Cross provide us with redemption from the passions? For in truth these two have restored our fellowship with God, which was the reason why He was born and appeared for every one of us on earth.

So knowing, then, the mystical power of these events, 6 how much they have helped us and what boons they have produced for us, let us celebrate them in ways that are becoming and pious, as they themselves wish to be honored, that is, *not in debauchery and licentiousness* (which are the marks of pagan festivals), *not in quarreling and jealousy,* not in robbery and criminal acts and the long list of the rest I will not mention. For I dare say, most true brothers—you fellows of our common faith and sharers in the richness of the same spiritual birth—that when a person is willing to celebrate the two feasts in such a fashion, not only do they not look at him and accept him, but they reject and are disgusted by him, as one who behaves improperly toward them and performs actions that are entirely abhorrent to them. So, I ask you and urge you to hate and turn away from those activities that our sacred events hate, and to embrace and pursue those that we know are pleasing to them. The actions that can afford them pleasure and joy are the ones that bring the doer to salvation and lead him to life eternal. For have they not given us the gift of a life that does not die, have they not blazed on us a light that never fades, as they shine upon humankind from Christ? Therefore, let us also change our conduct and let us, having rejected our former way of life as harmful and destructive, run a good course *in*

ἡμῖν ἡ Ἀνάστασις δωρεῖται τὴν κλήρωσιν; Ἢ οὐ τὸν πα-
λαιὸν ἡμῶν ὁ Σταυρὸς ἀνεσταύρωσεν ἄνθρωπον;

7   Εἰ οὖν τὴν Ἀνάστασιν σέβομεν, καὶ ταύτης τὴν ἑορτὴν
ἑορτάζομεν, καὶ καινοτέραν ζωὴν ἀγαπήσωμεν, δι' ἧς οὐκ
ἐσόμεθα φίλοι μόνῳ τῷ στόματι, ἀλλὰ καὶ μύσται αὐτῆς
οἰκειότατοι. Εἰ δὲ καὶ τὸν Σταυρὸν ἀσπαζόμεθα, τί μὴ καὶ
τὰ πάθη συσταυροῦμεν τοῖς μέλεσιν, ἵνα Παύλῳ καὶ ἡμεῖς
συμβοήσωμεν, "Χριστῷ συνεσταύρωμαι, ζῶ δὲ οὐκέτι ἐγώ,
ζῇ δὲ ἐν ἐμοὶ Χριστός"; Εἰ οὖν ἐν τούτοις ζῆν ὁ Χριστὸς
ἐπαγγέλλεται, ἐν τοῖς ἑαυτοὺς τῷ κόσμῳ σταυρώσασι, καὶ
τὰ ἐπίγεια μέλη νεκρώσασιν, ὡς Παῦλος βοᾷ καὶ μαρτύρε-
ται, τί μὴ τὰ αὐτὰ καὶ ἡμεῖς ἐργαζόμεθα, καὶ μέλος ἅπαν
νεκροῦμεν ἐπίγειον, πάθος, ἐπιθυμίαν κακήν, καὶ τούτων
τὴν λοιπὴν συναρίθμησιν, ἵνα καὶ ζήσῃ ἐν ἡμῖν ὁ Χριστός,
καὶ ζωὴν τὴν ἀγήρω δωρήσηται; Οὐκοῦν τὴν μετὰ πάντων
εἰρήνην διώκωμεν, καὶ τὸν ἁγιασμὸν σὺν αὐτῇ πορισώ-
μεθα· τούτων γὰρ χωρὶς οὐκ ἄν ποτέ τις τὸν Κύριον ὄψεται,
ὡς Παῦλος πάλιν ἡμῖν μεμαρτύρηκε. Καὶ διὰ τοῦτο τάχα
καὶ εἰρήνη Χριστὸς καταγγέλλεται· "Αὐτὸς γάρ ἐστι," φη-
σίν, "ἡ εἰρήνη ἡμῶν" καὶ "ἁγιασμὸς" προσωνόμασται—
εἰρήνη μὲν ὡς εἰρηναίαν κομίσας ὁμόνοιαν, ἑνώσας τε τοῖς
ἐπὶ γῆς τὰ οὐράνια, καὶ ἐκκλησίαν μίαν ἄμφω τευξάμενος·
ἁγιασμὸς δὲ καὶ ἀπολύτρωσις (πρὸς γὰρ τοῖς προτέροις καὶ
τοῦτο κηρύττεται), ὡς Λυτρωτὴς ἡμῶν τῶν αἰχμαλώτων
γενόμενος, καὶ οὐ μόνον ἡμᾶς δαιμόνων καὶ παθῶν λυ-
τρωσάμενος, ἀλλὰ καὶ ἁγιασμὸν ἡμῖν ἐμφυτεύσας τὸν
ἔνθεον.

newness of life. Does the Resurrection not grant us the allotment of life? Has not the Cross crucified *the old man* in us?

So if we revere the Resurrection and celebrate its feast, 7 then let us greet a newer life with affection, and through that life we will become its friends not just in word, but also its most intimate devotees. And if we also embrace the Cross, why do we not also crucify the passions as well, along with our bodily members, so that with Paul we too may proclaim aloud, "*I have been crucified with Christ; it is no longer I who live, but Christ who lives in me*"? And if Christ announces that He lives in those who have crucified themselves to the world and have put to death their earthly members, as Paul proclaims and bears witness, why do we too not act accordingly and put to death every earthly member, *passion, evil desire,* and the whole catalog of those things, in order that Christ may live in us and grant us the gift of ageless life? Let us, then, strive for peace with all men and produce sanctity along with it; for *without* these no one *will* ever *see the Lord,* as Paul has again testified to us. And it is for this reason no doubt that Christ is proclaimed to be peace; "*for He is our peace,*" Paul says, and He is called as well "*sanctification*" — peace, on the one hand, as having brought the peace of concord, having forged a unity between heaven and earth, and having fashioned one church from both; and, on the other hand, *sanctification and redemption* (for He is proclaimed this too along with the other names), as having become our Redeemer from bondage, and not only delivering us from demons and passions, but in addition implanting in us the divine sanctification.

8 Ἅπερ, εἰ φωνῆς τῆς ἐμῆς ἐπακούσητε, πάσῃ σπουδῇ καὶ προθέσει διώκωμεν, καὶ κτώμεθα καὶ ἁρπάζωμεν, καὶ Χριστῷ δι' αὐτῶν συναπτώμεθα τὴν καλὴν ἀληθῶς καὶ μακαρίαν συνάφειαν. Τὸν γὰρ οὕτω πρὸς αὐτὸν ἀφικνούμενον οὐ μὴ ἐκβάλῃ ἔξω τῆς αὐτοῦ ἀγαθότητος καὶ μακαριότητος (ἄπαγε). Σπεύσωμεν οὖν ταυτηνὶ πρὸς αὐτὸν τὴν συμφωνίαν κτήσασθαι, ἧς οὐκ ἔνεστί τι προτιμότερον, καὶ τὸ ζῆν δὲ Χριστὸν ἐν ἡμῖν ἐξωνήσασθαι δράμωμεν, οὗπερ οὐδέν ἐστι κραταιότερον, ἵνα τοῦτον τὸν πλοῦτον κτησάμενοι, καὶ βασιλείας οὐρανῶν ἀπολαύσωμεν, καὶ ζωὴν τὴν αἰώνιον εὕρωμεν, ἐν αὐτῷ Χριστῷ τῷ Θεῷ, καὶ Σωτῆρι ἡμῶν, μεθ' οὗ τῷ Πατρὶ δόξα, σὺν ἁγίῳ Πνεύματι, νῦν καὶ ἀεὶ καὶ εἰς τοὺς αἰῶνας τῶν αἰώνων. Ἀμήν.

Now, if you heed my words, let us with all zeal and full 8
intention pursue, reach, and seize upon these goals, and
through them let us realize the truly beautiful and blessed
union with Christ. For He will surely never cast away from
his goodness and blessedness (perish the thought!) the one
who reaches him in this way. Let us, therefore, hasten to
achieve with him that very unison, than which naught can
be more precious, and let us run to purchase Christ's living
in us, than which nothing is more powerful, in order that by
procuring that treasure for ourselves we may also enjoy the
kingdom of heaven and find eternal life in Christ God him-
self our Savior, with whom be glory to the Father along with
the Holy Spirit now and forever and for the ages. Amen.

2

Τοῦ ἁγίου Σωφρονίου ἀρχιεπισκόπου
Ἱεροσολύμων εἰς τὰ θεῖα τοῦ
Σωτῆρος γενέθλια ἐν ἁγίᾳ Κυριακῇ
καταντήσαντα καὶ εἰς τὴν τῶν
Σαρακηνῶν ἀταξίαν τε
καὶ φθαρτικὴν ἐπανάστασιν

Φαιδρὰν τὴν παροῦσαν ἡμέραν ὁρῶ καὶ ὑπέρλαμπρον
καὶ διπλοῖς ἡμᾶς καταυγάζουσαν κάλλεσι καὶ λαμπρότησι
διτταῖς καὶ φαιδρότησι λάμπουσαν, οὐχ ὡς ἡλίων δύο
διπλὸν ἡμῖν ὑποφαίνουσαν καὶ οὕτω διπλαῖς περιαστρά-
πτουσαν χάρισιν, ἀλλ᾽ ἕνα τῆς δικαιοσύνης τὸν ἥλιον φέ-
ρουσαν, διπλῶς ἡμῖν τοῖς ἐπὶ γῆς ἀνατέλλοντα καὶ διττὰς
ἡμῖν τὰς μαρμαρυγὰς παρεχόμενον καὶ ὁμοίως διττὰς τὰς
πνευματικὰς εὐφροσύνας ἐντίκτοντα—τοῦτο μὲν παρθενι-
κῆς ἐκ νηδύος γεννώμενον καὶ ἔνθεον χαρὰν τοῖς ἐπὶ γῆς
χαριζόμενον, τοῦτο δὲ ἐκ τῶν Ἅιδου μυχῶν ἀνιστάμενον,
τὸν ἀμειδῆ νεκρώσαντα Θάνατον καὶ πάντας αὐτοῦ τοὺς
νεκροὺς ἀφελόμενον καὶ ἄφθαρτον ζωὴν καὶ ἀθάνατον
τοῖς ἐπιγείοις ἡμῖν πρυτανεύοντα.

2   Εἰς ταὐτὸν γὰρ συνῆλθον ἀμφότερα κατ᾽ ἐκεῖνό που τὸ
ἐν Ψαλμοῖς μελῳδούμενον· *"Ελεος καὶ ἀλήθεια συνήντη-*
σαν, δικαιοσύνη καὶ εἰρήνη κατεφίλησαν, ἀλήθεια ἐκ τῆς γῆς

Homily 2

Saint Sophronios, Archbishop of Jerusalem, on the Divine Birthday of the Savior Falling on a Holy Sunday and on the Disorder and Destructive Insurrection of the Saracens

I see this sparkling and brilliant day shining down on us with a double beauty, and lighting us with twofold illumination and brightness, not dawning twice for us on account of two suns and in that way dazzling us with twofold blessings, but bringing us the single *sun of righteousness,* rising twice for us on earth, producing a double radiance and likewise bringing to life in us two times the spiritual joy — on the one hand, being born from the virgin womb and giving freely a godly joy to those on earth, and on the other, rising from *the recesses of Hades* after eliminating gloomy Death, depriving him of all his dead, and providing for us mortals life eternal and undying.

For the two of them came together at the same time, according to what is sung in the Psalms, "*Mercy and truth came together, righteousness and peace embraced, truth rose up from the*   2

ἀνέτειλεν, καὶ δικαιοσύνη ἐκ τοῦ οὐρανοῦ διέκυψεν· καὶ γὰρ ὁ Κύριος δώσει χρηστότητα καὶ ἡ γῆ ἡμῶν δώσει τὸν καρπὸν αὐτῆς." Καὶ γέννησις γὰρ ἐν ταύτῳ Χριστοῦ καὶ ἀνάστασις ἔφθασεν· καὶ κυρία γὰρ αὕτη τῶν ἡμερῶν κατοπτεύεται, ὡς τὸν Κύριον αὐτὸν ἐκ νεκρῶν ἀνιστάμενον ἔχουσα, καὶ τῷ αὐτοῦ τοκετῷ πλουτεῖ τὰ Γενέθλια, ὧν οὐδὲν οὔτε ἰδεῖν ὑπάρχει λαμπρότερον οὔτε διανοίας ὀφθαλμοῖς θεωρῆσαι φαιδρότερον. Τί γὰρ ἂν εἴη Θεοῦ θειοτάτης γεννήσεως περιλαμπέστερόν τε καὶ φανότερον; Ἢ τί ἄν τις ἐνθυμούμενος φήσειε Θεοῦ θείας ἐκ νεκρῶν ἀναστάσεως περιαυγέστερόν τε καὶ φαιδρότερον; Φῶς γάρ ἐστιν ἀληθινὸν ἐξ ἀληθινοῦ φωτὸς ἀϊδίως τε καὶ ἀμερίστως γεννηθέν, τὸ διπλῶς ἡμῖν ἀνατεῖλαν ἐκ γεννήσεώς τε καὶ ἐγέρσεως, καὶ διπλᾶς ἡμῖν τὰς σωτηρίους αὐγὰς δωρησάμενον· ἑκατέρα γὰρ σωτηρίου χαρᾶς ἀναπέπλησται, ὅθεν καὶ χαρμόσυνοι φωναὶ καὶ ἑόρτιοι τὰς παρούσας ἡμῖν ὑποθέσεις λαμπρύνουσι καὶ διπλῶς τοὺς πιστοὺς ἑορτάζειν ἐνάγονται.

3   Τῇ μὲν γάρ, ἡ τεκοῦσα Παρθένος πυνθάνεται τοῦ ἀγγέλου πρὸς αὐτὴν δικαιότατα λέγοντος· "Χαῖρε κεχαριτωμένη, ὁ Κύριος μετὰ σοῦ," ὡς τῆς τῇ Εὔᾳ δοθείσης κατάρας λαβούσης ἀπόλυσιν· ἀλλὰ καὶ οἱ ἀγραυλοῦντες τότε ποιμένες καὶ τὰς νυκτερινὰς φυλακὰς τεκταινόμενοι ἀγγέλου τοῦ ταῦτα πρὸς αὐτοὺς μηνύοντος ἤκουον· "Ἰδοὺ εὐαγγελίζομαι ὑμῖν χαρὰν μεγάλην, ἥτις ἔσται παντὶ τῷ λαῷ, ὅτι ἐτέχθη ὑμῖν σήμερον Σωτήρ, ὅς ἐστιν Χριστὸς Κύριος ἐν πόλει Δαβίδ," δι' οὗ καὶ σεσώσμεθα καὶ τῆς δουλείας τὸν ζυγὸν ἀπωσάμενοι υἱοθεσίας δωρεὰν ἐδεξάμεθα. Τῇ δέ, τὰ

earth and righteousness looked out from the heaven; for the Lord will grant what is good and our land will yield its fruit." Indeed, Christ's birth and resurrection occurred on the same day. And this day is regarded as the lord of days, being the day on which the Lord himself arose from the dead, and through his birth this day of the Nativity is enriched. It is not possible to witness anything more brilliant or for the mind's eye to contemplate anything brighter than these events. For what could be more radiant and splendid than the most divine birth of God? Or what could one think of and declare that is more shining and luminous than the divine resurrection of God from the dead? For He is *true light* from true light, born eternally and undivided, doubly dawning for us at birth and at resurrection, and giving us the gift of twofold saving lights; for each of these events is filled with saving joy, so that joyful and festive voices adorn both occasions for us here today and doubly incite the faithful to celebrate.

In the one event, the Nativity, the Virgin with child is in- 3 formed by the angel who addresses her most rightfully with these words, *"Hail, O favored one, the Lord is with you,"* since the curse imposed on Eve has been terminated. As well as this, the shepherds *in the fields* at that time, who were keeping *night watch,* heard an angel announcing the following to them, *"Behold, I bring you good news of great joy, which will be for all the people; for today in the city of David there has been born for you a Savior who is Christ the Lord."* It is through him that we too have been saved and, having put off the yoke of slavery, we have received the gift of sonship. In the other event,

λαμπρότατα γύναια, αἱ Χριστοῦ τοῦ Σωτῆρος μαθήτριαι, αὐτοῦ τοῦ Χριστοῦ βοῶντος ἀκούουσιν "Χαίρετε," τοῦ τῆς χαρᾶς αἰτίου τοῖς πᾶσιν ὑπάρχοντος, ὡς τεθνεῶτος θανάτου καὶ πτήξαντος—τοῦ τῆς καταδίκης ἡμῶν φοβεροῦ κατακρίματος, καὶ ὅτι κατάρα Νομικὴ καταλέλυται καὶ τὸ τῆς Εὔας ἐπιτίμιον ἔσβεσται, καὶ ὅτι θανάτου τὸ κράτος κατήργηται καὶ ἡ τῶν νεκρῶν ἀνάστασις ἤνθηκε, φθείρειν ἑαυτὴν τὴν θανάτου φθορὰν καταλείψασα.

4   Κἀκεῖ μὲν τὸ "ἐν λύπαις τέξῃ τέκνα" παντοίως ἠφάνισται, τῆς παγκοσμίου χαρᾶς πεποιημένης τὴν γέννησιν, ἐνταῦθα δὲ τὸ "γῆ εἶ καὶ εἰς γῆν ἀπελεύσῃ" τὸ παράπαν ἠχρείωται, τῆς Ζωῆς ἐκ νεκρῶν ἐνδεδειγμένης τὴν ἔγερσιν. Τὸ μὲν γὰρ τῆς Εὔας ἐπιτίμιον τὸ ἐν λύπαις τίκτειν τὰ ἔκγονα, τὸ δὲ τοῦ Ἀδὰμ ὑπῆρχε κατάκρισις, τὸ εἰς γῆν καταπίπτειν καὶ φθείρεσθαι, διὰ τὴν ἀμφοῖν δρασθεῖσαν ἐν Παραδείσῳ παράβασιν. Ἀλλ᾽ ἦλθεν καὶ διὰ γεννήσεως ἡμῖν καὶ ἐγέρσεως πέφηνεν ὁ τούτων ἐλευθερωτὴς καὶ λυτρωτὴς δυνατώτατος. Οὐδὲν γὰρ ἂν εἴη Θεοῦ δυνατώτερον· "Κύριος" γὰρ "θανατοῖ καὶ ζῳογονεῖ, κατάγει εἰς Ἅιδου καὶ ἀνάγει," ὡς γέγραπται, καὶ οὐδὲν ἂν εἴη τὸ ταῖς παντοδυνάμοις αὐτοῦ ῥοπαῖς ἀνθιστάμενον· αἱ χεῖρες γὰρ αὐτοῦ δι᾽ ἁμαρτήματα παίουσιν, καὶ πάλιν ἰῶνται διὰ τὴν πολλὴν ἀγαθότητα.

5   Ἀλλὰ τίς γένωμαι ἢ τί τῶν ὁρωμένων ἄξιον φθέγξωμαι; Ἀπορῶ γὰρ καὶ λόγου καὶ γλώττης καὶ στόματος δυναμένων ἐξειπεῖν τῶν θεοσδότων τούτων ἑορτῶν τὰ θαυμάσια. Ὅθεν ἐν ἀπορίᾳ μεγίστῃ γενόμενος τῶν ἀγγέλων τὸν ὕμνον δανείζομαι, καὶ τοῦτον τῷ τεχθέντι Θεῷ τοκετὸν

the Resurrection, those most illustrious women, the followers of the Savior Christ, hear Christ himself, the cause of joy for everyone, calling out *"Hail and rejoice!"* because death has cowered and met his end—death, the awful punishment of our condemnation; and because the curse of the Law has been broken and the penalty of Eve has been canceled; and because *the power of death has been rendered useless* and the resurrection of the dead has blossomed, having left the corruption of death to suffer its own decay.

In the one, the curse that *"in pain you shall bring forth children"* has been completely wiped out, since it was *the universal joy* who brought about the birth, while in the other, the curse that *"you are dust and to dust you shall return"* has been deprived of all effect, since *the Life* has declared resurrection from the dead. The penalty for Eve, on the one hand, was to bring forth children in pain, while the sentence of Adam was to sink into the earth and perish on account of the transgression committed by both in Paradise. But through the nativity and resurrection there came and appeared to us the most powerful liberator and redeemer from these punishments. Indeed nothing could be more powerful than God, for, as scripture says, *"the Lord kills and brings to life; He brings down to Hades and raises up"*; and nothing could withstand his almighty powers, for his hands strike down on account of sins, but they heal again because of his great goodness. 4

What am I to do, or what can I say that is worthy of these spectacles? The truth is that I am at a loss for words and lack both tongue and mouth capable of proclaiming the wonders of these two God-given feasts. So, finding myself in very great difficulty, I borrow the song of praise of the angels and 5

\<τὸν\> ἀνθρώπινον καὶ ἐκ τάφου καὶ νεκρῶν ἀνατείλαντι σήμερον μεγαλοφώνως βοῶ καὶ διαπρύσιον φθέγγομαι, "Δόξα ἐν ὑψίστοις Θεῷ καὶ ἐπὶ γῆς εἰρήνη, ἐν ἀνθρώποις εὐδοκία," ὅτιπερ ἐξ ὕψους πρὸς τοὺς ταπεινοὺς ἡμᾶς παραγέγονεν, ὑψηλοὺς ἡμᾶς ποιησόμενος καὶ οὐρανίους μᾶλλον ἢ γηίνους δεικνύναι βουλόμενος, ὅτι τε πολεμουμένους ἡμᾶς τὸν ἀόρατον πόλεμον εἰρηναίως διέθηκε καὶ Πατρὶ τῷ οἰκείῳ κατήλλαξεν καὶ εἰρήνη ἡμῶν ἀποδέδεικται ἐν αὐτῷ τὴν ἡμῶν πρὸς Θεὸν τὸν γεννήσαντα θεοπρεπῆ καταλλαγὴν ποιησάμενος, ὅτι τε θείων ἡμᾶς ἀπωτάτω τυγχάνοντας ὄψεων εὐδοκεῖσθαι Θεῷ παρεσκεύασεν καὶ φιλανθρώπῳ παρέσχε κατοπτεύεσθαι βλέμματι, τοῦ φραγμοῦ καθελὼν τὸ μεσότοιχον καὶ ἀνακεκαλυμμένῳ προσώπῳ δεδωκὼς ἡμῖν Θεοῦ καθορᾶν τὴν λαμπρότητα, ὅτι τε νεκρωθέντας ἡμᾶς τοῖς ἡμῶν αὐτῶν παραπτώμασιν καὶ ἑαυτοῖς ἐπισπασαμένους τὸν θάνατον (θάνατον γὰρ ὁ Θεὸς οὐκ ἐποίησεν οὐδ᾿ ἐπ᾿ ἀπωλείᾳ ζώντων ὁ Πανάγαθος τέρπεται) πάλιν ἐζώωσε καὶ τάφου καὶ φθορᾶς ἐξανέστησεν καὶ λέγειν ἡμᾶς ἐγκελεύεται, "Ποῦ σου, θάνατε, τὸ νῖκος; Ποῦ σου, Ἅιδη, τὸ κέντρον;" Ἀμφότερα γὰρ ἤμβλυνε Χριστὸς καὶ ἡμαύρωσε πρὸς τοὺς ταπεινοὺς ἡμᾶς ἀφικόμενος καὶ τοκετὸν ὑπελθὼν τὸν ἡμέτερον καὶ θάνατον τεθνεὼς τὸν ἀνθρώπινον.

6   Καὶ "ὦ βάθος πλούτου καὶ σοφίας" καὶ δυνάμεως, καὶ ὦ τῆς θεϊκῆς ἀληθῶς ἀγαθότητος· καὶ οὐκ ὄντας γὰρ πρότερον ἐκ μὴ ὄντων παρήγαγεν, καὶ πάλιν ἀβούλοις πεσόντας βουλεύμασι καὶ πρὸς θάνατον τὸν ὀλέθριον νεύσαντας πάλιν ἐκ τάφων ἀνέστησε καὶ τὸν κραταιὸν ἡμῶν τε-

this I shout out with strong voice and proclaim loudly to God, born by human birth and risen this day from the tomb and from the dead: "*Glory to God in the highest, peace on earth, goodwill among men*"; because He has come from on high to us humble humans, in order to make us exalted and wishing to render us heavenly rather than earthly; because He has brought peace to us who are fighting the invisible war and has reconciled us to his own Father, and in himself has shown himself to be *our peace,* having arranged a divine reconciliation between us and God his begetter; because He made us, located at the utmost distance from the sight of God, to be well pleasing to God and He saw to it that we are observed by the compassionate eye of God, having torn down *the dividing wall of hostility* and having allowed us to behold with *unveiled face* the splendor of God; because He brought us back to life again, we who had been subjected to death on account of our own transgressions and had drawn death upon ourselves (for *God did not make death,* and the All-Good *does not rejoice in the destruction of the living*), and He raised us up again from tomb and decay, commanding us to ask, "*O death, where is thy victory? O Hades, where is thy sting?*" For Christ blunted and dulled both by his coming to us humble humans undergoing our human birth, and subjecting himself to the death of mortals.

"*O depth of riches and wisdom*" and power. O truly divine 6 goodness! For He produced us from nothing, we who had not before existed, and again, after we had fallen victim to ill-advised advice and descended into ruinous death, He raised us again from the grave; He put to death the death

23

θανάτωκε θάνατον, καὶ πάλιν ἡμῖν τὸ εἶναι κεχάρισται, καὶ τὸ εὖ εἶναι ὡς καὶ πρότερον δέδωκεν· ἀεὶ γὰρ ὡς Θεὸς τοῖς ἐνδεέσι χαρίζεται τὰ ὄντως μεγάλα καὶ θεῖα χαρίσματα. Διὸ καὶ πάλιν βοῶ καὶ εἰς ἀεὶ δὲ ταῖς ἀγγελικαῖς στρατιαῖς συμβοήσομαι, "Δόξα ἐν ὑψίστοις Θεῷ καὶ ἐπὶ γῆς εἰρήνη, ἐν ἀνθρώποις εὐδοκία." Τί γὰρ ἂν ἁρμοδιώτερον ἢ ὡς ἀληθῶς πρεπωδέστερον ἢ τῷ ὄντι λαμπρότερον τὸν τεχθέντα Θεὸν εὐφημεῖν ἐφιέμενοι φήσαιμεν ἢ "Δόξα ἐν ὑψίστοις Θεῷ καὶ ἐπὶ γῆς εἰρήνη, ἐν ἀνθρώποις εὐδοκία;" Θεὸς γὰρ ἐπὶ γῆς, καὶ τίς οὐκ οὐράνιος γενήσεται; Θεὸς ἐκ παρθένου γεννώμενος πρόεισι, καὶ τίς οὐ θεωθήσεται σήμερον, καὶ παρθενίας ἁγνότητα σπεύσειε καὶ σωφροσύνην προθύμως ἀσπάσοιτο, ἵνα Θεοῦ πλησιέστερον γένοιτο; Θεὸς ταπεινοῖς σπαργανοῦται τοῖς ῥάκεσι, καὶ τίς οὐκ εἴ τι ταπεινὸν ἀσπασάμενος Θεοῦ πλουτήσοι θεότητα; Διὰ τοῦτο γὰρ ἀνθρωπίνην πτωχείαν ἐνδύεται, ἵνα θεοὺς ἡμᾶς ἀπεργάσηται χάριτι.

7 Καὶ ταῦτα μελῳδῶν ὁ θεοπάτωρ Δαβὶδ ἐτερέτιζε, προφητικαῖς ἐλλαμπόμενος χάρισι καὶ τοῦ ἐξ αὐτοῦ τεχθησομένου Χριστοῦ προορῶν τὰ δωρήματα καὶ θεϊκὰ σαφῶς κατορθώματα, "Ἐγὼ εἶπα· θεοί ἐστε καὶ υἱοὶ Ὑψίστου πάντες." Θεὸς ἐν ἡμῖν· θεωθῶμεν θείαις μεταβολαῖς καὶ μιμήσεσιν. Ὁ Ὕψιστος ἐπίγειος γέγονεν· ὑψωθῶμεν καὶ ἡμεῖς ταῖς προθέσεσιν καὶ τὴν ὑψηλὴν αὐτοῦ καὶ ὑπερτάτην πληρώσωμεν βούλησιν <καὶ> τῶν τοιούτων θεοσδότων δωρεῶν δεκτικοὺς ἑαυτοὺς ἐργασώμεθα. Θεὸς ἐν φάτνῃ προτίθεται καὶ τοῖς ἀλογωθεῖσιν ἡμῖν καὶ λιμώξασιν εἰς βρῶσιν ἑαυτὸν ἐπιδίδωσιν, καὶ τίς οὐκ ἐντρυφήσοι θεότητι

that held us in its power, and again bestowed on us the gift of life and restored our previous well-being; for always, as God, He gives the truly great and divine gifts to those in need. For this reason, I cry out once more and will forever join the angelic hosts in proclaiming, *"Glory to God in the highest, peace on earth, goodwill among men."* For what could we say, in our desire to praise the newborn God, that would be more fitting or more truly becoming or in reality more splendid than, *"Glory to God in the highest, peace on earth, goodwill among men?"* For God is upon earth, so who will not become heavenly? God proceeds in birth from a virgin, so who this day will be not be deified and strive for the holiness of virginity and eagerly embrace chastity, in order to become closer to God? God is swaddled in humble rags, so who will become rich in the divinity of God by embracing whatever is lowly? For it was with this in mind that He put on the poverty of being human, namely, to make us gods through grace.

And this is what David, the ancestor of God enlightened by the grace of prophecy and foreseeing clearly the gifts and divine deeds of Christ who was destined to be born of his line, was singing in his psalm, *"I say, 'You are gods, and all sons of the Most High.'"* God is among us, so let us by divine transformation and imitation become gods. The Most High is earthbound, so let us for our part be raised up by our good intentions and let us carry out his most lofty and sublime will, and let us make ourselves capable of receiving such God-given gifts. God is before us in the manger and gives himself as food for us who have been turned into hungry brutes; so, who will not delight in divinity, be filled with

καὶ οὐρανίου σοφίας πλησθήσεται καὶ τὴν ἄλογον τρυφὴν ἀποπέμψοιτο, ὡς οὐκ ἀξίαν Θεοῦ πανδαισίας καὶ χάριτος; Ὄντως "*Δόξα ἐν ὑψίστοις Θεῷ καὶ ἐπὶ γῆς εἰρήνη, ἐν ἀνθρώποις εὐδοκία.*" Σκιρτῶ ποιμενικὸν καὶ ἀγάλλομαι τῶν θείων τούτων φωνῶν ἀκροώμενος, καὶ ἐπὶ τὴν θεηδόχον φάτνην ἐλθεῖν κατεπείγομαι, καὶ φθάσαι ποθῶ τὸ οὐράνιον σπήλαιον, καὶ ἰδεῖν τὸ ἐν αὐτῇ φανὲν μυστήριον φλέγομαι, κἀκεῖσε τὴν ὑμνολόγον βοὴν τὸν τεχθέντα θεώμενος φθέγξασθαι, "*Δόξα ἐν ὑψίστοις Θεῷ*" βοῶν "*καὶ ἐπὶ γῆς εἰρήνη, ἐν ἀνθρώποις εὐδοκία.*"

8   Ἀλλὰ καὶ τοὺς Μάγους ζηλῶ τοὺς θεόφρονας, καὶ τούτων τὰ θεοφιλῆ δρομήματα τέθηπα, οἷς οἱ πιστότατοι χρώμενοι ἐπὶ τὴν θεογόνον Βηθλεὲμ παρεγένοντο, Ἡρώδου τὸν θυμὸν οὐ τρομάσαντες, οὐδὲ τὴν παιδοκτόνον ὀρρωδήσαντες μάχαιραν, ἀστέρα δᾳδοῦχον κτησάμενοι, καὶ ποδηγὸν ὑψηλὸν καὶ οὐράνιον πρὸς τὴν ὑψηλὴν πορείαν εὑράμενοι· καὶ τούτοις γενέσθαι σύνδρομος βούλομαι, καὶ δῶρα τῷ τεχθέντι προσφέρειν ὀρέγομαι, καὶ εἰ μὴ χρυσὸν καὶ σμύρναν καὶ λίβανον τοὺς αὐτοῦ νυνὶ δωροφόρους προσάγειν βεβούληται, ὡς αὐτὸς τῶν ὅλων Ποιητὴς γνωριζόμενος καὶ μᾶλλον χορηγῶν τοῖς ἐνδεέσιν ἡμῖν τὰ ἐνδέοντα, καὶ ἀντὶ μὲν χρυσοῦ πίστεως ποθῶν τὴν φαιδρότητα, ἀντὶ δὲ σμύρνης τὴν ἀφθορίαν ἐθέλων ψυχῆς τε καὶ σώματος, οὐ μὴν ἀλλὰ καὶ τοῦ δόγματος καὶ κηρύγματος καὶ τοῦ περὶ τὴν πίστιν ὀρθοδόξου φρονήματος, λίβανον δὲ τὴν εὐωδίαν καὶ εὐοσμίαν τῶν πράξεων λαμβάνειν ἐξ ἡμῶν ὁμειρόμενος, οὐχ ἵνα τι πλουτήσοι ταῦτα δεχόμενος, ἀλλ᾽ ἵνα πλουσιωτέρους ἡμᾶς δι᾽ αὐτῶν

heavenly wisdom, and reject senseless luxury as unworthy of God's banquet and gifts? Truly, *"Glory to God in the highest, peace on earth, goodwill among men."* I leap for joy like the shepherds and rejoice upon hearing these divine strains, I am eager to come to the God-receiving manger, I long to reach the heavenly cave, I yearn to see the mystery that has made its appearance there and, beholding the newborn God in it, to shout out the hymn of praise, *"Glory to God in the highest, peace on earth, goodwill among men."*

And I also envy the godly-minded Magi, I am amazed at their God-loving travels, full of faith, to arrive at God-bearing Bethlehem; they did not quake before the wrath of Herod nor did they fear his infanticidal sword, having a star to light the way and using it as a lofty and heavenly guide for their sublime journey. I want to join these men in their journey and I yearn to offer gifts to the newborn, even if He does not wish the gift givers of today to bring gold, myrrh, and frankincense, because He is the recognized Creator of all and it is rather He who supplies us in our need with the things we lack. Instead of gold He desires the brilliance of faith, instead of myrrh He wishes for purity of soul and body, and indeed also of dogma and belief and of correct thinking in matters of faith, while in place of frankincense He desires to receive from us actions that are fragrant and sweet smelling, not with a view to become enriched in any way by receiving these, but in order that He might make us richer

ἀπεργάσαιτο. Τί γάρ ἐστι τῶν ὑψηλῶν καὶ οὐρανίων κτημάτων καὶ λαμπρῶν κατορθώσεων, οὗ μὴ Θεὸς θησαυρός ἐστιν καὶ πηγὴ καὶ ἀμέτρητον πέλαγος, καὶ οὐ ταῦτά γε μόνον, ἀλλὰ καὶ δοτὴρ τοῖς αὐτῶν ἐνδεέσιν ἡμῖν πλουσιόδωρος;

9 Ἀλλὰ Μάγοι μὲν καὶ ποιμένες οἱ ἔνθεοι ἐπὶ τὴν θεηδόχον Βηθλεὲμ πορευέσθωσαν, καὶ σύνδρομον τὸν ἀστέρα καὶ συνοδοιπόρον ἐχέτωσαν, καὶ τὸ ὑπὲρ θαῦμα θαῦμα θεάσθωσαν, καὶ θεωροῦντες τὸ θαῦμα θαμβείσθωσαν, καὶ τὴν ἀγγελικὴν χορείαν ᾀδέτωσαν, καὶ τὴν μαγικὴν καρποφορίαν δωροφορείτωσαν, "Δόξα ἐν ὑψίστοις Θεῷ καὶ ἐπὶ γῆς εἰρήνη, ἐν ἀνθρώποις εὐδοκία" φθεγγόμενοι, μηδὲν δεδιττόμενοι, μηδὲν εὐλαβούμενοι, μὴ φόβον κωλυτὴν ἐνθυμούμενοι, ἢ εἰς νοῦν τὴν Ἡρώδου μανίαν λαμβάνοντες, ἀλλὰ τῶν θεϊκῶν ἐπιθυμιῶν ἐμφορούμενοι, καὶ τὸ βρέφος ἐσπαργανωμένον καὶ κείμενον ἐν φάτνῃ τῇ θεοφόρῳ θεώμενοι, ὅπερ ἐστὶν Σωτὴρ τῶν ὅλων καὶ Κύριος καὶ Θεὸς ἀληθῶς ἀνερμήνευτος, κἂν εἰ σαρκὸς προκαλύμματι δι' ἡμᾶς τοὺς σαρκικοὺς ὑπεκρύπτετο, μὴ δυναμένους ὁρᾶν καθαρὰν αὐτοῦ καὶ γυμνὴν τὴν θεότητα σαρκὸς ἀνθρωπείας καὶ σώματος.

10 Ἡμεῖς δὲ δι' ἁμαρτίας ἀπείρους καὶ παγχάλεπα πταίσματα ἀνάξιοι τούτων τῆς θέας γενόμενοι, ἐκεῖσε παρεῖναι τοῖς δρόμοις εἰργόμεθα, καὶ ἄκοντες καὶ μὴ βουλόμενοι οἴκοι μένειν ἀναγκαζόμεθα, οὐ δεσμοῖς σωματικοῖς συσφιγγόμενοι, ἀλλὰ φόβῳ Σαρακηνικῷ συνδεσμούμενοι, καὶ τῆς τοιαύτης οὐρανίου χαρμοσύνης κωλυόμενοι, καὶ λύπῃ λοιπὸν κυματούμενοι ἀξίᾳ τῆς οὐκ

through them. For of what lofty and heavenly possessions and of what splendid deeds is God not a treasure house, a spring and an immense sea? And not only this, but He is also the one who richly bestows these things on us who need them.

But let the godly Magi and shepherds proceed to God- 9 receiving Bethlehem, let them be accompanied by the star, their fellow traveler, let them behold the wonder beyond wonder, and as they look upon the wonder let them be wonder struck, let them sing out the song of the angels and let the offerings of the Magi be presented while they proclaim, *"Glory to God in the highest, peace on earth, goodwill among men."* Let them do this frightened of nothing, worrying about nothing, keeping obstructive fear from their minds, and not giving a thought to the rage of Herod, but with minds filled with divine yearnings as they look upon the infant swaddled and lying in the God-bearing manger, the infant who is Savior of all and Lord and truly God beyond explanation, even if hidden behind a covering of flesh on account of us creatures of flesh, who are not capable of seeing his divinity clear of and not covered by the flesh of a human body.

We, however, due to countless sins and most grievous 10 lapses, being unworthy to witness these things, are prevented from traveling there and we are forced entirely against our wishes to stay at home, restricted not by physical shackles but held captive by fear of the Saracens, kept apart from such great heavenly rejoicing and overwhelmed by a sorrow to match our wretchedness, a wretchedness that

ἀξίας ἀγαθῶν ἡμῶν ἀθλιότητος. Εἰ γάρ, εἰ γὰρ τούτων
ἐτυγχάνομεν ἄξιοι, πάντως ἂν κατὰ τοὺς τόπους γενόμε-
νοι, ἐγγύθεν ὄντας, οὐκ ἄπωθεν, σὺν ποιμέσιν καὶ ἡμεῖς
ἐσκιρτήσαμεν καὶ σὺν Μάγοις τὰ δῶρα τῷ Θεῷ προσ-
ηγάγομεν, ὑμνολογοῦντες σὺν ἀγγέλοις καὶ λέγοντες,
"Δόξα ἐν ὑψίστοις Θεῷ καὶ ἐπὶ γῆς εἰρήνη, ἐν ἀνθρώποις
εὐδοκία."

11   Ἀλλὰ μὴν τὰς τοιαύτας φωνὰς κἀνθάδε φθεγγόμεθα,
τὴν φάτνην δὲ καθορᾶν καὶ τὸ σπήλαιον, τὰ ὄντως ὑψηλὰ
καὶ οὐράνια, καὶ ἐν αὐτοῖς τὸν οὐρανοῦ καὶ γῆς Βασιλεύ-
οντα, ὡς οὐκ ἄξιοι τῆς θέας κρατούμεθα, κἀκεῖνον ἀληθῶς
τὸν γενάρχην ἡμῶν Ἀδὰμ καὶ προπάτορα, ἐξόριστον τοῦ
Παραδείσου γενόμενον, ἐλεεινῶς ἐν τούτῳ μιμούμεθα
παθόντες αὐτῷ παραπλήσια, ἢ κἀκείνου μείζονα καὶ λύπης
ἀνάπλεα πλείονος, δι' ἁμαρτίας οἰκείας καὶ σφάλματα,
ἅπερ ἐκ γνώμης μοχθηρᾶς εἰργασάμεθα. Ὥσπερ γὰρ
ἐκεῖνος τῆς ἐν Παραδείσῳ τρυφῆς γενόμενος ἔξοικος, καὶ
τῆς τηλικαύτης ἀπολαύσεως ἔκβλητος, ἑώρα μὲν τοῖς
ὀφθαλμοῖς τὸν Παράδεισον—ἀπ' ἐναντίας γὰρ τούτου
κατῴκιστο—εἰς αὐτὸν δὲ πάλιν εἰσελθεῖν οὐκ ἠδύνατο, τὴν
φλογίνην τε καὶ στρεφομένην ῥομφαίαν θεώμενος, καὶ τοῦ
Παραδείσου τηροῦσαν τὴν εἴσοδον, καὶ τῆς τοσαύτης
αὐτὸν ἀποστεροῦσαν ἐφέσεως, δι' ἥνπερ τετολμήκει παρά-
βασιν, οὕτως καὶ ἡμεῖς καθεστήκαμεν σήμερον, τῇ θεη-
δόχῳ Βηθλεὲμ γειτονεύοντες, καὶ εἰς αὐτὴν δραμεῖν χαλι-
νούμενοι, οὐ στρεφομένην ῥομφαίαν καὶ διάφλογον
βλέποντες, ἀλλὰ Σαρακηνικὴν καὶ θηριώδη καὶ βάρβα-
ρον, καὶ πάσης ὄντως διαβολικῆς ὠμότητος γέμουσαν,

is not worthy of good things. For if only, if only we had been worthy of those things, once arrived in those places which are not far but close to us, we would surely have jumped for joy along with the shepherds and offered our gifts to God along with the Magi, singing these words along with the angels, "*Glory to God in the highest, peace on earth, goodwill among men.*"

But while we proclaim these words also here, we are kept II from looking upon the manger and the cave, those truly sublime and heavenly entities, and upon the King of heaven and earth in them, being unworthy of the sight; in this we are pitiable imitators of Adam, our veritable first ancestor and forefather, when he was expelled from Paradise; what we have suffered on account of the sins and errors which we have committed because of our wicked will is very similar to or even worse and more sorrowful than his plight. Now Adam, exiled from the pleasure in Paradise and removed from such great enjoyment, while he was able to see it with his eyes—*his abode was facing it*—was not allowed to reenter Paradise, having within his view the *fiery* and *turning sword* guarding the entrance and keeping him apart from the object of great desire, as a result of the transgression he had boldly perpetrated. And we today are in a similar state. We are very close to God-receiving Bethlehem, but are restrained from going there; it is not a burning and *turning sword* that we see, but a Saracen one, wild, barbarous and full of truly diabolical savagery, which with frightening flash and

ἥτις φοβερὸν ἀπαστράπτουσα καὶ φονικὸν ἀπολάμπουσα, ἐξορίστους ἡμᾶς τῆς μακαρίας ἐκείνης τίθησιν ὄψεως, καὶ οἴκαδε μένειν ἡμᾶς διατάττεται, καὶ πρόσω χωρεῖν οὐκ ἀφίησιν.

12 Καὶ στρέφεται μὲν κατ᾽ ἐκείνην που τοῦ Παραδείσου τὴν φύλακα, εἴπερ ἡμεῖς ἐθελήσαιμεν, καὶ γίνεται γαληνιαία καὶ ἥμερος, καθὰ μέχρι χθὲς διεφαίνετο, εἴπερ ἡμεῖς ἐπιστρέφοιμεν καὶ τὸν τεχθέντα Θεὸν δι᾽ ἔργων ἀγαθῶν ἐκζητήσοιμεν· σβεσθήσεται γὰρ τῆς οἰκείας φλογώσεως, εἴπερ τῆς ἁμαρτίας τὴν φλόγα μετανοίᾳ καὶ ἡμεῖς κατασβέσοιμεν, καὶ τὸν τεχθέντα Θεὸν δι᾽ ἡμᾶς καθ᾽ ἡμᾶς θεραπεύσοιμεν, τῶν λυπεῖν εἰωθότων ἔργων αὐτὸν τὴν μεταβολὴν ἐνδειξάμενοι. Πῶς γὰρ αὐτῷ καὶ προσέλθοιμεν ἀφθορίαν ψυχῆς οὐ κομίζοντες, καὶ ἁγνείαν οὐ κατέχοντες σώματος; Ἢ πῶς αὐτῷ προσπελάσοιμεν εὐοσμίαν οὐκ ἔχοντες πράξεων, τὴν ἡδύνειν αὐτὸν καὶ εὐφραίνειν γινώσκουσαν; Τὸ γὰρ δυσῶδες τῶν πράξεων λίαν ἐστὶν αὐτῷ ἐχθρωδέστατον.

13 Δέδοικα δὲ καὶ τρόμῳ μεγίστῳ πιέζομαι, μὴ καὶ πίστιν ὀρθόδοξον ἔχοντες καὶ κατ᾽ αὐτὴν φανῶμεν σφαλλόμενοι, μόνην ἀφέντες αὐτὴν ἀγελάζεσθαι καὶ τῆς συζυγίας αὐτὴν διϊστῶντες τῶν πράξεων, καὶ τῶν ἔργων τῶν καλῶν ὀρφανίζοντες. Εἰ γὰρ νεκροῦται πίστις κατὰ Ἰάκωβον τὸν θεάδελφον, τὸν ταύτης ποιμένα τῆς ποίμνης γενόμενον, τῆς εὐπραξίας τῶν εὐωδῶν ἔργων χηρεύουσα, πῶς ἡμεῖς εὐδρομήσοιμεν τὴν πίστιν οὐ πτεροῦντες ταῖς πράξεσι, καὶ τὰ νῶτα τῆς ἀγαθοεργίας ἐλαφροτάτῳ πτερῷ καθοπλίζοντες; Διὸ παρακαλῶ, ποθεινότατοι, τῇ πίστει τὰς πράξεις

murderous flame makes us exiles from that blessed sight, decrees that we stay at home, and forbids us to advance toward it.

But this sword, like the one guarding Paradise, may be 12 turned and changed, if we so wish, and may become tame and peaceful, just as it was until recently, if we ourselves turn and change and seek out the newborn God through good deeds; its fire will be quenched, if we as well by means of repentance put out the flame of sin and serve God who has gone through a birth like ours on our behalf, by demonstrating a change in those actions of ours that are wont to cause him grief. For how will we approach him without bringing with us purity of soul and possessing holiness of body? Or how will we come close to him without that fragrance of good deeds that is able to afford him pleasure and happiness, since the thing most hateful to him is the stench of foul deeds?

I am deeply afraid and all atremble lest we, though ortho- 13 dox believers, should appear to fail the faith, abandoning her to flock on her own, separating her from her union with deeds, and bereaving her of good works. For if, according to James the brother of God and former shepherd of this flock, faith dies when it is deprived of the performance of fragrant good deeds, how will we complete the good course, if we do not by means of good actions supply our faith with wings, furnishing its back with the very nimble wings of beneficence? And that is why, dearest brethren, I make the plea that we join good works to our faith and never divorce her

HOMILIES

συνάψωμεν, καὶ μηδαμῶς τῶν συζύγων ἔργων αὐτὴν ἀθετήσωμεν, ἵνα, ὥσπερ τῇ πίστει κραταιοὶ καθεστήκαμεν, καὶ οὐδαμῶς Θεοῦ χάριτι ταύτῃ βεβλάμμεθα, οὕτω καὶ ἔργοις ἀγαθοῖς κραταιώμεθα, καὶ Χριστὸν αὐτὸν τὸν ἔργοις ἀεὶ τοῖς καλοῖς ἐφηδόμενον, πίστει καὶ ἔργοις εὐφραίνωμεν, καὶ τὴν αὐτοῦ φιλανθρωποτάτην πλουτῶμεν εὐμένειαν.

14   Αὐτὸς γάρ ἐστιν ὁ διαρρήδην εἰπὼν καὶ σαφῶς ἡμῖν ὁρισάμενος, ὡς "Οὐ πᾶς ὁ λέγων μοι 'Κύριε, Κύριε' εἰσελεύσεται εἰς τὴν βασιλείαν τῶν οὐρανῶν, ἀλλ' ὁ ποιῶν τὸ θέλημα τοῦ Πατρός μου τοῦ ἐν τοῖς οὐρανοῖς," καὶ "Ἐὰν ἀγαπᾶτέ με, τὰς ἐντολὰς τὰς ἐμὰς τηρήσατε," καὶ "Ὑμεῖς φίλοι μού ἐστε, ἐὰν ποιῆτε ὅσα ἐγὼ ἐντέλλομαι ὑμῖν." Εἰ οὖν τὸ Πατρικὸν αὐτοῦ θέλημα πράξοιμεν, πίστιν ἀληθῆ καὶ ὀρθόδοξον ἔχοντες, καὶ τὴν Ἰσμαηλιτικὴν ῥομφαίαν ἀμβλύναιμεν, καὶ τὴν Σαρακηνικὴν ἀποστρέψοιμεν μάχαιραν, καὶ τόξον τὸ Ἀγαρικὸν κατεάξοιμεν, καὶ τὴν ἱερὰν Βηθλεὲμ οὐκ εἰς μακρὰν θεασοίμεθα, καὶ τὰ ἐν αὐτῇ κατοπτεύσοιμεν θαύματα, καὶ τὸν θαυματουργὸν αὐτὸν Χριστὸν εἰσαθρήσαιμεν, καὶ σὺν ἀγγέλοις αὐτῷ τὴν ὑμνῳδίαν βοήσαιμεν, "Δόξα ἐν ὑψίστοις Θεῷ καὶ ἐπὶ γῆς εἰρήνη, ἐν ἀνθρώποις εὐδοκία," μεγαλοφωνότατα κράζοντες καὶ εὐπρόσδεκτοι αὐτῷ χρηματίζοντες.

15   Ἢ οὐ δι' ἡμᾶς Θεὸς Λόγος ὑπάρχων ἀΐδιος, καὶ ἐξ ἀϊδίου Πατρὸς ἔχων τὴν γέννησιν, παρθένου μήτραν ἀμόλυντον ᾤκησε καὶ σὰρξ ἐν αὐτῇ κατὰ ἀλήθειαν γέγονε, σάρκα προσλαβὼν ἐξ αὐτῆς τὴν ἀμίαντον—οὐ προπλασθεῖσαν πρὸ τῆς πρὸς αὐτὸν ἀτρέπτου συνθέσεως, ἀλλ'

34

from the deeds to which she is wed in order that, just as we have stood strong in our faith and have never by God's grace been harmed in her, in the same way we may be strengthened by good works, we may by our faith and deeds bring joy to Christ himself who is ever gladdened by good works, and we may be rich in his most loving goodwill toward man.

For He himself has expressly said to us and ordained   14
clearly that *"Not everyone who says to me, 'Lord, Lord,' will enter the kingdom of heaven, but he who does the will of my Father who is in heaven will enter,"* and, *"If you love me, you will keep my commandments,"* and, *"You are my friends, if you do what I command you."* If, therefore, we carry out the will of the Father, keeping the true and orthodox faith, then we will blunt the Ishmaelite sword, we will turn back the Saracen dagger, we will break in pieces the Hagarene bow, we will see before long the sacred city of Bethlehem, we will behold the wonders in it, we will gaze upon the wonder-worker himself, Christ, and along with the angels we will sing the hymn of praise to him, *"Glory to God in the highest, peace on earth, goodwill among men,"* shouting it out at the top of our voices and making ourselves acceptable to him.

Did not God, Word eternal and born from the eternal Fa-   15
ther, for our sake inhabit the spotless womb of the Virgin, become truly flesh in her, taking the undefiled flesh from her—flesh whose formation did not take place before the immutable union in him, but came into existence at the

35

ἅμα τῇ τοῦ Λόγου συλλήψει λαχοῦσαν τὴν ὕπαρξιν, ὡς
σύνδρομον αὐτῆς ὁρᾶσθαι καὶ σύγχρονον τῇ συνθέσει
τὴν σύστασιν, ἣν καὶ ζωῆς λογικῆς ἐψύχωσεν πνεύματι
καὶ ἑαυτῷ καθ' ὑπόστασιν ἥνωσεν, ὡς Λέων ἡμᾶς ὁ
δᾳδοῦχος διδάσκει τῆς πίστεως, καὶ Κύριλλος ὁ σοφώτα-
τος, ὁ μέγας παιδευτὴς τοῦ κηρύγματος, παιδαγωγεῖ
λαμπρῶς πρὸς εὐσέβειαν; Ὁ γὰρ ἐν πᾶσιν ἡμῖν Χριστὸς
δι' ἡμᾶς ὁμοιούμενος, καὶ ἄσπορον ἔσχε τὴν σύλληψιν οὐ
δεηθεῖσαν ἀνδρὸς πρὸς συνέργειαν, καὶ ἐμπεριγράφου
κυοφορίας ἠνέσχετο, καὶ ἀνθρωπίνως ὡς φιλάνθρωπος
τίκτεται, καὶ παρθένον φυλάττει τὴν τίκτουσαν, εἰς δεῖγμα
καὶ γνώρισμα μέγιστον τῆς αὐτοῦ παντοδυνάμου θεότη-
τος, καὶ Θεοτόκον αὐτὴν ἀναδείκνυσι μαρτυροῦσαν αὐτοῦ
τῇ ἀφράστῳ θεότητι, ὡς ἦν Θεὸς ἀληθέστατα καὶ Θεοῦ
Υἱὸς καὶ συμφυὴς τῷ Γεννήτορι, κἂν εἰ ἄνθρωπος καθ'
ἡμᾶς τοῖς ὁρῶσιν αὐτὸν διεφαίνετο, διτταῖς ἐναστράπτων
ταῖς φύσεσιν, θεότητος, φημί, καὶ ἀνθρωπότητος, μη-
δαμῶς διαιρούμενος καὶ μένων εἷς Χριστὸς καὶ Υἱὸς ἔξω
τροπῆς καὶ συγχύσεως, ὡσαύτως δὲ καὶ τομῆς καὶ διαιρέ-
σεως.

16   Ἢ οὐ δι' ἡμᾶς πλούσιος ὢν καὶ πάντων ἀνημμένος τὸ
κράτος, καὶ σὺν αὐτῇ τῇ βασιλείᾳ τὴν ἡμετέραν πτωχείαν
ἐπτώχευσεν, ἵνα ἡμεῖς οἱ πενέστατοι τὸν ἄρρευστον αὐτοῦ
πλοῦτον πλουτήσωμεν καὶ βασιλείαν τὴν αὐτοῦ βασι-
λεύσωμεν; Ἢ οὐκ ἄκτιστος ὢν καὶ οὐ τοῦτό γε μόνον,
ἀλλὰ καὶ Ποιητὴς καὶ Κτίστης πάσης ὑπάρχων τῆς
κτίσεως, ἐν κτίσμασι τελεῖν κατεδέξατο, ἵν' ἡμᾶς κοινω-
νοὺς αὐτοῦ τῆς ἀκτίστου ποιήσοιτο φύσεως; Ἢ οὐκ ἄυλος

moment of the conception of the Word, so that its subsistence is seen to be parallel and synchronous with the union, flesh that He ensouled with the spirit of rational life and united with himself hypostatically, as Leo the torchbearer of the faith instructs us and the most learned Cyril, the great teacher of the doctrine, educates us brilliantly in the interest of correct belief? For Christ, becoming like us in all respects for our sake, was conceived without seed and without a man's involvement; He endured the confinement of pregnancy and was born in human fashion because of his love for man; He preserved the virginity of his Mother as the greatest demonstration and proof of his all-powerful divinity, and He appointed her Mother of God to bear witness to his ineffable divinity, because He was most truly God and Son of God and of the same nature with the Father, even if He appeared as a man like us to those seeing him, shining forth in the two natures, I mean of divinity and humanity, in no way divided, remaining one Christ and Son beyond change and confusion and equally beyond separation and division.

And did He not for our sake, though *rich* and invested 16 with power over everything, take on our poverty along with the kingship itself, in order that we, who are so very poor, might become rich in his imperishable riches and rule with his sovereignty? And did He not, though being uncreated and, what is more, being Maker and Creator of all creation, accept to be counted among creatures, in order to share with us his uncreated nature? And did He not, though being

ὢν καὶ ἀσώματος, σῶμα γενέσθαι καὶ σὰρξ κατηξίωσεν, ἵνα σωμάτων ἡμᾶς καὶ σαρκῶν τουτωνὶ τῶν φθαρτῶν ἐργάσοιτο κρείττονας, ἐνδύσας ἡμῶν ἀφθαρσίαν τὰ σώματα, καὶ ἀθανασίαν ἡμῶν ταῖς σαρξὶ χαρισάμενος; Ἢ οὐκ ἀπερίγραπτος ὢν τῇ θεότητι περιγραφὴν σαρκὸς ᾠκειώσατο, ἵνα ἡμῖν τῆς ἀπεριγράφου αὐτοῦ βασιλείας ἀνοίξῃ τὴν εἴσοδον; Ἢ οὐκ ἀναμάρτητος ὢν καὶ ἁγνὸς καὶ ἀμόλυντος (ἁμαρτίαν γὰρ οὐκ ἐποίησεν οὐδὲ εὑρέθη δόλος ἐν τῷ στόματι αὐτοῦ) ἁμαρτίᾳ δι᾽ ἡμᾶς προσλελόγισται καὶ ἐν ὁμοιώματι σαρκὸς ἁμαρτίας λελόχευται, καὶ τὸν μὴ γνόντα ἁμαρτίαν ὁ ἀναμάρτητος Πατὴρ δι᾽ ἡμᾶς ἁμαρτίαν πεποίηκεν, ἵνα ἐν ἀναμαρτήτῳ σαρκὶ τῆς ἁμαρτίας δεδρακὼς τὴν κατάκρισιν, τοὺς ἁμαρτωλοὺς ἡμᾶς ἁμαρτημάτων καθαροὺς ἀποδείξειεν;

17   Ἢ οὐχ Υἱὸς ὢν καὶ ἐλεύθερος, καὶ δεσποτικοῖς διαπρέπων φυσικῶς ἀξιώμασι, τοῖς δούλοις ἡμῖν συνηρίθμηται, ἵν᾽ ἐλευθερίας ἡμᾶς ἐνδύσας τὸ χάρισμα, υἱοθετήσῃ Θεῷ τῷ Γεννήτορι; Δι᾽ αὐτοῦ γὰρ καὶ τὸ υἱοὶ κληθῆναι Ὑψίστου δεδέγμεθα, τῆς υἱοθεσίας χάριν, οὐ φύσιν, δεξάμενοι. Ἢ οὐκ ἄφθαρτος ὢν καὶ ἀπαθὴς καὶ ἀθάνατος, σάρκα τὴν ἡμῶν παθητὴν καὶ φθαρτὴν καὶ θνητὴν ἠμφιέσατο, ἵνα καὶ παθῶν ἡμᾶς ἀπαλλάξειεν καὶ φθορᾶς ἁπάσης λυτρώσοιτο καὶ θανάτου δεσμῶν καὶ πολυπλόκων ἀλύσεων ῥύσαιτο; Ὃ καὶ πεποίηκε καὶ πεπλήρωκε καὶ θεοπρεπῶς τετελείωκε· διαμαρτάνειν γὰρ Θεὸν βουλῆς οὐκ ἐνδέχεται. Τί γάρ, ὃ θέλει Θεός, οὐκ ἐργάσοιτο; Ἢ τίς αὐτοῦ τῷ πανσθενεῖ καὶ δραστηρίῳ βουλήματι ἀντίθεον ἔχων βουλὴν ἀντιστήσεται;

immaterial and incorporeal, deign to become body and flesh, in order to make us superior to these perishable bodies and flesh that we have, clothing our bodies with incorruption and gifting our flesh with immortality? And did He not, though uncircumscribed in divinity, make his own the limitation of flesh, in order to open up for us the entrance to his limitless kingdom? And was He not for our sake, though sinless, pure and without stain (*for He committed no sin; no guile was found on his lips*), considered as sin and born *in the likeness of sinful flesh,* and did not the sinless Father on our account *make him to be sin who knew no sin,* in order that, having undergone in innocent flesh the punishment for sin, He might render us, the sinful, purified from sin?

And did He not, though being the Son and free and distinguished in nature by the honors of Master, have himself enumerated among us slaves, in order that He might cloak us in the gift of freedom and make us the adopted sons of God the Father? For it is through him that we have received the right to be called sons of the Most High, obtaining the grace, not the nature of sonship. And did He not, though imperishable, impassive and immortal, assume the cloak of our flesh which is subject to suffering, corruption and death, in order to free us from suffering, redeem us from all corruption, and rescue us from the bonds and intricate chains of death? This He did and completed and carried out perfectly in a manner appropriate to God, because it is impossible for God not to obtain his wish. For how could He not carry out what He wishes, or who with a wish contrary to God could oppose his all-powerful and efficacious will?

17

18 Τούτων ἡμεῖς, ἀδελφοί, τὴν ἑορτὴν ἑορτάσωμεν σήμε-
ρον, κἂν εἰ τὰ μάλιστα λυπηρῶς αὐτὴν ἑορτάζομεν τὸν
τόπον ἡμῖν πλησιαίτατον ἔχοντες, ἐν ᾧ Θεὸς ὁ Λόγος
ὑπάρχων καὶ Κύριος ἐπέφανεν ἡμῖν δι᾽ ἀφράστου γεννή-
σεως καὶ δραμεῖν εἰς αὐτὸν οὐ δυνάμεθα, καθὰ καὶ Μωϋ-
σῆς ὁ θειότατος τὴν μὲν τῆς ἐπαγγελίας γῆν εἰς ὄρος ἀνα-
χθεὶς ὑψηλὸν ἐθεάσατο, εἰσελθεῖν τε εἰς ταύτην ἐγλίχετο,
κἂν οὐδαμῶς πρὸς Θεοῦ συγκεχώρητο, διότιπερ αὐτὸν
οὐκ ηὐλόγηκε, μέλλων ἐκ πέτρας τῆς οἰκείας ῥάβδου τῷ
πλήγματι ποταμοὺς ὑδάτων ἐκφέρειν καὶ ῥύακας. Ἀλλ᾽
ἐκεῖνος μὲν οὕτως γῆς τῆς ποθουμένης ἐστέρητο, καὶ
οὕτω τῇ λύπῃ τρυχόμενος, ἐνθένδε πρὸς Θεὸν ἐκδεδήμη-
κεν. Ἡμεῖς δὲ τί τὰ ὅμοια πάσχοντες δράσοιμεν; Ἐπὶ μὲν
γὰρ τοῖς δώροις ἡδόμεθα καὶ γανύμεθα καὶ οὐρανίως τερ-
πόμεθα καὶ εὐφροσύνην ἀδιάδοχον ἔχομεν, λυπούμεθα δὲ
καὶ ἀσχάλλομεν ὅτι τὸν τόπον ἰδεῖν οὐκ ἰσχύομεν, κἀκεῖσε
τῆς ἑορτῆς ἀγαγεῖν τὴν πανήγυριν, ἐν ᾧπερ ἡμῖν τὸ φῶς
τὸ ἀληθινὸν ἀνατέταλκε, καὶ ἡ ζωὴ ἡ αἰώνιος ἤνθησε, καὶ
τῶν δωρεῶν ὁ θησαυρὸς ἐμπεφάνισται, καὶ πάντας εὐφραί-
νει καὶ φωτίζει τοὺς βλέποντας, καὶ οὐρανίου χαρᾶς
αὐτοὺς ἀκορέστως ἐμπίπλησι, καὶ πλοῦτον αὐτοῖς τὸν ἄρ-
ρευστον δίδωσι, καὶ ᾄδειν αὐτῷ μετ᾽ εὐφροσύνης ποιεῖ καὶ
τερπνότητος, σὺν ἀγγέλων καὶ ποιμένων καὶ Μάγων
στρατεύμασι, "Δόξα ἐν ὑψίστοις Θεῷ καὶ ἐπὶ γῆς εἰρήνη, ἐν
ἀνθρώποις εὐδοκία."

19 Καὶ οὐ μόνον Ἀδὰμ τῷ προπάτορι καὶ Μωϋσεῖ τῷ θεό-
φρονι λίαν ἐλεεινῶς ὁμοιούμεθα σήμερον, ἀλλὰ καὶ Δαβὶδ
τῷ θεοπάτορι ἀκριβῶς εἰκαζόμεθα, τοῖς ὁμοίοις καὶ γείτοσι

Brethren, let us celebrate today the feast of these events, 18 even if we do it mostly in sadness, having that place very close to us where God, who is the Word and the Lord, appeared to us through his ineffable birth, but being unable to travel to it. In this we are like the most divine Moses who, having climbed a high mountain, was able to see the promised land and was eager to enter it, but was fully prevented by God, because he had failed to praise God at the moment when he was about to draw rivers and streams of water from a rock with a stroke of his rod. Now Moses, for his part, was in this way deprived of the land of his desire, and thus overcome by grief he departed from this earth to God. But we, what will we do, who suffer the same thing? For, on the one hand, we are pleased by the gifts and are happy, we experience a heavenly delight and feel a never-ending joy; on the other hand, we are saddened and distressed, because we cannot see the place nor celebrate the feast there, where the true light has dawned for us, life eternal has blossomed, the treasure-house of gifts has made his appearance and brings good cheer to all, enlightens those who see him and fills them unceasingly with heavenly joy, gives them the gift of imperishable wealth and makes them sing to him in happiness and pleasure, along with the hosts of angels, shepherds and Magi, *"Glory to God in the highest, peace on earth, goodwill among men."*

But it is not only our forefather Adam and the godly 19 minded Moses that we resemble today in our pitiful plight, no, we are very similar also to David, God's ancestor, as we

παραπλησίως ἐνειλούμενοι πράγμασι. Κἀκεῖνος γάρ ποτε ὁ θεόληπτος, ὅτε τῇ ἐκ Σαοὺλ περιστατικῇ περιοχῇ περιείργετο, τῇ καθ' ἡμᾶς ταύτῃ τάχα πνευματικῇ δίψῃ φλεγόμενος, ὕδωρ πιεῖν τὸ σωτήριον τοῦ λάκκου τοῦ ἐν Βηθλεὲμ ἐπεθύμησεν, ὅπερ "ὕδωρ ζῶν" καὶ πάντας ζῳογονοῦν δυνάμει θείᾳ τοὺς πίνοντας. "Εἰ ᾔδεις" γὰρ πρὸς τὴν Σαμαρεῖτίν φησιν αὐτὸς ὁ Χριστός, ἡ πηγὴ τῆς ζωῆς ἡ μὴ λήγουσα, "τίς ἐστιν ὁ λέγων σοι δός μοι πιεῖν, σὺ ἂν ᾔτησας αὐτὸν καὶ ἔδωκεν ἄν σοι ὕδωρ ζῶν," καὶ "πᾶς ὁ πίνων ἐκ τοῦ ὕδατος τούτου διψήσει πάλιν· ὃς δ' ἂν πίῃ ἐκ τοῦ ὕδατος οὗ ἐγὼ δώσω αὐτῷ, οὐ μὴ διψήσῃ εἰς τὸν αἰῶνα, ἀλλὰ τὸ ὕδωρ ὃ δώσω αὐτῷ γενήσεται αὐτῷ πηγὴ ὕδατος ἁλλομένου εἰς ζωὴν αἰώνιον." Ὁ λάκκος ὁ ἅγιος, ἡ παναγία Παρθένος, κυοφορεῖν καὶ τίκτειν ἤμελλεν ὕστερον· προφητεία γὰρ ἦν τὸ τελούμενον καὶ Χριστοῦ τοῦ ζῶντος καὶ πᾶσι ζωὴν πηγάζοντος ὕδατος καὶ λάκκου τοῦ νοητοῦ τῆς τοῦτον κυοφορησάσης καὶ τεκούσης <τὸν> ἄρρευστον, ἤγουν ἀφθόρου παρθένου, προτύπωσις, ὅνπερ ὁ Δαβὶδ αἰσθητοῖς ἰδεῖν ὀφθαλμοῖς διπλῶς ἐπεθύμει τε καὶ ἐγλίχετο, τοῦτο μὲν ὡς προφήτης φανότατος, τοῦτο δὲ καὶ ὡς εὐπραγέστατος δίκαιος, καὶ τῇ ἐπιθυμίᾳ καιόμενος ἔλεγεν, "Τίς ποτιεῖ με ὕδωρ ἐκ τοῦ λάκκου τοῦ ἐν Βηθλεὲμ τοῦ ἐν τῇ πύλῃ;"

20   Καὶ διὰ τοῦτο αὐτοῖς ὁμοιούμεθα τοῖς αὐτὸν σαρκικοῖς τότε καὶ νοητοῖς ὄμμασι βλέπουσι, <οἷς> τὸ ὕδωρ αὐτὸ τὸ ζῶν, ὁ Χριστός, διαλεγόμενος ἔφασκε, "Πολλοὶ προφῆται καὶ δίκαιοι ἐπεθύμησαν ἰδεῖν ἃ βλέπετε καὶ οὐκ εἶδον, καὶ ἀκοῦσαι ἃ ἀκούετε καὶ οὐκ ἤκουσαν." Περὶ οὗ καὶ Πέτρος ὁ

are involved in troubles that are very close to his. For one time that inspired man, when in flight from Saul, was hemmed in at the precarious stronghold and burning with perhaps a spiritual thirst like ours now, longed to drink the saving water *from the well in Bethlehem,* the *"living water"* which by divine power brings life to all who drink it. For Christ himself, the font of life that does not run dry, said to the Samaritan woman, *"If you knew who it is who is saying to you, 'Give me a drink,' you would have requested it from him, and he would have given you living water,"* and, *"Every one who drinks of this water will thirst again, but whoever drinks of the water that I shall give him will never thirst; the water that I shall give him will become in him a spring of water welling up to eternal life."* The holy well is the all-holy Virgin who was destined at a later time to conceive and give birth; for what took place was both a foretelling of Christ the living water that wells up with life for everyone, and a prefiguration of the spiritual well, that is, of the uncorrupted Virgin, who conceived and gave birth to the unchanging Christ. And it was He whom David longed for and was doubly eager to see with his bodily eyes, on the one hand, as a most illustrious prophet, and, on the other, as a just man and supreme in good deeds; and burning with longing he said, *"Who will give me water to drink from the well of Bethlehem which is by the gate?"*

And for this reason we resemble those who see him with bodily and spiritual eyes, to whom the *living water,* Christ himself, spoke when He said, *"Many prophets and righteous men longed to see what you see, and did not see it, and to hear what you hear, and did not hear it."* And it was about this too that

20

43

ἀπόστολος ἔγραψεν τοῖς εἰς αὐτὸν Χριστὸν τὸν Σωτῆρα πιστεύσασιν· *Ὃν οὐκ ἰδόντες ἀγαπᾶτε, εἰς ὃν ἄρτι μὴ ὁρῶντες πιστεύοντες δὲ ἀγαλλιᾶσθε χαρᾷ ἀνεκλαλήτῳ καὶ δεδοξασμένῃ, κομιζόμενοι τὸ τέλος τῆς πίστεως ὑμῶν, σωτηρίαν ψυχῶν· περὶ ἧς σωτηρίας ἐξεζήτησαν καὶ ἐξηρεύνησαν προφῆται οἱ περὶ τῆς εἰς ὑμᾶς χάριτος προφητεύσαντες, ἐρευνῶντες εἰς τίνα ἢ ποῖον καιρὸν ἐδηλοῦτο ἐν αὐτοῖς πνεῦμα Χριστοῦ προμαρτυρόμενον τὰ εἰς Χριστὸν παθήματα καὶ τὰς μετὰ ταῦτα δόξας· οἷς ἀπεκαλύφθη ὅτι οὐχ ἑαυτοῖς, ὑμῖν δὲ διηκόνουν αὐτά, ἃ νῦν ἀνηγγέλη ὑμῖν διὰ τῶν εὐαγγελισαμένων ὑμᾶς ἐν πνεύματι ἁγίῳ ἀποσταλέντι ἀπ' οὐρανοῦ, εἰς ἃ ἐπιθυμοῦσιν ἄγγελοι παρακύψαι.*"

21 Εἰ δίκαιοι οὖν καὶ προφῆται καὶ ἄγγελοι Χριστοῦ θεωρεῖν ἐπιθυμοῦσιν τὴν γέννησιν, καὶ τὸν τόπον ἐν ᾧ Χριστοῦ ἡ πολυπόθητος γίνεται γέννησις, πῶς οὐχὶ καὶ ἡμεῖς ἐπιθυμήσομεν οἱ ὄντες ταπεινοὶ καὶ ἐλάχιστοι, οἱ τῆς ἐκείνων εὐσεβείας συμμέτοχοι καὶ ὀρθοδόξου πίστεως σύγκληροι; Καὶ τίνος ἕνεκεν Δαβὶδ ὁ θεσπέσιος, Βηθλεεμίτης ὢν γνησιώτατος κἀκ Βηθλεὲμ τῆς θεογόνου ὁρμώμενος πόλεως, τοῦ λάκκου τοῦ ἐν Βηθλεὲμ ὕδωρ ἐπεθύμει πιεῖν καὶ ἱμείρετο, καὶ τοῦ ποθουμένου τυχεῖν οὐκ ἠδύνατο, ἀλλ' ὡς ἡμεῖς καὶ αὐτὸς εἰς τὴν ἁγίαν Βηθλεὲμ δραμεῖν καὶ πιεῖν ἐκωλύετο; Οὗ τί ἂν ἐλεεινότερον γένοιτο, ὅτι πλησίον τὸ ποθούμενον ἔχομεν καὶ τοῦ ποθουμένου τυχεῖν οὐκ ἰσχύομεν; Ὅτι καὶ τότε, φησίν, καθὰ καὶ νῦν τῶν Σαρακηνῶν, ἐν Βηθλεὲμ τῶν ἀλλοφύλων ἦν τὸ ὑπόστημα, καὶ τοῦτο αὐτὸν καθὰ καὶ ἡμᾶς εἰς τὴν θεηδόχον ἐλθεῖν Βηθλεὲμ ἀνεσείραζε, καὶ τυχεῖν ἀπεῖργε τοῖς δείμασι τῆς ὄντως

the apostle Peter wrote to those who believed in Christ the Savior, "*Without having seen him you love him; though you do not now behold him you believe in him and rejoice with unutterable and exalted joy. As the outcome of your faith you obtain the salvation of your souls. The prophets who prophesied of the grace that was to be yours searched and inquired about this salvation; they inquired what person or time was indicated by the Spirit of Christ within them when predicting the sufferings of Christ and the subsequent glory. It was revealed to them that they were serving not themselves but you, in the things which have now been announced to you by those who preached the good news to you through the Holy Spirit sent from heaven, things into which angels long to look.*"

If, then, righteous men, prophets and angels long to see 21 the birth of Christ and the place in which his much longed-for nativity occurs, how will we also not have this longing, we the humble and very least ones, the partakers in their piety and fellows of their correct belief? And why did inspired David, a most authentic citizen of Bethlehem and originating from that city of God's birth, long for and *desire to drink the water of the well in Bethlehem,* and was not able to satisfy his longing, but like us was prevented from going to holy Bethlehem to drink? What could be more pitiable than this, to have the object of our desire very close by and not be able to reach it? Because, just as now in the case of the Saracens, *at that time,* the scripture says, *the garrison of the Philistines was at Bethlehem,* and they restrained him, exactly like the Saracens have held us back from entering God-receiving Bethlehem and by using fear have debarred us from reach-

45

HOMILIES
ποθεινῆς καὶ μακαρίας ἐφέσεως, ἧς οὐδὲν ἂν εἴη ποτὲ μακαριώτερον ἢ τιμιώτερον καὶ τερπνότερον.

22 Ἀλλ' ἐκεῖνος μὲν ὕδωρ πιεῖν τοῦ Βηθλεεμιτικοῦ λάκκου γλιχόμενος καὶ τὴν θεοφόρον φθάσαι Βηθλεὲμ ἐξειργόμενος, διὰ τὸ πολέμιον τῶν ἀλλοφύλων ὑπόστημα τότε πολεμικῶς τῇ παντίμῳ Βηθλεὲμ προσκαθήμενον, τοῦ ποθουμένου τετύχηκεν, εἴπερ ὕδωρ πιεῖν αἰσθητὸν ἐβεβούλητο· τρεῖς γὰρ τῶν δορυφόρων ἀλκιμώτατοι καὶ ῥωμαλεώτατοι πρόμαχοι τοῦ βασιλέως ἑωρακότες τὴν ἔφεσιν, καὶ ἀκούσαντες αὐτοῦ δικαιότατα φάσκοντος, "Τίς ποτιεῖ με ὕδωρ ἐκ τοῦ λάκκου τοῦ ἐν Βηθλεὲμ τοῦ ἐν τῇ πύλῃ;" καὶ νομίσαντες αὐτὸν ὕδωρ αἰσθητὸν πιεῖν προσεφίεσθαι, καὶ ὄντες, ὡς ἔστιν εἰπεῖν καὶ τεκμήρασθαι, πρὸς τὴν ὑπὲρ αὐτοῦ σφαγὴν ἑτοιμότατοι, πρὸς θάνατον προφανέστατον ὥρμησαν, τὸ ἀνδρεῖον αὐτῶν καὶ τολμηρὸν καὶ ἀδείμαντον, δεικνύναι τῷ βασιλεῖ προαιρούμενοι, τάχα δὲ καὶ τὴν πρὸς αὐτὸν ἀξιάγαστον εὔνοιαν καὶ τὴν οὐ νικωμένην κατὰ τὸν σωτήριον λόγον ἀγάπησιν, "μείζονα" γὰρ "ταύτης ἀγάπην οὐδεὶς ἔχει," φησὶν ὁ Σωτήρ, "ἢ ἵνα τις τὴν ψυχὴν αὐτοῦ θῇ ὑπὲρ τῶν φίλων αὐτοῦ."

23 "Καὶ διέρρηξαν," φησίν, "οἱ τρεῖς δυνατοὶ τὴν παρεμβολὴν τῶν ἀλλοφύλων καὶ ὑδρεύσαντο ὕδωρ ἐκ τοῦ λάκκου τοῦ ἐν Βηθλεὲμ τοῦ ἐν τῇ πύλῃ, καὶ ἔλαβον καὶ παρεγένοντο πρὸς Δαβίδ." Καὶ ὅρα μοι τοῦ Δαβὶδ τὴν εὐλάβειαν, καὶ τὴν πασῶν ἀρετῶν βασιλίδα διάκρισιν· "οὐκ ἠθέλησεν" γὰρ "πιεῖν αὐτό," φησὶν τῶν Βασιλειῶν τὸ ἀφήγημα, ἀλλ' "ἔσπεισεν αὐτὸ τῷ Κυρίῳ καὶ εἶπεν· Ἵλεώς μοι, Κύριε, τοῦ ποιῆσαι τοῦτο, εἰ αἷμα τῶν ἀνδρῶν τῶν πορευθέντων ἐν ταῖς

46

ing the truly blessed and longed-for object of our desire, than which nothing could ever be more blessed or more honorable and delightful.

But that man, who was longing to drink the water from the well of Bethlehem and was barred from reaching the God-bearing city because of the hostile garrison of the Philistines belligerently besieging the all-honorable Bethlehem at that time , was able to achieve his desire, at least if it was physical water that he wanted to drink. For three of the strongest and most robust champions of his bodyguard, upon seeing the desire of their king and hearing his most righteous words, "*Who will give me water to drink from the well of Bethlehem which is by the gate?*" thinking that he was longing to drink physical water and being, one can say from all indications, fully prepared to be cut down on his behalf, set out in the face of certain death. In so doing, they chose to prove to the king their courage, daring and fearlessness, and no doubt too their admirable goodwill toward him and that invincible love which the Savior speaks about in these words, "*Greater love has no man than this, that a man lay down his life for his friends.*"

"*And the three mighty men,*" scripture relates, "*broke through the camp of the Philistines, and drew water out of the well of Bethlehem which was by the gate, and took and brought it to David.*" But notice the piety of David and that discernment of his, which is the queen of all virtues: "*He would not drink of it,*" says the account in the book of Kings, "*but he poured it out to the Lord and said 'Far be it from me, O Lord, that I should do this. Shall I drink the blood of the men who went at the risk of their*

47

ψυχαῖς αὐτῶν πίομαι. Καὶ οὐκ ἠθέλησεν," φησίν, "πιεῖν αὐτό·" ᾔδει γὰρ ὁ θειότατος προφητικῷ προορώμενος ὄμματι, ὡς ἀπειθήσουσιν Ἰουδαῖοι Χριστῷ τῷ ζῶντι καὶ ζῳογονοῦντι τὰ σύμπαντα ὕδατι, ἐκ Βηθλεὲμ σαρκικῶς ἀνατέλλοντι καὶ ἐκ λάκκου τοῦ παρθενικοῦ τικτομένῳ καὶ φαίνοντι, καὶ ὡς προφήτης ἁγνότατος τὴν ἐκείνων τυπικῶς προεμήνυσεν εἰς Χριστὸν ἐσομένην ἀπείθειαν. Διὰ τοῦτο γὰρ ὁ θεσπέσιος καὶ τὸ ὕδωρ ἐνεχθὲν πιεῖν οὐκ ἠθέλησεν, ὅτιπερ Ἰουδαῖοι μετέπειτα διαπιστεῖν Χριστοῦ τῷ κηρύγματι, εἰς ὄλεθρον ἑαυτῶν καὶ ἀπώλειαν, οἱ μιαροὶ καὶ παράφρονες ἤμελλον.

24 Ἡμεῖς δὲ οἱ τὸν Σωτῆρα Χριστὸν προσδεξάμενοι καὶ πίστει τῇ εἰς αὐτὸν λαμπρυνόμενοι, καὶ τὴν Ἰουδαίων ἀπιστίαν μισήσαντες, καὶ πατήσαντες ὡς βδελυρὰν καὶ παμβέβηλον εἰς ἅπαν αὐτῶν τὴν παράνοιαν, εἰς τὴν ἱερὰν δραμεῖν Βηθλεὲμ ἐφιέμενοι τήμερον καὶ τὸν λάκκον κατοπτεῦσαι τὸν ἔνθεον τὸν ἐν τῇ πύλῃ μυστικῶς θεωρούμενον (καὶ λάκκος γάρ τοι καὶ πύλη μυστικῶς ἡ Θεομήτωρ Παρθένος διώρισται, ἡ τὸ ὕδωρ ἡμῖν γεννῶσα τὸ ζῶν καὶ ζωὴν τῷ κόσμῳ δωρούμενον) καὶ τὴν ἐν αὐτῇ φανεῖσαν σωτηρίαν θεάσασθαι (Χριστὸς <γὰρ> ὁ τόκον καθ' ἡμᾶς ὑπομείνας ἀνθρώπινον σήμερον σωτηρία ἡμῶν ἐστιν καὶ ζωὴ καὶ ἐκλύτρωσις), παντελῶς οὐ δυνάμεθα. Ἀλλ' ἐπιθυμίαν μὲν καὶ δίψαν τὴν Δαβιτικῶς ἡμᾶς καταφρύγουσαν ἔχομεν, ἰδεῖν δὲ τὸ ὕδωρ, ὡς Δαβὶδ ὁ ἀοίδιμος, καὶ ἑστιᾶσαι μόνῃ τῇ θέᾳ τὴν ψυχὴν καὶ τὴν ὅρασιν, Σαρακηνικῷ κωλυόμεθα δείματι· Σαρακηνῶν γὰρ ἀθέων νῦν τὸ ὑπόστημα, ὡς ἀλλοφύλων τότε, Βηθλεὲμ τὴν θεσπεσίαν

lives?' Therefore, he would not drink it." For this most divine
man, foreseeing with his prophetic eye, knew that the Jews
would refuse to believe in Christ, the living water that gives
life to all things, who appears in the flesh in Bethlehem born
from the well which is the Virgin; and as a most pure prophet
he was pointing ahead symbolically to their refusal in the fu-
ture to believe in Christ. So, this is why the inspired David
did not want to drink the water brought to him, namely, be-
cause the abominable and wrongheaded Jews were destined
in later times to reject the preaching of Christ to their own
ruin and destruction.

We, on the other hand, who have accepted the Savior 24
Christ and are enlightened by our faith in him, we, who hate
the unbelief of the Jews and despise their abhorrent, totally
polluted, and mad way of thinking, wish today to travel to
the sacred city of Bethlehem and to look mystically upon
the divine well at the gate (for both the well and the gate
have been mystically defined as the Virgin Mother of God,
who for us gives birth to the *living water* that imparts the
gift of life to the world), and we wish to behold the salvation
that has appeared in Bethlehem (for Christ, who today has
undergone human birth like ours, is our salvation, our life,
and our redemption); that, however, is completely impossi-
ble for us. But while, like David, we have a longing and a
thirst that is parching us, we are nevertheless prevented by
fear of the Saracens from seeing the water, like the glorious
David, and from feasting our eyes and souls just from the
sight of it. For at this time the garrison of the godless
Saracens, like the Philistines of old, has taken over sacred

παρείληφε, καὶ δίοδον ἡμῖν τὴν εἰς αὐτὴν παρασχεῖν οὐκ ἀνέχεται, ἀλλ' ἀπειλεῖ τὴν σφαγὴν καὶ τὸν ὄλεθρον, εἰ τὴν ἁγίαν ταύτην πόλιν ἐξέλθοιμεν, καὶ τῇ ποθουμένῃ ἡμῖν θειοτάτῃ Βηθλεὲμ προσπελάσαι τολμήσομεν.

25 Ὅθεν καὶ οὐ λύπης ἐκτὸς τὴν τοιαύτην πανήγυριν ἄγομεν, ἔσω πυλῶν αὐλιζόμενοι κἂν τούτῳ τῷ θεσπεσίῳ τῆς Θεοτόκου νεῷ τὴν ἑορτὴν ἑορτάζοντες. Διὸ παρακαλῶ καὶ πρεσβεύω καὶ δέομαι τῆς ὑμῶν ἐν αὐτῷ Χριστῷ τῷ Θεῷ ἡμῶν ποθεινότητος, ἵνα ἑαυτούς, ὅσηπερ ἡμῖν ἐστι δύναμις, διορθωσώμεθα καὶ μετανοίᾳ λαμπρύνωμεν καὶ ἐπιστροφῇ καθαρίσωμεν καὶ τῶν μισητῶν ἔργων Θεῷ τὴν φορὰν χαλινώσωμεν. Οὕτω γὰρ εἰ βιώσαιμεν ὡς φίλον ἐστὶ Θεῷ καὶ ἐράσμιον, τῶν ἀντιπάλων ἡμῶν Σαρακηνῶν τὴν πτῶσιν γελάσαιμεν, καὶ τὸν ὄλεθρον οὐκ εἰς μακρὰν ἐσαθρήσαιμεν, καὶ τὴν τελείαν ἀπώλειαν ἴδοιμεν. Ἥ τε γὰρ ρομφαία αὐτῶν ἡ φιλαίματος εἰς τὰς καρδίας αὐτῶν εἰσελεύσεται, καὶ <τὸ> τόξον αὐτῶν συντριβήσεται, καὶ τὰ βέλη αὐτῶν αὐτοῖς ἐμπαγήσεται, καὶ καθαρὰν ἡμῖν τὴν ὁδὸν δειμάτων παρέξουσιν, οὐδὲν ἄναντες ἢ ἀκανθῶδες ἢ δύσβατον ἔχουσαν, ἵνα καὶ ἡμεῖς ἀφοβώτατα καὶ ἀδειμαντότατα τρέχοντες, τὸν τόπον τοῦ τόκου τῆς ζωῆς καταλάβωμεν, καὶ τὸ θεοδόχον ἄντρον φιλήσωμεν, καὶ φάτνην <τὴν> ἱερὰν προσκυνήσωμεν, καὶ τὴν πόλιν ταύτην τὴν θεοποιὸν ἀσπασώμεθα, σὺν ποιμέσι χορεύοντες, σὺν Μάγοις κραυγάζοντες, σὺν ἀγγέλοις δοξάζοντες, "Δόξα ἐν ὑψίστοις Θεῷ καὶ ἐπὶ γῆς εἰρήνη, ἐν ἀνθρώποις εὐδοκία," ὅτιπερ ἀνατολὴ ἐξ ὕψους ἡμᾶς ἐπεσκέψατο καὶ τοῖς ἐν σκότει καὶ σκιᾷ θανάτου καθημένοις ἐπεφάνη καὶ εἰς ὁδὸν εἰρήνης

Bethlehem and does not allow us a through passage to it, but it threatens us with death and destruction, if we leave this holy city and dare to approach most divine Bethlehem, the object of our longing.

For this reason it is not without sadness that we observe ²⁵ this great festal commemoration, forced to dwell within the gates and celebrating the feast in this divine church of the Mother of God. Therefore, I implore, beseech and beg your love in the name of Christ himself, who is our God, that we set ourselves aright to the best of our ability, adorn ourselves by repentance, reform and purify ourselves, and curb the urge to do deeds that are repugnant to God. For if we live our lives in this way, as is dear to God and to his liking, we will rejoice at the downfall of our enemies the Saracens and not long from now we will look upon their ruin and witness their utter destruction. Their bloodthirsty sword will turn upon their own hearts, their bow will be smashed to pieces, their arrows will be embedded in their own bodies, and they will leave the road clear of fears for us, and free from hills, thorns and obstacles, so that we might travel with complete lack of dread or terror, arrive at the birthplace of life, kiss the God-receiving cave, bow down before the sacred manger, embrace the city that produced God, dancing with the shepherds, crying out with the Magi, and giving glory with the angels, *"Glory to God in the highest, peace on earth, goodwill among men,"* because *the day has dawned upon us from on high, and given light to those who sit in darkness and in the shadow of death, and guided our feet into the way of peace,* and *"the Lord is*

ἡμῶν τοὺς πόδας κατηύθυνε, καὶ "Θεὸς Κύριος καὶ ἐπέφανεν ἡμῖν," καὶ "κέρας σωτηρίας ἡμῖν ἐν οἴκῳ Δαβὶδ" ὁ Θεὸς καὶ Πατὴρ ὡς ἀγαθὸς καὶ φιλάνθρωπος "ἤγειρεν," καὶ τὸν μονογενῆ Υἱὸν δι' ἀνθρωπίνης ἡμῖν γεννήσεως δέδωκε, καὶ τὸν ἐπ' ὤμων τὴν ἀρχὴν ἀίδιον ἔχοντα τὸν ὡς Λόγον καὶ Υἱὸν τῆς τοῦ Πατρὸς μεγάλης βουλῆς καλούμενον ἄγγελον, τὸν θαυμαστὸν Θεοῦ τοῦ φύσαντος σύμβουλον, τὸν ἰσχυρὸν Θεὸν καὶ ἀήττητον, τὸν τὴν ἐξουσίαν τῶν ὅλων ἐπέχοντα, τὸν εἰρήνης παντοίας κατάρχοντα, καὶ τοῦ μέλλοντος αἰῶνος πατέρα καὶ Ποιητὴν γνωριζόμενον, ὃν ἡ παναγία Παρθένος καὶ πάναγνος, ἐν γαστρὶ συλλαβοῦσα γεγέννηκεν, ἀνθρωπίνης σπορᾶς ἀκηδοῦσα καὶ μίξεως, καὶ Θεομήτωρ ἀληθῶς καὶ κυρίως κεκήρυκται, ὡς Λόγον καὶ Θεὸν σεσαρκωμένον <γεννήσασα>, καὶ Χριστὸν ὡς οὐ μόνον σαρκὶ χρισθέντα καὶ σώματι, ἀλλὰ καὶ χρίοντα τοὺς πιστεύοντας πνεύματι, καὶ σώζοντα φερωνύμως τὰ σύμπαντα. Ἔστι γὰρ καὶ νέος Ἀδὰμ διὰ τὴν τοῦ παλαιοῦ Ἀδὰμ ἀνακαίνισιν· καὶ <υἱὸς> Δαβὶδ ἀληθέστατα λέγεται, ὡς ἐκ σπέρματος Δαβίδ, τῆς Θεοτόκου Παρθένου, τὴν θαυμαστὴν ποιησάμενος Σάρκωσιν· καὶ κραταιὸς χειρὶ καὶ βραχίονι, ὅτι καὶ κρατεῖ καὶ κατέχει τῆς κτίσεως, καὶ σῴζει καὶ ῥύεται πάντα τὸν πιστῶς αὐτῷ προσερχόμενον.

26   Ὧι καὶ ἡμεῖς, ἀδελφοὶ προσφιλέστατοι, κἀνθάδε κἀκεῖσε καὶ πανταχῆ (ἀπερίγραπτος γάρ ἐστι τῇ θεότητι καὶ εἰ σαρκὶ καθ' ἡμᾶς περιγέγραπται, καὶ θυμίαμα αὐτῷ πανταχῆ καὶ θυσία καθαρὰ καὶ ἁγία προσφέρεται) ἀγνότατα καὶ θερμότατα, οὐ μὴν ἀλλὰ καὶ πιστότατα, ὅλῃ καρδίᾳ καὶ ψυχῇ προσερχώμεθα λέγοντες, "Δόξα ἐν ὑψίστοις Θεῷ

God and He has made his light shine on us," and God the Father in his goodness and love of mankind *"has raised up a horn of salvation for us in the house of David"*; and He has given us through human birth his only begotten Son who carries eternal *rule upon his shoulders* and who as the Word and Son is called *the messenger of the mighty counsel* of the Father, the *wonderful counselor* of God who begat him, the *strong* and invincible God *who holds the power* over all things, the *master of peace* of every kind, the Maker and *father of the age to come,* whom the all-holy and all-pure Virgin conceived in her womb and brought into the world without a thought for human seed and coition; and she has been truly and exclusively proclaimed the Mother of God, having given birth to the Word and God made flesh, and Christ who is named so not only because He was anointed in flesh and body, but also because He anoints with the spirit those who believe, and is appropriately called Savior of the world. He is a new Adam on account of his renewal of the old Adam, and He is most rightfully called son of David having undergone the marvelous Incarnation from the seed of David, that is, from the Virgin Mother of God; and *He is mighty in hand and arm,* because He rules over and controls creation, and He rescues and saves every man who approaches him with faith.

So then, dearest brethren, here and there and in every 26 place (for God is uncircumscribable in divinity, even if He is circumscribed by flesh like us, and incense as well as pure and holy sacrifice is offered to him everywhere), let us approach him with all purity, fervor and faith saying with our whole heart and soul, *"Glory to God in the highest, peace on*

καὶ ἐπὶ γῆς εἰρήνη, ἐν ἀνθρώποις εὐδοκία," καὶ τῶν θειοτάτων αὐτοῦ δωρεῶν ἀπολαύσοιμεν, καὶ τῶν οὐρανίων ἀγαθῶν γενοίμεθα μέτοχοι, καὶ ζωὴν τὴν αἰώνιον εὕροιμεν, καὶ βασιλείαν τὴν οὐ φθειρομένην δεξοίμεθα, ἐν αὐτῷ Χριστῷ τῷ Κυρίῳ ἡμῶν, μεθ' οὗ δόξα, τιμή, κράτος, μεγαλοσύνη τε καὶ μεγαλοπρέπεια, τῷ ἀϊδίῳ αὐτοῦ καὶ ἀθανάτῳ Πατρὶ καὶ γεννήτορι, ἅμα τῷ παναγίῳ καὶ ζωοποιῷ Πνεύματι, νῦν καὶ ἀεὶ καὶ εἰς τοὺς αἰῶνας τῶν αἰώνων. Ἀμήν.

earth, goodwill among men." In that way we will enjoy his most divine gifts and gain our share of the heavenly goods, and we will find eternal life and obtain undying kingship in Christ himself our Lord, with whom be glory, honor, power, greatness, and majesty to his eternal and immortal Father and begetter, along with the all-holy and life-giving Spirit, now and always and for all the ages. Amen.

3

Τοῦ ἐν ἁγίοις πατρὸς ἡμῶν Σωφρονίου ἀρχιεπισκόπου Ἱεροσολύμων· Λόγος εἰς τὸ Ἅγιον Βάπτισμα

Πάλιν φῶς προερχόμενον, καὶ πάλιν ἐγὼ φωτιζόμενος· πάλιν αὐγὴ αὐγάζουσα, καὶ πάλιν ἐγὼ αὐγαζόμενος· πάλιν φαιδρότης φαιδρύνουσα, καὶ πάλιν ἐγὼ φαιδρυνόμενος. Πάντα φωτεινὰ καὶ ὑπέρλαμπρα, πάντα διαυγῆ καὶ ἀστράπτοντα, καὶ τὴν τῆς ἡμέρας βοῶντα φαιδρότητα. Οὐρανῶν αἱ δυνάμεις εὐφραίνονται καὶ ἡ γῆ τοῖς οὐρανοῖς συναγάλλεται τὸν ἐμὸν φωτισμὸν ἑορτάζουσα· τὰ ὄρη σκιρτάτωσαν καὶ τὰ τῶν κριῶν μεγάλα μιμείσθω πηδήματα· οἱ βουνοὶ διαλλέσθωσαν καὶ τὰ τῶν ἀνθρώπων ἐκτελείτωσαν ἅλματα· φευγέτω θαλάττια ὕδατα, τὰ τὴν εὐρύχωρον καὶ θαλαττίαν ἁμαρτίαν ἡμῖν ὑπογράφοντα. Ὁ Ἰορδάνης τρεχέτω δρόμον δι᾽ ἐμὲ τὸν ὀπίσθιον· ἐγὼ γάρ εἰμι ὁ καλῶς εἰς τὰ ὀπίσω στρεφόμενος, καὶ πάλιν παιδίον γινόμενος διὰ τῆς Πνευματικῆς καὶ ὑδατώδους ἀναγεννήσεως, καὶ οὕτως ὡς παιδίον ἀρτιγενὲς καὶ ἀπόνηρον, καὶ κακίας ἁπάσης ἐλεύθερον, εἰς βασιλείαν οὐρανῶν ἀναγόμενος.

2   Διὰ τοῦτο χαρὰ τοῖς οὐρανίοις ἐφήπλωται, δι᾽ ἐμὲ τὸν ἀπὸ γῆς εἰς οὐρανοὺς ἀνυψούμενον. Διὰ τοῦτο θυμηδίας τερπνῆς ἀγαλλίασις τοῖς ἐπιγείοις ἐγκέκραται σήμερον,

Homily 3

Sophronios, Archbishop of Jerusalem, Our Father among the Saints: Homily on the Holy Baptism

Again light comes forth, and again I am enlightened; again sunshine is shining, and again I am made to shine; once more radiance is radiated, and once more I am rendered brilliant. Everything is sparkling and exceedingly bright, everything is pellucid and flashing and proclaiming the splendor of this day. The heavenly powers are filled with delight and the earth rejoices with the heavens celebrating my illumination. Let the mountains jump for joy mimicking the mighty leaps of rams; let the hills spring into the air, performing jumps just like men; let the waters of the sea retreat, as a sign for us of man's sea-vast sin. Let the Jordan reverse its course on my account, for I am the one rightly reverted and become a child again through the regeneration of the Spirit and water; in this way like a newborn babe, innocent and free of all evil, I am led up to the kingdom of heaven.

For this reason joy has been laid out as a feast for those in the heavenly realm, because I have been raised on high to the heavens from the earth. For this reason rejoicing of

ὅτι τῆς ἐμῆς ὁρᾷ σωτηρίας τὴν γέννησιν, ὅτι τῆς ἐμῆς
δᾳδουχίας βλέπει τὴν ἔκλαμψιν, ὅτι τῆς ἐμῆς δουλείας ὁρᾷ
τὴν ἀπόθεσιν, ὅτι τῆς ἐμῆς ἐλευθερίας ὁρᾷ τὴν προέλευ-
σιν, ὅτι τῆς ἐμῆς ῥυπαρίας ὁρᾷ τὴν ἀπόνιψιν, ὅτι τῆς ἐμῆς
καθαρότητος νοεῖ τὴν λαμπρότητα, ὅτι τῆς ἐμῆς υἱοθεσίας
βλέπει τὴν γέννησιν, μᾶλλον δὲ θαυμαστὴν ἀναγέννη-
σιν—οὕτω γὰρ εἰπεῖν εὐπρεπέστατον—οὐκ ἐκ θελήματος
σαρκὸς ἀναθρώσκουσαν, οὐδὲ ἐκ θελήματος ἀνδρὸς ἀναβλύ-
ζουσαν, ἀλλ᾽ ἐκ θελήματος Θεοῦ ἀνατέλλουσαν.

3   Ἐκεῖνα τῆς κάτω γεννήσεως, ταῦτα τῆς ἄνω κυήσεως·
ἐκεῖνα τοῦ πρώτου Ἀδὰμ τὰ χαρίσματα, ἅπερ αὐτοῦ τοῖς
τέκνοις, ἡμῖν, προεξένησε, Θεῷ γεγονὼς ἀνυπήκοος, καὶ
παραβὰς αὐτοῦ τὸ διάταγμα· ταῦτα τοῦ δευτέρου Ἀδὰμ τὰ
<δω>ρήματα, ἅπερ ἡμῖν τοῖς αὐτοῦ φοιτηταῖς ἐδωρήσατο,
Θεῷ γεγονὼς τῷ τεκόντι ὑπήκοος, καὶ φυλάξας αὐτοῦ τὴν
ἐντολὴν ἀπαράτρωτον, ὡς κατ᾽ ἐμὲ γεγονὼς ἄνθρωπος καὶ
μέχρι σταυροῦ καὶ θανάτου τὴν ὑπακοὴν ἐνδειξάμενος·
"Ἐντολὴν γὰρ ἔλαβον," φησί, "παρὰ τοῦ Πατρός μου τί εἴπω
καὶ τί λαλήσω, καὶ ἐγὼ τὴν ἐντολὴν τοῦ Πατρός μου ἐφύ-
λαξα." Οὐκ ἀπαξιοῖ ταῦτα δι᾽ ἐμὲ καὶ λέγειν καὶ φθέγγε-
σθαι, ἐπειδὴ γενέσθαι κατ᾽ ἐμὲ κατηξίωσε, σάρκα προσ-
λαβὼν ὁ ἀσώματος ἐκ παρθενικοῦ βλαστήσασαν αἵματος,
καὶ ψυχὴν νοερὰν καὶ ἀόρατον, καὶ ψυχαῖς ταῖς ἡμετέραις
ὁμόφυλον.

4   Ταῦτα γὰρ καὶ πᾶς πέφυκεν ἄνθρωπος, ἐξ Ἀδὰμ φυ-
σικῶς καταγόμενος, καὶ σῴζων πρὸς αὐτὸν τὴν συγγένειαν,
ὡς συμφυὴς υἱὸς καὶ ἀπόγονος· ταῦτα καὶ ὁ Λόγος τοῦ
Θεοῦ καὶ Θεὸς ὁ τούτων Κτίστης γεγένηται, σῶσαι

sweet delight has today been mixed as a drink for those in the earthly realm, because it witnesses the birth of my salvation, because it beholds the illumination of my enlightenment, because it sees the end of my enslavement, because it sees the arrival of my liberty, because it observes the cleansing of my defilement, because it apprehends the brilliance of my purity, because it beholds the birth of my sonship with God or—to speak in the most proper way—the marvelous regeneration which neither springs *from the will of the flesh* nor wells up *from the will of man,* but rises *from the will of God.*

The former belong to earthly generation, the latter to 3 heavenly conception; the former are the gifts of the first Adam, which he procured for us his children, when he disobeyed God and overstepped his command; the latter are the gifts of the second Adam, which He bestowed on us his disciples, when he obeyed God the Father and preserved his command intact, becoming a man like me and demonstrating his obedience even as far as the cross and death. "*For I have received a command,*" He says, "*from my Father what to say and what to speak, and* I have kept *my Father's command.*" On my account, He did not deem it beneath him to say and utter these words, since He deigned to be born a man like me having, though incorporeal, assumed flesh which was produced from the blood of a virgin, as well as a rational and invisible soul akin to our souls.

For this is how every man is by birth, descending physi- 4 cally from Adam and preserving kinship with him as his natural son and offspring. And this is what the Word of God, who is God and Creator of man, has become, having chosen

βουληθεὶς τὸ ἀνθρώπινον φύραμα—ὡς ἔργον ἰδικὸν καὶ
πλαστούργημα τοῦ τεκόντος Θεοῦ συνθελήσαντος—καὶ
τοῦ συγγενοῦς συνευδοκήσαντος Πνεύματος· μία γὰρ τῆς
μακαρίας Τριάδος ἡ βούλησις, ἐπειδὴ καὶ μία αὐτῆς οὐσία
καὶ θεότης πεπίστευται.

5   Διὰ ταῦτα τὸ Φῶς πρὸς τὸν Λύχνον πορεύεται, τὸν
ἐμὸν φωτισμὸν οἰκειούμενος καὶ ποιῆσαι τὸν λύχνον
οὗπερ ἦν φωτεινότερον· καὶ ὁ Λόγος πρὸς τὴν Φωνὴν
παραγίνεται, τὸν ἀλογωθέντα με ταῖς σαρκὸς ἐπιθυμίαις
καὶ πάθεσι, λογῶσαί τε καὶ σοφῶσαι βουλόμενος· καὶ ὁ
Δεσπότης πρὸς τὸν δοῦλον κατέρχεται, τὸν δοῦλον ἐμὲ
ἐλευθεροῦν ἐφιέμενος· καὶ τῷ στρατιώτῃ ὁ Βασιλεὺς ὑπο-
κλίνεται, εἰς βασιλείαν ἐμὲ προαγόμενος, καὶ ταύτην
οὐράνιον, ἐπειδὴ καὶ αὐτός ἐστι Βασιλεὺς Ἐπουράνιος·
τὸν δρόμον τὸν πρόδρομον ἐνδείκνυται, ὁ πανταχοῦ
παρὼν ὡς Θεὸς ἀπερίγραπτος, καὶ στείλας αὐτοῦ προτρέ-
χειν τὸν Πρόδρομον, καὶ βοᾶν αὐτοῦ τὴν σωτήριον ἄφιξιν,
καὶ κηρύττειν αὐτοῦ τὴν θεουργὸν θεοφάνειαν· θεοῖ γὰρ
ἐμὲ τὸν σαρκικὸν ἐμφαινόμενος, καὶ Θεῷ προσοικειοῖ τῷ
γεννήτορι τὸν πάλαι Θεοῦ φυγάδα γενόμενον, καὶ δραπέ-
την μέχρις αὐτοῦ χρηματίσαντα.

6   Ἀλλὰ καὶ πρὸς τὸν Ἰορδάνην καὶ Ἰορδάνου τὰ νάματα
τῆς ζωῆς ἡ Πηγὴ καὶ τῆς ἀθανασίας ἡ Θάλασσα πρόεισιν,
οὐχ ἁλμυρὸν ἐπικλύζουσα, οὐδὲ φθαρτικὸν ἐπιρρέουσα,
ἀλλὰ ζωοποιὸν πελαγίζουσα, καὶ φωτοειδὲς ἐξαστρά-
πτουσα· ἀλλὰ καὶ πρὸς τὸν Βαπτιστὴν αὐτὸν καὶ βαπτί-
ζοντα μόνον τοῖς ὕδασιν ὁ βαπτίζων ἐν Πνεύματι γίνεται,
καὶ βαπτισθῆναι ζητεῖ καὶ τὴν κάθαρσιν σκήπτεται ὁ

to save the human substance—God the consentient Father's very own work and fashioning—with the agreement of the kindred Spirit; for the will of the blessed Trinity is one, since single also is its essence and divinity, as we believe.

For this reason the Light approaches the Lamp, in order ₅ himself to undertake my illumination and to make the Lamp brighter than it was; the Word comes to the Voice wishing to restore reason and wisdom to me who, because of fleshly desires and passions, has been deprived of reason; the Master comes down to the servant, desiring to free me, the slave; the King bows down before the soldier, in order to lead me to his kingdom, and this is a heavenly kingdom, seeing that He is the King of Heaven. He who is present everywhere, as God uncircumscribed, points the preparatory way, having sent his Forerunner to go ahead of him, to proclaim his saving arrival and to announce his deifying baptism; for by his manifestation He deifies me who is made of flesh and assimilates me to God the Creator, me who long ago became a fugitive from God and remained a runaway until his coming.

And to the Jordan and Jordan's streams comes the Source ₆ of life and the Sea of immortality, not flooding with bitter brine nor streaming with destructive water but overflowing with the water of life and flashing forth in radiant light. And He who baptizes with the Spirit comes to the Baptist himself who baptizes only with water, and requests to be baptized; and He who cleanses the sins of all and washes out

πάντων καθαίρων τὰ πταίσματα καὶ πάντα ῥύπον ψυχικὸν ἀπορρύπτων τῷ Πνεύματι, τὴν ἐμὴν μνηστευόμενος κάθαρσιν καὶ τὴν ἐμὴν τεχνιτεύων λαμπρότητα.

7 Διὰ τοῦτο ἡ Φωνὴ μὲν βοᾷ, κατακτυπεῖ δὲ μεγάλως τὴν ἔρημον καὶ ἐκφοβεῖ τὸν Ἰορδάνην τῷ φθέγματι· "Ἑτοιμάσατε τὰς ὁδοὺς Κυρίου· εὐθείας ποιεῖτε τὰς τρίβους τοῦ Θεοῦ ἡμῶν·" ὁ Θεὸς γὰρ ἦν αὐτοῦ καὶ Πλάστης καὶ Κύριος, ὁ πρὸς αὐτὸν σαρκικῶς ἀφικνούμενος καὶ σαρκικὸν λαμβάνειν ὀρεγόμενος βάπτισμα· τοῦτο γὰρ καὶ πάσης ἦν τῆς ἀρρήτου δικαιοσύνης τὸ πλήρωμα. Τίς γὰρ στόμα φέρων ἀνθρώπινον, ὁ φράσαι Θεοῦ δικαιοσύνην δυνάμενος, ἥτις καὶ πᾶσαν βαθυτάτην τοῖς πταίσμασι φάραγγα τῆς θείας ποιεῖ πληροῦσθαι πληρώσεως, καὶ πᾶν ὄρος τυραννικὸν καὶ ὑπέροφρυ, καὶ πάντα βουνὸν ὑπερήφανον, τὴν κατὰ Θεοῦ νοσοῦντα τυραννικὴν τραχηλίασιν, ταπεινὸν ἀποδείκνυσι καὶ χθαμαλὸν ἀπεργάζεται, καὶ τὰ σκολιὰ εὐθῆ δημιουργεῖ καὶ ὀρθότατα, καὶ τὰ τραχέα καὶ δυσχερῆ καὶ δυσπόρευτα πρὸς λείας ὁδοὺς μετατίθησι, καὶ πρὸς εὐπορεύτους πορείας μεθίστησιν; Ἔχει γὰρ ἰσορροποῦν τῷ θέλειν τὸ δύνασθαι, καὶ σύνδρομον τῇ βουλήσει φέρει τὴν δύναμιν.

8 Ταύτης ὁ Βαπτιστὴς δεδιὼς τὴν ἐμφάνειαν, καὶ μάλα γενικῶς ὑποτρέμων τὴν ἄφιξιν, ὀκνηρότερος γίνεται πρὸς τὴν τῶν αὐτῷ κελευομένων ἐγχείρησιν. Κηρύττων τὸ δι᾽ ὕδατος βάπτισμα, ὅπερ ἦν τοῦ σωτηρίου βαπτίσματος πρόδρομον, ἢ μόνον γὰρ ἐνῆγεν <εἰς> μετάνοιαν τὸν προκαθαρτικῶς αὐτῷ βαπτισάμενον, ἀναδύεται καὶ ἀναβάλλεται καὶ δειλιῶν προφανῶς ὑποστέλλεται, καὶ μεγάλη

with the Spirit every stain on the soul pretends to undergo cleansing, seeking my purification and crafting my illumination.

For this reason the Voice, greatly disturbing the desert 7 and terrifying the Jordan with the sound, proclaims, *"Prepare the way of the Lord, make straight the paths of our God."* For God was both his Maker and his Lord, He who approached him in the flesh, desiring to obtain baptism in the flesh. This was the fulfillment of the complete and ineffable justice; for no human mouth could explain the justice of God which makes even the deepest sin-filled ravine full of divine fulfillment that renders humble and brings down to the ground every tyrannical and haughty mountain, every overweening hill sick with despotic insolence against God; which makes the crooked straight and perfectly aligned; which transforms the rough, difficult and impassable paths into smooth roads, and changes them to highways that are easy to travel. For God's ability to act is in perfect balance with his will, and his power is in full agreement with his wishes.

Fearing God's appearance and quite nervous about his ar- 8 rival, the Baptist becomes somewhat reluctant to carry out the command he had received. So, while proclaiming baptism by water, which was the forerunner of baptism by the Savior, for the former only brought to repentance those who had previously been cleansed by it, he draws back, hesitates and out of fear clearly is reluctant. And catching sight of

βοᾷ τῇ φωνῇ Χριστὸν ὀφθαλμοῖς θεασάμενος, τῆς θείας
Θεοῦ δικαιοσύνης τὸν τέκτονα· *"Ἐγὼ χρείαν ἔχω ὑπὸ σοῦ*
βαπτισθῆναι καὶ σὺ ἔρχῃ πρός με;" Καὶ οὐ ψεύδεται τοῦτο
φθεγγόμενος· ἥττηται γὰρ τῇ τοῦ Θεοῦ δικαιοσύνῃ τὰ
σύμπαντα, καὶ ἀσυγκρίτως κεῖται κατώτερα τῆς ἀκροτά-
της αὐτοῦ καθαρότητος.

9   "Καὶ πῶς βαπτίζεις ὦ Βαπτιστά, αὐτὸς βαπτισθῆναι
δεόμενος; Καὶ πῶς καθαίρεις τοὺς ῥυπαροὺς ἁμαρτήμασι,
χρήζων αὐτὸς τοῦ καθαίροντος;" "Διὰ τοῦτο γάρ," φησί,
"πόρρω τυγχάνων θεϊκῆς τελειότητος, καὶ ἀνθρωπίνων
μολυσμῶν οὐκ ἀμέτοχος," οὐδεὶς γὰρ καθαρὸς ἀπὸ ῥύπου,
οὐδ' ἂν μίαν ἡμέραν μόνον βιώσειε, καὶ οὐδεὶς ἁγνὴν τὴν
καρδίαν ἔχειν καυχήσοιτο, φύσιν χοϊκὴν κληρωσάμενος.
"Ἐγὼ μὲν βαπτίζω ὑμᾶς τοὺς ἐμοῦ πλεῖον ῥυπῶντας τῷ
ὕδατι, μικρὰν ὑμῖν τῇ μετανοίᾳ παρεχόμενος ἔκπλυσιν, καὶ
προκαθαίρων ὥσπερ ὑμᾶς τῆς ἀπείρου τε καὶ δυσεκπλύ-
του ῥυπάνσεως, μέσος δὲ ἕστηκεν, ὃν ὑμεῖς οὐ γινώσκετε,
ὅστις ὑμᾶς πυρὶ βαπτίσει καὶ Πνεύματι, καταφρύγων ὑμῶν
πᾶσαν ἁμαρτημάτων τὴν ἅλωνα, καὶ ἐκφυσῶν πάντα τῆς
ὑμῶν πλημμελείας τὰ ἄχυρα· *οὗ τὸ πτύον χειρὶ τῇ θείᾳ βα-*
στάζεται, καὶ ὅλην αὐτοῦ διακαθαίρει τὴν ἅλωνα, καὶ ᾧ τὸν
μὲν σῖτον αὐτὸς καθαρὸν αὐτῷ προσφερόμενον, καὶ ζιζα-
νίων ὄντα κακίστων ἐλεύθερον, *εἰς ἀποθήκην τιθεῖ τὴν*
οὐράνιον, ὅπου σὴς οὐκ ἐκφαίνεται, καὶ ὅπου λῃστὴς οὐκ
εἰσέρχεται, ὁ μὲν φθείρων κακῶς τὸ ἀπόρρητον, ὁ δὲ κλέ-
πτων χαλεπῶς τὸ θησαύρισμα· *τὸ δὲ ἄχυρον ἀσβέστῳ πυρὶ*
κατακαύσειεν, ὡς ἀποθηκῶν οὐρανίων οὐκ ἄξιον. Ἔχει
δὲ τῆς δικαιοσύνης ὁ πρύτανις καὶ τὴν ἀξίνην τῷ πτύῳ

Christ, the author of the divine justice of God, he cries out in a loud voice, "*I need to be baptized by you, and do you come to me?*" And in saying this he is not being untruthful; for everything is overpowered by God's justice and lies incomparably lower than his sublime purity.

"And how can you baptize, Baptist, when you yourself 9 need to be baptized? And how do you cleanse those filthy with sin, when you yourself stand in need of cleansing?" "I do it," he answers, "despite the fact that I am far from divine perfection and am not without human defilement," for there is no one who is free from stain, not even if he should live for just one day, and no one could boast of having a pure heart, once he has inherited an earthly nature. "*I,* for my part, *baptize with water* you who are more polluted than I, bringing you a small cleansing through repentance and, as it were, giving you a first purification from the limitless pollution that is difficult to dislodge. But there has come into your midst one whom you do not know and who will *baptize you with fire and the Spirit,* clearing by fire the whole threshing floor of your sins and winnowing out all the chaff of your transgression. He is the one who *carries the winnowing fan in his* divine *hand* and *completely cleans his* entire *threshing floor;* He is the one who himself takes the pure grain brought to him already rid of the worst weeds and deposits it in the heavenly storehouse, *where no moth appears and no robber enters,* the one to evilly corrupt the ineffable, the other to seriously rob the treasury; *He will burn the chaff with unquenchable fire,* as not being worthy of the heavenly storehouses. And the Lord of justice has an ax as a companion to his

συνόμιλον, καὶ τῇ ῥίζῃ τῶν δένδρων ἀκόλουθον, πᾶν δέν-
δρον μὴ καρποφοροῦν καρπὸν τὸν θεάρεστον ἀκαμάτως
ἐκκόπτουσαν (Θεοῦ γὰρ τοῦτο δικαιοσύνη ψηφίζεται) καὶ
ἀσβέστῳ πυρὶ παραπέμπουσαν, ἐν ᾧ καὶ τὸ ἄχυρον καί-
εται, ἀκοιμήτῳ φλογὶ βυθιζόμενον.

10   "Μετανοίας οὖν καρπὸν εὐθύνω τὸν ἄξιον, τοὺς μετα-
νοίᾳ δεχομένους τὸ βάπτισμα, καὶ μὴ ταῖς ἐξ Ἀβραὰμ κε-
λεύω προβολαῖς ἐναβρύνεσθαι, ἀλλὰ πίστει καὶ ἔργοις
τοῖς Ἀβραὰμ καλλωπίζεσθαι· τοὺς γὰρ τοῦτο δρᾶν οὐκ
ἐθέλοντας, *ἐχιδνῶν καλῶ δικαίως γεννήματα* καὶ οὐχ
Ἀβραὰμ τοῦ πατριάρχου βλαστήματα. Τοῦτο δέ φημι καὶ
ἀληθῶς ἀποφαίνομαι, ὅτι δύναται ὁ Θεὸς ὁ παντοδύναμος
καὶ *ἐκ λίθων ἀκάρπων* τῆς Ἐθνικῆς ἀγνοίας *ἐγεῖραι τέκνα*
φανότατα, Ἀβραμιαίαις ἀρεταῖς καλλυνόμενα καὶ εἰκότως
αὐτῷ τῷ Ἀβραὰμ διὰ τῆς αὐτῆς οἰκειούμενα πίστεως,
ἅπερ ἐξ ἀγριελαίου παλαιοῦ πάλαι φυόμενα καὶ νεκρότητα
λίθων τῇ ἀκαρπίᾳ μιμούμενα, εἰς καλλιελαίου φύσιν μετά-
γεται, μετακεντριζόμενά τε καὶ μεταλλευόμενα καὶ ἄμει-
ψιν τὴν καλὴν ὑπομένοντα, καὶ καρποφοροῦντα Θεῷ τῷ
τὸν μετακεντρισμὸν αὐτῶν ἐνεργήσαντι καὶ καρπὸν αὐτῷ
θυμηρέστατον, οὐ τὸν παλαιὸν καὶ πικρότατον, ἀλλὰ τὸν
νέον ἀληθῶς καὶ καινὸν καὶ γλυκύτατον· πίστιν φημὶ τὴν
Ἀβραὰμ καὶ ἀμώμητον, ἧς Ἰουδαῖος ὁ *νῦν ἀπωλίσθησε*,
καὶ πράξεις πατριαρχικὰς καὶ προαίρεσιν, ὧν ὁ σαρκικὸς
Ἰσραὴλ ἀποπέπτωκε. *Τὰ γὰρ ἀρχαῖα καὶ παλαιὰ νυνὶ παρε-
λεύσεται, καὶ τὰ πάντα καινὰ Θεοῦ γίνεται* χάριτι, Χριστοῦ
τοῦ τοῖς παλαιοῖς ἐπιλάμψαντος, καὶ δρῶντος αὐτῶν δυ-
νάμει θεϊκῇ τὴν ἐγκαίνισιν, τὴν μὴ κλινομένην ποτὲ πρὸς

winnowing fan and as a suitable instrument for the tree roots; effortlessly it cuts down every tree that does not bear fruit pleasing to God (for this has been decided by the justice of God) and consigns it to the unquenchable fire in which the chaff is consumed, overwhelmed by an unsleeping flame.

"Accordingly, I offer guidance to the worthy fruit of repentance, that is, those who accept baptism with repentance, and I instruct them not to gloat in their descent from Abraham, but rather to pride themselves in the faith and deeds of Abraham; for those who are not willing to do this, I justly call a *brood of vipers* and not offspring of the patriarch Abraham. This I say and truthfully declare, that the all-powerful God is able *to raise up* the most clean and bright *children* even *from* the barren *stones* of Gentile ignorance, adorned with the virtues of Abraham and rightfully related to Abraham himself through the same faith; these children, old offshoots of an ancient wild olive and imitating the deadness of stones in their lack of fruit are transformed into a garden olive; they are grafted and converted, and undergoing the good change they produce for God, who carried out the new grafting, fruit that is most pleasing to him, not the old and very bitter, but the truly young, new and most sweet. I am speaking of the blameless faith of Abraham that the Jew of today has lost, and of that patriarch's actions and choice from which the carnal Israel has fallen away. For *the ancient* and the old *have* now *passed on,* and all things *have become new* by the grace of God, Christ having cast his light upon the old and by divine power having brought about their renewal; a renewal that never declines toward aging,

παλαίωσιν, καὶ φθορὰν παντελῶς οὐ γινώσκουσαν, καὶ ἀφανισμὸν ἰδεῖν οὐκ ἐθέλουσαν. Διὰ τοῦτο γὰρ καὶ Νόμος ὁ Μωσαϊκὸς πεπαλαίωται, καὶ Χριστὸς ἡμῖν *ἀνατέταλκεν*, ὁ πάσης καινιστὴς τῆς ἐξ Ἀδὰμ παλαιότητος, καὶ πάντα νεουργῆ καὶ νεότευκτα σοφίᾳ καὶ σθένει θεϊκῷ προβαλλόμενος."

11 Καὶ ταῦτα μὲν Ἰωάννης βοάτω τὰ ῥήματα τοῖς αὐτὸν ἐρωτᾶν δολερώτατα θέλουσιν, μᾶλλον δὲ Ἰουδαϊκώτατα καὶ κακουργότατα σπεύδουσι· *"Τί οὖν βαπτίζεις, εἰ σὺ οὐκ εἶ ὁ Χριστός, οὐδὲ Ἠλίας, οὐδὲ ὁ προφήτης;"* Χριστὸς μὲν γὰρ αὐτὸς οὐκ ἐτύγχανεν, ἀλλὰ Χριστοῦ προελήλυθε πρόδρομος, κατασκευάζειν πεμφθεὶς *λαὸν αὐτῷ περιούσιον, καλῶν ἔργων ζηλωτὴν* καὶ ἀξίων δηλονότι τῆς χάριτος. Καὶ Ἠλίας οὐκ ἦν ὁ Καρμήλιος, ἀλλ' Ἠλιοῦ προεληλύθει τῷ πνεύματι, καὶ ἄσκησιν Ἠλιοῦ φορῶν καὶ ἐνδύματα, καὶ ἔρημον οἰκῶν ἐξ ἧς Ἠλιοῦ ἐνεργείαις ἀγγελικαῖς <ἀν>αρπάζεται, καὶ *ὡς εἰς οὐρανὸν* (οὐ γὰρ εἰς οὐρανὸν) ἀναφέρεται. Ἀλλ' οὔτε "ὁ προφήτης" Ἰωάννης προώριστο, ὁ τοῖς ἐπιγείοις εἰς σωτηρίαν ἐλθεῖν προσδοκώμενος· Χριστὸν γὰρ ἡμῖν κατεμήνυεν "ὁ προφήτης" μετὰ τοῦ ἄρθρου λεγόμενος, καὶ τοῦτο ἔχων τῆς ἐνηλλαγμένης αὐτοῦ σημασίας τὸ γνώρισμα· "προφήτης" γὰρ καὶ ἕκαστος τῶν προφητῶν προσηγόρευτο, ὡς προφητικοῦ χαρίσματος μέτοχος, ἀλλ' οὐ μετὰ τοῦ ἄρθρου λεγόμενος, οὔτε τὸ ἄρθρον ἔχων τῆς τοιαύτης προηγούμενον κλήσεως. "Ὁ προφήτης" δὲ μόνος ὁ Χριστὸς ὠνομάζετο, ὁ τὴν Πατρικὴν βουλὴν προφθεγγόμενος, ὡς Θεοῦ βουλὴ καὶ Λόγος καὶ σύμβουλος, καὶ πᾶσι προφήταις αὐτὸς διδοὺς

in no way experiences decay and has no intention of seeing itself disappear. It is for this reason that the Mosaic Law has become old, and Christ *has appeared* for us, the one who renews everything old received from Adam, and who by wisdom and divine power makes everything renewed and newborn."

So let John shout out these words to those wishing to II pose a question to him full of deceit, or rather, who are eager to question him in a most evil and Jewish way: "*Then why are you baptizing, if you are neither the Christ, nor Elijah, nor the prophet?*" For he was not himself Christ, but he came ahead of Christ as his forerunner, having been sent to prepare for him *a people of his own who are zealous for good deeds* and worthy of his grace. And he was not Elijah of Mount Carmel, but he came forth in the spirit of Elijah, having the ascetic discipline and wearing the garments of Elijah, and living in the wilderness from which Elijah was snatched by angelic powers and brought up *as far as heaven,* (though not into heaven). And neither was John predetermined as "the prophet," the one expected to come for the salvation of those on earth. For the expression "the prophet" means for us Christ, having the definite article, since this is the indicator of the difference in meaning. For each of the prophets was given the name "prophet" in virtue of their possessing the gift of prophecy, but not with the article, since the definite article does not precede that general term. Only Christ was named "the prophet," as the one who announces in advance the will of the Father, seeing that He is the will and the Word and the counselor of God; and it was Christ himself who gave the capacity for prediction to all prophets and

τὸ προφθέγγεσθαι, καὶ πνεῦμα τὸ προφητικὸν χαριζόμενος, καὶ ταύτῃ τῶν ἄλλων προφητῶν διϊστάμενος καὶ τὴν πρὸς αὐτοὺς οὐ δεχόμενος σύμβασιν.

12 Ἀλλὰ τί τοῦτον ὁ Βαπτιστὴς θεασάμενος, καὶ καταπλαγεὶς αὐτοῦ τὴν ταπείνωσιν, ἔνθους καὶ πληρούμενος πνεύματος ἔφησεν; "Ἐγὼ χρείαν ἔχω ὑπὸ σοῦ βαπτισθῆναι καὶ σὺ ἔρχῃ πρός με;" Καὶ καλῶς ὁ Νόμος λέγει τῇ Χάριτι· ἔχρῃζε γὰρ ὁ Νόμος τῆς Χάριτος, ἐπεὶ μηδὲν ἐλθὼν τετελείωκε, μήτε τὴν ἀνθρωπείαν νόσον ἰάσατο, ἣν ἐν Παραδείσῳ πάλαι ἡ φύσις ἡ ἀνθρωπεία νενόσηκεν, ἀλλὰ παιδαγωγὸς μὲν ἄριστος γέγονε [καὶ] καλῶς εἰς Χριστὸν παιδαγωγήσας τοὺς τὸ βάθος αὐτοῦ τὸ μυστικὸν κατοπτεύσαντας, καὶ οὐ τοὺς μόνῃ τῇ ἐκλήψει τοῦ γράμματος τὴν πᾶσαν αὐτοῦ περιγράψαντας δύναμιν, καὶ πάντῃ αὐτοῦ τὸν σκοπὸν ἀγνοήσαντας, καὶ τὸ ἐν αὐτῷ κρυπτόμενον οὐ νοήσαντας ἅμα.

13 "Ἐγὼ χρείαν ἔχω ὑπὸ σοῦ βαπτισθῆναι καὶ σὺ ἔρχῃ πρός με; Ἁμαρτίαν αὐτὸς οὐ πεποίηκας, καὶ οὐδὲ δόλον ἐκ στόματος ἔλεξας, καὶ τί τοῦ ἐμοῦ προσδέῃ βαπτίσματος; Αὐτός με βαπτίζειν τοὺς ῥυπῶντας ἀπέστειλας, καὶ πῶς σε βαπτίσω τὸν ῥύπον οὐκ ἔχοντα; Πῶς σε βαπτίσω τὸν καθαρὸν καὶ ἀμίαντον, αὐτὸς ἐγὼ τοιαύτην οὐ πλουτῶν καθαρότητα; Πῶς σε βαπτίσω τὸν πάντας καθαίροντα, αὐτὸς τῆς σῆς μᾶλλον χρῄζων καθάρσεως; Πῶς σε βαπτίσω τὸν μετανοίας οὐ χρῄζοντα; Βάπτισμα γάρ μοι μετανοίας δεδώρησαι· τοῦτο τῶν ἁμαρτίαις βεβαρημένων ὑπάρχει τὸ βάπτισμα, οὐδὲ τούτων αὐτοῖς παρεχόμενον ἄφεσιν, ἀλλὰ πρὸς ἐπιστροφὴν καλοῦν καὶ μετάνοιαν, ἵνα

bestowed on them the spirit of prophecy, and in this way He is distinct from the other prophets and does not associate himself with them.

But what did the Baptist say, divinely inspired and filled 12 with the Spirit, when he saw him and was astonished by his humility? *"I need to be baptized by you, and do you come to me?"* And the Law spoke to Grace in the proper way; for the Law was in need of Grace, since it accomplished nothing when it came, nor did it heal the sickness of man which human nature contracted long ago in Paradise; however, it was an excellent instructor and a good guide to Christ for those who saw into its mystical depth, but not for those who restricted its whole power by focusing exclusively on its letter, were completely ignorant of its purpose and failed to understand the healing that was hidden in it.

"I need to be baptized by you and do you come to me? You have 13 not committed any sin, nor has even a word of guile come from your mouth, so why do you need my baptism? It was you who sent me to baptize those who are sullied, so how can I baptize you who are without stain? How can I, not being so rich in purity, baptize you the pure and undefiled? How can I, who rather stands in need of your cleansing, baptize you who cleanse everyone? How can I baptize you who are in no need of repentance? For it was you who gave me the gift of baptism of repentance; this is the baptism of those weighed down by sins, not granting them forgiveness for those sins, but rather calling them to conversion and repentance, in order that they might believe in you the

εἰς σὲ τὸν Σωτῆρα πιστεύσωσιν, ἵνα εἰς σὲ τὸν μετ᾽ ἐμὲ φανησόμενον τὰς ἑαυτῶν ἐλπίδας ἀρτήσωσι. Πῶς σε βαπτίσω τοῖς ὕδασι τὸν βαπτίσαι με μέλλοντα Πνεύματι, οὗπερ ἐγὼ πρὸ πάντων βαπτίσματος δέομαι, ὡς μετὰ πάντων καὶ αὐτὸς μολυσμοῖς ἐνεχόμενος;"

14 *"Ἐγὼ χρείαν ἔχω ὑπὸ σοῦ βαπτισθῆναι, καὶ σὺ ἔρχῃ πρός με;"* Ὁ Λύχνος τῷ Φωτὶ διαλέγεται, ἡ Φωνὴ τῷ Λόγῳ προσφθέγγεται, ἡ πηλὸς τῷ κεραμεῖ ἀποκρίνεται, ὁ δοῦλος τῷ Δεσπότῃ φησὶν ἐκπληττόμενος· "Τί τοῦτο ποιεῖς, ὦ Δέσποτα; Οἶδά σε τίς εἶ καὶ πόθεν ἐλήλυθας· ἐν κοιλίᾳ σε προσεκύνησα, ἐν γαστρὶ ἔτι τελῶν τὴν σὴν ὡμολόγησα δύναμιν· κόλποις ἔτι τοῖς μητρικοῖς ἐνειλούμενος, παρουσίαν τὴν σὴν κατενόησα· μυστικωτάτῳ σκιρτήματι τὴν σὴν ἠγαλλιασάμην χαροποιὸν τοῖς πᾶσι ἐμφάνειαν, καὶ τῇ μητρικῇ γλώττῃ καὶ στόματι κυριότητα τὴν σὴν ἀνεκήρυξα, ἐπεί μοι φύσις τότε λαλεῖν οὐκ ἐπέτρεπε. Νῦν δὲ λαλῶ καὶ ἐξίσταμαι, ἐπειδή μοι λόγον παρέσχηκας καὶ ζῷον λαλητὸν ἐπὶ γῆς <με> ἐδημιούργησας. *Πῦρ καταναλίσκον εἶ* τῇ θεότητι, καὶ πῶς σου τολμήσω ἐφάψασθαι; Οὐκ εὐθέως ὅλως καυθήσομαι, καὶ πυρίφλεκτος τολμητίας γενήσομαι, πρᾶγμα τολμῶν ἀνθρώποις ἀτόλμητον; Παῦσαι, Δέσποτα, ἐμοὶ θεσμοθετῶν τὰ ἀδύνατα· ἀδύνατον γὰρ τοῦτό ἐστι καὶ ἀμήχανον, οὐ μόνον ἀνθρώποις, ἀλλὰ καὶ ἀγγέλοις αὐτοῖς τὸ ἐγχείρημα. Ἕτοιμός εἰμι πρὸς τὴν κέλευσιν, ἀλλὰ φόβος με κωλύει τοῦ πράγματος, καὶ τῆς τοιαύτης ἐγχειρήσεως ἵστησιν. Οἶδ᾽ ὅτι πολλὴν τὴν συγκατάβασιν δέδειχας, πρὸς τοσοῦτον κατελθὼν ταπεινότητος· ἀλλ᾽ ὑπεραίρει τοῦτο τὴν ἀνθρωπίνην εὐτέλειαν. Ποῖον δὲ πῦρ

Savior, that they might pin their hopes on you who will come after me. How can I baptize you with water, you who will baptize me with the Spirit, a baptism that I need more than anyone, because I too along with everyone else am in the throes of defilement?"

"*I need to be baptized by you, and do you come to me?*" The 14 Lamp converses with the Light, the Voice addresses the Word, the clay responds to the potter, the servant asks the Master in astonishment, "Why do you do this, Master? I know who you are and whence you have come; in the womb I bowed down before you; while still in the belly I acknowledged your power; while still wrapped within my mother I perceived your presence; with a most mystical leap I rejoiced at your appearance which brings joy to all, and using my mother's tongue and mouth I proclaimed your lordship, since nature had not at that time entrusted me with speech. Now, however, I can speak and am ecstatic, since you have provided me with speech and *have made* me *a talking animal on earth.* In your divinity you are *all-consuming fire,* so how can I dare to touch you? Will I not straightaway be completely burned and end up a reckless man consumed by flame, having dared a deed that no mortal should attempt? Master, cease from commanding me to perform the impossible, for this endeavor is impossible and beyond the power not only of men, but also of the angels themselves. I am ready to follow your command, but fear holds me back from the deed and keeps me from such an undertaking. I know that you have made a great concession in descending to such a level of humility, but this request is beyond the power of human weakness. What kind of fire can be dipped in water

βαπτισθήσεται νάμασιν, ἢ βαπτισθὲν εὐθὺς οὐ σβεσθήσεται; Σὺ δὲ πῦρ ὑπάρχων ἀΐδιον, πῶς προσκαίροις βαπτισθῆναι κελεύεις τοῖς ῥεύμασι; Πῶς δέ σε ἰδὼν ὁ Ἰορδάνης οὐ φεύξεται, τόπον εὑρηκὼς ἀποδράσεως, εἰ μένειν αὐτὸς αὐτῷ μὴ κελεύσειας; Δύνῃ γὰρ ἅπαντα, ὡς ὄντως ὢν τῶν ἁπάντων ἡνίοχος, Δημιουργός τε καὶ Κτίστης καὶ πρύτανις."

15 "Ἀλλὰ τί ταῦτα;" τὸ Φῶς τὸ ἀληθινὸν πυνθανόμενον πρὸς τὸν Λύχνον φησὶ τὸν φθεγγόμενον· "Εἰ Θεόν με φῂς εἶναι παντοδύναμον, πῶς καὶ τοῦτο δρᾶν οὐ δυνήσομαι, ἵνα σε μὴ φλέξω πυρὶ τῆς πάντα μου φλέγειν δυναμένης θεότητος, τὸν ἐμῇ κελεύσει καὶ οὐ τόλμῃ βαπτίζοντα; Εἰ προφήτης ἐμὸς τυγχάνεις καὶ πρόδρομος, πῶς ὄμμασι προφητικοῖς οὐ τεθέασαι, ὡς μήτρᾳ μὲν παρθένου συνελήφθην καὶ νηδὺς κεκυοφόρηκεν ἄσπορος, καὶ φύσις με θηλείας λελόχευκε; Καὶ πῶς ἐγὼ τεχθεὶς ἀνθρωπότητι παρθενικὸν μαζὸν ἀπεθήλασα, καὶ ὠλέναις μητρικαῖς νηπιάζων βεβάσταγμαι, καὶ οὐδὲν ὧν σὺ δειλιᾷς καὶ πεφόβησαι <...> ταῦτα πάντα σωματικῶς ἐνεργήσας ἐνήργησα. Οὐδὲ γὰρ κρῖναι τὸν κόσμον ἐλήλυθα, ἀλλὰ σῶσαι τὸν κόσμον ἀπὸ θλίψεως πέφυκα, ὡς ἐμὸν καὶ οὐκ ἄλλου τινὸς δημιούργημα. Τί οὖν ἀμελεῖς καὶ ἀναβάλλῃ τὴν κέλευσιν; Ὅρα μὴ κριθῇς ἐξ εὐλαβείας ἀνήκοος, καὶ γένῃ παρακοῆς τῆς πατρῴας συμμέτοχος. Ἐγὼ κελεύω καὶ τί τὸ ἀντίπαλον; Ἐγὼ θεσπίζω καὶ τίς ἀντιτάξεται; Οὐκ ἔστι γὰρ τὸ τοῖς ἐμοῖς ἀντιστῆναι δυνάμενον νεύμασι."

16 Τοῦτο Ἰωάννης πυθόμενος, καὶ παιδευθεὶς ἐκ τῶν παρθενικῶν ἐν ταὐτῷ καὶ μητρικῶν ὑποθέσεων, Χριστοῦ τοῦ

and once dipped will not immediately be quenched? But you who are everlasting fire, how can you give a command to be baptized by temporal water? How will the Jordan not flee, finding a place to escape, when it sees you, unless you yourself command it to stay? For you are all-powerful, as being in reality the controller, Creator, Maker, and presiding power of all things."

"But what do you mean?" the true Light asks the Lamp 15 which converses with it. "If you say that I am God almighty, how am I not capable of this, namely, not to consume you in the fire of my divinity which can burn up everything, when you baptize me by my command and not by your own daring? If you are my prophet and forerunner, how have you not seen with prophetic eyes that I was conceived in the womb of a virgin, a belly that was not impregnated bore me, and I was born through the female organ? Have you not seen that, born as a man, I suckled a virgin's breast, that as an infant I was carried in the arms of a mother? And yet nothing of what you dread and fear took place, and all these things I did while operating in a human body. For I have come not to judge the world, rather I was born in order to save the world from affliction, because it is my creation and not that of any other. Why then are you neglectful and put off my command? See that you are not judged unwilling to listen out of caution or that you share the disobedience of the father Adam. I give a command, and what is the objection? I issue an order and who will gainsay it? For there is nothing that can stand in opposition to my commands."

Having learned this, and instructed by the situation of 16 the Virgin who was at the same time a mother, John ceases

ὄντως ὄντος τὰ μυστήρια ἀντιλέγειν ἢ ἀντιφέρεσθαι πέπαυτο, καὶ πρὸς τὴν πρᾶξιν ἐβάδιζε, καὶ βαπτίζει Χριστὸν Ἰορδάνου τοῖς νάμασι, τὸν Ἰωάννην αὐτὸν ὁμοῦ καὶ τὸ νᾶμα καθαίροντα, καὶ Ἰορδάνην αὐτὸν ἁγιάζοντα. Καὶ τοῦτο δεδρακὼς ὁ θεσπέσιος εὐθέως ὁρᾷ τὸν οὐρανὸν ἀνοιγόμενον, κἀκεῖθεν τὸ Πνεῦμα ἐκ Πατρὸς κατερχόμενον, οὐχ οἷον τῇ οὐσίᾳ καθέστηκεν—τοῦτο γὰρ ὀφθαλμοῖς ἀνθρώπων ἀδύνατον—ἀλλ᾿ ἐν εἴδει περιστερᾶς καθιπτάμενον, καὶ ἐπὶ Χριστὸν αὐτὸν ἀφικνούμενον, ὡς συγγενὲς ὁμοῦ καὶ ὁμόφυλον καὶ τῆς αὐτῆς ὑπάρχον θεότητος. Ἀκούει δὲ καὶ φωνὴν Πατρικήν, ὡς ἐρήμου φωνὴ θεοκίνητος, ὑψηλὸν καὶ διαπρύσιον λέγουσαν· "Οὗτός ἐστιν ὁ Υἱός μου ὁ ἀγαπητός, ἐν ᾧ εὐδόκησα." Ὦ φωνῆς οὐρανίας, μαρτυρούσης μὲν Χριστῷ τὴν αὐτὴν τῷ τεκόντι θεότητα (Πατρὸς γὰρ ἦν ἡ φωνὴ τοῦ γεννήσαντος), μυσταγωγούσης δὲ τοὺς ἀκούοντας καὶ πρὸ πάντων αὐτὸν τὸν Βαπτίσαντα, τῆς μακαρίας Τριάδος τὴν ἀρχικωτάτην τε καὶ ἑνιαίαν θεότητα· τότε γὰρ Πνεῦμα <τὸ> Ἅγιον, ἀδιάστατον ὂν Πατρὸς καὶ Υἱοῦ καὶ ἀχώριστον, ἐκ Πατρὸς ἐπὶ τὸν Υἱὸν κατελήλυθε, τὴν πρὸς ἄμφω φυσικὴν δεικνῦον συγγένειαν, ὡς μίαν νοεῖσθαι καὶ λέγεσθαι ἐν ὁμοτίμῳ Τριάδι θεότητα. Ἥ τε φωνὴ ἐκ Πατρὸς καταθρώσκουσα ἐπὶ τὸν Υἱὸν κατεφέρετο, καὶ τοῦτον εἶναι τῷ Βαπτιστῇ σαφῶς ὑπεδείκνυε Πατρὸς τοῦ βοῶντος Υἱὸν ὁμοούσιον, ὡς ἀΐδιον ἀπ᾿ αὐτοῦ τὴν γέννησιν ἔχοντα, καὶ αὐτῷ φυσικῶς ὁμοιούμενον οὐσίᾳ καὶ μορφῇ καὶ θεότητι, καὶ οὕτως ἀπ᾿ ἀρχῆς καὶ εἰς ἀεὶ διαμένοντα, ὡς οὐκ ἀπ᾿ ἄλλης οὐσίας τεχθέντα καὶ φύσεως, ἢ ἐξ ἑτέρας τινὸς

from opposing or pitting himself against the mysteries of the true Christ. He proceeds to the deed and baptizes, in the waters of the Jordan, Christ who purifies both John and the water, and sanctifies the Jordan itself. And when the holy man has done this, straightaway he sees the heavens open and the Spirit descending thence from the Father, not in its own essence—for that is beyond the power of human eyes—but flying down in the form of a dove and lighting on Christ himself, as being of like kind and kin and sharing the same divinity. And, as the divinely inspired Voice of the wilderness, John hears the voice of the Father speaking from on high in penetrating tones saying, *"This is my beloved Son with whom I am well pleased."* O heavenly voice, testifying that Christ is of the same divinity with his begetter (for the voice was that of Father who generated him), and instructing the hearers and above all the Baptist himself about the most fundamental and unitary divinity of the blessed Trinity. For on that occasion the Holy Spirit, being undivided and inseparable from the Father and the Son, descended upon the Son from the Father, thus demonstrating its natural kinship with both, so as to be considered and pronounced to be a single divinity in a Trinity of equal standing. And the voice descending from the Father came down upon the Son, and it clearly indicated to the Baptist that the Son is consubstantial with the Father who was calling out, that He has his eternal generation from him and that He is naturally like him in essence, form and divinity; that He remains thus from the beginning and for all time, because He has his origin from the Father and not from another essence or

ὑποστάσεως, ἀλλ' ἐκ Πατρὸς γεννηθέντα καὶ τὴν πρὸς αὐτὸν οὐσιώδη ταυτότητα φέροντα καὶ οὐ κατά τι γοῦν παραλλάττουσαν τῶν θεϊκῶν ἀγαθῶν τὴν ἐμφέρειαν. Τοῦτο γὰρ προφητικῶς καὶ ὁ Βαπτιστὴς ἐπεπαίδευτο, καὶ βοῶντος ἀκηκόει τοῦ φύσαντος· *"Εφ' ὃν ἂν ἴδῃς τὸ Πνεῦμα καταβαῖνον καὶ μένον ἐπ' αὐτόν, οὗτός ἐστιν ὁ βαπτίζων ἐν Πνεύματι Ἁγίῳ καὶ πυρί."* Ἔνθεν καὶ πρὸ τῆς μαρτυρίας καὶ πράξεως προφητικώτερον ἔφασκεν· *"Εγὼ χρείαν ἔχω ὑπὸ σοῦ βαπτισθῆναι καὶ σὺ ἔρχῃ πρός με;"* Ὡς γὰρ προφήτης ἀγνότατος τῶν προρρηθέντων ἐθεώρει τὴν ἔκβασιν, ἐπεὶ πῶς πρὸ τοῦ σημείου τε καὶ γνωρίσματος τοῦ δοθέντος αὐτῷ πρὸς τὴν Χριστοῦ τοῦ Σωτῆρος φανέρωσιν, ἐβόα καὶ ἔκραζεν *"Εγὼ χρείαν ἔχω ὑπὸ σοῦ βαπτισθῆναι καὶ σὺ ἔρχῃ πρός με;"*

17 Ἀλλ' ὄντως μεγάλα Θεοῦ τὰ μυστήρια· οὐ μόνον γὰρ προφητείας πνεῦμα τοῖς προφήταις χαρίζεται καὶ τῶν μελλόντων παρέχει τὴν εἴδησιν, ἀλλὰ καὶ πρὸ τῆς τῶν γνωρισμάτων ἀφίξεως, ἐμπνεῖ καὶ αὐτὴν τῶν γνωσθησομένων σημείων τὴν δήλωσιν, καὶ ἐφ' ὃν ταῦτα προελθόντα φανήσεται· τίνος γὰρ ἑτέρου καθέστηκε τὸ πυρὶ βαπτίζειν καὶ Πνεύματι, ἀλλ' ἢ μόνου Χριστοῦ, τοῦ πυρὸς μὲν διὰ τὴν θείαν φύσιν ὑπάρχοντος, ἔχοντος δὲ καὶ τὸ Πνεῦμα τὸ Ἅγιον σύμφυτον, ὡς κοινωνὸν τῆς αὐτοῦ φυσικῆς καὶ οὐσιώδους θεότητος; Οὕτω Χριστὸς κατὰ σάρκα βαπτίζεται, τῆς μακαρίας Τριάδος εἷς γνωριζόμενος, καὶ οὐ διαιρῶν εἰς θεοὺς καὶ θεότητας τὴν μίαν αὐτῆς καὶ οὐ τεμνομένην θεότητα· οὕτω μυσταγωγεῖ τὸν βαπτίζοντα τίς ὁ Βαπτίζων πυρὶ τυγχάνει καὶ Πνεύματι, καὶ τί τὸ

nature or any other hypostasis; that He possesses identity of essence with him and a likeness of divine blessings that does not change in any way. And the Baptist too, like a prophet, was instructed in this and he heard the voice of the Father saying aloud, "*He on whom you see the Spirit descend and remain, this is he who baptizes with the Holy Spirit and fire.*" That is why even before the witness and the deed he said in a prophetic manner, "*I need to be baptized by you, and do you come to me?*" For as a most holy prophet he saw the outcome of those things that had been prophesied, since otherwise how could he have called out and shouted those words, "*I need to be baptized by you, and do you come to me?*" before the sign and proof of Christ the Savior's appearance had been given to him.

But the mysteries of God are truly great. For not only 17 does He bestow on prophets the spirit of prophecy and provides them with knowledge of future events, but even before the arrival of the special signs, He imparts by inspiration the very manifestation of the signs for the things that will be made known, and reveals that one in advance of whom these things will appear. For who else has the power to baptize with fire and the Spirit, if not Christ alone who, on the one hand, is himself the fire on account of his divine nature and, on the other hand, has as his kin the Holy Spirit which shares with him divinity in nature and essence? In this way Christ is baptized in the flesh, being recognized as one of the blessed Trinity and not dividing into gods and deities its one and indivisible divinity. In this way God reveals to the Baptist who it is that baptizes with fire and the Spirit,

μυστήριον τοῦ κατ' αὐτὸν ὑπάρχει βαπτίσματος· οὕτω καθαίρει τὴν φύσιν τοῦ ὕδατος, πυρὶ θεϊκῷ πυρσεύων ὁμοῦ καὶ καθαίρων, τῷ τὰ πάντα μυστικῶς ἐκκαθαίροντι, καὶ περιπνέων καὶ ἁγιάζων τῷ Πνεύματι τῷ τὰ πάντα πνευματικῶς ἁγιάζοντι, οἷς ἂν ἁγιαστικῶς ἐπιφέροιτο καὶ ἐπίπτησιν θεϊκὴν ἐπιδείκνυται.

18 Ποῦ νῦν Ἄρειός ἐστιν καὶ Εὐνόμιος, οἱ τὸν Μονογενῆ δεινῶς πολεμήσαντες καὶ μὴ εἶναι αὐτὸν ὁμοούσιον Πατρὶ τῷ τεκόντι λυττήσαντες, ἵνα καὶ νῦν θεασάμενοι τὸν Υἱὸν ὑπὸ Πατρὸς μαρτυρούμενον, ὡς εἴη ἀγαπητὸς αὐτοῦ Υἱὸς διὰ ταυτότητα φύσεως, αἰδεσθῶσιν αὐτοῦ τὴν θεότητα, τὴν οὐκ ἄλλην οὖσαν παρὰ τὴν Πατρὸς καὶ τοῦ Πνεύματος; Μία γὰρ τῆς μακαρίας Τριάδος ἡ θεότης καθέστηκε, καθὰ καὶ οὐσία μία καὶ φύσις πεπίστευται.

19 Ποῦ νῦν ὁ μιαρός ἐστι Μακεδόνιος, "ὁ Πνευματομάχου" κληρώσας ἀξίως καὶ καλῶς τὸ ἐπώνυμον, ἵνα καὶ νῦν ἴδῃ τὸ Πνεῦμα τὸ Ἅγιον ἀπὸ τοῦ Πατρὸς ἐπὶ τὸν Υἱὸν κατερχόμενον καὶ τὴν ἀχώριστον μονὴν ἐπ' αὐτῷ ποιησάμενον, ὅπως καὶ τὸ τῆς οὐσίας ἀχώριστον ἔργῳ δηλώσοι καὶ πράγματι, ἵνα κἂν νῦν ὁ παγκάκιστος ἔμαθεν, ὡς συγγενές ἐστι καὶ ὁμότιμον Πατρὶ καὶ Υἱῷ τὸ Πνεῦμα τὸ Ἅγιον, ὁμοούσιόν τε καὶ ὁμόφυλον καὶ τῆς αὐτῆς ἀμφοῖν κοινωνοῦν ἀπαραλλάκτως τε καὶ ἀμερίστως θεότητος, καὶ τῆς Πνευματομάχου λύττης λοιπὸν ἀποπαύσοιτο;

20 Ποῦ νῦν ἐστιν "ὁ Θεομάχος" Νεστόριος, ὁ ἕνα τῆς μακαρίας Τριάδος Χριστὸν ὁμολογεῖν μὴ βουλόμενος, ἀλλὰ ψιλὸν αὐτὸν εἰσηγούμενος ἄνθρωπον καὶ ἕνα τῶν καθ'

and what is the mystery of his kind of baptism. In this way He purifies the nature of the water, by burning and cleansing it with divine fire, the fire that purifies all things in a mystical way, and by breathing upon it and sanctifying it with the Spirit, the Spirit that spiritually sanctifies everything upon which it may descend in a rite of sanctification and manifests a divine alighting.

Where now are Areios and Eunomios, who warred terribly against the Only Begotten and raved that He was not consubstantial with the Father who generated him? Where are they, so that even now having seen the Father bear witness that the Son was his beloved Son through identity of nature, they might show respect for his divinity, which is no different from that of the Father and the Spirit? For the divinity of the blessed Trinity is one, just as its essence and nature we believe to be one. 18

Where now is the abominable Makedonios, who justly and rightly obtained the name "Spirit-Fighter"? He might even now see the Holy Spirit descending from the Father upon the Son and making his inseparable abode in him for the purpose of demonstrating in action and fact the inseparability of essence, so that even now the all-evil one might have learned that the Holy Spirit is of the same kin and equal in honor to the Father and the Son; that He is of the same substance and stock, and shares in an indistinguishable and inseparable way the same divinity of both, and thus finally might have brought to an end his raving battle against the Spirit. 19

Where now is Nestorios the "God-Fighter"? He refused to acknowledge that Christ is one of the blessed Trinity, but introduced him as a simple man, using his blasphemous 20

ἡμᾶς δυσφήμῳ διηγούμενος στόματι, καὶ διὰ τοῦτο οὐδ᾽ ἕνα τῆς Τριάδος εἰπεῖν ἀνεχόμενος, ἀλλ᾽ ἕτερον παρὰ τὴν Τριάδα βεβήλως φθεγγόμενος, καὶ τετράδα προσώπων, ὡσαύτως δὲ καὶ ὑποστάσεων, ἀντὶ Τριάδος λυττῶν τοῖς ληρήμασιν, ἵνα κἂν νῦν ὁ πανάθλιος ἔμαθεν, ὡς ὄντως τριὰς ἡ Τριὰς καὶ τετρὰς οὐδέποτε γέγονεν, οὐδὲ μετέπειτα γίνεται. Εἷς γὰρ καὶ μόνος Πατὴρ καθέστηκεν ἅγιος, καὶ εἷς Υἱὸς πέφηνεν ἅγιος, καὶ Πνεῦμα ἓν καὶ μόνον Ἅγιον ἔγνωσται, καὶ διὰ τοῦτο ὁ μὲν Πατὴρ βαπτιζομένῳ τῷ Υἱῷ μεμαρτύρηκε, τὴν φυσικὴν αὐτῷ προσμαρτυρήσας ἀγάπησιν καὶ δι᾽ αὐτῆς τὸ ταὐτὸν τῆς θεότητος, καίτοι σῶμα ἦν τὸ ὁρώμενον καὶ τότε βαπτιζόμενον ὕδατι καὶ τὴν Πατρικὴν μαρτυρίαν δεχόμενον, ἀλλ᾽ οὐ κεχωρισμένον θεότητος, οὔτε τῆς πρὸς αὐτὴν φυσικῆς ἀπερρηγμένον ἑνώσεως· τὸ δὲ Πνεῦμα τὸ Ἅγιον περιστερᾶς ἐν εἴδει καθίπταται καὶ τὸν μαρτυρούμενον τῷ βλέποντι δείκνυσιν, ἐπ᾽ αὐτὸν τῇ πτήσει γενόμενον καὶ ἀπ᾽ αὐτοῦ μηδαμῶς ἀνιπτάμενον, ἀλλὰ μένον ἐπ᾽ αὐτῷ εἰς ἀεὶ διὰ τὴν εἰς αὐτὸν τμηθῆναι μὴ δυναμένην συγγένειαν, καὶ τὸ ταυτοειδὲς τῆς μιᾶς ὁμοῦ καὶ φυσικῆς ἁγιότητος, ἵνα κἂν νῦν ὁ ἐπάρατος ἔμαθεν, ὡς οὐχ ἄλλος ἦν Υἱὸς ὁ Ἰορδάνου βαπτιζόμενος ὕδατι καὶ ἄλλος Υἱὸς ὁ ἔξω διατελῶν τοῦ βαπτίσματος, ὃς καὶ Πατρὶ καὶ τῷ Πνεύματι κατὰ φύσιν ἦν ὁμοούσιος, ἀλλ᾽ εἷς Χριστὸς καὶ εἷς Μονογενὴς καὶ εἷς Υἱὸς καὶ εἷς ἐτύγχανε Κύριος, ὁ τότε σαρκικῶς βαπτιζόμενος, καθὸ ἐξ ἡμῶν (Λόγος ὢν καὶ Θεὸς) ἐσεσάρκωτο, καὶ σῶμα τὸ ἡμῖν ὁμοούσιον ἔσχηκε. Καὶ εἷς ἦν καὶ ὁ αὐτὸς ἀόρατός τε καὶ

mouth to explain him as a human just like us. And so, he did not bring himself to name him one of the Trinity, but profanely called him someone else outside the Trinity. Where now is he who in his silly talk raved about a foursome of persons and hypostases, instead of a Trinity, so that even now the total wretch might have learned that the Trinity is really a threesome and never was nor will it ever be a foursome? For there is one and only one holy Father, and there is one holy Son, and we know one and only one Holy Spirit. And it was for this reason that the Father bore witness for the Son when He was baptized, testifying to his natural love for him and through that love to their identity of divinity. Even though it was a physical body that was seen at that point undergoing baptism by water and receiving the Father's witness, it was not separated from divinity nor was it rent from its natural oneness with divinity. And the Holy Spirit flies down in the form of a dove and shows to the onlooking Baptist the one to whom witness is being borne, coming down upon him in its flight, and never flying away from him, but remaining forever upon him because of the kinship with him that cannot be sundered and the identity of the single and natural sanctity. So where is Nestorios, that the accursed fellow might even now have learned that there was not one Son who was baptized in the water of the Jordan and another Son existing outside of baptism, consubstantial in nature with the Father and the Holy Spirit, but rather one Christ and one Only Begotten and one Son and one Lord, the one who at that time was baptized in the flesh according as (though being Word and God) He became human flesh like us and took on a body of the same substance as ours? And He was one and the same invisible and visible, uncir-

ὁρώμενος, ἀπερίγραφος καὶ περιγραφὴν σωματικὴν οἰκει-
ούμενος, ἀσχημάτιστος καὶ σχῆμα φέρων ἀνθρώπινον,
Θεὸς καὶ σάρξ, Λόγος καὶ σῶμα, φυσικὴν συνάφειαν
ἔχοντα καὶ σύνθεσιν τὴν καθ’ ὑπόστασιν φέροντα, ἥτις καὶ
ἕνα Χριστὸν ἡμῖν καὶ Υἱὸν ἀποδείκνυσι, καὶ οὐ δυάδα
Χριστῶν καὶ Υἱῶν τὸ παράπαν νοεῖν ὑποτίθεται, καὶ σῴζει
μὲν ἑκατέρας τὸ διάφορον φύσεως, ἀναιρεῖ δὲ τῶν δύο
προσώπων καὶ Υἱῶν τὸ διάφορον. Ὁ γὰρ τῆς ἀρρήτου
Λόγος ἑνώσεως οὐκ ἀγνοεῖ μὲν τὴν διαφορὰν καὶ διάκρι-
σιν, οὐδὲ τῶν ἑνωθεισῶν οὐσιῶν τὸ ἀσύγχυτον, ἐξίστησι
δὲ διαμπὰξ τὴν διαίρεσιν καὶ σὺν αὐτῇ τὴν Νεστορίου τοῦ
διαιροῦντος κακόνοιαν, καὶ ἕνα ἡμῖν Υἱὸν καὶ Χριστὸν
παρατίθεται, τὸν τέλειον Θεὸν καὶ τέλειον τὸν αὐτὸν γνω-
ριζόμενον ἄνθρωπον, τὸν καὶ τότε μὲν ὕδασι δι’ ἡμᾶς
βαπτιζόμενον καὶ μετὰ ταῦτα δὲ βαπτίζοντα Πνεύματι,
τὸν ὑπὸ Πατρὸς μὲν φωνῇ θεϊκῇ μαρτυρούμενον, ὑπὸ δὲ
Πνεύματος εἴδει περιστερᾶς τῇ καταπτήσει δεικνύμενον.

21 Ποῦ νῦν Εὐτυχής ἐστιν ὁ θεήλατος, ὁ σῶμα μὴ θέλων
ἀνθρώπινον ἐσχηκέναι Χριστὸν καὶ τοῖς ἀνθρώποις ἡμῖν
ὁμοούσιον, ἀλλ’ ἀσώματον εἰσηγούμενος καὶ μὴ εἶναι
λυττῶν κατὰ ἀλήθειαν ἄνθρωπον; Ἐλύπει γὰρ αὐτὸν ἡ
ἀλήθεια, ἐπειδὴ ψευδολογίας ὑπῆρχε διδάσκαλος· πῶς
γὰρ ἄσαρκος ὢν ἐβαπτίζετο, ἢ πῶς σῶμα μὴ ἔχων ἡμῖν
ὁμοούσιον, τὴν κεφαλὴν ὑπετίθει τῇ χειρὶ τοῦ βαπτίζον-
τος; Σωμάτων γὰρ ἡ ἁφὴ <μὲν> γνωρίζεται, τὸ δὲ ἀνέπα-
φον καὶ ἔξω γνωρίζεται σώματος, τάχα δὲ καὶ τὸ σχῆμα
διώσοιτο καὶ τὸ τριχῇ διαστατὸν ἀπαρνήσοιτο· τοιοῦτον
γάρ ἐστι τὸ ἀσώματον. Ἀλλ’ ὄντως ὁ Λόγος καὶ Θεὸς ὁ

cumscribed and taking on the circumscription of the body, formless and carrying the form of a human, God and flesh, Word and body, possessing a natural oneness and having union of hypostasis, which proves for us that there is one Christ and one Son, and suggests that we get rid of any idea of two Christs and two Sons, and which preserves the distinction of each nature, but does away with any distinction of two persons and two Sons. For the Word is not ignorant of the difference and distinction in the ineffable union, nor is He unaware of the unconfoundedness of the united essences, but He removes completely the division and along with it the evil thought of Nestorios the divider, and presents us with one Son and one Christ who is perfect God and perfect man, recognized as identical, the one who at that time was baptized with water on our account and after this baptizes in the Spirit, the one for whom the Father bore witness with divine voice and who was indicated by the Spirit when it alighted in the form of a dove.

Where now is Eutyches the God-hounded? He did not 21 wish Christ to have had a human body, a body consubstantial with us men, but introduced him as bodiless and raved that He was not truly a man. He was upset by the truth, because he was a teacher of falsehood. For how was Christ baptized, if He did not have flesh, and how could He have placed his head beneath the hand of the Baptist, if He did not possess a body of the same substance as ours? For touch is a characteristic of bodies, while intangibility is a characteristic of something without body and would repulse form and reject the triple dimension; for that is the nature of incorporeality. But truly the Word and God, the incorporeal

ἀσώματος, ἐν γαστρὶ τῆς Θεοτόκου Παρθένου γενόμενος, ἐξ ἀχράντων αὐτῆς καὶ παρθενικῶν αἱμάτων τὸ σῶμα προσείληφε, καὶ τοῦτο ἑαυτῷ καθ' ὑπόστασιν ἥνωσεν, ἐψυχωμένον λογικῇ ψυχῇ κατ' ἀλήθειαν· τούτῳ γὰρ καὶ πᾶς ἄνθρωπος ἀναντιρρήτως γνωρίζεται.

22 Οὕτως ὁ Λόγος ἀσπόρως γενόμενος ἄνθρωπος καὶ κυοφορίας τῆς ἡμῶν ἀνασχόμενος, καὶ ἀληθῶς ἀποτίκτεται, τέλειος ὢν ὁ αὐτὸς ἐν θεότητι καὶ τέλειος ὢν ὁ αὐτὸς ἐν ἀνθρωπότητι, καὶ Θεοτόκον αὐτοῦ τὴν γεννήτριαν δείκνυσι, καὶ παρθένον ὡς ἦν μετὰ γέννησιν μένουσαν (ἐπεὶ πάντα Θεῷ δυνατά), εἷς μένων Υἱὸς ἔξω συγχύσεως καὶ εἷς μένων Χριστὸς ἐκτὸς διαιρέσεως, ἐκ δύο μὲν ἔχων τὴν ἕνωσιν φύσεων—θεότητός τε καὶ ἀνθρωπότητος—καὶ ἐν δύο γνωριζόμενος φύσεσι, θεότητί τε καὶ ἀνθρωπότητι, καὶ οὔτε ἐκεῖ πάσχων ἀνάχυσιν (ἐκ δύο λεγόμενος φύσεων), οὔτε ἐνταῦθα μερισμὸν ὑφιστάμενος (ἐν δυσὶ τελείαις γνωριζόμενος φύσεσιν). Οὕτως οὖν καὶ τότε βαπτίζεται, Θεὸς μὲν ἀφανῶς πιστευόμενος διὰ τὴν ὀφθαλμοῖς οὐ βλεπομένην θεότητα, ἄνθρωπος δὲ καθ' ἡμᾶς θεωρούμενος, καὶ ἁφῇ χειρὸς ψηλαφώμενος καὶ οὕτως ὑπέχων τὴν ὑπερτάτην κεφαλὴν τῇ χειρὶ τοῦ βαπτίζοντος. Θεὸς οὐρανῶν, ὁ αὐτὸς ἀναφὴς καὶ ἀκράτητος, ἁπτὸς ὁ αὐτὸς ὑπῆρχε καὶ κάτοχος σώματι καὶ οὐ φαντασίᾳ φαινόμενος ἄνθρωπος, ὡς ὁ μιαρὸς Εὐτυχὴς τερατεύεται καὶ πρὸ αὐτοῦ Μανιχαῖος λελύττηκε καὶ οἱ τοῦτον ἐκμανῶς ζηλοῦντες Ἀκέφαλοι, ἵνα τούτοις ὁ βδελυρὸς διδασκόμενος, ὡς σῶμα εἶχε Χριστὸς τὸ ἡμέτερον, μηκέτι παραφρονεῖν

one, having come into existence in the belly of the Virgin Mother of God, took on the body from her undefiled and virginal blood and united this hypostatically with himself after it was in truth animated by a rational soul. For this is the characteristic that indisputably marks every human being.

In this way the Word becomes a man without the aid of 22 seed, endures a human pregnancy, and is in truth produced by childbirth, the same Word being perfect in divinity and perfect in humanity. He makes the woman who bore him the Mother of God, and after the birth allows her to remain a virgin, as she was before (for all things are possible to God). He remains one Son without confusion and one Christ without division, out of the two—divinity and humanity—having the unity of natures and being recognized in two natures, in divinity and humanity. Neither in the case of divinity (being said to be of two natures) does He suffer any confusion, nor in the case of humanity (being recognized in two perfect natures) does He undergo any division. In this way, then, He is baptized at that time, on the one hand, as God who is believed without being seen on account of his divinity which is invisible to mortal eyes, and on the other hand, as a human who is visible just like us and able to be felt by the touch of a hand, and thus lowering his most sublime head to the hand of the Baptist. The God of the heavens, who is intangible and beyond reach, became himself subject to touch and confined by a body. He did not appear as a man in fantasy, as the fable of the abominable Eutyches would have it, and as the Manichee before him raved, as well as that man's crazy emulators the Akephaloi. Where now is that loathsome Eutyches so that, instructed by these facts that Christ took a body like ours, he might no longer persist in his mad idea

HOMILIES

καταδέχοιτο, ὡς εἴη Χριστὸς τὸ πρὸς ἡμᾶς φυγὼν ὁμο-
ούσιον καὶ ἄλλου τινὸς κοινωνίαν δεξάμενος σώματος· εἰ
γὰρ ὁμολογεῖ κατ’ ἀλήθειαν ἐν Ἰορδάνῃ Χριστοῦ γενέσθαι
τὸ βάπτισμα, ὁμολογείτω καὶ τὸ σῶμα τοῦ Λόγου, περὶ ὃ
καὶ τὸ βάπτισμα γέγονεν· ὁ γὰρ Λόγος σώματος γυμνω-
θεὶς οὐ βαπτίζεται, ἀλλὰ ἀληθῶς σεσαρκωμένος τὸ βάπτι-
σμα δέχεται· δι’ ἡμᾶς γὰρ τοὺς ἀνθρώπους βεβάπτισται,
ἵνα καθάρας τὴν φύσιν ἡμῶν καὶ τὰ ὕδατα, τελείαν καὶ τὴν
σωτηρίαν ἡμῖν πραγματεύσηται. Καὶ οὐ τούτου γε μόνου
χάριν ὁ Λόγος καὶ Θεὸς καθ’ ἡμᾶς γεγονὼς ἐβαπτίσατο,
ἀλλ’ ἐπειδήπερ αὐτὸς πρὸς Νικόδημον ἔφασκε, τὴν ἡμῶν
δημιουργῶν ἀναγέννησιν, ὡς “ἐὰν μή τις γεννηθῇ ἐξ ὕδατος
καὶ Πνεύματος, οὐ δύναται εἰσελθεῖν εἰς τὴν βασιλείαν τοῦ
Θεοῦ.”

23   Πολλοὶ δὲ πάλιν προφῆται καὶ δίκαιοι, οἱ ποθοῦντες
αὐτοῦ τὴν παρουσίαν θεάσασθαι καὶ ἰδεῖν αὐτὸν ὀφθαλ-
μοῖς ἀφικόμενον σώματι, τῆς παρούσης ζωῆς ὑπεξέβησαν,
ἐξ ὕδατος μὴ γεννηθέντες καὶ Πνεύματος, καὶ διὰ τοῦτο
τῆς οὐρανίου βασιλείας, ταὐτὸν δὲ φάναι τῆς ὄντως ζωῆς,
ἠλλοτρίωντο, κατὰ τὸν ὅρον αὐτοῦ τὸν θεόλεκτον, τὸν
πάντας τῆς οὐρανίου βασιλείας ἐκκλείεσθαι φήσαντα,
τοὺς ἐξ ὕδατος μὴ βαπτισθέντας καὶ Πνεύματος, μήτε τὴν
ἄνωθεν ὑπομείναντας γέννησιν . . . ἐκείνοις τὸ βασιλεύειν
ἐν οὐρανοῖς χαριζόμενος· τῆς τούτων γὰρ βασιλείας ἐστέ-
ρηντο, εἰ μὴ εἰς τὸ αὐτῶν βαπτίζεται πρόσωπον, ὡς πάσης
ἐπέχων τῆς ἀνθρωπότητος πρόσωπον. Διὰ τοῦτο καὶ “υἱὸν
ἀνθρώπου” συχνῶς ἑαυτὸν ἐπωνόμαζεν, ἵνα τῷ ἀορίστῳ
τοῦ τοιούτου ὀνόματος τῶν ἀνθρώπων τὸ κοινὸν ἡμῖν

88

that Christ had avoided consubstantiality with us and accepted union with some other kind of body? For if he agrees that in reality the baptism of Christ took place in the Jordan, let him also admit that it was the body of the Word that received the baptism. For the Word was not baptized stripped of a body, but received baptism having truly become flesh; the Word was baptized for the sake of us men, in order that, having purified our nature and the waters, He might make our salvation perfect. But this was not the sole reason why God the Word became man like us and was baptized; He did this also for the purpose of bringing about our rebirth, as He himself said to Nikodemos, *"unless one is born of water and the Spirit, he cannot enter the kingdom of God."*

But *many prophets and just men,* those longing to witness ²³ his presence and to *behold* with their eyes his coming in bodily form, passed out of the present life without being born by water and the Spirit, and for this reason were excluded from the heavenly kingdom, in other words the real life, according to his divine decree which says that all those, who have not been baptized by water and the Spirit and have not undergone heavenly birth, will be shut out from the kingdom of heaven . . . allowing those men to reign in heaven; for they would be deprived of that kingdom, if Christ did not undergo baptism on their behalf, as being the representative of all humanity. This is why He consistently called himself *"son of man,"* in order that by using that unrestricted term He might indicate to us his common bond

ὑπεμφήνειεν. Ἠδύνατο γὰρ ὡς Θεὸς πάντα δυνάμενος καὶ ἐξ ὕδατος βαπτίσαι καὶ Πνεύματος τοὺς αὐτῷ τῇ πίστει προστρέχοντας, οὐ βαπτισθεὶς αὐτὸς Ἰορδάνου τοῖς ῥεύμασι, καθὰ καὶ Ἰωάννης πεποίηκε, βάπτισμα διδοὺς αὐτὸς μὴ δεξάμενος βάπτισμα. Ἀλλ᾽ ἀνόνητον τοῦτο τοῖς πρὸ αὐτοῦ προφήταις καὶ δικαίοις ἐγίνετο· ἔξω γὰρ τῆς βασιλείας ηὐλίζοντο, ἐξ ὕδατος οὐ βαπτισθέντες καὶ Πνεύματος, μήτε τὴν ἄνωθεν ἀναγέννησιν ἔχοντες. Ἀλλὰ καὶ τοῦτο τῆς αὐτοῦ θεϊκῆς φιλανθρωπίας μέγιστον πέφηνε γνώρισμα, καὶ τῆς αὐτοῦ δικαιοσύνης γνωριμώτατον γίνεται σήμαντρον, ἣν αὐτὸς πληροῦν εἰς ἡμᾶς προελήλυθεν. Ἄδικον γὰρ τοῖς πᾶσιν ἐφαίνετο, εἰ ἐκεῖνοι προφῆταί τε ὄντες καὶ πατριάρχαι καὶ δίκαιοι, οἱ θεαρέστως βιώσαντες καὶ ζωὴν ἐπαινουμένην διώξαντες, ἔργα τε τῆς οὐρανίου βασιλείας τελέσαντες ἄξια, ἔξω τῆς βασιλείας ἀπέμενον, γέννησιν πνευματικὴν οὐ δεξάμενοι, τὴν ἐξ ὕδατος ἡμῖν μετὰ ταῦτα δοθεῖσαν καὶ Πνεύματος· τῷ χρόνῳ γὰρ ἂν διεμέμφοντο καὶ Θεοῦ διαβάλλειν εἶχον τὸ δίκαιον, εἴπερ μὴ πονηρία τις αὐτοὺς παρεξέκλινε πράξεων, ἀλλ᾽ ἡ τοῦ χρόνου διαφορὰ καὶ διάκρισις τὴν κατάκρισιν αὐτοῖς ἐπρυτάνευε. Διὰ τοῦτο Χριστός, ὁ πάσης πληρῶν δικαιοσύνης τὸ ἔννομον, ὑπὲρ αὐτῶν ὡς δικαιοκρίτης βαπτίζεται, ἵνα ἐν αὐτῷ καὶ αὐτοὶ βαπτισάμενοι καὶ τὴν ἄνωθεν εἰσδεξάμενοι γέννησιν καὶ εἰς τὴν ἐν οὐρανοῖς βασιλείαν εἰσέλθωσιν, μηδαμῶς αὐτῆς ἐξειργόμενοι, διὰ τὴν μεγαλοδωρεὰν ταύτην, εἴτ᾽ οὖν τοῦ βαπτίσματος. Καὶ διὰ τοῦτο τάχα καὶ ἡ τῆς ἐρήμου Φωνὴ βοῶσα διαπρύσιον ἔκραζεν· "ἴδε ὁ Ἀμνὸς τοῦ Θεοῦ ὁ αἴρων τὴν ἁμαρτίαν τοῦ κόσμου·"

with humanity. As all-powerful God He could have baptized with water and the Spirit those approaching him in faith, without having been baptized himself in the waters of the Jordan, as John did for him, that is, granting baptism without having himself received it. But this would have been of no help to the prophets and just men who preceded him; for they had their abode outside the kingdom of heaven, having missed baptism by water and the Spirit and not having received the regeneration from on high. And this was the greatest mark of his divine love of humanity and the most conspicuous sign of his justice, for the fulfillment of which He himself came to us. For it would seem unjust to everyone, if those prophets, who were patriarchs and just men, having lived in a way that was pleasing to God and pursued lives that were praiseworthy, and having performed deeds worthy of the heavenly kingdom, remained outside the kingdom, because they had not received the spiritual birth by water and the Spirit which was granted to us who came later. For they could have blamed the era and criticized the justice of God, if it were not some evil in their deeds that sidetracked those men, but it were rather the difference and separation in time that brought condemnation on them. It was for this reason that Christ, who *fulfills completely the law of justice,* is baptized on their behalf as being a just judge, in order that they too, having been baptized in him and having received the rebirth from on high, might enter the heavenly kingdom and, thanks to this immense gift of baptism, might in no way be excluded from it. And perhaps too this is why the *Voice of the desert cried out* clearly, "*behold the Lamb of God, who takes away the sin of the world.*" For

οὐ μόνον γὰρ τὴν διὰ σταυροῦ σφαγὴν ὑπηνίσσετο (ἔμελλε γὰρ ὁ Χριστὸς ὡς Ἀμνὸς τοῦ Θεοῦ ὑπὲρ τῆς τοῦ κόσμου ζωῆς σφαγιάζεσθαι, καὶ λυτροῦσθαι ἰδίου προσχύσεσιν αἵματος τυραννίδος διαβολικῆς ἀνθρώπων τὸ φύραμα), ἀλλὰ καὶ ταύτην τὴν ἐξ ὕδατος καὶ Πνεύματος κάθαρσιν, ἣν ὁ Χριστὸς βαπτισθεὶς ἡμῖν ἐχαρίσατο, καινὴν ἡμῖν δεδωκὼς ἀναγέννησιν, ὕδατι ταύτην καθάρας καὶ Πνεύματι, ἐπειδὴ τὴν προτέραν ὁ προπάτωρ Ἀδὰμ ἐβεβήλωσε καὶ ἐφάμαρτον διὰ τῆς οἰκείας παρακοῆς κατειργάσατο.

24 Τίς οὖν σωφρονῶν καὶ Χριστοῦ νοῶν καλῶς τὰ μυστήρια, οὐκ ἐπὶ ταῖς τοσαύταις αὐτοῦ δωρεαῖς εὐφρανθήσεται καὶ τὴν ψυχὴν φαιδρυνθήσεται, Χριστοῦ γεγονὼς φαιδρότητος ἔμπλεως; Σκιρτήσωμεν οὖν καὶ ἡμεῖς, ποθεινότατοι, τὸ ἐξ ὕδατος λαβόντες καὶ Πνεύματος βάπτισμα, καὶ τὰ ὄρη μιμούμενοι καὶ τοὺς βουνοὺς εἰκονίζοντες, καὶ τὴν δοθεῖσαν ἡμῖν ἀγαλλίασιν τοιούτοις ψυχῆς ὀρχησμοῖς ἐνδεικνύμενοι καὶ ὡς νέον ἅπαξ γενόμενοι φύραμα καὶ τὴν παλαιὰν ἀποθέμενοι γέννησιν, τὴν ῥυπανθεῖσαν ἤδη καὶ μολυνθεῖσαν κακῶς ἁμαρτήμασιν, ἐν καινότητι ζωῆς περιπατήσωμεν καὶ τῶν παλαιῶν μολυσμάτων παυσώμεθα· μὴ χράνωμεν καὶ ταύτην τοῖς πταίσμασιν, ἔργα δόντες τῆς αὐτῆς ἀγλαΐας ἀνάξια· μὴ κώμοις καὶ μέθαις σχολάσωμεν· μὴ κοίταις καὶ ἀσελγείαις ἑαυτοὺς ἐκμιάνοιμεν· μὴ πρὸς ἁρπαγὰς ἑαυτοὺς διεγείρωμεν· μὴ ταῖς κατ᾽ ἀλλήλων ἀμοιβαῖς ἑαυτοὺς καθοπλίζωμεν· μὴ τοῖς ἀλλήλων ἐπιχαίρωμεν πτώμασι· μὴ κακὸν ἀντὶ κακοῦ παρεχώμεθα, ἢ τὰ τούτοις ὅμοια πράσσοιμεν, ἃ τῆς παλαιᾶς ὑπῆρχε γεννήσεως ἴδια, ἃ τοῦ γηΐνου φρονήματος ἐπεφύκει γεννήματα, ἃ Χριστὸς

not only was it hinting at the slaughter by crucifixion (for Christ was destined as the Lamb of God to be slaughtered on behalf of the life of the world and to ransom the *mass of mankind* from the tyranny of the devil by shedding his own blood), but it was also referring to this purification by water and the Spirit, which Christ gave to us as a gift through his baptism, having bestowed on us a new birth after He had cleansed it by water and the Spirit, because the first birth had been defiled by the forefather Adam, who rendered it sinful by his own disobedience.

What virtuous person, then, with a good understanding of Christ's mysteries, will not be overjoyed and have his soul brightened by such great gifts from him, being filled with the splendor of Christ? Let us too, then, dearly beloved, *jump with joy,* after receiving baptism by water and the Spirit, and imitating the *mountains,* becoming *like the hills,* demonstrating by such dances of the soul the happiness that has been given to us, becoming once and for all *new dough* and setting aside the old birth which was already badly stained and defiled by sin, *let us walk in newness of life* and let us cease from the old defilements; let us not sully this new life by sinning, by paying back with deeds unworthy of its shining brightness; let us not spend our leisure *in reveling and drunkenness;* let us not pollute ourselves *in debauchery and licentiousness;* let us not arouse ourselves for robbery; let us not arm ourselves with retribution against one another; let us not rejoice in the failings of others; let us not trade evil for evil, or do things that are similar to these; for they are the marks of the old birth and are the offspring of earthly thinking, things that Christ brought to an end by his

ἐπιφανεὶς καταλέλυκε καὶ τὴν ἄνωθεν ἡμῖν ἀναγέννησιν
δέδωκε, οὐκ ἐξ αἱμάτων φθορᾶς τὴν πρόοδον ἔχουσαν,
ἀλλ᾽ ἐξ ὕδατος ἡγιασμένου καὶ στίλβοντος, καὶ Πνεύμα-
τος θεϊκῶς ἁγιάζοντος τὰ ἁγιασμοῦ θεϊκοῦ προσδεόμενα
καὶ καθάρσεως μυστικῆς ἐφιέμενα. Καθαρθέντες οὖν κα-
λῶς τῇ καθάρσει τοῦ Πνεύματος, καὶ πάντα μολυσμὸν
ἀποθέμενοι τῇ μυστικῇ προσψαύσει τοῦ νάματος, καὶ τῇ
πυρώσει τοῦ τὸ νᾶμα περιπνέοντος Πνεύματος, καθαροὶ
καθαρῶς τὸ Χριστοῦ καθαρὸν ἑορτάσωμεν βάπτισμα, καὶ
λαμπροὶ λαμπρῶς Χριστῷ τῷ λαμπροδότῃ προσέλθοιμεν,
καὶ φαιδροὶ φαιδρῶς τῷ φαιδροποιῷ Χριστῷ προσπελά-
σοιμεν· οὕτω γάρ, εἰ προσέλθοιμεν, ζωὴν καθαρὰν καὶ
ἀμόλυντον ἔχοντες, ἀσμένως ἡμᾶς καὶ γεγηθότως προσ-
δέξεται, καὶ μάλιστα τὸ δῶρον αὐτοῦ θεασάμενος, καθα-
ρὸν ἐν ἡμῖν φυλαττόμενον καὶ μὴ χρανθὲν ἁμαρτίας
μολύσμασι· τοιοῦτο γὰρ ἡμᾶς αὐτὸ καὶ πάντως αὐτῷ
παριστᾶν ἀπαιτήσειεν, ὁποῖον ἡμῖν τοῦτο δεδώρηται.

25 Ἀλλά με τὰ πράγματα ἐναντία φρονεῖν περὶ τῆς ἡμῶν
ἀναγκάζει βιώσεως· πόθεν γὰρ παρ᾽ ἡμῖν πολιτεύονται πό-
λεμοι; Πόθεν βαρβαρικαὶ πλεονάζουσιν ἔφοδοι; Πόθεν
Σαρακηνῶν ἡμῖν ἐπανίστανται φάλαγγες; Πόθεν τοσαύτη
φθορὰ καὶ λεηλασίαι πεπλήθυνται; Πόθεν ἀνθρωπίνων
αἱμάτων ἐκχύσεις ἄπαυστοι γίνονται; Πόθεν τὰ ἀνθρώ-
πεια σώματα ἐσθίουσι τὰ πετεινὰ τοῦ οὐρανοῦ; Πόθεν
ἐκκλησίαι καθῄρηνται; Πόθεν σταυρὸς ἐνυβρίζεται; Πό-
θεν Χριστὸς αὐτός, ὁ πάντων τῶν ἀγαθῶν δοτὴρ καὶ ταύ-
της ἡμῶν χορηγὸς τῆς φαιδρότητος, ἐθνικοῖς βλασφη-
μεῖται τοῖς στόμασι καὶ κράζει πρὸς ἡμᾶς δικαιότατα

appearance when He gave us the gift of rebirth from on high, a rebirth that does not proceed from the perishable blood, but from hallowed and sparkling water, and from the Spirit that divinely sanctifies everything needing divine sanctification and seeking mystical cleansing. Having been well cleansed, then, by the purification of the Spirit and having removed every stain through the mystical contact of the water and by the burning of the Spirit as it blows around the water, let us thus purified celebrate in a pure manner the pure baptism of Christ; and shining bright let us brightly approach Christ the giver of brightness; and in our splendor let us draw splendidly close to Christ the creator of splendor. For if we thus approach him, with our lives pure and spotless, He will gladly and joyfully receive us, especially when He sees his gift kept pure by us and not sullied by the stains of sin; for He will assuredly require us to return it to him in the condition in which He gave it to us.

Circumstances, however, lead me to negative thoughts 25 about the way we live our lives. For what is the cause of wars that are prevalent among us? Why are there so many barbarian raids? Why is it that contingents of Saracens attack us? Why do we experience such increasing destruction and plundering? Why is there ceaseless shedding of human blood? Why do the birds of the air feed on the corpses of men? Why are churches demolished? Why is the cross subjected to insult? Why is it that Christ himself, the giver of all good things and the provider of this our splendid feast day, is blasphemed by heathen mouths and cries out to us these

"δι' ὑμᾶς τὸ ὄνομά μου βλασφημεῖται ἐν τοῖς ἔθνεσιν," ὅπερ ἡμῖν πάντων ἐστὶν τῶν συμβαινόντων δεινῶν φορτικώτερον; Ἐκ τούτου γὰρ καὶ Σαρακηνοὶ θεομισεῖς καὶ ἀλάστορες καὶ αὐτὸ σαφῶς τὸ τῆς ἐρημώσεως βδέλυγμα, τὸ προφητικῶς ἡμῖν προλεγόμενον, καὶ τόπους οὓς οὐ δεῖ διατρέχουσι καὶ πόλεις ληΐζονται, ἀγροὺς ἐκθερίζουσι καὶ κώμας πυρὶ κατακαίουσι, καὶ ἐκκλησίας ἁγίας φλογίζουσι, καὶ ἱερὰ μοναστήρια στρέφουσι, καὶ παρατάξεσι Ῥωμαϊκαῖς ἀντιτάττονται, καὶ πολεμοῦντες ἐγείρουσι τρόπαια καὶ νίκας νίκαις συνάπτουσι καὶ μειζόνως ἡμῶν κατεπαίρονται καὶ τὰς εἰς Χριστὸν αὐτῶν βλασφημίας ἐπαύξουσι καὶ πρὸς ὕψος τὸ κέρας ἐπαίρουσι, καὶ κατὰ τοῦ Θεοῦ βλασφημοῦσιν ἀθέμιτα, καὶ τῶν ὅλων κρατεῖν οἱ θεομάχοι φρυάττονται, τὸν στρατηγὸν αὐτῶν ἀσχέτως διάβολον μετὰ πάσης σπουδῆς ἐκμιμούμενοι κἀκείνου τὸν τῦφον ζηλώσαντες, δι' ὃν ἀπ' οὐρανοῦ καταβέβληται καὶ σκότος ζοφερὸν ἀποδέδεικται· ἅπερ οὐκ ἂν οἱ μιαροὶ διεπράττοντο, οὔτε τοσαύτην ἰσχὺν προσεκτήσαντο, ὡς τοσαῦτα πράττειν ἀθέσμως καὶ φθέγγεσθαι, εἰ μὴ πρῶτοι τὸ δῶρον ἡμεῖς ἐνυβρίσαμεν καὶ τὴν κάθαρσιν ἡμεῖς ἐμιάναμεν πρώτιστοι, καὶ ταύτῃ τὸν δωροδότην Χριστὸν λελυπήκαμεν καὶ πρὸς τὴν καθ' ἡμῶν ὀργὴν αὐτὸν παρωτρύναμεν, ἀγαθόν τε ὄντα καὶ κακοῖς μὴ ἡδόμενον, φιλανθρωπίαν πηγάζοντα καὶ φθορὰν καὶ ἀπώλειαν ἀνθρώπων ἰδεῖν οὐκ ἐθέλοντα. Ἀλλ' ὄντως ἡμεῖς τούτων ὅλων καθεστήκαμεν αἴτιοι καὶ λόγος οὐδεὶς ἀπολογίας ἡμῖν εὑρεθήσεται· ποῖος γὰρ λόγος ἢ τόπος ἡμῖν πρὸς ἀπολογίαν δοθήσεται,

most just words, *"on account of you my name is blasphemed among the heathens,"* a thing that is harder to bear than all these troubles which have befallen us? As a result of that, the God-hating and wicked Saracens, who are clearly the very *abomination that makes desolate* that was foretold to us by the prophet, overrun places which they should not and plunder cities, cut down the crops of the fields and burn down villages, send holy churches up in flames and overturn holy monasteries; they range themselves against the Roman ranks, in their battles they raise trophies and add victory to victory, and they act with great arrogance toward us; they show increasing irreverence to Christ, raise *their horn on high,* and utter wicked blasphemies against God; these enemies of God boast that they will conquer the world, with all eagerness following to the last detail the example of their general, the devil, and emulating the arrogance that caused him to be thrown out of heaven and turned into gloomy darkness. The abominable Saracens would not have carried out these deeds nor would they have gained so much power to enable them to do and say such lawless things, if we had not first abused God's gift and had not from the very beginning sullied the purification, and in this way pained Christ the giver of the gift and goaded him into anger against us, Christ who is good and takes no pleasure in evil, who is overflowing with love of mankind and does not want to see the destruction and perdition of men. But we are truly the cause of all these troubles and there is no excuse to be offered in our defense; for what excuse or ground will we find to defend ourselves seeing that, after receiving such great gifts

τοσαῦτα παρ' αὐτοῦ λαβόντες δωρήματα καὶ πάντα ῥυπά-
ναντες καὶ πάντα μιαραῖς ἐκμιάναντες πράξεσιν;

26 Ἀλλ' εἴ μοι νῦν ἱκετεύοντι πείθεσθε—πεισθῆναι δὲ
πάντως ὀφείλετε, καλῶς ὑμῖν καὶ πατρικῶς συμβουλεύ-
οντι—καὶ λόγοις, ἀδελφοί, τοῖς ἐμοῖς ὑποκλίνεσθε, μετα-
νοίᾳ τὴν τοσαύτην φορὰν τῶν κακῶν ἐξιλεωσώμεθα καὶ
πρὸς αὐτὸν ἐκ ψυχῆς ἐπιστρέψωμεν· ἄλλη γὰρ σωτηρίας
ἐλπὶς ἡμῖν οὐ διώρισται· οὔτε γὰρ οἰκτίρμων ὢν φυσικῶς
καὶ φιλάνθρωπος παρόψεται ἡμῶν τὴν μετάνοιαν, ἀλλὰ
χαίρων εὐθέως προσδέξεται καὶ τῶν δεινῶν ἡμᾶς ἀπαλ-
λάξειεν· διὰ τοῦτο γὰρ αὐτὰ καὶ προελθεῖν συγκεχώρηκεν,
ἵνα ἐν κημῷ καὶ χαλινῷ ἄγξας ἡμῶν τὸ ἀτίθασσον, προσ-
εγγίζειν αὐτῷ καὶ προσπελάζειν ποιήσειεν, ἵνα μὴ οὕτω
τῆς παρούσης ζωῆς ἐξερχόμενοι τὴν σὺν τῷ κόσμῳ
κατάκρισιν λάβοιμεν, ἀτελευτήτως ἡμᾶς βασανίζουσαν
καὶ εἰς ἀεὶ δειναῖς ἡμᾶς ταῖς αἰκίαις ἀλγύνουσαν.

27 Διόπερ, ἀδελφοί, τὸ τάχος πρὸς μετάνοιαν ἴδωμεν καὶ
πρὸς τὸ συμπαθὲς αὐτὸν ἐπικλίνωμεν· ἐπικλίνεσθαι γὰρ
φιλεῖ πρὸς συμπάθειαν, διὰ τὴν ἔμφυτον αὐτοῦ καὶ θεϊκὴν
ἀγαθότητα, ἢ διεγείρεσθαι πρὸς ἀπήνειαν καὶ τῶν δρωμέ-
νων ἡμῖν κακῶν ἐπεξέλευσιν. Εἰδότες γοῦν αὐτοῦ τὸ φι-
λάνθρωπον, φιλανθρωπίᾳ πρὸς αὐτὸν ἐπισπεύσωμεν καὶ
ἔργοις αὐτὸν ἀγαθοῖς ἐπευφράνωμεν, φωτεινὰ φοροῦντες
ἐνδύματα καὶ περιβόλαια ψυχῆς λαμπρὰ περικείμενοι, καὶ
φαιδροὶ ὅλοι καὶ ἀσκότιστοι τοῖς ὀφθαλμοῖς αὐτοῦ θεω-
ρούμενοι, καὶ οὕτως αὐτοῦ τὴν φαιδροτόκον ἑορτὴν ἑορ-
τάζοντες καὶ πανήγυριν ἄγοντες, τὴν πάσης μητέρα λαμ-
πρότητος καὶ πάσης ἀγλαΐας γεννήτριαν, ἵνα καὶ εἰς τὴν

from him, we defiled them all and thoroughly polluted them by our abominable actions?

But if you listen to my plea—and you surely ought to obey 26 when I offer you good fatherly advice—and give heed to my words, brethren, then let us turn to God with all our soul and by our repentance let us atone for such a great burden of evils. For no other hope of salvation has been granted to us. Being by nature full of pity and love of mankind, God will not disregard our repentance; rather He will accept it readily and with joy, and He will save us from these troubles. Indeed the reason why He permitted these things to happen was in order that, *having curbed* our indomitable nature *with muzzle and bit,* He might make us approach and come close to him, so as to prevent our leaving this life in that state and receiving his condemnation along with the world, which would subject us to unending torture and eternal pain by awful torments.

Wherefore, my brothers, let us with all speed look to re- 27 pentance and let us incline God to sympathy; for on account of his innate divine goodness He is more wont to lean toward sympathy than to be aroused to harshness and to punishment for the evils we have committed. So being aware, then, of his love of mankind, let us with love of our fellow man hasten to him and gladden him by our good deeds, clad in shining garments and covered by the brilliant cloaks of our souls, appearing to his eyes all bright and without a trace of darkness, in this manner taking part in his light-producing feast and celebrating his festival, the mother of all splendor and maker of all brilliance, in order that we may enter his

ἐν οὐρανοῖς αὐτοῦ βασιλείαν εἰσέλθοιμεν καὶ τῆς ἐκεῖ φωτοφορίας μετάσχοιμεν καὶ τῶν αἰωνίων ἀγαθῶν ἀπολαύσοιμεν, ἀπόλαυσιν τὴν ὄντως ἀκράδαντον καὶ μόνην σταθηρὰν καὶ ἀσάλευτον, ἐν αὐτῷ Χριστῷ τῷ Κυρίῳ καὶ Θεῷ καὶ Σωτῆρι τῆς ἡμῶν ἀσθενοῦς ταπεινότητος, τῷ εἰς τοσοῦτον ἑαυτὸν δι' ἡμᾶς ταπεινώσαντι καὶ κοινωνοὺς ἡμᾶς τῶν οἰκείων ὑψωμάτων ποιήσαντι· μεθ' οὗ Πατρὶ τῷ γεννήσαντι, σὺν τῷ παναγίῳ καὶ πάντων κτιστῶν αὐτῷ συνδεσπόζοντι Πνεύματι, καὶ οὐσίᾳ θεϊκῇ βασιλεύοντι, δόξα, τιμή, κράτος, μεγαλωσύνη τε καὶ προσκύνησις πάντοτε, νῦν καὶ ἀεὶ καὶ εἰς τοὺς αἰῶνας τῶν αἰώνων. Ἀμήν.

kingdom in heaven and participate there in the procession of lights and have the enjoyment of the good things that last forever, the enjoyment that is truly unchanging and uniquely steadfast and unshakeable, in Christ himself our Lord and God, the Savior of our weakness and lowliness, Christ who debased himself so much on our account and made us fellows of his own sublimity; along with him, to God the Father together with the all-holy Spirit who holds sway with him over all creation and reigns by his divine essence, may there be glory, honor, power, majesty and adoration for all time, now and forever and for all the ages. Amen.

4

Τοῦ ἐν ἁγίοις πατρὸς ἡμῶν Σωφρονίου ἀρχιεπισκόπου Ἱεροσολύμων· Λόγος εἰς τὴν Ἀπαντὴν τοῦ Κυρίου καὶ Σωτῆρος ἡμῶν Ἰησοῦ Χριστοῦ

Ἄλλο Χριστοῦ τοῦτο μυστήριον, ἄλλο τοῦτο Χριστοῦ τοῦ Θεοῦ ἡμῶν μεγαλούργημα· μεγάλα γὰρ ἀεὶ Χριστοῦ τὰ θαυμάσια, καὶ λόγων ἁπάντων νικῶντα τὴν ἔφοδον καὶ σοφίας ἁπάσης ὑπερβαίνοντα δύναμιν, οὐ μόνον ἀνθρώπων, ἀλλὰ καὶ ἀγγελικῶν καὶ ἀοράτων δυνάμεων, εἴπερ τις καὶ λόγος καὶ γλῶττα, τοῖς ἀνθρώποις ἡμῖν ἀκατάληπτος, τοῖς οὐρανίοις ἀγγέλοις ἠφόρισται. Διὸ καὶ μετὰ Παύλου τοῦ μεγάλου μεγαλοφώνως βοήσομαι, *"Ποῦ σοφός; Ποῦ γραμματεύς; Ποῦ συζητητὴς τοῦ αἰῶνος τούτου;"* Ποῦ τὰ ῥητόρων κομψεύματα; Ποῦ τὰ φιλοσόφων προβλήματα; Ποῦ τὰ γραμματικῶν παιδιώδη τεχνάσματα; *Ὄντως ἐμώρανεν ὁ θεὸς τὴν σοφίαν τοῦ κόσμου τούτου* καὶ περιττὴν αὐτὴν καὶ ματαίαν καὶ ἀνόνητον ἔδειξεν. Διὰ τί; Ἐπείπερ καὶ αὐτὴ δῶρον ὑπῆρχε καὶ χάρισμα, καὶ Ἕλλησι τοῖς ἀπίστοις ἐδέδοτο πρὸς ἐπιστροφὴν Θεοῦ καὶ ἐκζήτησιν, καὶ τὴν ἐκ πλάνης ματαίας ἀνάνηψιν. Ἐπεὶ δὲ διὰ τῆς σοφίας τοῦ κόσμου οὐκ ἔγνω ὁ κόσμος τὸν Θεόν, εὐδόκησεν ὁ Θεὸς διὰ τῆς μωρίας τοῦ κηρύγματος σῶσαι τοὺς πιστεύοντας.

Homily 4

Sophronios, Archbishop of Jerusalem, Our Father Among the Saints: Homily on the Presentation of Our Lord and Savior Jesus Christ

This is another mystery of Christ; this is another mighty work of Christ our God. For the wondrous deeds of Christ are always great, overwhelming the force of all words and exceeding the power of all wisdom, not only of men but also of angelic and unseen powers, even if a separate language and tongue, incomprehensible to us humans, has been reserved for the heavenly angels. Therefore, I will cry out with loud voice along with the great Paul, *"Where is the wise man, where is the scribe, where is the debater of this age?"* Where are the clever refinements of rhetors, where are the problems posed by philosophers, where are the puerile artifices of grammarians? Truly *God has made foolish the wisdom of this world* and shown it to be superfluous, empty and without benefit. Why did He do this? Because wisdom was a gift and a favor; it was given to the unbelieving Hellenes as a means to turn around and seek out God and to recover from their vain error. *However,* through *the wisdom* of the world, *the world did not recognize God, so it pleased God through the folly of what we preach to save those who believe.*

2 Καὶ εἰκότως σὺν Παύλῳ ταῦτα βοῶ καὶ αὐτὸς ἐγὼ καὶ νῦν θαυμαστικῶς ἐπιφθέγγομαι, "Ὦ βάθος πλούτου καὶ σοφίας καὶ γνώσεως Θεοῦ· ὡς ἀνεξερεύνητα τὰ κρίματα αὐτοῦ καὶ ἀνεξιχνίαστοι αἱ ὁδοὶ αὐτοῦ·" οὐδεὶς γὰρ ἔγνω νοῦν Κυρίου οὐδέ τις αὐτοῦ σύμβουλος γέγονεν. Πῶς γὰρ τὸ κτίσμα τὸν νοῦν ἀθρήσοι τοῦ Κτίσαντος, ἢ καταλαβεῖν αὐτοῦ δυνηθῇ τὴν διάνοιαν; Ἢ πῶς τὸ ποίημα συμβουλεύσοι ποτὲ τῷ Ποιήσαντι, ὡς τῆς αὐτοῦ συμβουλίας ἐγχρῄζοντι καὶ δεομένῳ τοῦ ἀτελοῦς πρὸς τελείωσιν; Διὰ τοῦτο μωρία παρὰ τοῖς ἀσόφοις τὸ Κήρυγμα, ἐπειδὴ τῶν ἀνθρώπων ἡ σοφία μεμώρανται· διὰ τοῦτο Ἀκαδημία κατηύνασται, διὰ τοῦτο ἡ Στοὰ σεσιώπηται, διὰ τοῦτο ἀργεῖ ὁ Περίπατος, διὰ τοῦτο καθεύδει τὸ Λύκειον, διὰ τοῦτο Ἀθῆναι πεπάτηνται, ἵνα μή, Θεὸν ἀφέντα τὸν Κτίσαντα, Θεοῦ θεοποιῶσι τὰ κτίσματα· κατὰ Θεοῦ γὰρ ταῦτα τὴν Θεοῦ σοφίαν ἐστράτευσαν, Θεοῦ μείζονα τὰ ὁρώμενα κρίνοντα, καὶ οὐ Θεὸν ὁρᾶν τὸν τούτων Ποιητὴν ἐφιέμενα· διὰ τοῦτο μεμώρανται, διὰ τοῦτο σεσίγηται, διὰ τοῦτο πρὸς λήθης βυθὸν ἐξηκόντισται.

3 Ἔνθεν ἡ Ναζαρὲθ προφητεύεται, ἐν ᾗ Θεοῦ τὰ Εὐαγγέλια λέλεκται· ἔνθεν ἡ Βηθλεὲμ προκηρύττεται, ἐν ᾗ Θεὸς σαρκικῶς ἀποτίκτεται· <ἔνθεν ἡ Ἱερουσαλὴμ προαγγέλλεται,> ἐν ᾗ Θεὸς θαυματουργῶν πολιτεύεται· ἔνθεν ὁ Γολγοθᾶς προμηνύεται, ἐν ᾧ Θεὸς σταυρὸν καταδέχεται· ἔνθεν ἡ Ἀνάστασις ᾄδεται, ἐν ᾗ Θεὸς ταφεὶς ἐξανίσταται· ἔνθεν ἡ Σιὼν προφητεύεται καὶ τὰ πλευρὰ τοῦ βορρᾶ προμηνύεται, ἐν ᾗ Χριστὸς ἀναστὰς ἐκ νεκρῶν ἐμφανίζεται· ἔνθεν τὸ τῶν Ἐλαιῶν Ὄρος δοξάζεται, ἀφ' οὗ Θεὸς εἰς

It is with good reason, then, that I too shout out these 2
words with Paul and now in admiration I quote him, "*O depth of the riches and wisdom and knowledge of God! How unsearchable are his judgments and how inscrutable his ways!*" For no one has known the mind of the Lord, nor has anyone been his counselor. How could the creature look upon the mind of the Creator or be able to comprehend his thinking? Or how could the thing made ever give counsel to the Maker, as if the Maker were in want of its counsel or needed the imperfect for his perfection? For this reason, the Gospel is foolishness in the eyes of the unwise, since the wisdom of men has been turned into foolishness. For this reason, the Academy has ceased activity, the Stoa has fallen silent, the Peripatos lies idle, the Lyceum slumbers, and Athens has been humbled, namely, in order that these places, having rejected God the Creator, not turn God's creations into gods. For they waged war against God and the wisdom of God, judging visible things to be greater than God and not wishing to contemplate God, the Maker of those things. This is why they have been rendered foolish, this is why they have been made silent, this is why they have been hurled to the depths of oblivion.

Hence Nazareth is prophesied, where the Gospel of God 3
is announced; hence Bethlehem is proclaimed in advance, where God is born in the flesh; hence Jerusalem is foretold, where God is active and performs his miracles; hence Golgotha is predicted, where God accepts the cross; hence the place of the Resurrection is celebrated, where God arises after his burial; hence Sion is foretold and *the northern side* is predicted, where Christ appears after his resurrection from the dead; hence the Mount of Olives is glorified, from where

οὐρανοὺς ἀνθρωπίνως ἀνέρχεται. Ἐξηνέχθη τὰ πρότερα, ἀντεισήχθη τὰ δεύτερα· ἐκεῖνα μεμώρανται, ταῦτα σεσόφισται· ἐκεῖνα τετέφρωται, ταῦτα πεφαίδρυνται· ἐκεῖνα δικαίως ἠτίμωται, ἐπειδὴ Θεὸν οὐ τετίμηκε, ταῦτα πρεπόντως δεδόξασται, ἐπειδὴ Θεὸν ὡς ἔδει δεδόξακεν. Ἐκεῖνα γὰρ τοῖς ἀνθρώποις ὑπῆρχε προσκόμματα, εἰς ἀπώλειαν φέροντα, εἰς Ἅιδου βυθὸν καταφέροντα· ταῦτα τοῖς ἀνθρώποις τυγχάνει σωτήρια, ἐκ θανάτου πρὸς ζωὴν ἐπανάγοντα, καὶ ἀπὸ γῆς εἰς οὐρανοὺς ἀναφέροντα. Ἐκείνων εἰς λήθην ἐλάσαντες, ταῦτα νῦν ἑορτάζομεν, ταῦτα πανηγυρίζομεν σήμερον· τούτοις εἰκότως τελούμεθα· Θεοῦ γάρ εἰσι τελεταὶ καὶ μυστήρια, ἀνθρωπίνως μὲν ἐκτελούμενα, τελειοῦντα δὲ μυστικῶς τὸν τελούμενον.

4   Ἀλλὰ τί καὶ νῦν Χριστοῦ τὸ μυστήριον (τούτου γὰρ ἡ παροῦσα πανήγυρις), ἢ τί τὸ Χριστοῦ μεγαλούργημα (τούτου γὰρ ἡ πομπὴ καὶ ἡ πρόοδος), τάχα ἄν τις ἡμᾶς ἐρωτήσειεν ἢ ἀπιστίᾳ κρατούμενος ἢ ἀγνοεῖν τὴν τελετὴν προσποιούμενος· τοῖς γὰρ τῆς Ἐκκλησίας παισὶ καὶ μύσταις τοῦ Πνεύματος πάντα τὰ Χριστοῦ δῆλα καὶ γνώριμα, καὶ οὐδὲν τῶν τελουμένων καθέστηκεν ἄγνωστον. Ἀλλ᾽ ἐγὼ βοήσω καὶ φθέγξομαι καὶ τῆς ἑορτῆς κηρύξω τὰ ἴδια· οὐ γὰρ αἰσχύνομαι Χριστοῦ τὸ Εὐαγγέλιον, ὡς Παῦλος πρὸ ἡμῶν ἀνεκραύγασεν, καταισχύνω δὲ δι᾽ αὐτοῦ τῶν ἔξω σοφῶν τὰ φυσήματα· δύναμις γὰρ Θεοῦ ἐστιν ἀκατάληπτος εἰς σωτηρίαν παντὶ τῷ πιστεύοντι. Καὶ πῶς Θεοῦ τὴν ἄρρητον εἰπεῖν αἰσχυνθήσομαι δύναμιν;

God in the form of a man ascends to heaven. The former places have been discarded, the latter have been introduced instead; the former rendered foolish, the latter endowed with wisdom; the former are covered in ashes, the latter are covered in glory; the former have been justly deprived of honor, since they did not honor God, the latter are fittingly glorified, since they rendered glory to God in a fitting way. For the former places became stumbling blocks for men, leading them to perdition and dispatching them to the depths of Hades; the latter are places of salvation for men, bringing them back from death to life and leading them from earth to heaven. Having consigned the former to oblivion, we rejoice over the latter now, we celebrate these today. We are rightly initiated into these; for they represent the rites and mysteries of God, being celebrated in human fashion, but in a mystical way bringing the initiated to perfection.

Perhaps someone, either in the grips of unbelief or feigning ignorance of the rite, might ask us what is the present mystery of Christ (that is, the one we now celebrate), or what the mighty work of Christ is (that is, the one for which we hold our liturgical display and procession). To the children of the Church and the initiates of the Spirit, on the other hand, all the mysteries of Christ are clear and known and none of the mystical rites is unknown. Nevertheless, I will cry out and proclaim aloud and herald the special marks of this feast day. *For I am not ashamed of the Gospel* of Christ, as Paul before us loudly proclaimed, but with his help I put to shame the conceits of the pagan sages, for it is the incomprehensible *power of God for salvation to everyone who has faith.* How could I be ashamed to speak of the ineffable

Μὴ μάτην μεμφέσθωσαν ἡμῶν τὰ μυστήρια Ἀρισταγόραι τε καὶ Ἀναξαγόραι καὶ Ἀναξίμανδροι, ἢ Πυθαγόραι καὶ Ἀριστοτέλαι καὶ Πλάτωνες, οἱ τῆς μωρανθείσης σοφίας σοφώτατοι πρόμαχοι, οἱ *μήτε ἃ λέγουσιν ἐπιστάμενοι, μήτε περὶ ὧν διαβεβαιοῦνται συνιέναι δυνάμενοι·* οὓς εἰκότως καὶ ἁλιευτικὸς διεχάραξεν κάλαμος, καὶ σμῖλαξ σκυτοτο-μικὴ διεθέρισε, καὶ νεκρὰ καὶ ἀναίσθητα γῆς ἀποδέδειχε σκύβαλα. Ἀλλὰ τούτους ἀφέντες ἔξω τῆς σοφῆς ἡμῶν πανηγύρεως, ὡς ἑαυτοὺς Θεοῦ σοφίας ἐξώσαντας καὶ ματαίας μωρίας ἐμπλήσαντας, τὰ Θεοῦ θαυμαστὰ κατορ-θώματα θεολόγοις κελαδήσωμεν στόμασιν, καὶ ψυχαῖς καθαραῖς ἑορτάσωμεν· τοῦτο γὰρ καὶ Θεοῦ θείαις ἑορταῖς προσφορώτατον, καὶ Θεὸς ἀπαιτεῖ τοὺς αὐτοῦ τὰς ἑορτὰς ἑορτάζοντας.

5 Ἐτέχθη Χριστὸς σαρκικῶς ὁ ἀΐδιος, καὶ μητέρα καθ᾽ ἡμᾶς ἐπεγράψατο τὴν ἀσπόρως αὐτὸν καὶ ἀφράστως γεν-νήσασαν· καὶ ταύτην ἡμεῖς οἱ τὴν ἀπ᾽ αὐτῆς σωτηρίαν δρεψάμενοι, μυστικῶς ἑωρτάσαμεν πρότερον. Μεθ᾽ ἣν περιτομὴν σαρκικὴν κατεδέξατο, καὶ ταύτην Νομικῶς ὀκταήμερον ἔλαβεν· καὶ ταύτην δὲ πάλιν ἡμεῖς μυστικῶς ἐτελέσαμεν, ὡς Θεοῦ μύσται καὶ πρόσφυγες, καὶ θεῖα Θεοῦ δεδεγμένοι δωρήματα. Ἄλλο δὲ τοῦτο μετ᾽ ἐκεῖνα τυγχάνει μυστήριον, καὶ δῶρον ἄλλο τοῖς ἀνθρώποις χαρίζεται· οὐδὲν γάρ ἐστιν πρὸς Θεοῦ τοῦ τεχθέντος γινό-μενον, ὃ μὴ πάντως πρὸς ἀνθρώπων ὠφέλειαν γίνεται· δι᾽ ἀνθρώπους γὰρ καὶ γεγέννηται, τοὺς ταπεινοὺς ἡμᾶς ἀνυ-ψοῦν ἱμειρόμενος. Τί δὲ καὶ νῦν ἐστι τὸ μυστήριον, ὃ θεο-πρεπῶς ἑορτάζομεν; Χριστοῦ πολυθαύμαστος πρόοδος,

power of God? Let not the likes of Aristagoras, Anaxagoras, and Anaximander or the likes of Pythagoras, Aristotle, and Plato, the wisest champions of wisdom turned to folly, vainly find fault with our mysteries, sages who do not have the ability to *understand either what they are saying or the things about which they make confident assertions.* It was only fair that a fisherman's reed marked these men and that a leather-worker's knife cut them up and left them inert and lifeless refuse of the earth. But barring these from our wise feast, as men who expelled themselves from God's wisdom and gorged themselves on empty folly, let us praise as with the voices of theologians and celebrate with pure souls the wonderful accomplishments of God; for this is most fitting for God's divine feasts and it is what God demands from those who celebrate his feasts.

Christ the eternal one was born in the flesh and claimed a 5 mother just like us who produced him in an ineffable manner without human seed. And we, who culled salvation from her, mystically held her feast on an earlier occasion. Later Christ underwent circumcision in the flesh, an event that in accordance with the Law took place eight days after his birth. And this mystical event too we celebrated, we who are the initiates and suppliants of God and are the recipients of his divine gifts. And following those mysteries is another one which bestows another gift upon mankind; for there is nothing that comes from the son of God that is not entirely for the benefit of men, seeing that He was born for the sake of men, desiring to exalt us above our humble status. What, then, is this mystery that we now celebrate in a God-befitting manner? It is the most wondrous appearance of

Χριστοῦ παμμακαρία προέλευσις, Χριστοῦ προσφορὰ δυσερμήνευτος, Χριστοῦ τοπικὴ μεταχώρησις, ἐκ Βηθλεὲμ μὲν τῆς θειοτάτης ἀπαίροντος, εἰς Ἱεροσόλυμα δὲ ταυτηνὶ τὴν πόλιν εἰσβαίνοντος. Καὶ τίς ὁ φράσαι δυνάμενος Θεοῦ τοπικὴν μεταχώρησιν; Διὰ τοῦτο, ὦ τῆς καθ' ἡμᾶς σοφίας ἀνάπλεοι, ἄφραστά ἐστι Χριστοῦ τὰ μυστήρια, ὡς λόγοις ῥηθῆναι ῥευστοῖς οὐ δυνάμενα. Τίς γὰρ πρόοδον ἀπεριγράφου Θεοῦ πυνθανόμενος, τὴν ἐκ τόπων ἑτέρων εἰς τόπους ἑτέρους μετάβασιν, οὐ τὸν λέγοντα θᾶττον γελάσεται, ὡς ἄπιστα καὶ ἀπρόσδεκτα ταῖς ἀνθρωπίναις ἐννοίαις εἰσάγοντα;

6 Ἀλλ' ὅμως ὁ ἀπερίγραπτος πρόεισι, κἂν Ἕλληνες κωμῳδῶσι τὸ κήρυγμα, τὸ ἄσοφον αὐτοῦ καταγράφοντες. Καὶ ὁ περιοχὴν φυσικὴν ὡς Θεὸς οὐ δεχόμενος, ἀλλ' ἄπειρος τὴν οὐσίαν ὢν καὶ τὴν δύναμιν (τὸ γὰρ πεπερασμένον οὐσίᾳ καὶ πεπερασμένης ὑπάρχει δυνάμεως) καθ' ἡμᾶς τοὺς ἀνθρώπους προέρχεται, κἂν Νεστόριος ὁ μιαρὸς διαρρήγνυται, ἄλλον μὲν Υἱὸν τὸν προϊόντα φθεγγόμενος, ἄλλον δὲ ληρῳδῶν τὸν ἀπρόϊτον, καὶ δυάδα ἡμῖν Υἱῶν καὶ Χριστῶν, (μᾶλλον δὲ ἑαυτῷ) δυσσεβῶς εἰσηγούμενος, καὶ σχίζων τολμηρῶς Χριστοῦ τὸ μυστήριον· τὸν γὰρ ἐκ Παρθένου τεχθέντα προϊέναι βεβούληται, οὐ τὸν ἐκ Πατρὸς γεννηθέντα Υἱὸν καὶ Λόγον ἀΐδιον. Ἀληθῆ δὲ καὶ σαφῆ Θεὸς ποιεῖται τὴν πρόοδον· σεσωμάτωτο γὰρ ἀληθῶς καὶ σεσάρκωτο καὶ σωματικῇ περιγραφῇ περιείληπτο, κἂν Εὐτυχὴς ὁ μιαρὸς ἐκτραχύνηται, τῆς σαρκὸς τοῦ σεσαρκωμένου Λόγου τὴν φύσιν ἀρνούμενος, καὶ φαντασίαν μόνην ὀνειρώττων τὴν πρόοδον. Εἰ γὰρ φύσις μία καὶ

Christ, the all-blessed procession of Christ, the indescribable presentation of Christ, the change in location of Christ, setting out from the all-divine Bethlehem and arriving here in the city of Jerusalem. And who is capable of explaining this change of place by God? And this is the reason, my brethren full of Christian wisdom, why the mysteries of Christ are beyond description, because they cannot be expressed by words that are in a state of flux. For who, upon learning about the appearance of God the uncircumscribable, the transfer from place to place, will not immediately laugh at the one who says this, as introducing things that are beyond belief and beyond acceptance by the human mind?

Nevertheless, the uncircumscribed does proceed forth, 6 even if Hellenes make fun of the doctrine and condemn it as silly. God, who knows no physical boundary, having no limit in essence and power (for the limited in essence is also limited in power), does issue forth like us humans, even if the abominable Nestorios explodes in anger when proclaiming that the one who goes forth in public is one Son and raving that the one who does not appear to the world is another. In this way he impiously introduces to us (or rather, to himself) a duality of Sons and Christs, and insolently cleaves the mystery of Christ in two. According to his view it is the Son born of the Virgin who issues forth and not the Son and eternal Word born of the Father. But God makes a real and manifest appearance; for He truly took on body and flesh and was confined by corporeal limitation, even if the abominable Eutyches in his exasperation denies the nature of the flesh of the incarnate Word and imagines that God's appearance in public is pure fantasy. For if one nature remained

Σαρκωθέντος τοῦ Λόγου μεμένηκεν, φαντασία ἦν τὸ φαινόμενον, καὶ φαντασία Χριστοῦ τὸ μυστήριον, καὶ οὐκ ἀληθὴς τοῦ Λόγου γεγένηται Σάρκωσις· πῶς γάρ, εἰ φύσιν σαρκὸς μὴ προσείληφε, σὰρξ ὁ Λόγος ἀτρέπτως γεγένηται; Ἀλλ᾽ ὄντως ὁ Λόγος σεσάρκωται καὶ τὴν εἰς σάρκα τροπὴν οὐχ ὑπέμεινεν.

Καὶ φύσιν ὄντως σαρκὸς ἐξ ἀχράντου Παρθένου προσείληφεν, ἐξ ἧς σαρκικῶς καὶ γεγέννηται καὶ τομὴν οὐ προσίεται φύσεων, καὶ ἐν δυσὶν ἐγνωρίζετο φύσεσιν, οὔτε τῇ διαφορᾷ μεριζόμενος, ὡς ὁ μεμηνὼς ἐλύττα Νεστόριος, οὔτε συγχέων τὴν σύνθεσιν τῶν ἐξ ὧν ἡ καθ᾽ ὑπόστασιν γέγονεν ἕνωσις, καὶ εἷς καὶ ὁ αὐτὸς ἐγνωρίζετο, Θεὸς ἐν ταὐτῷ τυγχάνων καὶ ἄνθρωπος· καὶ ὑπόστασιν μίαν ἐπεδείκνυτο σύνθετον, ἐξ ἀμφοῖν συνεστῶσαν τῶν φύσεων, καὶ τὰ ἀμφοῖν οὐ συγχέουσαν ἴδια· ἐξ ὧν γὰρ ἀτρέπτως συντέθειτο, ἐν τούτοις ἀτμήτως ἐφαίνετο, οὔτε συγχέων ἑαυτοῦ τὸ μυστήριον οὔτε διαιρῶν αὐτοῦ τὴν ὑπόστασιν. Οὕτω Βηθλεεμίτης ὁ οὐράνιος πρόεισιν· οὕτως ὁρατὸς ὁ ἀόρατος φαίνεται· οὕτω σαρκικὸς ὁ ἀσώματος δείκνυται· οὕτω περιγραπτὸς ὁ ἀπερίγραπτος ἔρχεται.

7   Ἀλλὰ πάντες αὐτοῦ πρὸς ἀπάντησιν θέωμεν, οἱ οὕτω τιμῶντες εὐσεβῶς αὐτοῦ τὸ μυστήριον, ἅπαντες σὺν προθυμίᾳ βαδίζωμεν. Τίς πρῶτος αὐτῷ συναντήσειεν, τίς πρῶτος Θεὸν ὀφθαλμοῖς θεωρήσειεν, τίς πρῶτος Θεὸν ὑποδέξοιτο, τίς πρῶτος Θεὸν ἀγκάλαις βαστάσειεν; Μηδεὶς ὀκνείτω τὸν δρόμον τὸν ἔνθεον· μηδεὶς χωλευέτω πρὸς βάδισμα σύντονον· μηδεὶς σκαζέτω τὴν φιλόθεον ἔξοδον· μηδεὶς βραδυνέτω πρὸς θείαν ὑπάντησιν· μηδεὶς

after the Incarnation of the Word, then what happened was a fantasy and the mystery of Christ is a fantasy and the Incarnation of the Word is not a fact; for how could the Word, if it failed to take on the nature of flesh, become flesh in an unchanging way? But truly the Word did become flesh and it accomplished this without undergoing the conversion into flesh. And truly it took on the nature of flesh from the immaculate Virgin, from whom it was born in the flesh, without suffering a division of natures; and it was known in two natures, not being divided by the difference, as the madman Nestorios raved; nor did it confuse the combination of those elements from which arose the unity in hypostasis; and the Word was known as one and the same God, being at the same time also a man; and it exhibited one composite hypostasis consisting of both natures and not confusing the properties of those two; for it appeared in an undivided way in those elements from which it had been composed in an unchanging manner, neither confusing its mystery nor dividing its hypostasis. Thus, the heavenly one of Bethlehem goes forth, thus the invisible appears visible, thus the incorporeal is displayed in the flesh, thus the uncircumscribable emerges as circumscribed.

But let us all run to encounter him, we who piously honor 7 his mystery; and let us all hasten our steps in eagerness. Who will first meet God? Who will first lay eyes on him? Who will be first to welcome him? Who will be first to take him in his arms? Let none shirk the godly journey. Let no one be lame for the intense pace. Let no one limp along the holy road. Let none be late for the encounter with God. Let none be seen to have missed the festival. Let none be known

ὁράσθω τῆς πανηγύρεως ἄγευστος· μηδεὶς φαινέσθω τῶν μυστηρίων ἀμέτοχος· μηδεὶς στερείσθω φωτοφόρου φαιδρότητος· μηδεὶς γινέσθω πρὸς δρόμον ὀξύτατον τοῦ πρεσβύτου Συμεὼν νωχελέστερος· μηδεὶς κρινέσθω τῆς πρεσβύτιδος Ἄννης βραδύτερος, μήπως αὐτὸν οἱ γηραιοὶ καὶ ἀληθῶς ὑπερήλικες ὁρῶντες τοῖς ποσὶν ὑστερίζοντα καὶ δρόμων ὀξέων λειπόμενον μέμψοιντο καὶ τὸ ἀπρόθυμον αὐτῷ, τάχα δὲ καὶ τὸ ἄπιστον, προφητικοῖς ὀνειδίσωσι στόμασιν. Μηδεὶς οὖν ἔστω τῆς ὑπαντήσεως ἄμοιρος, μηδεὶς ἔστω φωτοφορίας ἀλλότριος.

8 Διὰ τοῦτο γὰρ καὶ λαμπρότητα κηρῶν ἐπαγόμεθα, τὴν θεϊκὴν τοῦ προϊόντος δεικνύντες λαμπρότητα, ὑφ' ἧς τὰ πάντα λαμπρύνεται καὶ ζόφον φυγόντα τὸν κάκιστον ἀϊδίου φωτὸς παρουσίᾳ φωτίζεται· οὐ μὴν ἀλλὰ καὶ ψυχῆς δηλοῦντες λαμπρότητα, μεθ' ἧς καὶ Χριστῷ προσαπαντᾶν ἐποφείλομεν. Ὥσπερ οὖν ἡ Θεομήτωρ Παρθένος καὶ ἄχραντος ἀγκάλαις τὸ Φῶς τὸ ἀληθινὸν ἐπεφέρετο, καὶ πρὸς τοὺς ἐσκοτισμένους παρεγένετο, οὕτως καὶ ἡμεῖς φαιδρυνθέντες αὐτοῦ ταῖς ἐλλάμψεσιν, καὶ φῶς αἰσθητὸν ταῖς χερσὶ προσκατέχοντες, τῷ ὄντως Φωτὶ προσυπαντᾶν ἐπειγόμεθα. Καὶ τοῦτο ἡμῶν τὸ μυστήριον, ὅτι τὸ φῶς εἰς τὸν κόσμον ἐλήλυθεν καὶ τοῦτον ἐσκοτισμένον ἐφώτισεν, ὅτιπερ ἀνατολὴ ἐξ ὕψους ἡμᾶς ἐπεσκέψατο καὶ τοὺς ἐν σκότει καθημένους ἐφαίδρυνεν. Διὰ τοῦτο λαμπαδοῦχοι βαδίζομεν· διὰ τοῦτο λαμπροφόροι προστρέχομεν, καὶ τὸ ἐπιὸν ἡμῖν Φῶς ὑπογράφοντες, καὶ τὴν ἀπ' αὐτοῦ ἐσομένην ἡμῖν αὐγὴν αἰνιττόμενοι· διὰ τοῦτο συνδράμωμεν· διὰ τοῦτο Θεῷ συναντήσωμεν, μήποτε τοῦτο πράττειν

to have passed over the mysteries. Let no one deprive himself of the illumination from the brilliant occasion. Let no one prove to be more sluggish for the fast pace than the old man Simeon, let no one be judged slower than the old woman Anna, lest upon seeing him lagging on foot and being left behind in the swift footrace, this old and truly ancient pair should criticize him and with their prophetic tongues reproach him for want of eagerness and even lack of faith. Let no one, then, miss the encounter, let no one be absent for the procession of lights.

For this reason we bring with us the brilliance of candles 8 to demonstrate the divine brilliance of the one coming forth, by which the whole world is made brilliant and, escaping most evil darkness, is lit up by the presence of the eternal light. We also display thereby that brilliance of the soul with which we ought to encounter Christ. Just as the immaculate Virgin Mother of God carried the true Light in her arms and brought it to those living in darkness, so we too, rendered radiant by its illumination and carrying the physical light in our hands, hasten to our meeting with the true Light. And this is the mystery that we celebrate, namely that *the light has come into the world* and illuminated the world when it was in darkness, because *the day has dawned upon us from on high* and has given light *to those who sit in darkness.* That is why we walk with lights in our hands. That is why we hasten carrying candles, thereby suggesting the Light that is approaching us and hinting at the light from him that will be upon us. That is why we should proceed with haste. That is

ὀκνήσαντες, ἐγκληθῶμεν ὑπ' αὐτοῦ τὸ ἀχάριστον ἢ τὴν
φοβερὰν αὐτοῦ καταφρόνησιν, καὶ ἀκούσωμεν αὐτοῦ δι-
καιότατα λέγοντος, ὃ καὶ Ἰουδαῖοι τὸ πρότερον ἤκουσαν
(οἱ ὄντως σκοτεινοὶ καὶ ἀφώτιστοι), ὅτι "τὸ φῶς ἐλήλυθεν
εἰς τὸν κόσμον καὶ ἠγάπησαν οἱ ἄνθρωποι μᾶλλον τὸ σκότος
ἢ τὸ φῶς· ἦν γὰρ αὐτῶν πονηρὰ τὰ ἔργα," (σκοτοῖ γὰρ ἀεὶ
τὴν ψυχὴν ἡ πονηρία καὶ τὸ φῶς ὁρᾶν αὐτὴν οὐκ ἀφίησιν)·
ἢ κἀκεῖνο, ὅ φησι τὸ ἱερὸν Εὐαγγέλιον, ὅτι τὸ φῶς ἐν τῇ
σκοτίᾳ φαίνει καὶ ἡ σκοτία αὐτὸ οὐ κατέλαβεν.

9   Τὸ φῶς οὖν τὸ ἀληθινὸν ὃ φωτίζει πάντα ἄνθρωπον
ἐρχόμενον εἰς τὸν κόσμον ἔρχεται· πάντες, ἀδελφοί, φω-
τιζώμεθα· πάντες, ἀδελφοί, λαμπρυνώμεθα· μηδεὶς ἡμῶν
μεινάτω τῆς φωταυγείας ἀμύητος· μηδεὶς ἡμῶν μεινάτω
τῆς σκοτομήνης ἀνάπλεως, ἀλλὰ πάντες φαιδροὶ προ-
ερχώμεθα· ἅπαντες λαμπροὶ συναντήσωμεν, καὶ τὸ Φῶς
τὸ λαμπρὸν καὶ ἀΐδιον σὺν Συμεὼν τῷ γεραιτάτῳ δεξώ-
μεθα, καὶ σὺν αὐτῷ σκιρτῶντες τῷ Πνεύματι, ὕμνον εὐχα-
ριστήριον ᾄσωμεν τῷ τοῦ Φωτὸς Πατρὶ καὶ γεννήτορι, τῷ
τὸ Φῶς τὸ ἀληθινὸν ἀποστείλαντι καὶ τὸν ζόφον ἀφ' ἡμῶν
ἀφανίσαντι καὶ πάντας ἡμᾶς φαιδροὺς ἀποδείξαντι. Εἴδο-
μεν γὰρ καὶ ἡμεῖς Θεοῦ κατ' αὐτὸν τὸ σωτήριον, ὃ κατὰ
πρόσωπον λαῶν ἁπάντων ἡτοίμασεν, καὶ εἰς δόξαν ἡμῶν
τοῦ νέου Ἰσραὴλ πεφανέρωκεν, καὶ ἁμαρτίας εὐθὺς τῆς
σκοτεινῆς καὶ παλαιᾶς ἀπελύθημεν, ὡς Συμεὼν τῆς παρού-
σης ζωῆς Χριστὸν ἰδὼν ἀπολέλυτο· ἡμεῖς γὰρ οἱ Χριστὸν
πίστει δεξάμενοι ἐκ Βηθλεὲμ εἰς ἡμᾶς ἀφικνούμενον (οὗτος
γάρ ἐστιν τοῦ Θεοῦ καὶ Πατρὸς τὸ σωτήριον), καὶ Θεοῦ
λαὸς ἐξ Ἐθνῶν ἡμεῖς γεγενήμεθα, καὶ σαρκωθέντα Θεὸν

why we should meet with God lest, being too hesitant to do this, we be charged by him with ingratitude or with horrible contempt of him, and lest we hear, as the Jews (the truly dark and unenlightened) heard before, his most just words, that "*the light has come into the world, and men loved darkness rather than the light, because their deeds were evil*" (for evil always darkens the soul and does not allow it to see the light); nor should we forget those words of the holy Gospel, *the light shines in the darkness, and the darkness has not overcome it.*

So *the true light that enlightens every man entering into the world* is arriving. Brethren, let us all be enlightened, let us all be filled with light; let none of us remain uninitiated in the splendor, let none of us remain filled with the darkness. Rather let us all process in brightness; let us all come to the encounter enlightened; let us receive the brilliant and eternal Light along with the ancient Simeon; and rejoicing with him in the Spirit, let us sing a hymn of thanksgiving to the Father and begetter of the Light who has sent us the true Light, who has dispelled the darkness from us and who has rendered us all full of light. For we too have seen *the salvation* of God *which He has prepared in the presence of all peoples* and has revealed for the glory of us the new Israel, and we have been set free straightaway from the old dark sin, just as Simeon was released from this life after he had laid eyes on Christ. For we, having received Christ with faith when He came to us from Bethlehem (for He is the salvation coming from God the Father) we too, from being Gentiles, have become the people of God. And we have seen the incarnate

9

ὀφθαλμοῖς τεθεάμεθα, καὶ νέος λαὸς καὶ Ἰσραὴλ χρηματί-
ζομεν, Θεοῦ παρουσίαν ἀθρήσαντες καὶ ταύτην ἀγκάλαις
ψυχῆς προσηκάμενοι, καὶ ἐτησίοις αὐτὴν ἑορταῖς ἑορτάζο-
μεν εἰς λήθην αὐτῆς οὐκ ἐρχόμενοι.

10   Τί δὲ Χριστὸς ὁ πανταχοῦ παρὼν παραγίνεται; Ἢ τί τὸ
Φῶς τὸ πάντα πληροῦν ἐπεδήμησεν; Ἔστιν γὰρ οὐδὲν
αὐτοῦ κενὸν τῆς λαμπρότητος, φύσιν ἀπερίγραπτον ἔχον-
τος καὶ πρός τινος εἴργεσθαι μηδαμῶς ἀνεχομένου καὶ
θέλοντος. Νόμον παλαιὸν πληροῦν παραγίνεται, ὃν
Μωσαϊκοῖς διεθέσπισε στόμασι τὴν ἑαυτοῦ προμηνύων
πανυπέρτατον γέννησιν. Ποῖον τοῦτον; "Πᾶν ἄρσεν δια-
νοῖγον μήτραν," φησίν, "ἅγιον τῷ Κυρίῳ κληθήσεται." Ὅπερ
διάταγμα (μᾶλλον δὲ προφητικὸν προδιάγγελμα), μόνος
αὐτὸς καὶ πεπλήρωκεν, ἐπειδὴ καὶ μόνος αὐτὸς ἐκ παρ-
θένου μήτρας διέκυψεν, καὶ τῆς παρθενίας αὐτὴν οὐκ
ἐστέρησεν, οὐδὲ προϊὼν ταύτης τὸν δεσμὸν διαλέλυκεν.
Περὶ μόνου γὰρ αὐτοῦ καὶ σαφῶς προηγόρευτο, ἐπεὶ καὶ
μόνος αὐτὸς ἐκ μόνης παρθένου γεγέννηται, καὶ μόνος
αὐτὸς ἐκ νηδύος ἀσπόρου λελόχευται, καὶ μόνος αὐτὸς ἐκ
μήτρας παρθενικῆς προελήλυθε, καὶ παρθένον αὐτὴν δι-
εφύλαξεν, οὐ φθείρας αὐτῆς τὴν χάριν γεννώμενος, οὐ
μειώσας αὐτῆς τὴν αἴγλην τικτόμενος, οὐ χαυνώσας αὐτῆς
τὸν δεσμὸν προερχόμενος, ἃ καὶ Θεὸν τὸν τικτόμενον δεί-
κνυσιν καὶ "Θεοτόκον" κυρίως ἐμφαίνει τὴν τίκτουσαν.

11   Ποῦ πάλιν ὁ μιαρὸς ὁρᾶται Νεστόριος, ὁ μήτε Θεὸν
εἰπεῖν τὸν τεχθέντα βουλόμενος μήτε Θεοτόκον τὴν τε-
κοῦσαν φρονεῖν ἀνεχόμενος; Ποῦ δὲ καὶ ὁ βδελυρὸς
Εὐτυχὴς θεαθήσεται, ὁ σάρκα ἡμῖν ὁμοούσιον ἀποφάσκων

God with our own eyes and we are now a new people and a new Israel, since we witnessed God present among us and welcomed his presence with the open arms of our souls; and we celebrate his coming with annual feasts, never allowing ourselves to forget it.

But why does Christ, who is present everywhere, come to 10 us? Or why did the Light that fills the world come to live on earth? For there is nothing devoid of his illumination, seeing that his nature is unbounded, nor does He ever wish or permit himself to be limited by anything. He comes to fulfill an old Law, the one that He proclaimed through the mouth of Moses, predicting his own most sublime birth. Which Law was that? The one that says, *"Every male that opens the womb shall be called holy to the Lord."* He was the only one who carried out fully this injunction (or rather, this prophetic pronouncement), since only He came into the world from a virgin womb while preserving its virginity and only He through his birth did not break its bond; only He was the subject of the clear prophecy, since only He was born from a unique virgin; only He was delivered from a womb untouched by seed; only He was produced from a virgin womb while preserving its virginity; his birth did not corrupt its grace, his delivery did not lessen its glory, his emergence did not loosen its bond; and all of this proves that it was God who was brought into the world and shows that the woman who bore him is in the full sense of the term "Mother of God."

Where again is the abominable Nestorios to be seen, the 11 one who neither wants to call the child God nor can bear to think of the mother as Mother of God? And where is the loathsome Eutyches in evidence, the one who denies that

ἔχειν τὸν Κύριον; Πῶς γὰρ ὁ Λόγος σεσάρκωτο, ὁ σαρ-
κωθῆναι δι᾽ ἡμᾶς ἀνασχόμενος, εἰ σὰρξ ἐξ ἡμῶν ὑπ᾽ αὐτοῦ
μὴ προσείληπτο, καὶ φύσις σαρκὸς αὐτῷ μὴ προσήνωτο,
δεικνῦσα σαφῶς τὸ ἡμῖν ὁμοούσιον καὶ τὸν Λόγον λαβεῖν
τὸν ἀσώματον, καὶ οὕτω καθ᾽ ἡμᾶς γενέσθαι κατὰ ἀλήθειαν
ἄνθρωπον, ἐπεὶ μηδὲ λέγεται κατὰ ἀλήθειαν ἄνθρωπος, ὁ
μὴ σῶμα φέρων τοῖς ἡμετέροις ὁμόφυλον σώμασιν καὶ
ψυχὴν ταῖς ἡμετέραις ψυχαῖς ὁμοούσιον; Ἀλλ᾽ ὄντως ὁ
Λόγος σαρκούμενος καὶ σῴζειν ἡμᾶς ἐφιέμενος, Θεός τε
ὢν ἐν ταὐτῷ καὶ ἀληθείᾳ γενόμενος ἄνθρωπος, οὐδὲν
ψευδὲς ἐπιδείκνυται, οὔτε τοὺς ἀνθρώπους ἡμᾶς πεφενάκι-
κεν, ἀλλὰ λαβὼν οὐσιωδῶς τὸ ἡμέτερον, τὸ οἰκεῖον ἡμῖν
αὐτὸς ἐχαρίσατο.

12   Πῶς γάρ, εἰ μὴ τοῦτο ἦν ὡς πιστεύομεν, ὁ ταῦτα γράφων
εὐαγγελιστὴς ἂν ἐφθέγγετο, "καὶ ὅτε ἐπλήσθησαν αἱ ἡμέραι
τοῦ καθαρισμοῦ αὐτῶν;" Ποίου καθαρισμοῦ, Εὐτυχῆ πο-
λυβδέλυκτε, εἰ σὰρξ ἀληθὴς ἐν τῷ Χριστῷ μὴ ἐτύγχανεν,
εἰ φύσις ἀνθρωπεία τῷ Λόγῳ μὴ ἥνωτο; Ποίου γὰρ χρῄζει
καθαρισμοῦ θεότης ἀσώματος, ἢ τίς μολυσμὸς ἐν ἀσάρκῳ
καθορᾶται θεότητι, εἰ καὶ τὰ μάλιστα ἀνθρωπινώτερον
τουτὶ καὶ ταπεινότερον γέγραπται, διὰ σὲ καὶ τὴν σὴν
φαντασιώδη παράνοιαν καὶ Μανιχαϊκὴν καὶ ἀπόπληκτον
ἔκστασιν; Οὐδὲ γὰρ Χριστὸς τὸ πάντων ὑπάρχων καθάρ-
σιον καθαρισμοῦ τινος προσεδέετο, ὁ καὶ σάρκα λαβὼν
τὴν μόνην ἀρρύπωτον· οὐδὲ ἡ τεκοῦσα Παρθένος ἡ
ἄχραντος ἀληθῶς καὶ ἀμίαντος, ἡ τὴν πάντων γεννήσασα
κάθαρσιν, Νομικῶν καθαρσίων ἐδέετο, εἰ καὶ τοῦτο διὰ τὸν
Νόμον ἐγγέγραπται, ἵνα μὴ Νόμου καταλύτης ὁ Χριστὸς

the Lord has flesh of the same substance as ours? For how was the Word made incarnate, being willing to take on flesh on our account, if He did not receive flesh from us and the nature of flesh was not attached to him, showing clearly that the incorporeal Word took on that which is of the same substance as us, and thus became truly human like us, seeing that whoever does not possess a body of the same nature as ours nor a soul of the same essence as ours cannot be said to be truly human? But in reality, the Word, in assuming flesh and desiring to save us, being truly God and man at the same time, did not commit any fraud nor deceive us men, but rather taking what in essence is ours, He bestowed on us his own divinity.

For how could the evangelist, if what we believe is not true, have uttered these words in the Gospel, *"and when the time came for their purification"*? What purification, all-abominable Eutyches, if there was not real flesh in Christ and if human nature was not joined with the Word? For what purification does incorporeal divinity need, or what impurity is found in divinity without flesh, even if it is expressed like that in rather human and down-to-earth language, on your account and because of your insane imagination along with your Manichaean and senseless ravings? For Christ, the purifier of all, who assumed the only flesh that was without stain, did not need any purification. Nor did the truly pure and spotless Virgin who bore him, who brought forth the purifier of all, need any purification prescribed by Law, even if it is written like that for the sake of the Law, in order that Christ not be suspected of contraven-

ὑποπτεύηται. Τί δὲ καὶ ταῖς ἀχράντοις αὐτῆς ἀγκάλαις ἐβάσταζεν, ἢ τί Συμεὼν ταῖς ἀγκάλαις ἐδέχετο, εἰ μὴ Λόγον ἔνσαρκον καὶ ἐνσώματον; Καὶ Θεὸν ἱεροπρεπῶς ὁμοῦ καὶ προφητικῶς προσεδέχετο καὶ τῷ Θεῷ καὶ Πατρὶ προσανέφερεν. Καὶ τὸν νόμον ἐπλήρου τοῦ Πνεύματος, "νῦν ἀπολύεις τὸν δοῦλόν σου, Δέσποτα" εὐχαρίστοις φθεγγόμενος χείλεσιν "κατὰ τὸ ῥῆμά σου ἐν εἰρήνῃ," ὃ πρὸς αὐτὸν ἐκ τοῦ Πνεύματος λέλεκτο μὴ ὁρᾷν θανάτου τὴν ἔφοδον, πρὶν ἢ Χριστὸν Κυρίου θεάσοιτο. Ἅμα γὰρ Χριστὸν ἐθεάσατο καὶ ὁ τοῦ Νόμου δεσμὸς ἀπελύετο· τοῦ Νόμου γὰρ ὁ πρεσβύτης ἐπεῖχε τὸ πρόσωπον· "ὅτι εἶδον οἱ ὀφθαλμοί μου τὸ σωτήριόν σου," φησίν· οὐ γὰρ ὁ Νόμος ἦν ὁ Μωσαϊκὸς τὸ σωτήριον, ἀλλ᾽ ὁ Νόμος ὁ παλαιὸς καὶ πρεσβύτης καὶ ἄτονος, ἰδὼν Χριστόν, τοῦτ᾽ ἔστι Θεοῦ τὸ σωτήριον, τῆς ἀτονίας ἐσῴζετο καὶ τῆς προσούσης αὐτῷ παλαιότητος καινοπρεπῶς ἀνακαινισθεὶς ἀπελύετο. Φῶς γὰρ τοῖς ὄμμασιν ἔβλεπε τὸ πάσης τὸν παλαιὸν Ἰσραὴλ ἐλευθεροῦν παλαιότητος καὶ τὴν Ἐθνικὴν ἀχλὺν πρὸς φωταυγείαν θεϊκὴν ἐπαγόμενον. Διὰ τοῦτο βοᾷ καὶ βοῶν ἐπαγγέλλεται "Νῦν ἀπολύεις τὸν δοῦλόν σου, Δέσποτα, κατὰ τὸ ῥῆμά σου ἐν εἰρήνῃ, ὅτι εἶδον οἱ ὀφθαλμοί μου τὸ σωτήριόν σου, ὃ ἡτοίμασας κατὰ πρόσωπον πάντων τῶν λαῶν, φῶς εἰς ἀποκάλυψιν Ἐθνῶν καὶ δόξαν λαοῦ σου Ἰσραήλ," νέος ἐκ παλαιοῦ καθιστάμενος. Καὶ τῶν Ἐθνῶν ἡ Γαλιλαία φωτίζεται καὶ νέος Ἰσραὴλ ἀποδείκνυται τὸν Χριστοῦ φωτισμὸν εἰσαθρήσασα. Τί δὲ καὶ τοῖς ὄμμασιν ἔβλεπεν, εἰ μὴ σῶμα συμφυὲς ἡμῖν καὶ διορώμενον καὶ διελέγχον Εὐτυχοῦς τὸ ἀνόητον, ὅπερ ἐκ τῆς Μανιχαϊκῆς

ing the Law. And what was it that his mother carried in her spotless arms, and what did Simeon receive into his, if not the Word made flesh and body? And he received God both like a priest and a prophet and offered him up to God the Father. He fulfilled *the law of the Spirit* uttering these words of thanksgiving, "*Lord, now lettest thou thy servant depart in peace, according to thy word,*" that is, the word which was spoken to him by the Spirit, that he would not see the onslaught of death before he laid eyes on the Lord's Christ. And as soon as he saw Christ, the bond of the Law was broken; for the old man represented the Law. He says, "*for mine eyes have seen thy salvation.*" Now it was not the Law of Moses that was salvation. Rather, the old, antiquated and weak Law, upon seeing Christ, that is, the salvation of God, recovered from its weakness and having been made anew in a novel way it was set free from its oldness. For Simeon saw with his eyes the Light that liberates the old Israel from all its oldness and brings the Gentile darkness to divine illumination. This is why he raises his voice and shouting out he announces, "*Lord, now lettest thou thy servant depart in peace, according to thy word; for mine eyes have seen thy salvation which thou hast prepared in the presence of all peoples, a light for revelation to the Gentiles and for glory to thy people Israel*" becoming himself young instead of old. And Galilee of the Gentiles is enlightened and Israel is rendered new upon seeing the illumination that is Christ. What did Simeon see with his eyes, if not a body visible and of the same nature as ours, and one that refuted the stupidity of Eutyches produced from

σπορᾶς προηγάγετο; Θεότης γὰρ κατὰ φύσιν ἀόρατος καὶ ἀνθρώπων ὀφθαλμοῖς ἀθεώρητος.

13   Χωρείτωσαν οὖν ταύτης τῆς λαμπρᾶς ἡμῶν πανηγύρεως καὶ Εὐτυχὴς ὁμοῦ καὶ Νεστόριος, οἱ ταύτης ἐχθροὶ καὶ πολέμιοι καὶ φθείρειν αὐτῆς τὸ φαιδρὸν ἁμιλλώμενοι, ὁ μὲν Χριστὸν διαιρῶν τὸν ἀμέριστον, ὁ δὲ συγχέων ἀσεβῶς τὰ ἀσύγχυτα. Οὔτε γὰρ τοὺς τοιούτους ἡμῶν ἡ πανήγυρις ἑορτάζειν αὐτήν ποτε καταδέχεται. Διὰ τοῦτο καθαίρεσθε· διὰ τοῦτο λαμπρύνεσθε· διὰ τοῦτο Χριστοῦ τὰ μυστήρια ὡς φίλον Χριστῷ θεραπεύσατε. Τοὺς γὰρ ἑτέρως αὐτῷ προσυπαντᾶν ἐπισπέρχοντας οὔτε προσίεται οὔτε τοῖς ὀφθαλμοῖς ὁρᾶν καταδέχεται, ἀλλ' ἐξορίστους τῆς οἰκείας ποιεῖ πανηγύρεως, καὶ ἀμυήτους αὐτοὺς τῆς πρὸς αὐτὸν ὑπαντήσεως τίθησι.

14   Τούτοις δὲ συναπίτωσαν Εὐνόμιοι, Εὐδόξιοί τε καὶ Ἀστέριοι, καὶ σὺν αὐτοῖς Μανιχαῖοί τε καὶ Ἀπολλινάριοι, Σευῆροί τε καὶ Διόσκοροι καὶ πᾶσα τῶν Ἀκεφάλων ἡ μιαρὰ καὶ ἀκέφαλος γάγγραινα· οἱ μὲν ὅτι διὰ τὸ σαρκικὸν τοῦ Χριστοῦ καὶ ὁρώμενον, τὴν ἀόρατον καὶ τελείαν θεότητα σμικρύνειν καὶ ἀθετεῖν ἐπειράθησαν, καὶ ἑτερο- φυᾶ ποιεῖν καὶ ἑτεροούσιον τῆς τοῦ τεκόντος Πατρὸς ἐπε- χείρησαν φύσεως, τολμηρῶς αὐτὴν συναριθμοῦντες τοῖς κτίσμασιν καὶ κτιστὸν Θεὸν κατ' ἀμφότερα, θεότητά φημι καὶ ἀνθρωπότητα, προσκυνεῖν τὸν Χριστὸν δογματίσαν- τες· οἱ δὲ ὅτι διὰ τὴν Χριστοῦ μὴ ὁρωμένην θεότητα καὶ τὴν σάρκα φαντάζειν ἠθέλησαν, ὅσοι τὰ Μάνου γνησίως ἠσπάσαντο, καὶ τῶν ἑνωθέντων τροπὴν ἐφαντάσθησαν,

Manichaean seed? For by its nature divinity is invisible and cannot be seen by human eyes.

So let Eutyches and Nestorios together remove them- 13 selves from our luminous feast, for they are its enemies and opponents; they vie with each other to destroy its brilliance, the one by dividing Christ who cannot be separated into parts, the other by impiously confusing things that cannot be confused. For our feast would never admit such men to its celebration. Therefore, be purified, make yourselves bright, and celebrate the mysteries of Christ in a manner pleasing to Christ. For He neither admits to the celebration, nor wishes to even catch a glimpse of those who hasten to encounter him in an unorthodox manner, but He banishes them from his own feast and bars them from participating in the meeting with him.

And along with those two let the likes of the following 14 depart: Eunomios, Eudoxios and Asterios; and with these Manes, Apollinarios, Severos, Dioskoros and the whole headless and gangrenous gang of the Akephaloi. Some of them because they attempted to use the visible and corporeal nature of Christ to belittle and reject the invisible and perfect nature of his divinity; they also tried to make Christ different in nature and essence from God the Father who begat him, daring to number Christ among creatures and teaching that He is a created God to be worshipped in both natures, I mean the divine and human. Others, those who are the true followers of Manes, should be banned because, on account of the invisible divinity of Christ, they wanted to make his flesh a fantasy, while those who gladly accept the

HOMILIES

ὅσοι τὰς Ἀπολλιναρίου τε καὶ Πολέμωνος μιαρὰς τερθρείας ἠσμένισαν.

15 Μεθ᾽ ὧν Ἐβίωνες καὶ οἱ ἐκ Σαμοσάτων Παῦλοι καὶ Βαρδησάναι ταττέσθωσαν καὶ ταύτης ἡμῶν τῆς ἑορτῆς ἐλαυνέσθωσαν· οἱ μὲν ὅτι ψιλὸν μόνον τὸν Χριστὸν ὑπετόπασαν ἄνθρωπον, καὶ ἕνα τῶν καθ᾽ ἡμᾶς ἐλογίσαντο, μηδὲν θεότητος ἴδιον ἔχοντα μηδ᾽ ὅλως αὐτὸν Θεὸν ὀνομάζοντες· οἱ δὲ ὅτι μὴ προαιώνιον Θεὸν καὶ τῷ Πατρὶ συναΐδιον ἔφασκον, ἀλλ᾽ ἐκ Μαρίας καὶ μόνον καὶ τῆς ἐξ αὐτῆς ἀφράστου Σαρκώσεως Θεὸν ὑπάρχειν τὸν Χριστὸν εἰσηγήσαντο. Καὶ οὗτοι μὲν ἅπαντες καὶ ὅσοι δυσσεβῶς κατ᾽ αὐτοὺς ἐξεμάνησαν, ἢ μανικῶς κατ᾽ αὐτοὺς ἐδυσσέβησαν, Χριστοῦ τῆς θεσπεσίας ἀπαντῆς διωκέσθωσαν, ἵνα πάντες ἡμεῖς οἱ εὐθύφρονες οἱ ταύτην ἑορτάζοντες σήμερον, σπῖλον οὐδένα παντοίας αἱρέσεως ἔχοντες, Χριστῷ τῷ Θεῷ συναντήσωμεν, καὶ σὺν Συμεὼν αὐτὸν τῷ πρεσβύτῃ δεξώμεθα, καὶ σὺν Ἄννῃ τῇ γηραιᾷ καὶ προφήτιδι· ἄμφω γὰρ ἐπαλαιοῦντο ὅ τε Νόμος καὶ οἱ μετ᾽ ἐκεῖνον προφῆται γενόμενοι, καὶ τὴν οἰκείαν ἐζήτουν ἀπόλυσιν· μέχρι γὰρ τῆς Χριστοῦ φωτιστικῆς ἀναδείξεως ὅ τε Νόμος κεκράτηκεν, καὶ οἱ προφῆται προφητικῶς προεφήτευσαν τὰ εἰς Χριστὸν θεόσοφα μυστήρια. Καὶ τὰ Χριστοῦ θαυμαστὰ ἀνθομολογησώμεθα προφητεύματα καὶ ψαλμικῶς ἀνακράξωμεν—οἱ ἐκ πλήθους Ἐθνικῶν εἰς νέον Ἰσραὴλ μεταθέμενοι καὶ νέος Θεοῦ λαὸς χρηματίζοντες— ᾄσωμεν τῷ Κυρίῳ ᾆσμα καινόν· οἱ καλῶς καινισθέντες καὶ γεννώμενοι ἄνωθεν παρουσίᾳ Χριστοῦ καὶ λαμπρότητι, καὶ πᾶσαν παλαιότητα ῥίψαντες, Ἑλληνικήν τε ὁμοῦ καὶ

126

abominable pedantries of Apollinarios and Polemon imagined a mutation of things united as one.

Along with these, one may rank the likes of Ebion, Paul 15 of Samosata and Bardesanes. And let these be driven from our feast, some of them because they supposed Christ to be a mere man and, reckoning him as one of us and as not possessing any divinity, they completely refused to call him God. Others, because they claimed that Christ was not before the ages and coeternal with the Father but taught that He was God solely from Mary due to his ineffable Incarnation from her. Let all of these be banished from the holy encounter with Christ, along with those who went impiously mad like them or turned madly impious like them, in order that all we correct thinkers, celebrating this feast today without the stain of any heresy, might encounter Christ who is God and welcome him together with the elderly Simeon and the old prophetess Anna. Both the Law and the prophets who came later had become old and were seeking their release. For until the enlightening manifestation of Christ the Law held sway and the prophets prophesied their prophecies concerning Christ's divine mysteries. So, let us in turn give thanks for the wonderful prophecies concerning Christ and call out with the psalmist—we who have converted into a new Israel from being a mass of Gentiles and are now a new people of God—*let us sing to the Lord a new song.* And *let us*—we who have been happily made anew and born again by the presence and splendor of Christ, having cast aside all the oldness, that of the Hellenes, of the Law, and of all the

Νομικὴν καὶ σαρκόφρονα καὶ ταύτης οὐκ ἀξίαν τῆς λαμπρᾶς Χριστοῦ πανηγύρεως—*ἄσωμεν τῷ Κυρίῳ ᾆσμα καινόν.* Κεκαινίσμεθα γὰρ καὶ καινοὶ ἐκ παλαιῶν γεγενήμεθα καὶ ᾄδειν ᾆσμα καινὸν προστετάγμεθα τῷ Θεῷ καὶ Πατρὶ τῷ πάντας ἡμᾶς Χριστοῦ παρουσίᾳ καινίσαντι καὶ νέον αὐτοῦ λαὸν ἀναδείξαντι· *ᾄσωμεν τῷ Κυρίῳ ᾆσμα καινόν, ὅτι θαυμαστὰ ἐποίησεν* καὶ τῇ παρουσίᾳ Χριστοῦ θαυμαστότερα, δι᾽ ἧς τὰ πάντα καινίζεται, δι᾽ ἧς ἐξ ἀφανισμοῦ εἰς ἀνάκτισιν ἔρχεται, δι᾽ ἧς καινὰ τὰ παλαιὰ κατοπτεύεται καὶ νεάζει νεανικῶς πρὸς Θεὸν ἐπαιρόμενα.

16 Καὶ ποῖα ταῦτα βοάτω σαφῶς ἡ λύρα τοῦ Πνεύματος, "*ἔσωσεν αὐτὸν ἡ δεξιὰ αὐτοῦ*" φάσκουσα "*καὶ ὁ βραχίων ὁ ἅγιος αὐτοῦ.*" Καὶ τίς ἡ δεξιὰ τοῦ Θεοῦ καὶ Γεννήτορος καὶ ὁ βραχίων ὁ ἅγιος πέφυκεν ἀλλ᾽ ἢ μόνος ὁ Υἱός, δι᾽ οὗ τὰ πάντα πεποίηκεν καὶ μὴ ὄντα πρότερον ἔκτισε καὶ ἐξ οὐκ ὄντων εἰς τὸ εἶναι παρήγαγεν, ἃ καὶ σῴζει μετέπειτα πρὸς ἀφανισμὸν καὶ παλαίωσιν ῥέψαντα (ἐπεὶ πᾶν τὸ παλαιούμενον καὶ γηράσκον ἐγγὺς ἀφανισμοῦ φυσικώτατα γίγνεται), τῇ τε πανσθενεῖ δεξιᾷ καὶ τῷ ὑψηλῷ καὶ παναγίῳ βραχίονι· ὡμολόγηται γὰρ τοῖς θεογνωσίας αἴγλην πλουτήσασιν καὶ φαιδρυνθεῖσιν καλῶς σῶμα καὶ ψυχὴν καὶ διάνοιαν, ὡς μόνος Χριστός ἐστι καὶ γνωρίζεται, ὁ πάντων κτισμάτων ἐλθὼν εἰς ἀνάκτισιν, διὰ τῆς πρὸς ἡμᾶς σαρκικῆς ὁμοιώσεως· δι᾽ οὗ καὶ προδήλως σῳζόμεθα καὶ τῆς γηραιᾶς ἡμῶν παλαιότητος ἐλευθερούμεθά τε καὶ λυτρούμεθα, καὶ *νέον Θεῷ γιγνόμεθα φύραμα ζύμης* μηδὲν *τῆς παλαιᾶς* καὶ *ὀξώδους ἐμφαίνοντες.* Ἡμεῖς γὰρ ὄντως ἐσμὲν καὶ πεφύκαμεν τὰ Θεοῦ δεξιᾷ παραδόξως σῳζόμενα

carnal-minded, which is not worthy of Christ's splendid feast—*sing to the Lord a new song.* For we have been made afresh and have become new after being old, and we have been instructed to sing a new song to God the Father who has renewed us all by the presence of Christ and has made us into his new people. *Let us sing to the Lord a new song, for He has done marvelous things,* and will do even more wonderful things by the presence of Christ, through which all things are renewed, through which all things come from annihilation to re-creation, through which the old things appear as new and take on a vigorous new life by being elevated to God.

And what these marvels are, let the lyre of the Spirit 16 shout out in a clear voice saying, "*his right hand and his holy arm have saved him.*" And what is the right hand of God the Creator and his holy arm, if not the Son alone, through whom He made all things, creating things that did not exist before and bringing them from nonbeing into being? And these same things He saves later when they have drifted toward aging and destruction (since it is entirely natural that whatever ages and grows old comes ever closer to destruction), preserving them with his mighty right hand and his sublime and all-holy arm. For it is agreed by those rich in theological radiance and illuminated in body, soul and mind, that only Christ is, and is acknowledged as, the one who comes to the re-creation of all creatures through his resemblance to us in the flesh. And it is through him that we are clearly saved, that we are freed and redeemed from our ancient oldness, and that we are turned by him into a *new dough,* displaying none of *the old* and pungent *leaven.* For we are truly the creatures saved miraculously by the right hand

κτίσματα καὶ βραχίονι δυνατῷ καινιζόμενα· καὶ διὰ τοῦτο Δαβὶδ προφητικῶς μελῳδῶν ἐτερέτιζεν, "ἔσωσεν αὐτὸν ἡ δεξιὰ αὐτοῦ καὶ ὁ βραχίων ὁ ἅγιος αὐτοῦ," τὰ σωτηρίας δηλονότι δεόμενα, καὶ φυγῆς καὶ λυτρώσεως τῆς ἀφανιστικῆς παλαιότητος χρῄζοντα, ἃ καὶ Χριστοῦ σωστικῆς δεόμενα τῆς ἀφίξεως—ταὐτὸν δὲ φάναι τῆς τοῦ Πατρὸς δεξιᾶς καὶ βραχίονος—πρὸς ἀνακαινισμὸν εὐκλεᾶ καὶ ἀνάρρωσιν, καθὰ καὶ ἡ θεόπνευστος ᾠδὴ προηγόρευσεν, "ἐγνώρισε Κύριος τὸ σωτήριον αὐτοῦ, ἐναντίον τῶν ἐθνῶν ἀπεκάλυψεν τὴν δικαιοσύνην αὐτοῦ."

17   Ὁ καὶ Συμεὼν ὁ Νόμος δεξάμενος ἔκραζε πρὸς Θεὸν τὸν τὸ σωτήριον αὐτῷ, Χριστόν, χαρισάμενον, "νῦν ἀπολύεις τὸν δοῦλόν σου, Δέσποτα, κατὰ τὸ ῥῆμά σου ἐν εἰρήνῃ— εἰρήνη γὰρ οὐράνιος καὶ ἐπίγειος Χριστὸς ἀληθῶς ἐχρημάτισεν—ὅτι εἶδον οἱ ὀφθαλμοί μου τὸ σωτήριόν σου, ὃ ἡτοίμασας κατὰ πρόσωπον πάντων τῶν λαῶν, φῶς εἰς ἀποκάλυψιν Ἐθνῶν καὶ δόξαν λαοῦ σου Ἰσραήλ. Πεπλήρωται τὸ προφήτευμα, τετέλεσται τὸ ἐπάγγελμα, πεφώτισται τὸ πλανώμενον, δεδόξασται τὸ ἀδόξαστον· καὶ ὁ Νόμος ἐγὼ τῆς παλαιότητος πέπαυμαι καὶ γέγονα καινός· οὐ μὴν ἀλλὰ καὶ παντελῶς ἀρρυσίδωτον καὶ νεανικὴν ἀκμὴν ἀναδέδεγμαι, τὸ σὸν ἀθρήσας, ὦ Δέσποτα, σωτήριον καὶ δόξαν τὴν σὴν γεγηρακόσιν ὀφθαλμοῖς θεασάμενος· φῶς γὰρ αὐτὸς τοῖς Ἔθνεσι γέγονεν καὶ τὸν Ἰσραὴλ τὸν νεογενῆ καὶ νεόκλητον ὑπερβαλλόντως τε καὶ θαυμασίως δεδόξακεν, δόξαν ἀληθῶς ἀπαλαίωτον νείμασα καὶ φῶς ἐπιλάμψασα οὐ γηράσκον ποτὲ καὶ Νομικῶς ῥυσιδούμενον." Συμεὼν μὲν ὁ γεραίτατος Θεοῦ κατιδὼν τὸ σωτήριον

of God and made anew by his powerful arm. That is why David prophetically sang in his psalm, *"his right hand and his holy arm have saved him,"* clearly meaning those in need of salvation, those desiring to escape and be redeemed from the oldness that brings destruction, those in want of Christ's saving presence—that is to say, of the right hand and arm of the Father—for glorious renewal and restoration, just as the divinely inspired song also foretold, *"the Lord has made known his salvation, He has revealed his justice in the sight of the nations."*

This is what Simeon, the Law, received and then cried out 17 to God who had bestowed upon him Christ the salvation, *"Lord, now lettest thou thy servant depart in peace, according to thy word*—Christ being truly the heavenly and earthly peace—*for my eyes have seen your salvation, which you have prepared in the presence of all peoples, a light for revelation to the Gentiles and for glory to your people Israel.* The prophecy has been fulfilled, the promise has been made good; the erring part has been illuminated, the dishonored part has recovered its glory; and I the Law have shed my oldness and have become new again. Not only that, but I have received back my prime, fully youthful and unwrinkled, Master, having looked upon your salvation and having seen your glory with eyes grown old. For God himself has become a light to the Gentiles and in a surpassing and marvelous manner has glorified Israel the newly born and newly named, imparting a glory that truly does not age and shining a light that never grows old, unlike the Law that shrivels up with passing years." The ancient Simeon, upon seeing the salvation of God, addressed

ταῦτα πρὸς αὐτὸν εὐχαρίστοις φωναῖς ἀνεφθέγγετο, ἔχων ἀγκάλαις τοῦ Θεοῦ καὶ Πατρὸς τὸ σωτήριον, δι' οὗ τοῖς πᾶσι τὴν σωτηρίαν ἀνέτειλεν καὶ τὴν ἐξαίρετον δέδωκεν λύτρωσιν.

18   Πρὸς δὲ τὴν παρθένον στραφεὶς τὴν γεννήσασαν καὶ Θεοῦ τεκοῦσαν σαρκικῶς τὸ σωτήριον καὶ Ἰωσὴφ τὸν πατέρα μὲν τοῦ Φωτὸς νομιζόμενον, ξένον δὲ παντελῶς γνωριζόμενον τῆς τοῦ Φωτὸς σαρκικῆς ἀποτέξεως, "Ἰδοὺ οὗτος κεῖται εἰς πτῶσιν καὶ ἀνάστασιν πολλῶν ἐν τῷ Ἰσραήλ— πτῶσιν τῶν δούλων τοῦ γράμματος, ἀνάστασιν τῶν τέκνων τῆς χάριτος· πτῶσιν τῶν τὴν Νομικὴν εἰς ἔτι τιμώντων παλαίωσιν, ἀνάστασιν τῶν τὴν Εὐαγγελικὴν στεργόντων καινότητα· πτῶσιν τῶν τὴν σαρκικὴν Ἀβραὰμ αὐχούντων πατρότητα, ἀνάστασιν τῶν τεκνουμένων Ἀβραὰμ διὰ πίστεως· πτῶσιν τῶν τοῦ παλαιοῦ Ἀδὰμ ἐνδεδυμένων τὸ φρόνημα, ἀνάστασιν τῶν τοῦ νέου Ἀδὰμ πεφρονηκότων τὴν ἔνδυσιν· πτῶσιν τῶν τὰ χοϊκὰ φρονούντων καὶ γήϊνα, ἀνάστασιν τῶν ποθούντων τὰ ὑψηλὰ καὶ οὐράνια· ἐπείπερ ὁ πρῶτος Ἀδὰμ ἐκ γῆς χοϊκὸς πεπλαστούργητο, καὶ γεῶ-δες ἔσχεν τὸ φρόνημα, ὁ δεύτερος Ἀδὰμ οὗτός ἐστιν ὁ χερσὶ ταῖς ἐμαῖς σαρκικῶς βασταζόμενος, καὶ βαστάζων ἐμὲ θεϊκῶς τὸν βαστάζοντα, ἐξ οὐρανοῦ πρὸς ἡμᾶς ἐπεδή-μησε, καὶ οὐράνιον δίδωσι φρόνημα τοῖς πιστῶς αὐτοῦ δεχομένοις τὴν ἄφιξιν, καὶ τοῦ πρώτου μὲν Ἀδὰμ ἀρνου-μένοις τὴν ἔνδυσιν, τοῦ νέου δὲ Ἀδὰμ προσιεμένοις τὴν γέννησιν· ὅσοι γὰρ αὐτὸν μετὰ πίστεως λάβωσιν, τούτοις υἱοθεσίαν ἀθάνατον τὴν πρὸς Θεὸν καὶ Πατέρα χαρίζεται· οἵτινες οὐκ ἐκ θελήματος σαρκὸς ἀποτίκτονται, οὐδὲ ἐκ

him with those words of thanks, holding in his arms Christ the salvation of God the Father, through whom He brought forth salvation for all and provided the remarkable redemption.

And turning to the Virgin Mother who bore God's salva- 18 tion in the flesh, and turning to Joseph who was considered the father of the Light, but was a complete stranger to the generation of the Light in the flesh, Simeon said, "*Behold this child is set for the fall and rise of many in Israel*—the fall of the slaves of the letter, the rise of the sons of grace; the fall of those who still honor the old Law, the rise of those who love the new Gospel; the fall of those who boast of having Abraham as their father through flesh, the rise of those who have become sons of Abraham through faith; the fall of those who clothed themselves in the mindset of the old Adam, the rise of those who had the wisdom to put on the new Adam; the fall of those whose thoughts are of things of clay and earthbound, the rise of those whose desires are for things sublime and heavenly. For the first Adam was formed of clay from the earth and his thinking was of the earth, the second Adam is He whom I hold in my arms in the flesh, and carrying him I am myself carried by him in a divine way. He came from heaven to live among us, and He imparts heavenly thinking to those who accept his coming with faith, to those who refuse to put on the first Adam but accept the birth of the second Adam. For upon those who receive him with faith He bestows the status of undying sonship with God the Father. Such people are not born *by a wish of the flesh nor*

θελήματος ἀνδρὸς ἀναδείκνυνται, ἀλλ᾽ ἐκ Θεοῦ κατὰ χάριν βλαστάνουσιν. Οὐ γὰρ κατ᾽ οὐσίαν καὶ φύσιν προέρχον-ται· μόνος γὰρ οὗτος, ὦ Παρθενομῆτορ ἀμόλυντε, ἐκ Θεοῦ κατ᾽ οὐσίαν γεγέννηται, καὶ Θεοῦ τοῦ Πατρός ἐστιν ὁμοούσιος, μόνος ἐκ Θεοῦ τεχθεὶς τοῦ γεννήτορος καὶ Υἱὸς αὐτοῦ μονογενὴς γνωριζόμενος, κἂν εἰ ἐκ σοῦ τῆς Παρθένου σεσάρκωται καὶ τὴν ἐκ σοῦ σαρκικὴν καταδέ-δεκται γέννησιν.

19   "Καὶ σοῦ δὲ αὐτῆς τῆς τὰ μεγάλα Θεοῦ θεασαμένης μυστήρια καὶ τὸν θησαυρὸν ἡμῖν τοῦτον τετοκυίας τῆς χάριτος, δισταγμοῦ ῥομφαία τὴν ψυχὴν διελεύσεται καὶ τὸν νοῦν διαδράμοι καταπλήξεως μάχαιρα, ἡνίκα τοῦτον ἴδοις τοῖς ὄμμασιν ἑκουσίως σταυρῷ προσηλούμενον καὶ ἐν μέσῳ λῃστῶν αἰωρούμενον, καὶ νεκροῦντα μὲν τὸν ἡμᾶς νεκρώσαντα θάνατον, ζωοποιοῦντα δὲ τοὺς δικαίως ἡμᾶς ἀποθνήσκοντας, καὶ δεσμοῦντα μὲν τοῦ διαβόλου τὴν φάλαγγα, ἀπολύοντα δὲ δεσμῶν ἁμαρτίας τὸν ἄνθρωπον, ὃν τὸ παλαιὸν αὐτὸς ὁ διάβολος ἔδησεν. Ἀλλ᾽ οὐ στήσεται, οὐδὲ μονὴν ἡ ῥομφαία τὸ σύνολον σχοίη παρὰ σοὶ διο-δεύουσα· οὐ γὰρ εἰς λήθην ποτὲ τῆς ἐκ σοῦ θεσπεσίας συλλήψεως καὶ τῆς ἐκ σοῦ θαυμασίας γεννήσεως, ὦ Θεο-μῆτορ, ἐλάσειας, καὶ εἰ τῶν γενησομένων ἐν τῷ καιρῷ τῆς ἀρρήτου σταυρώσεως ἀνθρωπίνην κατάπληξιν δέξαιο, πῶς σταυροῦσθαι Θεὸς καταδέχεται, ὁ κατ᾽ οὐσίαν ἀπαθὴς καὶ ἀθάνατος, πῶς ἐν μέσῳ λῃστῶν καθυβρίζεται, ὁ ὑπ᾽ ἀγγέλων ἀεὶ δοξαζόμενος, πῶς χολὴν καὶ ὄξος ποτίζεται, ὁ πάντα τρέφων τὰ τροφῆς προσδεόμενα καὶ πάντα ποτί-ζων τὰ δίψει κρατούμενα, πῶς ἡ Ζωὴ προσίεται νέκρωσιν,

are they produced *by the will of a man, but* they come to life *from God* and by grace. However, they are not born from God according to his essence and nature, for only this child, immaculate Virgin Mother, has been born according to God's essence and is consubstantial with God the Father. Only He was generated from God his Father and is acknowledged as his only-begotten Son, even if He received his flesh from you the Virgin and from you accepted birth in the flesh.

"*But for you yourself,* who have beheld the great mysteries 19 of God and have given birth to this our treasure house of grace, *a sword* of uncertainty *will cut through your soul* and a knife of astonishment will run through your mind, when with your own eyes you see him voluntarily nailed to a cross and suspended between thieves, destroying the death that we mortals undergo, but restoring life to us who die in a righteous manner, putting in bonds the troops of the devil, but freeing mankind from the bonds of sin, the bonds which the devil himself placed on us long ago. But this will not last nor will the sword going through you have any staying power at all; for you, Mother of God, will never lose the memory of his divine conception by you and of his wondrous birth from you, even if you will be dumbfounded like a human being by the things that will happen at the time of his ineffable crucifixion: how God the eternal and impassible in essence accepts to be crucified, how He who is ever glorified by angels subjects himself to insult in the midst of thieves, how He who nourishes all things in need of food and provides liquid to all those in the grip of thirst can take a drink of gall and vinegar, how the Life which vivifies all things in need of life can accept death, how He who pierced death with an invisi-

ἡ πάντα ζωοῦσα τὰ ζωῆς ὑστερούμενα, πῶς τὴν πλευρὰν κεντεῖται τῷ δόρατι, ὁ ἀοράτῳ λόγχῃ κεντήσας τὸν θάνατον, πῶς ταφὴν ὑπομένει τριήμερον, ὁ θάπτων ταφῇ τὴν φθορὰν καὶ τὸν θάνατον καὶ λύων ταφὴν τοῖς κειμένοις ἐν μνήμασιν, καὶ ζωὴν χορηγῶν καὶ ἀνάστασιν τοῖς ἐξ Ἀδὰμ λαχοῦσι τὰ σώματα, καὶ ταῦτα νεκρὰ περιφέρουσι διὰ τὴν Ἀδὰμ πατρῴαν παράβασιν.

20   "Ταῦτα γὰρ ἅπαντα βλέπουσα πρὸς βραχὺ γενήσῃ κατάπληκτος, ἀλλ᾽ οὐκ ἐπὶ πλέον φανήσῃ διστάζουσα. Διελεύσεται γὰρ τὴν σὴν ψυχὴν καὶ διάνοιαν, τῶν τοσούτων ῥομφαία φοβερῶν καταπλήξεων, ἀλλ᾽ οὐ στήσεται· οὐδὲ γὰρ ἕξοι χώραν μονῆς τε καὶ στάσεως ἐλαυνομένη τονώτατα ὑπὸ τῆς σῆς ἀσπόρου συλλήψεως καὶ τῆς σῆς ἀειπαρθένου γεννήσεως, ὧν οὐδέν ἐστι φρικωδέστερον ἢ ἀνθρώποις οὐ συνιοῦσιν ὁρᾶν ἀπιστότερον. Διὰ τοῦτο *διαλογισμοὶ καρδιῶν ἐκ πολλῶν ἐκκαλύπτονται* τὰ σὰ θεωρεῖν οὐκ ἰσχύοντες θεῖά τε καὶ ξένα μυστήρια, ἅπερ οὐδὲ οὐρανῶν ὁρᾶν αἱ δυνάμεις δεδύνηνται. Διὰ τοῦτο πίπτει μὲν ὁ ἀπιστῶν τῷ κηρύγματι, ἀνίσταται δὲ καὶ ἀφθαρσίαν καὶ ζωὴν ἐκφωτίζεται ὁ πιστεύων σοῦ τῷ γεννήματι καὶ Θεὸν αὐτὸν κηρύττων τῷ στόματι καὶ Θεοτόκον σὲ φρονῶν τὴν γεννήσασαν. Διὰ τοῦτο Χριστὸς οὑτοσί, ὁ ἐκ σοῦ γεννηθεὶς κατὰ ἀλήθειαν, *εἰς ἀντιλεγόμενον σημεῖον* τεθήσεται τοῖς οὐ συνιοῦσιν αὐτοῦ τὸ μυστήριον· οἳ καὶ πτῶσιν ἀνέγερτον πείσονται, ἀπιστίας γενόμενοι μέτοχοι, καὶ ἀνάστασιν καὶ ζωὴν τὴν ἐν οὐρανοῖς οὐκ ἀθρήσουσιν, ὅτι τῇ ἀϊδίῳ ζωῇ μὴ ἐπίστευσαν."

21   Ταῦτα φήσας ἐπαύσατο, καὶ συμπαύει τοῦ Νόμου τὴν

ble lance can have his side pierced by a spear, how the one who buries death and decay in a grave undergoes himself a burial of three days, the one who releases from the grave those lying buried, and provides life and resurrection to those who have bodies received from Adam and carry these around like corpses, because of the transgression of their father Adam.

"Witnessing all these things you will be astonished for a short while, but your doubts will not last long. The sword of such fearful astonishments will go through your soul and mind, but it will not continue; nor will it have any opportunity to abide and remain, being driven out most forcefully by your seedless conception and your ever-virgin motherhood. There is nothing more awesome than these events nor more unbelievable to men who do not know how to see. That is why *thoughts are revealed from the hearts of many* who fail to see your divine and strange mysteries, mysteries that even the heavenly powers have not been able to behold. That is why those who do not believe are made to stumble by the doctrine, while the person who believes in your offspring, proclaiming him to be God and considering you who bore him to be the Mother of God, rises up and is made resplendent with incorruption and life. That is why this Christ child, truly born from you, will be set *for a sign that is spoken against* by those who do not understand his mystery; those who will suffer a *fall* from which there is no recovery, having subscribed to unbelief, and who will not see *resurrection* and life in heaven, because they have not believed in the life eternal." 20

Having spoken thus, Simeon ceased, and he brought to 21

137

κράτησιν, τὸν Νομοθέτην αὐτὸν ἰδὼν ἀφικόμενον καὶ πληροῦντα τοῦ ἰδίου Νόμου τὸ βούλημα· πλήρωμα γὰρ τοῦ Νόμου Χριστὸς προελήλυθεν. Καὶ οὐδεὶς ὁ ἀντιλέγων τῷ Παύλου ψηφίσματι, ὅθεν *εἰς σωτηρίαν μὲν τῷ πιστεύοντι, εἰς πτῶσιν δὲ καὶ ἀπώλειαν τῷ γνώμην ἄπιστον ἔχοντι.*

22   Παρίσταται δὲ καὶ Ἄννα τῷ πράγματι, γηραιοῖς βαδίζουσα βήμασιν· ἐκάλει γὰρ καὶ αὐτὴν τὸ μυστήριον προφητείας χάριν πληρώσουσαν, ὅπως καὶ αὐτὴ προφητικῶς μαρτυρήσειεν, ὡς *"ἐγνώρισεν Κύριος τὸ σωτήριον αὐτοῦ"* καὶ ὡς *"ἐναντίον τῶν ἐθνῶν ἀπεκάλυψε τὴν δικαιοσύνην αὐτοῦ,"* καὶ ὡς οὐκ ἔτι Νόμος ὃς ἐν σκιᾷ καὶ τύπῳ κρατήσειεν, φορτία τοῖς ἀνθρώποις παρέχων δυσβάστακτα, πᾶσιν ἐκκαλυφθείσης τῆς χάριτος τῆς χρηστὸν μὲν ἐχούσης τὸν ζυγὸν καὶ τὸ φορτίον ἐλαφρὸν καὶ εὐβάστακτον, καὶ ὡς οὐκ ἔτι προφῆται περὶ Χριστοῦ προφητεύουσιν ἐλθόντος αὐτοῦ τοῦ τὰς προφητείας αὐτοῖς ἐπιπνεύσαντος, καὶ προφητεύειν αὐτὸν ἀποστείλαντος. Ἃ καὶ ἡ Ἄννα προφητικῇ διαλάμπουσα χάριτι *τοῖς προσδεχομένοις τὴν Ἰσραὴλ ἀπολύτρωσιν* φάσκουσα θεόσδοτον αὐτοῖς ἐνεγέννα παράκλησιν, ὅτιπερ ὁ τοῦ παντὸς Λυτρωτὴς παραγέγονεν καὶ τῶν πάντων ὁ Σωτὴρ πεφανέρωται τὴν ἰδίαν εἰκόνα λυτροῦσθαι βουλόμενος, καὶ σῴζειν τὸ πλάσμα θέλων ὃ ἔπλασεν. Διὰ τοῦτο γὰρ ὁ Χριστὸς Ἰησοῦς ὀνομάζεται, ἐπειδὴ καὶ σωτὴρ ὁ Ἰησοῦς ἑρμηνεύεται.

23   Τούτων δὲ πάντων γιγνομένων τοῖς πράγμασιν καὶ λεγομένων τοῖς ῥήμασιν ἥ τε Θεομήτωρ Μαριὰμ ἐξενίζετο, καὶ ὁ συμπαρὼν Ἰωσὴφ ἀπεθαύμαζεν. Ὅμως τὰ δεδογμένα

an end the sway of the Law as well, having seen the Lawgiver himself coming and fulfilling the will of his own Law; for Christ came forth as the fulfillment of the Law. And there is no one who speaks against Paul's declaration that Christ is *for salvation to the one who has faith,* but for a fall and perdition to the one whose mind is unbelieving.

And Anna too is present at the event, walking on her an- 22 cient feet. For she too was summoned by the mystery to fulfill the gift of prophecy, so that she might in her prophetic role bear witness that *"the Lord has acknowledged his salvation"*; that *"he has revealed his justice in the sight of the nations"*; that the Law no longer will hold sway in shadow and outline, imposing *burdens hard to bear* on mankind, once grace has been revealed to all bringing *a yoke that is kindly and a burden that is light* and easy to bear; that prophets will issue no more prophecies about Christ, seeing that He has come who inspired those prophecies in them and who sent them to prophesy his coming. And Anna, shining with prophetic grace, by proclaiming these things *to those who were looking for the redemption of Israel,* engendered in them the godsent consolation that the Redeemer of all has arrived and the Savior of all has appeared, in his desire to redeem his own image and wanting to save the creature that He created. For that is why Christ is called Jesus, because the word Jesus means savior.

When those events had taken place and those words were 23 spoken, Mary the Mother of God was surprised and Joseph by her side was astonished. Nonetheless, having carried out

τῷ Νόμῳ τελέσαντες, ἐπείπερ ἄπαντα τοῦ Νόμου πληροῦν ὁ Χριστὸς παρεγένετο καὶ διδόναι παῦλαν τοῖς Νόμου προστάγμασιν, εἰς Ναζαρὲθ ἐπανέρχονται, ἔνθα καὶ πρὸς τοῦ ἀρχαγγέλου Γαβριὴλ εὐηγγελίσατο ἡ τὸν Σωτῆρα τῷ κόσμῳ γεννήσασα, ἐξ ἀσπόρου μὲν συλλήψεως κύουσα, παρθένος δὲ μετὰ γέννησιν μένουσα, καὶ πᾶσι δεικνῦσα τοῖς βλέπουσιν ὡς ἐγνωρίσθη Θεοῦ τὸ σωτήριον καὶ τὸ φῶς τοῖς Ἔθνεσιν ἔλαμψεν, καὶ ὡς Θεοῦ δικαιοσύνη καὶ λύτρωσις πᾶσι τῆς γῆς ἐφάνη τοῖς πέρασιν, καὶ δόξαν τοὺς δεδεγμένους ἐνέδυσε θεϊκὴν ὁμοῦ καὶ ἀΐδιον καὶ ῥεῦσιν καὶ φθορὰν οὐ γιγνώσκουσαν.

24 Τί δὲ καὶ τρυγόνες ἠβούλοντο ἢ τίνος ἕνεκεν τῶν περιστερῶν οἱ νεοττοὶ παρελήφθησαν, ἅπερ Χριστὸς εἰσιὼν εἰς Ἱεροσόλυμα παραστῆναι Θεῷ τῷ τεκόντι εἰς θυσίαν προσέφερεν; Ἢ ὅτου χάριν ζεῦγος ἓν ἀπὸ θατέρου γένους προσήνεγκεν, ἢ ἡ τοῦτον γεννησαμένη παρθένος ὑπὲρ αὐτοῦ τῷ Πατρὶ προσεκόμιζεν; Καθαρὰ μὲν γὰρ τὰ ζῷα διέγνωσται κἂν τοῖς πετηνοῖς ὑπάρχει διάσημα. Ἀλλ᾿ εἰ καὶ ἄμφω καθαρά τέ ἐστι καὶ ἀβέβηλα, ὅμως τούτων γένος ἑκάτερον ἀρετὴν ἰδιάζουσαν κέκτηται καὶ ἐξαίρετόν τι καὶ παρὰ τὰ ἕτερα ἔκκριτον, προσεμπεφυκὸς αὐτῷ, δείκνυσιν ὄρνεα, οὐ μικρὰν εἰσάγον τὴν ὄνησιν τοῖς πνευματικῶς αὐτὸ θεωρεῖν ἐξισχύουσιν. Τοῦ γὰρ Νόμου τὸ θέσπισμα οὐ μέχρι μόνου τοῦ γράμματος ἔστηκεν, ἀλλ᾿ ἔχει τι καὶ κρυπτόμενον, ὃ τοῦ φαινομένου τυγχάνει λαμπρότερον καὶ ἀσυγκρίτοις ὑπεροχαῖς τιμαλφέστατον. Διὰ τοῦτο τὸ μὲν γράμμα ἀποκτένει τὸν μόνῳ κατακολουθοῦντα τῷ γράμματι, τὸ δὲ Πνεῦμα ζωοποιεῖ τὸν καλῶς πειθαρχοῦντα

all the requirements of the Law, for Christ came to fulfill all parts of the Law, as well as to put an end to the prescriptions of the Law, they returned to Nazareth. This was where she who bore the Savior for the world was given the good news by the archangel Gabriel, where she became pregnant following a seedless conception and remained a virgin after the birth, showing to all who wanted to see that God's salvation had appeared and God's light had shone for the Gentiles, and that the justice and redemption of God had come to all the extremities of the earth and covered all those who received him with a divine and eternal glory that knows neither passing nor decay.

Now what was the purpose of the turtledoves and why 24 were the young of the pigeons brought, the birds that Christ, when coming to Jerusalem, took along as an offering for sacrifice to God the Father? Or for what reason did He offer one pair of each kind of bird, or rather why did the virgin who bore him bring them on his behalf for offering to the Father? The explanation is that these creatures are recognized as pure and they have a special reputation among birds. But even if both kinds are pure and unpolluted, still each of these birds possesses a distinctive virtue of its own, and something remarkable and outstanding, that is innate to it and sets it apart from the other birds, and bestows no little benefit on those capable of seeing it with the eyes of the spirit. For the ordinance of the Law does not stop at the letter, but also contains a hidden element that happens to be more conspicuous than the part that is visible and is most precious on account of its incomparable superiorities. That is why *the letter kills* the one who follows only the letter, *but the Spirit gives life* to the one who obeys well the Spirit. And

τῷ Πνεύματι. Καὶ τὸ γράμμα μὲν τρόπον τινὰ διαρρήγνυται <δίκην> σκεπάσματος, <τὸ Πνεῦμα δὲ> εἰς τὸ βάθος τε διεισδῦνον καὶ τὸν ἐκεῖ κεκρυμμένον θησαυρὸν ἀνιμώμενον [καὶ] τοῦτον πλοῦτον ἀδιάρρευστον τεύχεται.

25 Καθαρὰ μὲν ἦν τὰ ὀρνίθια, αἱ τρυγόνες καὶ αἱ περιστεραί, καθὼς λέλεκται· ἀλλ᾽ αἱ μέν εἰσιν σωφρονέσταται καὶ οὕτω τὴν σωφροσύνην ἀσπάζονται, ὡς εἰ τύχοι θανεῖν τὸν ὁμόζυγον, ἑτέρῳ συνελθεῖν μὴ ἀνέχεσθαι, ἀλλὰ βίον λοιπὸν διώκειν τὸν ἄζυγα, καὶ χηρείᾳ μᾶλλον σεμνύνεσθαι ἢ τὴν πρὸς ἕτερον ἄρρενα γαμικὴν συνάφειαν καταδέχεσθαι· αἱ δὲ πονηρίας εἰσὶ καθαρώταται καὶ κακίας πάσης ἀμέτοχοι, δι᾽ ὃ καὶ ἀκεραίους αὐτὰς Χριστὸς ἐπωνόμασεν, διὰ τὸ αὐτῶν ἁπλοῦν καὶ ἀπόνηρον· ὥστε καὶ διωκόμεναι πρός τινος πάλιν ὡς αὐτὸν εὐθὺς ἐπανέρχονται, ὡς κακὸν οὐδὲν ὑπομείνασαι· ὃ σημεῖόν ἐστι καὶ τεκμήριον ἀκακίας ἄκρας καὶ πολλῆς, ὡς εἰπεῖν, ἀφελότητος. Καὶ αἱ μέν εἰσιν ἰδιαστικαὶ καὶ φιλέρημοι, αἱ τρυγόνες αἱ φίλαγνοι· αἱ δὲ κοινωνικαὶ καὶ φιλήμεροι, αἱ περιστεραὶ αἱ ἀπόνηροι, οὐ μὴν ἀλλὰ καὶ φιλάνθρωποι. Καὶ πειθέτω σε περιστερὰ πολυέραστος πρὸς Νῶε καὶ τὴν κιβωτὸν ἀναζεύξασα καὶ φύλλον ἐλαίας τῷ στόματι φέρουσα καὶ δηλοῦσα Κυρίου τὸν ἔλεον καὶ τοῦ κατακλυσμοῦ τὴν ἀπόπαυσιν, μυστικῶς δὲ (καὶ ὡς ἐδόκει τῷ Πατρὶ καὶ τῷ Πνεύματι), καὶ Χριστοῦ τὴν φιλάνθρωπον ἄφιξιν, ἣν ἐν ἐσχάτοις καιροῖς ἐπιδείξοιτο διὰ στοργὴν ἀληθῶς πολυέλεον. Ἑσπέρα γὰρ καὶ ἐτύγχανεν, ὅτε πρὸς Νῶε (μετὰ τὸν γενάρχην Ἀδὰμ δεύτερον βίου γεννήτορα), φυλλοκομοῦσα προφητικῶς

the letter in a certain way is broken up, like a protective covering, while the Spirit, entering deep inside, draws out the treasure hidden there and makes it into wealth that does not flow away.

The birds, the turtledoves and the pigeons, are pure, as 25 we have said. But doves are the most chaste and thus they embrace chastity, so that if the male dies, the female refuses to join with another partner, pursues from then on a solitary unattached life, and takes more pride in being a widow than in choosing another male for marital union. Pigeons, on the other hand, are the most free from wickedness and are guiltless of all evil, and that is why Christ called them *innocent,* because of their simplicity and lack of malice; so that when they are driven away by someone, they come back immediately to that person, as if they had suffered no harm; and this is a sign and proof of extreme guilelessness and, so to say, great simplicity. The doves, the chaste ones, prefer the solitary life and are lovers of deserted places, while the pigeons, the guileless ones, are social creatures, are lovers of domesticity and are fond of people as well. And you should be convinced of this by the much-loved pigeon who returns to Noah and the ark, carrying in its beak a branch of olive and thereby indicating the Lord's mercy and the end of the flood, and pointing as well mystically (according to the wishes of the Father and the Spirit) to the benevolent coming of Christ, which will be manifested in the last times on account of his love and truly great mercy. For it was evening when this occurred, when the bird made its way back prophetically to Noah (the second founder of life after the first

ἐπανέκαμψεν, καὶ τὸν ὀψὲ τοῦ καιροῦ εἰς ἡμᾶς γενησόμε-
νον Χριστοῦ τοῦ Θεοῦ προανήγγειλεν ἔλεον.

26 Βούλεται οὖν Χριστὸς ἐμφανέστατα τοὺς ἑαυτοὺς αὐτῷ
προσκομίζοντας σωφροσύνης ἔχειν ἁγνότητα καὶ ἀκακίας
φρονεῖν τὸ ἀγλάϊσμα, καὶ τούτοις μᾶλλον λαμπρύνεσθαι,
καὶ Χριστὸν αὐτὸν εὐφραίνειν τὸν κτίσαντα καὶ σώζειν
αὐτοὺς ἀφικόμενον, δι᾽ ἣν ἔσχεν πρὸς ἀνθρώπους συμ-
πάθειαν, ὅπως ἥδοιτο καὶ ἀγάλλοιτο καὶ συναντῶντας
αὐτοὺς ἀσμένως προσδέχοιτο· οὐδενὶ γὰρ οὕτω Θεὸς
θεραπεύεται ὡς σωφροσύνῃ τε καὶ ἁγνότητι καὶ ἀκακίας
πάσης ἀκρότητι. Καλὸν δὲ καὶ τὸ ἐρημικὸν καὶ μονότρο-
πον καὶ σάλου πραγμάτων ἐλεύθερον καὶ Θεῷ προσ-
ανέχειν ὡς δύναμις, καὶ σχολαιοτέρως συνάπτεσθαι ὑπ᾽
οὐδενὸς παντελῶς ἀνθελκόμενον καὶ εἰς περισπασμοὺς
κοσμικοὺς κατασπώμενον. Οἷς καὶ λέγων ἐν μελῳδίαις
πεφώραται, "σχολάσατε καὶ γνῶτε ὅτι ἐγώ εἰμι ὁ Θεός," ὡς
τοῖς αὐτῷ μονοτρόπως σχολάζουσιν ἀεὶ φιλῶν ἐμφανίζε-
σθαι, καὶ γνῶσιν χαρίζεσθαι τῆς αὐτοῦ φωτιστικῆς ἁγιότη-
τος. Καλὸν δὲ ὁμοίως ἐστὶ καὶ τὸ ἥμερον καὶ κοινωνικὸν
καὶ φιλάλληλον, δι᾽ οὗ τις κατορθῶσαι δυνήσεται, καὶ τὸν
πρὸς τὸν πέλας συμπαθέστατον ἔλεον, καὶ τὸ τούτῳ φυ-
σικῶς συνημμένον φιλάνθρωπον, ὅπερ μεγάλη πρὸς Θεὸν
ἀφομοίωσις πέφυκεν.

27 Διὰ τί δὲ διττὰ τὰ πτηνὰ προσαγήοχεν; Οὕτω γὰρ ὁ
Νόμος προσφέρειν ἐπέτρεπεν, ἐπειδὴ εἷς καὶ ὁ αὐτὸς
ὑπάρχων Χριστός, διπλοῦς ὡρᾶτο ταῖς φύσεσιν, ἐκ δύο
μὲν φύσεων ἔχων τὴν ἕνωσιν, [καὶ] ἐν δυσὶ δὲ γνωριζόμε-
νος φύσεσιν, ἄνευ μερισμοῦ καὶ συγχύσεως θεότητός τε

ancestor Adam), carrying the branch, and foretold the mercy of Christ our God that will come to us at the end of time.

So Christ, then, most clearly wishes that those who offer 26 themselves to him possess the purity of chastity and have minds of splendid innocence; this way they will adorn themselves and bring joy to Christ himself who created them and has come to save them, on account of his compassion toward mankind, in order that He may be pleased and rejoice and gladly receive them when they come to meet him; for nothing serves God better than chastity and purity and the most perfect guilelessness. And the solitary and single way of life is good, and so is freedom from the storm of things, and so is keeping one's mind on God as much as possible, and studiously communing with him, without being distracted at all by anything or being drawn away by worldly temptations. It is to such people that we find God speaking in the psalms, *"be still, and know that I am God,"* because He always likes to manifest himself to those who devote their lives with single mind to him, and to grant them knowledge of his illuminating sanctity. Good, likewise, is the domesticated life in community and mutual love, which makes it possible for one to achieve both the most compassionate pity toward one's neighbor and its natural associate, love of fellow man, which constitutes assimilation to God in the highest degree.

And why did Christ bring an offering of two birds? That 27 was what the Law prescribed, seeing that Christ, while remaining one and the same, appeared in two natures; He possesses unity out of two natures and is acknowledged in two natures, without division or confusion of divinity and hu-

καὶ ἀνθρωπότητος, ἐξ ὧν καὶ συντέθειτο. Διπλοῖ δὲ καὶ ἡμεῖς αὐτοὶ καθεστήκαμεν, ἐκ ψυχῆς συνεστῶτες καὶ σώματος, καὶ ἐν ψυχῇ πεφηνότες καὶ σώματι, ἵνα καὶ ἀμφοῖν τὸ καλὸν ἐργαζώμεθα, καὶ μὴ θατέρῳ μὲν μέρει τὴν ἀρετὴν ἐξανύωμεν, θατέρῳ δὲ μέρει χωλεύωμεν, καὶ τῆς τῶν ἀρετῶν ὑστερῶμεν φαιδρότητος. Καὶ τοῦτο διδάσκων αὐτὸς ὁ Κύριος ἔφασκεν, ὁ πάσης ἀρετῆς δοτὴρ ἀγαθὸς γνωριζόμενος, "γίνεσθε τέλειοι ὥσπερ ὁ Πατὴρ ὑμῶν ὁ οὐράνιος τέλειός ἐστιν·" τὸ γὰρ ἀτελὲς καὶ ἀπλήρωτον τάχα Θεῷ καὶ ἀπρόσδεκτον γίνεται.

28 Τοῦτο οὖν εἰδότες καὶ ἡμεῖς, ποθεινότατοι, οὕτω Χριστῷ τῷ Θεῷ συναντήσωμεν, σωφροσύνην κομίζοντες, ἁγνείαν βαστάζοντες, ἀκακίαν προσφέροντες, ἀμνηστείαν ἐμφαίνοντες, περισπασμῶν ἑαυτοὺς ἀφορίζοντες, καὶ Θεῷ καθαροὺς προσκομίζοντες, τρόπων ἡμερότητα φέροντες, καὶ τὸ πρὸς ἅπαντας προσηνὲς καὶ φιλάλληλον ἔχοντες, καὶ πρὸς τούτοις ἅπασι τὴν πρὸς πάντας συμπάθειαν ἄγοντες, καὶ τὸν ἐκ ψυχῆς συμπαθοῦς ἀεὶ προερχόμενον ἔλεον βλύζοντες. Οὕτω Χριστὸν προσιόντα δεξώμεθα, οὕτω Χριστὸν ἐσαθρήσωμεν, οὕτω Χριστὸν θεοπρεπῶς ἐναγκαλισώμεθα καὶ προφητικοῖς ἀνθομολογησώμεθα ῥήμασιν, τὴν αὐτοῦ πρὸς ἡμᾶς ἀνυμνοῦντες προέλευσιν. Καὶ ἣν πρὸς ἡμᾶς συμπάθειαν εἴργασται μεγαλοφώνοις κηρύττωμεν στόμασιν, ἵνα καὶ βασιλείας οὐρανῶν ἐπιτύχωμεν καὶ τῶν αἰωνίων ἀγαθῶν ἀπολαύσωμεν, ἐν αὐτῷ Χριστῷ τῷ Λυτρωτῇ καὶ Σωτῆρι ἡμῶν Θεῷ, μεθ' οὗ τῷ παναγάθῳ Πατρὶ καὶ τῷ παναγίῳ Πνεύματι δόξα, τιμὴ καὶ προσκύνησις πάντοτε, νῦν καὶ ἀεὶ καὶ εἰς τοὺς αἰῶνας τῶν αἰώνων. Ἀμήν.

manity, his two constituent elements. And we too consist of two elements, being composed of soul and body and appearing in body and soul, in order that we might achieve good with both, so as not to accomplish virtue with the one part, but be deficient with the other and fall short of the splendor of the virtues. The Lord himself, recognized as the good giver of all virtue, taught us this lesson when He said, *"be perfect, just as your Father in heaven is perfect,"* for whatever is imperfect and unfulfilled is surely not acceptable to God.

With this knowledge, then, most dearly beloved, let us 28 thus meet Christ our God, bringing chastity, bearing purity, presenting guilelessness, showing forgiveness, keeping ourselves free of distractions and offering ourselves pure to God, bringing mildness of character and having kindness and brotherly love for all, and in addition to all these displaying compassion toward all and overflowing with the mercy that issues from an ever-compassionate soul. In this way let us receive Christ when He approaches, in this way let us behold Christ, in this way let us take Christ reverently in our arms and acknowledge him with prophetic words, singing praise for his coming to us. And let us proclaim with resounding voices the compassion which He has shown toward us, in order that we may achieve the kingdom of heaven and enjoy the eternal blessings in Christ himself our Redeemer and Savior God; and along with him, to the all-holy Father and the all-holy Spirit may there always be glory, honor and adoration, now and forever and for all the ages. Amen.

5

Τοῦ ἐν ἁγίοις πατρὸς ἡμῶν Σωφρονίου
ἀρχιεπισκόπου Ἱεροσολύμων·
Λόγος εἰς τὸν Εὐαγγελισμὸν τῆς
Ὑπεραγίας Δεσποίνης ἡμῶν Θεοτόκου

"Εὐαγγέλια," ἀδελφοί, "εὐαγγέλια," καὶ πάλιν ἐρῶ "εὐ-
αγγέλια"—οὐχ ὅτι πάντων εὐαγγελίων ἐστὶν ὑψηλότερα,
θειότερά τε καὶ κομψότερα, καὶ ἀσυγκρίτοις ὑπεροχαῖς
ἐξοχώτερα, οὐδ' ὅτι ὡραῖόν με τὸν αὐτῶν ἀποδείκνυσιν
ἄγγελον καὶ ὡραίους μου τοὺς πόδας ποιεῖ καὶ ἐργάζεται—
ἀγαθῶν γὰρ ἁπάντων ἐστὶν ἀγαθώτερα, καὶ χρηστῶν
ἁπάντων χρηστότερα, καὶ πάντων θαυμαστῶν θαυμαστό-
τερα, καὶ πάντων συμπαθῶν συμπαθέστερα, καὶ φοβερῶν
ἁπάντων καὶ φρικτῶν φοβερώτερά τε καὶ φρικτότερα—
ἀλλ' ὅτι καὶ τῆς μακαρίας καὶ ἀρχικῆς Τριάδος τρισσούμε-
να τὴν ὑπερτάτην δηλοῖ καὶ θείαν ἀρίθμησιν. Ἅπαν γὰρ τὸ
ἐν ἱεροῖς καὶ θείοις τρισσούμενον δόγμασιν, ἢ καὶ θεο-
σόφοις κηρύγμασι καὶ σεπτοῖς ἀπαγγέλμασι, τιμὴ τῆς μα-
καρίας Τριάδος ὁρίζεται, Πατρός, φημί, καὶ Υἱοῦ καὶ
Ἁγίου Πνεύματος, ἥτις καὶ τριάς ἐστι καὶ μονὰς κατο-
πτεύεται, καὶ μονάς ἐστι καὶ τριὰς ἐξευρίσκεται, τὸ μὲν
ταῖς τρισσαῖς ὑποστάσεσι, τὸ δὲ τῇ μιᾷ καὶ μόνῃ θεότητι.

2   Μία γὰρ τῆς ὑπερουσίου καὶ ζωαρχικῆς Τριάδος ἡ
οὐσία κηρύττεται, ὡς εἰς μίαν καὶ μόνην ἀναγομένης

Homily 5

Sophronios, Archbishop of Jerusalem, Our Father among the Saints: Homily on the Annunciation of Our Most Holy Lady and Mother of God

"Glad tidings," brethren, "glad tidings," and again I say, "glad tidings"—not because these tidings surpass all good news in sublimity, divineness and refinement, and are more eminent in their matchless excellence; not because they make me their bearer look beautiful and render my *feet beautiful*—for they are better than all good things, more useful than all useful things, more wondrous than everything wonderful, more compassionate than everything compassionate, and they inspire more fear and awe than all things fearsome and awesome—but because being said three times they also signify the supreme and divine number of the blessed and sovereign Trinity. For every triple repetition in holy and divine teachings, or in theological doctrines and sacred proclamations, is made in honor of the blessed Trinity, I mean, the Father, Son and Holy Spirit; which is a triad regarded also as a unit and a unit that proves to be a triad, having its being on the one hand in three hypostases, but on the other hand in one single divinity.

For the essence of the supraessential and life-giving Trinity is proclaimed to be one, as it has its origin in one single

θεότητα. Διὸ καὶ τὸ ὁμοούσιον, τό τε συγγενὲς καὶ ὁμόφυ-
λον, ἀρραγὲς ἔχει καὶ στερρὸν καὶ ἀσκέδαστον, οὐ μὴν
ἀλλὰ καὶ ἀπλήθυντον. Ἡ γὰρ Ἁγία Τριάς, ἡ πάντων κρα-
τοῦσα τῶν ὄντων καὶ ἄρχουσα, καὶ πάντων κτιστῶν βασι-
λικῶς καὶ θείως δεσπόζουσα, ἀριθμεῖται μὲν ταῖς ἑαυτῆς
ὑποστάσεσι—τριὰς γάρ ἐστι καὶ πιστεύεται—τῇ δὲ οὐσίᾳ
καὶ φύσει, ὡσαύτως δὲ καὶ θεότητι, πάσης κρείττων ἐστὶν
ἀριθμήσεως. Οὐ γὰρ πρὸς τριαδικὴν ἐξαρίθμησιν καὶ κατ᾽
οὐσίαν ἐκφέρεται, ἐπειδὴ τῶν προσωπικῶν ἑαυτῆς ὑπο-
στάσεων ποιεῖται τρισσὴν τὴν ἀρίθμησιν. Καὶ διὰ τοῦτο
καὶ μεριστὴ ταῖς ὑποστάσεσι δείκνυται, καὶ μένει κατὰ τὴν
φύσιν ἀμέριστος, καὶ τοῖς προσώποις διαιρετὴ καταγγέλλε-
ται (ἰδίᾳ γὰρ τούτων ἕκαστον φαίνεται), καὶ τὴν φύσιν ἀδι-
αίρετος. Ὅθεν καὶ παράδοξον ἀληθῶς καὶ κατάπληκτον
τὴν διαίρεσιν καὶ τὴν ἕνωσιν κέκτηται· ὅτι μήτε διὰ τὸ
ἕν—ὅπερ ἡ φύσις ἐστίν—ἀναχέεται καὶ πρὸς μίαν καὶ
μόνην ἐλαύνει ὑπόστασιν, οὔτε διὰ τὰ τρία ἐκφύλως καὶ
παντελῶς διατέμνεται (ἅπερ πρόσωπά ἐστιν ἐνυπόστατα),
ἀλλ᾽ ἕν ἐστιν ἀρραγὲς καὶ ἀμέριστον, καὶ πάντα μερισμὸν
καὶ συζυγίαν ἀρνούμενον.

3   Τοῦτο γὰρ καὶ τὸ θαυμαστὸν αὐτῆς ἐστι καὶ φρικτότα-
τον, ὅτι ἕν τι καὶ ταὐτὸν κατὰ τὴν φύσιν ὑπάρχουσα, καὶ
Θεὸς εἷς καὶ θεότης μία τυγχάνουσα, τρία τοῖς προσώποις
εὑρίσκεται, οὐ τὴν φύσιν ἢ τὴν θεότητα τέμνουσα, ἀλλὰ
τὰς ἑαυτῆς ὑποστάσεις καὶ πρόσωπα εἰς ἀρίθμησιν οὐ
συγχεομένην εὑρύνουσα. Ὥσπερ γάρ ἐστι Θεὸς ὁ Πατήρ,
οὕτω Θεὸς ὁ Υἱός, οὕτω Θεὸς τὸ Πνεῦμα τὸ Ἅγιον. Καὶ
καθὸ μὲν Θεὸς ἕκαστον λέγεται, μίαν τῶν τριῶν προσώπων

divinity. That is why it keeps its consubstantiality, its kinship and its homogeneity not only unbroken, solid and free from dissipation, but also not subject to multiplication. For the Holy Trinity, being the source and the controller of everything in existence, ruling regally and divinely over all of creation, is numbered according to its own hypostases—for it is, and is believed to be, threefold—but in essence and in nature, as well as in divinity, it is superior to all numbering. For its essence is not subject to a threefold reckoning, just because its hypostases of persons are a triple number. And it is for this reason that at the same time it is divided into hypostases, but remains undivided in its nature; that it is declared to be both separate in persons (for each of these has a separate identity), and inseparable in nature. Hence the Trinity possesses in a truly paradoxical and amazing way both division and unity; for neither does it on account of the one—namely, its nature—undergo a pouring back that leads to one single hypostasis, nor does it, because of the three (which are the hypostatic persons) completely and contrary to its nature become divided, but it remains as one, unbroken, undivided and shunning all separation and partnering.

But this is the wonderful and most awesome feature of it, 3 that being one and identical in its nature, and being one God and a single divinity, it is found to be three in persons, not dividing itself either in nature or divinity, but extending its own hypostases and persons to a number that does not become confused. For just as the Father is God, so too is the Son God, and likewise the Holy Spirit is God. In so far as each one of them is called God, together they present a single essence of the three persons; and in so far as they are

τὴν οὐσίαν παρίστησι· καθὸ δὲ Πατὴρ καὶ Υἱὸς καὶ
Πνεῦμα Πανάγιον (ταῦτα γὰρ τῶν τριῶν προσώπων καὶ
τῶν τριῶν ἀληθῶν αὐτῆς ὑποστάσεων ἀκριβῶς ἐστι τὰ
ὀνόματα, οἷς ἀλλήλων ἡ αὐτὴ μακαρία Τριὰς ἄνευ μερι-
σμοῦ διαστέλλεται φύσεως), τρία ὄντως ἐστὶ καὶ πιστεύ-
εται, καὶ ὑπὸ πάντων πιστῶν καὶ τῶν οὐρανίων τε καὶ
ἀοράτων δυνάμεων μεγαλοφώνως κηρύττεται καὶ δοξάζε-
ται, ἐν τρισὶ μὲν ἁγιασμοῖς ἀνυμνούμενα, εἰς μίαν δὲ συν-
ιόντα φυσικὴν κυριότητα. "Ἅγιος" γάρ, "ἅγιος, ἅγιος,
Κύριος σαβαώθ," τὰ ἑξαπτέρυγα Σεραφὶμ ἀνακέκραγε, τὰ
μᾶλλον ἡμῶν θεολογίας λόγους γινώσκοντα, ὡς μᾶλλον
ἡμῶν Θεῷ πλησιάζοντα, καὶ καθαρᾶς αὐτοῦ φωταυγείας
μετέχοντα, καὶ ἀκεραίοις αὐγαῖς ἐλλαμπόμενα. Τρισσῶς
γὰρ ὑπ' αὐτῶν τρισαγία ἡ Τριὰς ἁγιάζεται, καὶ τρισὶν
ἁγιασμοῖς καὶ δοξολογίαις γεραίρεται, καὶ εἰς κυριότητα
μίαν τὸ "Κύριος σαβαὼθ" ἀσυγχύτως συνάγεται. Ὥσπερ
γὰρ τὸ "Ἅγιος, ἅγιος, ἅγιος," τριπλῶς ὑπ' αὐτῶν τῶν Σε-
ραφὶμ κελαδούμενον, τῶν τριῶν τῆς μακαρίας Τριάδος
προσώπων τὴν ὑμνουμένην ἀρίθμησιν δείκνυσιν, οὕτω τὸ
"Κύριος σαβαώθ" ἅπαξ καὶ μόνον λεγόμενον τὴν μίαν
ἐμφαίνει καὶ μόνην αὐτῶν κυριότητα, καθ' ἣν καὶ εἷς τὰ
τρία Θεὸς ἀσυγχύτως ἐστὶ καὶ δοξάζεται, καὶ ἡ μία θεότης
ἐν τριάδι γεραίρεται. Διὰ τί γὰρ μὴ μόνον ἅπαξ εἰπόντα
σεσίγηκε μηδὲ κεκραγότα δὶς σεσιώπηκεν, ἀλλὰ τρὶς ἀνα-
λαμβάνει τὸ "ἅγιος;" Ὅτι μὴ μία καὶ μόνη ἡ τῆς Τριάδος
ἐστὶν ὑπόστασις—ἄπαγε τῆς Σαβελλιανῆς δυσσεβείας
τὸ βδέλυγμα—μήτε δύο καὶ μόνα ταύτης τυγχάνει τὰ
πρόσωπα—ἄπαγε τῆς Μακεδονιανῆς βδελυρίας τὸ ἄθεον·

named Father, Son and All Holy Spirit (these being precisely the designations of the three persons of the Trinity and of its three true hypostases, by means of which each member of the same blessed Trinity is distinguished from the other without division of nature), they are truly and are believed to be three, and are loudly proclaimed and glorified by all believers and by the heavenly and unseen powers, praised by the triple cry of "holy" which converge into the single natural lordship. For the six-winged Seraphim cried out *"Holy, holy, holy is the Lord of hosts,"* they who know trinitarian doctrine better than we, because they are closer to God than we are and partake of his pure illumination and are enlightened by his untainted rays. For the thrice-holy Trinity is triply sanctified by them and honored by a threefold glorification and acclamation of "holy" and is united without confusion into a single lordship by *"the Lord of hosts."* For just as the triple *"Holy, holy, holy"* sung by the Seraphim indicates the glorified number of the three persons in the blessed Trinity, so the onetime and single proclamation of the *"the Lord of hosts"* makes manifest their one single lordship through which the three are, and are glorified as being, one God without confusion, and are honored as one divinity in a Trinity. For why did the Seraphim not fall silent either after just a single cry of "holy" or after two cries, but repeated "holy" three times? Because neither the hypostasis of the Trinity is single and one only—away with the abomination of Sabellian impiety!—nor the persons of the Three are just two in number—away with the godlessness of the abominable followers of

ἀλλὰ τρὶς βοᾷ, καθὼς ἔφην, καὶ κραυγάζει τὸ "ἅγιος," καὶ ἀκαταπαύστοις τοῦτο προφέρει τοῖς χείλεσι, καὶ ἀσιγήτοις ἀγγέλλει τοῖς στόμασιν, ἐπειδὴ τρεῖς τῆς μακαρίας Τριάδος καὶ πάντων ἀρχικωτάτης αἱ ὑποστάσεις ὁρίζονται, καὶ τρία αὐτῆς τὰ συγγενῆ τυγχάνει καὶ ὁμόφυλα πρόσωπα, τὰ μίαν ὁμοτίμως θεότητα, καὶ μίαν ἰσοσθενῶς κυριότητα, καὶ μίαν τῶν πάντων ἀρχὴν καὶ βασιλείαν ἀδιάρρηκτον ἔχοντα.

4   Διὸ καὶ ἡμεῖς οἱ ἐλάχιστοι, οἱ ταύτης προσκυνηταὶ γνησιώτατοι καὶ δοῦλοι τυγχάνοντες ἄσχετοι, κηρύττειν ὑμῖν εὐαγγέλια θέλοντες, τρισσὰ εὐαγγέλια λέγομεν, "εὐαγγέλια, εὐαγγέλια," φάσκοντες, καὶ πάλιν "εὐαγγέλια" κράζοντες, κἀνθάδε τὴν τιμὴν τῆς μακαρίας Τριάδος εἰσάγοντες, κἂν μὴ Τριαδικὸς ὁ λόγος, ἀλλ' Οἰκονομικός, τοῦ ἑνὸς τῆς αὐτῆς πανσέπτου Τριάδος καθέστηκε, καὶ μόνην ἡμῖν εὐαγγελιεῖται τοῦ Λόγου τὴν ἄφιξιν. Καλὸν γάρ ἐστι καὶ πᾶσι πιστοῖς προσφιλέστατον, τὸ ἐν ἑκατέροις ἀγγέλλειν ἑκάτερα, καὶ ἀσύγχυτον τηρεῖν ἑκατέρων τὴν δήλωσιν, τοῦτ' ἔστι κἂν τοῖς Οἰκονομικοῖς κελαδήμασι λόγους Τριαδικοὺς ἐξαγγέλλεσθαι, κἂν τοῖς Τριαδικοῖς, ἤγουν "θεολογικοῖς," ἐξαγγέλμασι τὰ Οἰκονομικὰ προφέρεσθαι ῥήματα (ἐπειδὴ καὶ τῆς Τριάδος εἷς ὁ Λόγος γνωρίζεται, ὁ τὴν Οἰκονομίαν ὑπελθὼν τὴν ἀνθρώπειον, καὶ σώσας ἅπαν ἡμῶν τῶν ἀνθρώπων τὸ φύραμα), διεσταλμένοις καὶ μέντοι καὶ ἰδιοτρόποις νοήμασιν, οὐ μὴν ἀλλὰ καὶ προσρήμασιν, ἵνα μή τις ἐντεῦθεν φυρμὸς καὶ ἀνάχυσις τίκτηται τῶν τε "θεολογικῶν" (καὶ Τριαδικῶν) προσκηρύξεων, τῶν τε Οἰκονομικῶν καὶ ἑτεροίων προσρήσεων

Makedonios! No, the Seraphim, as we said, utter a triple cry and shout out "holy" three times, and they proclaim this with tireless lips and call it out with mouths that never fall silent, because three is the defined number of hypostases of the blessed and all-powerful Trinity, and three is the number of its kindred and related persons who possess one divinity with equality of honor, one lordship with equality of power, and one kingship with undivided rule over all.

And so we, the most lowly ones, we the truest worship- 4
pers and unconditional servants of the Trinity, in our wish to proclaim to you the good news, we announce the news three times, saying "glad tidings, glad tidings" and once more shouting "glad tidings," and in this homily we honor the blessed Trinity, even though the subject is not the Trinity but rather the Incarnation, that is, it pertains to one member of the all-holy Trinity and will bring alone the good news of the coming of the Word. However, it is good and in every way most pleasing to the faithful, if we include both on each occasion but keep the discussion of each one separate and without confusion; that is to say, it is fully acceptable in celebrations of the Incarnation to profess our faith in the Trinity, and in trinitarian or "theological" professions to make utterances about the Incarnation (for the reason that the Word is recognized as one of the Trinity, He who underwent Incarnation as a man and saved the whole of our human mass), on condition, however, that we use concepts that are distinct and peculiar to each, and names as well, so as to avoid any confusion or mixture of "theological" (that is, Trinitarian) pronouncements with those dealing with the

διὰ τὴν τοῦ Λόγου καὶ Θεοῦ πρὸς τοὺς ταπεινοὺς ἡμᾶς συγκατάβασιν.

5   Ἐλαυνέσθωσαν γοῦν ταύτης ἡμῶν τῆς ἱερᾶς πανη-γύρεως Σαβέλλιοι, Μάρκελλοι, Ἄρειοι, Εὐνόμιοι, Εὐδόξιοι, Ἀστέριοι, καὶ ὅσοι τούτοις εἰσὶν ὁμογνώμονες, καὶ τὴν ἀθεΐαν ὁμόθρησκοι, οἱ τῆς θεολογίας τοὺς λόγους τοῖς τῆς Οἰκονομίας συμφύροντες δόγμασι, καὶ ὑφ' ἑαυτῶν συμ-φυρόμενοι καὶ συγχεόμενοι, καὶ τἀληθὲς εὑρεῖν μὴ δυνάμε-νοι. Ναὶ μὴν καὶ Πέτροι, καὶ Σευῆροι, καὶ πᾶσα τῶν Ἀκεφάλων ἡ μυριόχειλός τε καὶ μυριόγλωσσος αἵρεσις, οἳ διὰ τὴν πρὸς τοὺς πιστοὺς ἡμᾶς καὶ θεόφρονας δυσσε-βεστάτην τε καὶ μιαρὰν ἀντιπάθειαν, τῇ τρισαγίᾳ φωνῇ "σταυρὸν" παρυφάναντες, τῆς ἀσυγχύτου Τριάδος τοὺς λόγους συνέχεαν. Τρὶς γὰρ καὶ αὐτοὶ τὸ "Ἅγιος, ἅγιος, ἅγιος" φάσκοντες, "σταυρὸν" ἀσεβῶς τοῖς τρισὶν ἁγια-σμοῖς ἐπιφέρουσιν. Εἰ γὰρ τῆς Τριάδος ὕμνος ὁ τρισάγιος πέφυκεν ἴδιος, πῶς ἀπαιδεύτως αὐτῷ "σταυρὸν" προσαρ-μόζουσιν οἱ τὴν θείαν ὄντως σοφίαν ἀπαίδευτοι; Οὐ γὰρ τῆς Τριάδος ὁ σταυρὸς καταγγέλλεται, ἀλλὰ τοῦ σαρ-κωθέντος Υἱοῦ τὴν φιλάνθρωπον Σάρκωσιν· τοῦ τῆς Τριάδος ἑνὸς καὶ ὁ σταυρὸς αὐτός ἐστι καὶ ἡ σταύρωσις, κηρύττων αὐτοῦ τὴν σωτήριον νέκρωσιν, ἣν δι' ἡμᾶς σαρ-κικῶς ἐνεκροῦτο σταυρούμενος. Τοῦ Λόγου γὰρ Σάρκω-σιν οὐκ εἰπόντες οἱ τάλανες, οὔτε μὴν ἑτερογενῶν οὐσιῶν ὀνομάσαντες ἕνωσιν, θεότητός τε, φημί, καὶ ἀνθρωπότη-τος, ἀλλ' οὔτε τὴν ἐκ Παρθένου τῆς θείας αὐτοῦ καὶ κυρίως Θεοτόκου κηρύξαντες γέννησιν (ἅπερ ἅπαντα σταυροῦ χρεὼν καθηγήσασθαι), "σταυρὸν" ἀθέσμως

topic of the Incarnation and various other issues related to the condescension of God the Word to us lowly mortals.

So let there be driven from this our sacred festival follow- 5 ers of Sabellios, Markellos, Areios, Eunomios, Eudoxios, Asterios, and their fellow thinkers and those who share their godless beliefs, they who, mixing Trinitarian teaching with the doctrine of the Incarnation and being confused and confounded by their own thinking, have not managed to discover the truth. Yes, and the followers of Peter and Severos and the whole myriad-mouthed and myriad-tongued heresy of the Akephaloi who, because of their most impious and foul antipathy toward us the faithful and godly-minded, wove a cross into the fabric of the thrice-holy prayer and thereby brought confusion into the doctrine of the Trinity, which is without confusion. They too pronounce the "*Holy, holy, holy*" three times, but impiously add, a "cross" to the triple "holy." Now, if the thrice-holy prayer belongs solely to the Trinity, how dare they, the truly unschooled in divine wisdom, ignorantly attach the word "cross" to it? For the cross proclaims the merciful Incarnation of the Son, not that of the Trinity; the cross itself and the crucifixion apply to only one of the Trinity, heralding the salvific death by which He died in the flesh, having been crucified on our behalf. Those wretches did not speak of the Incarnation of the Word, nor did they mention the union of different substances, I mean the divine and human, nor did they proclaim the birth from a Virgin who was his divine and properly named Mother of God (all of which needed to precede the crucifixion), but they unlawfully added "crucified" in their

προσφέρουσι, τὴν μιαρὰν αὐτῶν θεοπάθειαν ἱεροῖς μιγνύναι βουλόμενοι δόγμασιν.

6 Εὐτυχοῦς γὰρ τοῦ μιαροῦ καὶ παράφρονος ὅλην νενοσηκότες τὴν σύγχυσιν, καὶ ὅλην πεπωκότες τὴν πολύφυρτον κύλικα, πάντα συμφύρουσι, πάντα συγχέουσι, τοῖς θεολογικοῖς τὰ οἰκονομικὰ καταμίσγοντες, τοῖς οἰκονομικοῖς τὰ θεολογικὰ καταθλίβοντες, ἄμφω τὰς φύσεις εἰς φύσιν μίαν ἐλαύνοντες, οὐσίας τὰς δύο πρὸς οὐσίαν μίαν συνάπτοντες, τὰς ἑκατέρας μορφὰς θεότητός τε καὶ ἀνθρωπότητος τῶν οἰκείων δογμάτων ἐκβάλλοντες, καὶ μορφὴν εἶναι μίαν Χριστοῦ καὶ οὐσίαν καὶ φύσιν βουλόμενοι, ἵνα μήτε τῆς θεολογίας οἱ λόγοι ἀκραιφνεῖς καὶ ἀκέραιοι μένωσι, μήτε τῆς Οἰκονομίας τὰ δόγματα ἐλευθεριάζῃ τῆς Εὐτυχιανῆς αὐτῶν (μᾶλλον δὲ "δυστυχοῦς") τροπῆς καὶ συγχύσεως. Ἀλλ᾽ ἐκεῖνοι μὲν εἰς ἀσεβείας βυθὸν κυβιστήσαντες φυρέτωσαν ἑαυτοὺς καὶ φυρέσθωσαν, καὶ τοῖς τῆς ἀσεβείας περικλυζέσθωσαν ρεύμασιν.

7 Ἡμεῖς δὲ τῆς εὐσεβείας οἱ τρόφιμοι, καὶ τῆς ἐκείνων "ἀκεφάλου" τερθρείας ἀντίπαλοι, τῶν πατρώων ἡμῶν δογμάτων γνησίως ἐχώμεθα, καὶ τῶν ἀποστολικῶν παραδόσεων ἄγρυπνοι γενώμεθα φύλακες, λόγους Τριαδικοὺς ἐπιστάμενοι, καὶ λόγους οἰκονομίας γινώσκοντες, καὶ μηδὲ τούτους ἐκείνοις συγχέωμεν, μήτε τούτοις ἐκείνους συμφύρωμεν, ἀλλ᾽ ἑκάστοις τὸ πρέπον ἁρμόζωμεν, καὶ τόπον καὶ τρόπον καὶ καιρὸν ἀφορίζωμεν ἴδιον. Καὶ οὕτως ἔξω σκανδάλων ἐσόμεθα, καὶ πλάνης αἱρετικῶν ἀκοινώνητοι, καὶ μανίας ἑτεροδόξων ἐλεύθεροι· καὶ ἐπὶ τῆς ἐνθέου στησόμεθα πίστεως, ὑπὸ μηδενὸς τῶν πονηρῶν πνευμάτων

desire to mix their foul idea of divine suffering into sacred doctrine.

For being sick with the total confusion of the abominable 6 and mad Eutyches and having supped from the completely mixed cup, they confound and confuse everything, mixing the incarnational with the trinitarian, compounding the trinitarian with the incarnational, forcing the two natures into one, combining the two essences into one, expelling from the ranks of their own dogmas the two separate forms which are divinity and humanity, in their wish to allot Christ one form, one essence, and one nature, in order to prevent the teachings on the Trinity from remaining pure and unmixed, and to keep the doctrines on the Incarnation from escaping their Eutychian (or rather "unfortunate") mutation and confusion. But having leaped into the depths of impiety let them confound themselves and become totally confused, and let them be overwhelmed by the waves of their own impiety.

But let us, the children of piety and opponents of their 7 "headless" claptrap, cling faithfully to patristic dogma and let us become the sleepless guardians of apostolic traditions, experts in trinitarian doctrine, and fully conversant with incarnational teaching, let us not confuse the one with the other and mix up those teachings, but rather let us assign what is proper to each and keep separate the place, manner and time of each. In that way we will be beyond errors, have no part in the sin of heretics, and be free from the madness of the heterodox; and we will stand firm upon the divine faith, not whirled about by any evil spirit, not carried away

στροβούμενοι, μηδὲ πρὸς ἀνοίας πονηρὰς ἐκφερόμενοι, εἰς ἃς ἡμῶν ἐλεεινῶς οἱ ἀντίπαλοι, τὸ ἑστάναι καλῶς παρωσάμενοι καὶ τὸ φυλάττειν ἀφέντες ἀσφαλῶς τὴν πατρῴαν εὐσέβειαν, ἐκπεπτώκασι καὶ ὀλώλασι καὶ δυσσεβείας αἱρετικῆς κλυδωνίζονται κύμασιν.

8 Οὐκοῦν τούτων ἡμεῖς καλῶς πεφευγότες τῆς ἀσεβείας τὴν ἄβυσσον, καὶ ἐπὶ τῆς ἀσείστου πέτρας τῆς πίστεως σὺν ἀσφαλείᾳ τοὺς πόδας ἐρείσαντες, καὶ εἰς ὄρος ὑψηλὸν ἀναβαίνοντες, καὶ ἐπ' ἄκρων δογμάτων ἱστάμενοι κατὰ τὰ εὐαγγελικὰ καὶ προφητικὰ διατάγματα, καὶ τὴν φωνήν, ὡς σθένος ἡμῖν (μᾶλλον δὲ ὡς δοίη Θεός), ἀνυψώσαντες, "εὐαγγέλια, εὐαγγέλια," κράζομεν, καὶ πάλιν φαμὲν "εὐαγγέλια," καὶ τῆς Τριάδος τὸ σέβας γεραίροντες, καὶ τοῦ τῆς Τριάδος ἑνὸς Θεοῦ Λόγου τὴν πρὸς ἡμᾶς συγκατάβασιν ᾄδοντες. Ταῦτα γάρ ἐστιν τὰ ἡμῶν, ἀδελφοί, "εὐαγγέλια," ἅπερ τοῖς πιστοτάτοις ὑμῖν εὐαγγελίζεσθαι προεληλύθαμέν τε καὶ κηρύττειν βουλόμεθα σήμερον.

9 Καὶ τὴν ὑμῶν ἀγάπην προτρέπομεν, ἑαυτὴν εὐπρεπῶς καθαρίσασαν, τὰ τοιαῦτα ἡμῶν "εὐαγγέλια" δέξασθαι· τὸν γὰρ ὡς χρεὼν ἑαυτὸν καθαρίσαντα οὐ βδελύττεται, οὔτε μὴν ἀποστρέφεται ταυτὶ τὰ ἱερὰ ἡμῶν εὐαγγέλια, ἀλλὰ μονὴν παρ' αὐτῷ ποιεῖται σωτήριον, καὶ φωτὸς αὐτὸν πληροῖ καὶ ἐλλάμψεως, καὶ Θεοῦ θεῖον ἐργάζεται τέμενος, τὴν φύσιν ἄνθρωπον μένοντα καὶ πλουτοῦντα Θεοῦ τὴν ἐμφάνειαν. Πάντες ἀθροίζεσθε, πάντες συνάγεσθε, πάντες σπουδάζετε, πάντες συνθέετε, πάντες συντρέχετε, πάντες ἀλλήλων προτρέχετε, περιστερᾶς ἑαυτοῖς περιθήσαντες πτέρυγας, ὅπως καὶ πετασθήσοισθε καὶ καλῶς ἐπὶ Χριστὸν

to evil follies, into which our opponents, refusing to take a good stand and to preserve safely the patristic piety, have pitiably fallen, ruined themselves and are washed away by the waves of impious heresy.

Therefore we, having successfully avoided the bottom- 8 less deep of their impiety, having securely planted our feet on the unshakeable rock of the faith and *climbed to a high mountain,* and standing upon the highest dogmas in keeping with the commands of the gospels and the prophets, and having raised our voices to the best of our strength (or rather as God may grant) we shout "glad tidings, glad tidings" and we repeat once more "glad tidings," honoring the holiness of the Trinity and praising the coming down among us of the one member of the Three, God the Word. These, then, my brothers, are the "glad tidings" which we have come to announce and want to proclaim to you, the most faithful, today.

And, dearly beloved, we bid you to first properly purify 9 yourselves and then receive those "glad tidings" from us; for the sacred news that we bring is neither disgusted by, nor turns away from the one who purifies himself as necessary, but makes its salvific abode with him, fills him with light and illumination, makes him God's divine temple, while he remains human in nature and is enriched by the presence of God. Now all gather together, all assemble, all make haste, all run in a group, all race one another and outperform one another, having put on *the wings of a dove,* so that you may *fly off* and *reach a good rest* in Christ, or taking on the feet of a

HOMILIES

καταπαύσοισθε· ἢ πόδας εὐδρομούσης δορκάδος δεξάμε-
νοι, ἵνα οὐρανίων εὐαγγελίων ἀκούσοιτε, ἵν' ἀγγέλου
εὐαγγέλια λέγοντος πύθησθε, ἵνα Θεοῦ πρὸς ἀνθρώπους
ἀγγέλλοντος ἄφιξιν φιλοθέοις ἀκοαῖς ἀκροάσοισθε, ἵνα
καὶ ἡμεῖς ὁρῶντες ὑμῶν τὴν ὀξεῖαν συνάθροισιν, καὶ τὴν
πρὸς ἀκρόασιν τῶν ὑψηλῶν ἡμῶν εὐαγγελίων προθυμο-
τάτην συνέλευσιν, χαίροντες ὁμοῦ καὶ γαννύμενοι κράζω-
μεν "εὐαγγέλια, εὐαγγέλια, εὐαγγέλια," τῷ τρισσῷ τοῦ
κηρύγματος τῶν εὐαγγελίων βεβαιοῦντες τὴν πίστωσιν.

10 Ἔνθα γὰρ ἡ ἀλήθεια πρόεισιν, οὔτε ψεῦδός ποτε πολι-
τεύεται, οὔτε ἀπιστία χώραν ἕξει κακίστης εἰσδύσεως·
ἀπιστίας γὰρ οὐδὲν πρὸς λόγους θεϊκοὺς χαλεπώτερον·
ἔνθεν Ἰουδαῖοι πεπτώκασιν· ἔνθεν Σαμαρεῖται πεπλάνη-
νται· ἔνθεν Ἕλληνες ἐν σκότῳ διάγουσιν· ἔνθεν αἱρετικοὶ
κατεβλήθησαν, εὐαγγελίοις Θεοῦ μὴ πιστεύσαντες, εὐαγ-
γελίοις Θεοῦ μὴ ὑπείξαντες, ἀντίθετοί τε καὶ ἀντίπαλοι
μείναντες, καὶ νεκρωθέντες ψυχάς τε καὶ σώματα, καὶ τῆς
αἰωνίου γεγονότες Ζωῆς ἀκοινώνητοι, καὶ τοῦ ἀληθινοῦ
Φωτὸς φανέντες ἀμέτοχοι. Οὐ γὰρ καταλαμβάνει ψεῦδός
ποτε τὴν ἀλήθειαν, ἕως οὗ ψεῦδός ἐστι καὶ γινώσκεται·
οὐδὲ σκοτία φωτίζεται πώποτε, ἕως σκότος ἐστὶ καὶ ἐζό-
φωται, καὶ παντοίως ἀμοιρεῖ φωτοφόρων ἐλλάμψεων. Διὰ
τοῦτο καὶ τὰ φωτεινὰ ἡμῶν εὐαγγέλια τοῖς φωτοδόχοις
ὑμῖν μεγαλοφώνως κηρύττεται· οὐ γὰρ βούλεται ἀπίστων
ἀκοαῖς κατατίθεσθαι, οὐδὲ καρδίαις φιλεῖ σκοτειναῖς
ἐναυλίζεσθαι.

11 Ὑμεῖς οὖν, ὡς τέκνα τοῦ φωτὸς καὶ φωτοτρόφα γεν-
νήματα, τῶν φωτεινῶν ἡμῶν καὶ φωτιστικῶν εὐαγγελίων

fleet-footed gazelle, in order to come to hear the heavenly good news, to hear the angel reporting the good news, to listen with God-loving ears to God announcing his coming among men, in order that we too, seeing you swiftly gathering and most eagerly arriving to hear from us the sublime good news, may rejoice and celebrate together crying out "glad tidings, glad tidings, glad tidings," by this triple proclamation confirming our trust in the good news.

For wherever the truth makes its appearance, falsehood 10 never finds a foothold, nor does unbelief have a chance to insidiously insinuate itself; for there is nothing more damaging than unbelief in divine doctrine. Because of unbelief the Jews have fallen, the Samaritans have lost their way, the Hellenes live in darkness, heretics have been overthrown, since they have not believed in God's good news, have not yielded to God's good news, remaining opposed and inimical, becoming dead in soul and body, without a share in eternal Life and not partaking of the true Light. For falsehood never reaches the truth, as long as it remains false and is recognized as such; nor does darkness ever turn to brightness, as long as it is dark and overcome by gloom and is completely bereft of the brilliance of illumination. That is why we loudly proclaim our radiant good news to you who have received the light; for it does not wish to be placed in the ears of unbelievers and has no desire to settle in the hearts of those who live in darkness.

You, then, as *children of the light* and light-nurtured off- 11 spring, give ear to our light-filled and illuminating good

ἀκούσατε· ὑμεῖς γὰρ καὶ τὴν αὐτῶν ἐφωτίσθητε δύναμιν, καὶ τὸ αὐτῶν θεόσοφον μυστήριον ψυχαῖς φωτειναῖς ἐνελάμφθητε, καὶ καρδίαις καθαραῖς ὑπεδέξασθε, καὶ Θεοῦ τέκνα γεγόνατε, τὸν τοῦ Θεοῦ Υἱὸν πιστῶς καὶ ἀσμένως δεξάμενοι, καὶ μόνον ὑμῶν Σωτῆρα γνωρίσαντες· "Ὅσοι γὰρ ἔλαβον αὐτόν," φησίν, "ἔδωκεν αὐτοῖς ἐξουσίαν τέκνα Θεοῦ γενέσθαι τοῖς πιστεύουσιν εἰς τὸ ὄνομα αὐτοῦ· οἳ οὐκ ἐξ αἱμάτων, οὐδὲ ἐκ θελήματος σαρκός, οὐδὲ ἐκ θελήματος ἀνδρός, ἀλλ᾽ ἐκ Θεοῦ ἐγεννήθησαν." Ὑμεῖς οὖν, ὡς Θεοῦ παῖδες φανότατοι καὶ τῶν Θεοῦ φανοτάτων εὐαγγελίων ἀκούσατε, δι᾽ ὧν καὶ Θεοῦ παῖδες γεγόνατε χάριτι, καὶ οὐρανίαν εὐγένειαν ἔσχετε, τὴν χοϊκὴν δυσγένειαν ῥίψαντες, καὶ θείαν προσειλήφατε γέννησιν, τὴν ἀνθρωπείαν ἀποθέμενοι πρόοδον. Ὑμεῖς οὖν τῶν ἡμετέρων εὐαγγελίων ἀκούσατε, οἱ τούτων τελειότητι πίστεως θείας ἀξιωθέντες μυήσεως. Τίνα δὲ ἡμῶν ἐστι τὰ εὐαγγέλια, ἢ τί τὸ τούτων ὑπάρχει κατόρθωμα, λεγόντων ἡμῶν πιστῶς ἀκροάσασθε· ἐροῦμεν γὰρ ἐμμελέστατα, ὡς αὐτὸς ἡμῖν, ὁ δι᾽ ἡμῶν ὑμῖν νῦν εὐαγγελιζόμενος, δίδωσι.

12 Κτίσας οὖν ἐν ἀρχῇ Θεὸς οὐκ ὄντα τὰ σύμπαντα, ὅσα μετ᾽ αὐτόν ἐστι καὶ ὑπ᾽ αὐτοῦ παρήχθη πρὸς γένεσιν, ὁρατὰ καὶ ἀόρατα, αἰσθητὰ καὶ νοούμενα, οὐράνια καὶ ἐπίγεια, κτίζει κατ᾽ οἰκείαν εἰκόνα καὶ ἄνθρωπον, ἐκ λογικῆς αὐτὸν ψυχῆς κατασκευάσας καὶ σώματος· ὃν καὶ εἰκόνα τε καὶ ὁμοίωσιν τῆς οἰκείας ἀγαθότητος τέθεικεν, αὐτεξούσιον αὐτῷ ζωὴν χαρισάμενος, καὶ Παραδείσου θείου ποιήσας οἰκήτορα· καὶ καλὸν αὐτὸν τεκτηνάμενος, θείαν ἐντολὴν αὐτῷ καὶ σωτήριον ὥρισεν, ἵνα μὴ τῷ

news. For you have been enlightened by its power and in your light-filled souls you have been illuminated into its God-wise mystery, you have welcomed it with pure hearts, you have become children of God, having accepted the Son of God with faith and joy, and have recognized him as your only Savior. "*For,*" as the Gospel says, "*to all who received him and believe in his name He gave power to become children of God; these were born, not of blood nor of the will of the flesh nor of the will of a man, but of God.*" You, then, as the brilliant offspring of God, listen to the brilliant good news of God, thanks to which you have become children of God by his grace, you have assumed a heavenly high birth, having cast aside the low birth of clay, you have accepted birth through God, having rejected birth through man. You, then, give ear to our good news, having been made worthy of divine initiation into this news by the fullness of your faith. Listen to us faithfully as we relate to you what our good news is and what is its power. For we will deliver it as diligently as permitted by God himself, who is now gladly announced to you by us.

In the beginning, then, God brought everything into be- 12 ing from nonexistence, everything that came after him and was brought to birth by him, the visible and the invisible, the sensed and the mentally conceived, the heavenly and the earthly things. Then He created also man according to his own image, making him into a body with a rational soul; and to the one whom He made an image and likeness of his own goodness He gave the gift of life with free will and a divine Paradise for his abode. And having created him well, God gave him a divine and salvific command, in order that

μεγέθει τῆς εἰκόνος ἐπαίρηται, μηδ' ἐκ τῆς πρὸς Θεὸν ὁμοιώσεως Θεοῦ φύσιν ἀσυνέτως φαντάζηται.

13 Ἀλλ' οὗτος τοσαῦτα πρὸς Θεοῦ λαβὼν τοῦ Κεκτικότος χαρίσματα (βασιλεὺς γὰρ ὑπ' αὐτοῦ τῶν ἐπιγείων προὐβέβλητο, ὑπ' αὐτοῦ Θεοῦ προδήλως τοῦ Κτίσαντος βασιλευόμενος καὶ ἀρχόμενος, ὡς καὶ πάντα τὰ κτίσματα), οὐκ ἤνεγκε τῶν δώρων τὸ μέγεθος, ἀλλὰ Θεοῦ λαβεῖν σπουδάζει ταυτότητα, καὶ εἶναι Θεὸς ὁ κτιστὸς ἐπεθύμησεν ἄνθρωπος· καὶ φαντασθεὶς κακῶς ἀπάτῃ τοῦ ὄφεως τὰ θεῖα καὶ ὑψηλὰ καὶ ὑπέρτατα, πρὸς θάνατον καὶ φθορὰν καταφέρεται, καὶ πίπτει πτῶμα δεινότατον, ὁ θείας φύσεως ἁρπάσαι βουληθεὶς τὸ ἀξίωμα. Τοῦτο γὰρ καὶ ἦν δικαιότατον, ἄκραν ταπεινωθῆναι ταπείνωσιν τὸν παρ' ἀξίαν ἑαυτὸν ὑψοῦν ἐθελήσαντα· ἐπεὶ καὶ πᾶς ὁ ὑψῶν ἑαυτὸν ταπεινωθήσεται, ὡς κακῶς ἁρπάζειν πειρώμενος, ὅπερ αὐτῷ Θεὸς μὴ δεδώρηται· "οὐ γὰρ ἑαυτῷ τις λαμβάνει τὴν τιμήν," ὡς ὁ μέγας ἀπόστολος ἔφησεν, "ἀλλ' ὑπὸ Θεοῦ τοῦ διδόντος καλούμενος."

14 Ἦν οὖν θανάτῳ κρατούμενος οὗτος, φθορᾷ συμφθειρόμενος, ἀπὸ γῆς προερχόμενος, ὁ ἁρπάσαι Θεοῦ τὴν τιμὴν θρασυνόμενος, καὶ πάλιν εἰς γῆν καθελκόμενος, ὁ σήμερον σαρκικῇ γεννήσει γεννώμενος, καὶ αὔριον θανάτῳ σαρκικῷ θανατούμενος, ὁ σήμερον ἐν ζῶσιν ὁρώμενος, καὶ αὔριον ἐν νεκροῖς ἀριθμούμενος. Καὶ ταύτην τὴν δίκην ὁ Θεὸν ἀδικῆσαι θελήσας ἤνεγκεν ἄνθρωπος, ἐξ οἰκείας τοῦτο παθὼν βουλῆς καὶ προθέσεως, κακῶς τῷ αὐτεξουσίῳ χρησάμενος, ὅπερ εἰλήφει τιμηθεὶς πρὸς τοῦ Κτίσαντος, διὰ τὴν πρὸς αὐτὸν εὐπρεπεστάτην ὁμοίωσιν

he not be puffed up by the grandeur of the image nor, because of his likeness to God, unwisely imagine himself to have a divine nature.

But he, the recipient of so many gifts from God his Creator (for he was promoted by God to kingship over earthly things, though clearly a subordinate and subject of God his Creator, just like all creatures), could not bear the magnitude of the gifts, but was eager to become equal to God and desired, though a created human being, to be God. And through the deception of the serpent evilly imagining for himself things divine, sublime and of the highest order, he was brought low to decay and death and suffered a most grievous fall, he who planned to seize for himself the dignity of divine nature. And this was a most just outcome for him who wished to exalt himself beyond his station, to be humbled into extreme humility. For *everyone who exalts himself will be humbled* as having wrongly attempted to seize that which God had not given to him. For, as the great apostle said, *"one does not take the honor upon himself, but He is called by God"* who grants it. 13

So this one, he who dared to snatch God's honor, was overcome by death, was wasted away by corruption, and having come from earth he was drawn down again to earth, he who today is born in the flesh and tomorrow dies in the flesh, he who today is counted among the living and tomorrow is numbered among the dead. And man had to bear this penalty, since he wished to treat God unjustly, suffering this as a result of his own will and intention, having abused the freedom of will which he received from the Creator, who had honored him with a most glorious likeness on account 14

καὶ εἰκονικὴν περιφάνειαν· ὁ γὰρ Θεὸς θάνατον οὐκ ἐποίη-
σεν, οὐδ' ἐπ' ἀπωλείᾳ ζώντων εὐφραίνεται.

15   Καὶ ἦν ἐλεεινὸς ὄντως καὶ οἴκτιστος ὁ πάλαι μακάρι-
στος, ὅτε Παραδείσου γεωργὸς ἐγνωρίζετο, ὅτε Παρα-
δείσου κτήτωρ ἐφαίνετο, ὅτε Παραδείσου πρῶτος οἰκήτωρ
ἐτέθειτο, ὅτε ζωὴν ἄπονον εἶχε καὶ ἄμοχθον, ὅτε γυμνὸς
καὶ ἀχίτων διέτριβεν, ὅτε τῶν ἀέρων τὰς τροπὰς οὐκ
ἐδείμαινεν, ὅτε τοῦ ψύχους οὐκ ᾔδει τὸ βάρβαρον, ὅτε τοῦ
κρύους ἠγνόει τὴν σύμπηξιν, ὅτε τοῦ καύσωνος τὸν
φλογμὸν οὐκ ἠπίστατο, ὅτε περιάγων γυμνὸς οὐκ ᾐσχύ-
νετο, ὅτε παθῶν προσβολὰς οὐκ ἐδέχετο, ὅτε νοσημάτων
ἀλγηδόνος οὐκ ᾔσθετο, ὅτε δουλείας ἀνθρωπίνης ἀπήλ-
λακτο, ὅτε τυραννίδος βαρβαρικῆς ἠλευθέρωτο, ὅτε φο-
ρολόγων ὀχλήσεις οὐκ ἤκουεν, ὅτε δανειστῶν συναντήσεις
οὐκ ἔβλεπεν, ὅτε θηρῶν οὐκ ὡρρώδει σπαράγματα, ὅτε
εὐημερίαν ἄκραν ἐκέκτητο, ὅτε Παραδείσου καρποῖς
ἀπετρέφετο, ὅτε πάντων ἀγαθῶν ἀφθόνως ἀπήλαυεν, ὅτε
Θεοῦ φωταυγείας ἐδέχετο, ὅτε κτισμάτων γηΐνων κτιστὸς
πεφυκὼς ἐβασίλευεν, ὅτε Θεοῦ εἰκὼν ἐχρημάτιζε καὶ
ὁμοιώσει Θεοῦ θαυμαστῶς ἐφαιδρύνετο.

16   Ὧνπερ ἁπάντων ἐντολὴν Θεοῦ παραβὰς τὴν σωτήριον,
ὡς εἰς Θεὸν ἐπταικὼς ὀρφανίζεται· καὶ πάντῃ γυμνὸς καὶ
ἀλλότριος τῆς προτέρας ἀγλαΐας καθίσταται, καὶ Παρα-
δείσου μὲν εὐθὺς ἐξορίζεται, εἰς γῆν δὲ πάλιν, ὡς φθαρτὸς
δι' ἁμαρτίαν γεγονώς, ἀποστρέφεται· καὶ ὁμοιοῦται διὰ
πληθὺν ἀνοίας τοῖς κτήνεσι, τὴν προτέραν τιμὴν ἀποθέμε-
νος, ἥπερ αὐτὸν ὁ Κτίσας Θεὸς ἐκαλλώπισε. Δουλεύει

of the splendid similarity to himself. For *God did not make death nor* does he take pleasure *in the destruction of the living.*

And man became truly pitiable and most wretched, he 15 who had been most blessed of old, when he was known as the tiller of the garden of Paradise, when he was made proprietor of Paradise, when he was installed as the first inhabitant of Paradise, when he had a life without work or toil, when he walked around naked and without a cloak, when he had no fear of changes in the weather, when he knew nothing of brutal cold, when he was ignorant of freezing that comes with frost, when he never felt the burning heat, when he had no shame of being naked, when he was not subject to assaults of the passions, when he never experienced the pain of sickness, when he was not subject to human servitude, when he was free from brutal tyranny, when he did not hear the harassment of the tax collector, when he did not have to face a throng of moneylenders, when he had no fear of being torn apart by wild animals, when he possessed complete well-being, when he lived off the fruits of Paradise, when he enjoyed all good things in abundance, when he received the illuminating rays of God, when as a creature himself he ruled over earthly creatures, when he was the image of God and was wonderfully resplendent in his likeness to God.

But since he broke God's salvific command, as a sinner 16 against God he is deprived of all these things; he is stripped bare and left bereft of all his former splendor; he is forthwith banished from Paradise and is sent back to earth, rendered perishable by his transgression; through the magnitude of his mindlessness he resembles the brute animals, having lost the former glory with which God the Creator embellished him. And having like a tyrant imagined himself

γοῦν φθορᾷ καὶ θανάτῳ καὶ πάθεσι, τυραννικῶς πλουτεῖν νομίσας θεότητα.

17 Ἀλλὰ τοῦτον ὁ Κτίσας καὶ παραγαγὼν οὐχ ὑπάρχοντα πρότερον, ἐν τάξει τοιαύτῃ θεασάμενος ᾤκτειρε· καὶ οἰκτείρας ἠλέησε· καὶ ἐλεήσας σπλαγχνίζεται· καὶ σπλαγχνισθείς, ὡς φιλάνθρωπος—οἷαπερ ὢν ἀγαθὸς καὶ φιλάνθρωπος—πρὸς σωτηρίαν αὐτοῦ καὶ ἀνάκλησιν, σπλάγχνοις θεϊκοῖς διανίσταται· καὶ βουλὴν πληροῖ ἀρχαίαν τε καὶ φιλάνθρωπον, ἣν φιλανθρώπως ἀρχῆθεν βεβούλευτο· οὐ γὰρ ἔφερεν ὁ Πλάστης, οὐκ ἔφερε, θεωρεῖν αὐτοῦ τὸ πλάσμα φθειρόμενον καὶ εἰς γῆν καὶ φθορὰν ἀπολλύμενον.

18 Καὶ τίς ἡ βουλὴ ἣν Θεὸς ἐβουλεύσατο πρὸς ἀνθρώπων σωτηρίαν καὶ λύτρωσιν; Ἡσαΐας βοάτω παρελθὼν ὁ θεσπέσιος, ὁ καὶ τὴν ἄσπορον Θεοῦ προφθεγξάμενος σύλληψιν καὶ τὴν παρθενικὴν αὐτοῦ προδιηγησάμενος γέννησιν· ὃς ἐπὶ τῇ πληρώσει τῆς θείας βουλήσεως, ᾠδὴν ᾄδων Θεῷ χαριστήριον, "Κύριε, ὁ Θεός μου, δοξάσω σε," κέκραγεν· "ὑμνήσω τὸ ὄνομά σου, ὅτι ἐποίησας θαυμαστὰ πράγματα, βουλὴν ἀρχαίαν ἀληθινήν· γένοιτο· ὅτι ἔθηκας πόλεις εἰς χῶμα, πόλεις ὀχυρὰς τοῦ πεσεῖν αὐτῶν τὰ θεμέλια· τῶν ἀσεβῶν πόλις εἰς τὸν αἰῶνα οὐ μὴ οἰκοδομηθῇ. Διὰ τοῦτο εὐλογήσει σε ὁ λαὸς ὁ πτωχός, καὶ πόλεις ἀνθρώπων ἀδικουμένων εὐλογήσουσί σε· ἐγένου γὰρ πάσῃ πόλει ταπεινῇ βοηθός, καὶ τοῖς ἀθυμοῦσι δι' ἔνδειαν σκέπη· ἀπὸ ἀνθρώπων πονηρῶν ῥύσῃ αὐτούς."

19 Ταῦτα ἡμῶν, ἀδελφοί, τὰ θεῖά ἐστιν εὐαγγέλια· ταῦτα ὑμᾶς εὐαγγελιζόμεθα σήμερον, οὐχ ὡς ἔπειτα γίνεσθαι

full of divinity he now is subject to suffering, decay and death.

But his Creator who brought him into being from previ- 17
ous nonexistence, seeing him in such a state took pity on him, and pitying him He showed him mercy, and showing him mercy He had compassion for him, and having compassion for him out of his love for mankind—for He is good and kind to man—He in his divine mercy restored him to salvation and recovery, thereby carrying out an old plan based on his love of mankind, a plan which He planned long ago in his mercy; for the Creator could not bear to see his creation subjected to corruption or to perishing and decaying in the earth.

And what was the plan that God planned for man's salva- 18
tion and redemption? Let the prophet Isaiah come forward and shout it out, he who foretold the seedless conception of God and prophesied his birth from a virgin; he who on the fulfillment of the divine plan, singing a hymn of thanks to God, cried out "*O Lord, my God, I will glorify you, I will praise your name, because you have done wonderful things, a true plan formed of old, amen; for you have collapsed cities into heaps, you have made the foundations of strong cities to fall; the city of the impious will never be rebuilt. On account of this the people in their poverty will praise you, the cities of wronged men will eulogize you; for you have become the savior of every lowly city, the protection of those dejected by their indigence; you will rescue them from evil men.*"

Brethren, this is our divine good news for you; these 19
are the glad tidings that we announce to you today, not as

μέλλοντα, ἀλλ' ὡς ἤδη θείως γενόμενα, καὶ σεσωκότα τῆς καταδίκης τὸν ἄνθρωπον, καὶ πρὸς τὴν προτέραν τοῦτον ἀναγαγόντα λαμπρότητα καὶ μακαριότητα, καὶ Θεοῦ φίλον ὡς τὸ πρὶν ἐργασάμενα.

20 Πῶς δὲ ἡμῶν ἡ σωτηρία Θεῷ πραγματεύεται; Ἢ πῶς ἡ ἀνάκλησις πράττεται; Συνετῶς καὶ πανσόφως ἀκούσατε (σοφὰ γάρ ἐστι καὶ ὑπέρσοφα καὶ πάσης σοφίας ἀνθρωπίνης ἐπέκεινα), θείαν ἀναλαβόντες διάνοιαν καὶ ἀξίαν θεϊκοῦ διαγγέλματος.

21 Οὐκ ἄλλως κρίνει σῶσαι τὸν ἄνθρωπον καὶ τὴν οἰκείαν εἰκόνα λυτρώσασθαι, ὁ πλάσας ἀρχῆθεν τὸν ἄνθρωπον καὶ κατ' οἰκείαν εἰκόνα τοῦτον τευξάμενος, ἢ φύσει γενόμενος ἄνθρωπος, καὶ τὴν οἰκείαν εἰκόνα οἰκεῖον ποιησάμενος φόρεμα. Ἐντεῦθεν τὰ ἄμικτα μίγνυται· ἐντεῦθεν ἀκράτως κιρνᾶται τὰ ἄκρατα· ἐντεῦθεν συντίθεται τὰ ἀσύνθετα· ἐντεῦθεν τὰ ἀσύνδετα σφίγγεται· ἐντεῦθεν τὰ θεῖα ἀνθρώπινα γίνεται, ἵνα τὰ ἀνθρώπινα θειότερα γένηται· ἐντεῦθεν ὁ τοῦ Θεοῦ Λόγος, μένων Θεὸς καὶ Θεοῦ Λόγος, παχύνεται· ἐντεῦθεν ὁ ἄκτιστος, ὁ ἐξ ἀκτίστου Θεοῦ γεννηθείς, μένων ἄκτιστος κτίζεται· ἐντεῦθεν ὁ ὕψιστος ταπεινὸς ἐξαγγέλλεται, καὶ ὁ ἀόρατος ὁρατὸς κατοπτεύεται, καὶ ὁ ἀνέπαφος ἀφὴν καταδέχεται, καὶ ὁ ἀσώματος ἐνσώματος πρόεισι, καὶ ὁ ἄσαρκος σὰρξ ἀναγράφεται, καὶ ὁ ἀπαθὴς παθητὸς προσκηρύττεται, καὶ ὁ φύσιν ἔχων ἀθάνατον φύσει θνητὸς ἀγορεύεται, ἵνα τὴν παθητὴν καὶ θνητὴν ἀνθρωπότητα πρὸς ἀθανασίαν ἀγάγοι λαμπρὰν καὶ ἀπάθειαν, καὶ τῷ Θεῷ καὶ Πατρὶ προσοικειώσῃ τὴν ἐχθρὰν Θεῷ καὶ πολέμιον.

something that will take place in future time, but as something that already has divinely come to pass and saved man from his condemned state, that has restored him to his former glory and blessedness, and has made him God's friend as he was before.

How does God bring about our salvation, or how is our 20 restoration accomplished? Listen wisely and with all your intelligence, taking on a divine way of thinking that is fitting for a divine announcement (for what you will hear is wise and superwise and beyond all human wisdom).

He who created man in the beginning and made man in 21 his own image decided to save man and to rescue his own image by no other means than by becoming a man by nature, and by making his own image his outer garment. Whence the unmixed are blended; whence the unblended are mixed in an unblended way. Whence the uncompounded are put together; whence the unconnected are tied to one another. Whence the divine becomes human, in order that the human become more divine. Whence the Word of God, remaining God and Word of God, takes on human mass. Whence the uncreated, generated from uncreated God and remaining uncreated, becomes a creature. Whence the most high is announced as lowly, the invisible appears as visible, the untouched becomes tangible, the one without flesh comes forth in a body, the incarnate is recorded as flesh, the impassible is proclaimed subject to suffering, and the one possessed of an immortal nature is declared subject to death by nature, in order that He lead mankind, subject to suffering and death, back to a glorious immortality free from suffering, and that He bring close to God the Father that which was inimical and hostile to God.

22 Καὶ πῶς τοῦτο πληροῦται καὶ πράττεται καὶ εἰς ἔργον διάγεται ἄψευστον; Ἔστι γὰρ φοβερὸν καὶ κατάπληκτον καὶ ἀνθρώπων ἀκοαῖς ἀπιστότατον, ἀνθρωπίνοις νοούντων λογισμοῖς τὰ θειότατα. Ἀλλ᾽ ἔνθα Θεὸς καταγγέλλεται, ἀργεῖ τῶν ἀνθρωπίνων λογισμῶν ἡ εὐτέλεια· πάντα γὰρ ῥᾷστα Θεῷ καὶ δυνατὰ καὶ εὐπόριστα, οἷά γε δρᾷν ἐθελήσειε· καὶ θείας τοῦτο καὶ ὑπερτάτης δυνάμεως ἀριδηλότατόν ἐστι καὶ ἐξαίρετον γνώρισμα, καὶ πάσῃ φύσει κτιστῇ παντελῶς ἀκοινώνητον· ἔνθεν γάρ ἐστι θαυμαστὰ καὶ κατάπληκτα τὰ φύσεως ἀνθρωπίνης ὑπέρτερα, καὶ πᾶσαν κτιστὴν ὑπερβαίνοντα δύναμιν.

23 Καὶ πῶς τοῦτο Θεῷ διανύεται καὶ πρὸς πέρας περιώνυμον ἄγεται; Διδάσκει σαφῶς ἡμᾶς Λουκᾶς ὁ θεσπέσιος, τὸ πάντων ἱερῶν ἱερώτατον συγγράφων ἡμῖν "Εὐαγγέλιον," ἵνα μηδεὶς ἀπιστῇ τῷ μεγέθει τοῦ θαύματος, ἵνα μηδεὶς ἀδυναμίαν Θεοῦ καταψεύσηται, ἀσθενὴς ὑπάρχων αὐτὸς καὶ ἀδύναμος, καὶ πρὸς πᾶσαν πρᾶξιν θειοτέραν ἀνίκανος, καθάπερ αὐτοῦ βοῶντος ἀρτίως ἠκούσατε, ὡς "τῷ μηνὶ τῷ ἕκτῳ ἀπεστάλη ὁ ἄγγελος Γαβριὴλ ὑπὸ Θεοῦ, εἰς πόλιν τῆς Γαλιλαίας, ᾗ ὄνομα Ναζαρέτ, πρὸς παρθένον μεμνηστευμένην ἀνδρί, ᾧ ὄνομα Ἰωσὴφ ἐξ οἴκου Δαβίδ, καὶ τὸ ὄνομα τῆς παρθένου Μαριάμ." Ἀκούεις Θεὸν ἀποστείλαντα καὶ ἀπιστεῖν ἐθέλεις τῷ πράγματι; Μὴ ἀπίστει Θεοῦ διατάγματι, ἀλλὰ μᾶλλον εὐσεβέστατα πίστευε, ὡς πληροῦν ἐστι Θεὸς δυνατώτατος, ἅπερ ἂν καὶ πράττειν βουλήσοιτο. Ἄγγελος δὲ πρὸς τίνος ἂν ἑτέρου καὶ στέλλοιτο ἢ πρὸς μόνου Θεοῦ τοῦ Ποιήσαντος, καὶ ἐξ οὐκ ὄντων αὐτὸν οὐσιώσαντος, καὶ πᾶσαν φύσιν ἀγγελικὴν σχεδιάσαντος; Εἰ οὖν Θεὸς ὁ

And how is this fulfilled, accomplished and turned into 22 an indisputable reality? For it is something fearsome, astonishing and completely incredible to human ears, for men using mortal minds to conjure up the most divine things. But where God is proclaimed, the lowly minds of men have no power. *For all things,* whatever He might want to accomplish, *are* easily possible and *doable for God.* And this is the clearest and most distinctive mark of the highest divine power, something outside the comprehension of all creatures. That is why the things that are beyond human ken and surpass every mortal power are objects of wonder and astonishment.

And how does God accomplish this and bring it to far- 23 famed finality? The inspired Luke, composing for us the most sacred "Good News" of all, teaches it to us clearly, in order that no human being, because weak himself and powerless and incapable of any divine act, disbelieve the greatness of the miracle or falsely impute impotence to God. For you have recently heard him cry out, *"in the sixth month the angel Gabriel was sent from God to a city of Galilee named Nazareth, to a virgin betrothed to a man whose name was Joseph, of the house of David; and the virgin's name was Mary."* Do you hear that God sent him and yet you want to withhold belief in the matter? Do not disbelieve God's ordinance, but trust it rather with all piety, because He is all-powerful in bringing to pass whatever He should wish to do. Who else would dispatch an angel except God alone his Creator, who brought him into being from nonexistence and constituted the whole of angel kind? If then the one who sent him is recog-

στείλας διέγνωσται, καὶ ἄγγελος ὁ σταλεὶς προσκηρύττε-
ται, πῶς οὐκ ἀληθὲς τὸ λεγόμενον; Ταῦτα θαυμαζέτωσαν
ἅπαντες· μὴ ἀπιστείτωσαν δὲ τῷ κηρύγματι, Θεοῦ τὸ
σθένος γινώσκοντες, ὡς παναλκές ἐστι καὶ ἀληθῶς παν-
τοδύναμον.

24   Τί δὲ σταλεὶς ὁ μακαριστὸς ἄγγελος πρὸς τὴν Παρθένον
φησὶ τὴν ἀπείρανδρον; Ἢ πῶς αὐτῇ τῶν τοιούτων εὐαγ-
γελίων ἀπαγγέλλει τὴν δήλωσιν, καὶ ὡς ἀποτίκτεται δι᾽
αὐτῆς τὸ τοιοῦτον Θεοῦ μεγαλούργημα; "Χαῖρε, κεχαρι-
τωμένη, ὁ Κύριος μετὰ σοῦ." Ἀπὸ "χαρᾶς" πρὸς αὐτὴν ὁ τῆς
χαρᾶς ἄγγελος ἄρχεται· ᾔδει γὰρ καὶ ἠπίστατο ὡς πᾶσιν
ἀνθρώποις καὶ πᾶσιν ὡσαύτως τοῖς κτίσμασι χαρᾶς αὐτοῦ
τὸ διάγγελμα πρόξενον γίνεται, καὶ λύπης ἀπάσης τοῖς
πᾶσιν ὀλέθριον· ᾔδει γὰρ ἐκ τούτου θεογνωσίᾳ τὸν κόσμον
αὐγάζεσθαι· ᾔδει τῆς πλάνης τὴν ἀχλὺν ἀφανίζεσθαι· ᾔδει
τοῦ θανάτου τὸ κέντρον ἀμβλύνεσθαι· ᾔδει τῆς φθορᾶς
τὴν δύναμιν φθείρεσθαι· ᾔδει τοῦ Ἅιδου τὴν νίκην καθέλ-
κεσθαι· ᾔδει τὸν ἀπολλύμενον ἄνθρωπον σώζεσθαι, τὸν
τούτοις πάλαι δουλεύοντα, ἀφ᾽ οὗ τοῦ Παραδείσου τῆς
τρυφῆς ἀπελήλαται, καὶ τῆς ἐκεῖσε μακαρίας διατριβῆς
ἐξελήλαται. Διὰ τοῦτο "χαρὰν" αὐτοῦ τῶν εὐαγγελίων τὸ
προοίμιον τίθησι· διὰ τοῦτο "χαρὰν" αὐτοῦ τῶν λόγων
προφθέγγεται· διὰ τοῦτο "χαρὰ" τῶν εὐαγγελίων τουτωνὶ
προηγήσατο, ὡς πᾶσι γενησομένων χαρὰ τοῖς πιστεύου-
σιν· ἔδει γὰρ ἀπὸ χαροποιῶν λόγων καὶ ῥημάτων ἄρχε-
σθαι τῆς χαρᾶς τὰ θεῖα μηνύματα· διὰ τοῦτο γὰρ καὶ ὁ
ἄγγελος πρὸ πάντων χαρὰν ἀναφθέγγεται, τῶν οἰκείων
εἰδὼς εὐαγγελίων τὴν ἔκβασιν, καὶ ὡς χαρὰ φανεῖται

nized as God and the one sent is declared to be an angel, how can the report not be true? Let all be filled with wonder, let none disbelieve the proclamation, knowing the strength of God, that it is almighty and truly all-powerful.

What did the most blessed angel, sent by God, say to the 24 Virgin who had no experience of a man? How did he announce to her such glad tidings, that this mighty work of God would be accomplished through her? *"Be joyful, you who are full of grace, the Lord is with you."* It is with the word "joy" that the herald of joy begins his address to her. For he knew and believed that his message would be a cause of joy for all mankind and likewise for all creation and would erase all sorrow for everyone. He knew that the world would be illuminated by the revelation of God through this message. He knew that the mist of error would be dispersed by it. He knew that the sting of death would be dulled by it. He knew that the power of corruption would be wiped out by it. He knew that the victory of hell would be brought low by it. He knew that lost man would be saved, he who was in thrall to those conditions of old, ever since he was banished from the Paradise of pleasure and was expelled from his blessed sojourn there. That is why he makes "joy" the opening of his glad tidings; that is why he leads off his announcement with the word "joy"; that is why "joy" is the first word of this good news, as it will be a source of joy for all those who believe. For it was necessary to begin the divine message of joy with a word and expression of joy; that is why the angel announces joy before everything else, knowing the outcome of his own glad tidings and aware that the consummation of

παγκόσμιος ἡ αὐτοῦ τελειωμένη διάλεξις. Ποίαν γὰρ οὐχ ὑπερβαίνει χαρὰν καὶ τερπνότητα, τὸ πρὸς τὴν μακαρίαν Παρθένον γενόμενον καὶ τῆς χαρᾶς μητέρα διάγγελμα;

25 "Χαίροις, ὦ χαρᾶς τῆς ὑπερτάτης μαιεύτρια· χαίροις, ὦ χαρᾶς τῆς οὐρανίου γεννήτρια· χαίροις, ὦ χαρᾶς τῆς σωτηρίου μητρόπολις· χαίροις, ὦ χαρᾶς τῆς ἀθανάτου παραίτιε· χαίροις, ὦ χαρᾶς τῆς ἀλέκτου μυστικὸν καταγώγιον· χαίροις, ὦ χαρᾶς τῆς ἀρρήτου ἀξιάγαστος ἄρουρα· χαίροις, ὦ χαρᾶς τῆς ἀϊδίου θεοφόρον κειμήλιον· χαίροις, ὦ χαρᾶς τῆς ἀρρεύστου πηγὴ παμμακάριστος· χαίροις, ὦ χαρᾶς τῆς ζωοδότου φυτὸν εὐθαλέστατον· χαίροις, ὦ Θεοῦ Μῆτερ ἀνύμφευτε· χαίροις, ὦ Παρθένε μετὰ τόκον ἀσύλητε· χαίροις, ὦ πάντων παραδόξων παραδοξότατον θέαμα. Τίς σου φράσαι τὴν ἀγλαΐαν δυνήσεται; Τίς σου φάναι τὸ θαῦμα τολμήσειε; Τίς σου κηρύξαι θαρσήσει τὸ μέγεθος; Ἀνθρώπων τὴν φύσιν ἐκόσμησας· ἀγγέλων τὰς τάξεις νενίκηκας· τῶν ἀρχαγγέλων τὰς φωταυγείας ἀπέκρυψας· τῶν θρόνων τὰς προεδρίας σοῦ δευτέρας ἀπέδειξας· τῶν κυριοτήτων τὸ ὕψος ἐσμίκρυνας· τῶν ἀρχῶν τὰς καθηγήσεις προέδραμες· τῶν ἐξουσιῶν τὸ σθένος ἠνεύρωσας· τῶν δυνάμεων δυναμωτέρα προελήλυθας δύναμις· τὸ τῶν Χερουβὶμ πολυόμματον γηΐνοις ὀφθαλμοῖς ὑπερέβαλες· τὸ τῶν Σεραφὶμ ἑξαπτέρυγον ψυχῆς θεοκινήτοις πτεροῖς ὑπερβέβηκας. Καὶ πάσης ὑπερέσχες τῆς κτίσεως, ὡς πάσης πλέον τῆς κτίσεως καθαρότητι λάμπουσα, καὶ τὸν πάσης Κτίστην δεχομένη τῆς κτίσεως, καὶ τοῦτον κυοφοροῦσα καὶ τίκτουσα καὶ Θεοῦ Μήτηρ ἐκ πάσης γεγενημένη τῆς κτίσεως.

his message will bring joy to the whole world. For what joy and pleasure could be greater than that brought about by the message to the blessed Virgin and mother of joy?

"Rejoice, you deliverer of the supreme joy; rejoice, you 25 mother of the heavenly joy; rejoice, you city of the salvific joy; rejoice, you cause of the undying joy; rejoice, you mystic abode of the inexpressible joy; rejoice, you marvelous field of the ineffable joy; rejoice, you God-bearing vessel of the eternal joy; rejoice, you all-blessed font of the unchanging joy; rejoice, you most flourishing plant of the life-giving joy; rejoice, unwedded Mother of God; rejoice, Virgin inviolate after giving birth; rejoice, most marvelous of all marvelous sights. Who could tell of your splendor? Who would dare to describe your wonder? Who would have courage to proclaim your greatness? You have adorned the nature of mankind; you have outranked the ranks of angels; you have obscured the brilliance of archangels; you have made thrones take second place behind you; you have lowered the stature of dominions; you have taken precedence over principalities; you have weakened the strength of authorities; you have emerged as a power more powerful than the powers; with your earthly eyes you have overwhelmed the many-eyed Cherubim; with the God-propelled wings of your soul you have bested the six-winged Seraphim. You have transcended all creation, because in your purity you have outshone all creation, and because you have received the Creator of all creation, carrying him in your womb, giving birth to him and out of all creation becoming the Mother of God.

26 "Διὰ τοῦτό σοι 'Χαῖρε κεχαριτωμένη' προσφθέγγομαι,
ἐπειδὴ καὶ πάσης πλέον ἐχαριτώθης τῆς κτίσεως, καὶ τῆς
τοιαύτης ἐν σοὶ χαρᾶς τε καὶ χάριτος γνωρίζω καὶ οἶδα τὸ
αἴτιον· διὸ καὶ ἐπιφέρω βοῶν καὶ φθεγγόμενος 'ὁ Κύριος
μετὰ σοῦ·' ὁ πάσης μέν, ὡς Κτίστης, κυριεύων τῆς κτίσεως,
μετὰ σοῦ δέ, ὡς ἐν κοιλίᾳ τῇ σῇ βασταζόμενος, καὶ κυο-
φορίαν κυοφορούμενος ἄφραστον. Ὁ Κύριος μετὰ σοῦ· ὁ
ἀϊδίως μὲν ἐκ Πατρὸς γεννηθεὶς καὶ μετὰ Πατρὸς ἀεὶ
θεωρούμενος, μετὰ σοῦ δὲ νῦν τῇ συλλήψει γινόμενος, καὶ
τὴν ἐκ σοῦ φοβερὰν ποιησάμενος Σάρκωσιν. Ὁ Κύριος
μετὰ σοῦ· ὁ πρώτην μόνος ἔχων ἀΐδιον γέννησιν καὶ δευ-
τέραν ἐκ σοῦ προσδεχόμενος λόχευσιν. Ὁ Κύριος μετὰ σοῦ·
ὁ πάσης μὲν σὺν Πατρὶ κυριεύων τῆς κτίσεως, ἐκ σοῦ δὲ
δούλου μορφὴν ἐνδυόμενος, καὶ δουλείας ἐλευθερῶν τὸ
ἀνθρώπινον· διὰ τοῦτο γὰρ δοῦλος ὁ Κύριος γίνεται, ἵνα
τὸν δοῦλον ἀποδείξῃ χάριτι κύριον. Ὁ Κύριος μετὰ σοῦ· ὁ
πρώην μὲν πάσης ἔξω τυγχάνων τῆς κτίσεως, νυνὶ δὲ μετὰ
σοῦ τῆς κτιστῆς καθορώμενος, καὶ διὰ σοῦ τοῖς κτιστοῖς
γεγονὼς συναρίθμιος· ἐν σοὶ γὰρ ὁ ἄκτιστος κτίζεται, καὶ
ἐκ σοῦ κτιστὸς ὁ Κτίστης προέρχεται· κτίσμα βλέπω ἐν σοὶ
γεγονότα τὸν ἄκτιστον, καὶ σάρκα θεωρῶ τελεσθέντα τὸν
ἄσαρκον.

27 "Ἄνω μέν <με> στέλλων, ὦ Παρθένε, πρὸς σέ, ἄσαρκος
ἦν καὶ ἀσώματος· ὧδε δὲ σάρκα σκοπῶ καὶ σῶμα γενόμε-
νον. Ἄνω μὲν ἄκτιστος ἦν πάσης ἐξῃρημένος τῆς κτίσεως·
ὧδε δὲ κτίσμα τοῦτον εὑρίσκω καὶ ποίημα ἀτρέπτως ἐν
σοὶ τῇ Παρθένῳ γενόμενον. Ἄνω μὲν Θεὸν ἑώρων
γυμνὸν ἀνθρωπότητος—ποῦ γὰρ ἀνθρωπότης ἐν οὐρανῷ

"That is why I say to you, '*Be joyful, you who are full of* 26 *grace*,' since you have been given more grace than all of creation; and I know and appreciate the reason for your joy and grace. That is why I go on to proclaim and cry out, '*the Lord is with you*.' *The Lord*, because as Creator He lords it over all creation, and *with you* because He is carried in your womb and is gestated in an inexpressible pregnancy. *The Lord is with you*, He who was begotten eternally from the Father and is always thought of with the Father, *with you* now in the conception, and achieving the awesome Incarnation through you. *The Lord is with you*, He who alone has a first eternal generation and receives a second birth through you. *The Lord is with you*, He who with the Father lords it over all creation, but from you puts on *the form of a slave*, thereby liberating mankind from slavery. This is why the Lord becomes a slave, in order to make the slave a lord by grace. *The Lord is with you*, He who was formerly outside of all creation, but now with you is seen as partaking of creation, and through you is counted among creatures; for in you the uncreated is created and from you the Creator emerges as created; in you I see the uncreated become a creature and I behold the one without flesh becoming fully fleshed.

"When He was above, sending me as messenger to you, 27 Virgin, He was without flesh and body; but here below I see him becoming flesh and body. Above, being uncreated, He transcended all creation; but here below I find him to be a creature who became immutably a created being in you, Virgin. Above, I saw a God totally free of human element—for how could humanity be seen in heaven? No nonsense again

κατοπτεύοιτο; Μὴ πάλιν Ὠριγέναι ληρείτωσαν· μὴ πάλιν μαινέσθωσαν Δίδυμοι· μὴ πάλιν Εὐάγριοι θυμομαχοῦντες λυττάτωσαν, μύθους κενοὺς ἀφηγούμενοι, καὶ προβιοτὴν ψυχῶν φανταζόμενοι, καὶ Ἕλλησι μυσαροῖς συσπενδόμενοι—ὧδε δὲ ἀναλλοιώτως ὁρῶ γενόμενον ἄνθρωπον καὶ θαῦμα ἐν θαύματι, ὅτι καὶ Θεός ἐστιν ἀναλλοίωτος, καὶ ἄνθρωπός ἐστιν ἀνερμήνευτος· τὴν φύσιν διπλοῦς, ἀλλ' οὐ διπλοῦς τὴν ὑπόστασιν, ἓν καὶ ταὐτὸν ἔχων τὸ πρόσωπον· ἐν φύσεσι δὲ δυσὶ γνωριζόμενος, μήτε διὰ τὸ τῶν φύσεων διττὸν διαιρούμενος, μήτε—διὰ τὸ τῆς ὑποστάσεως ταὐτὸν καὶ ἑνικὸν καὶ ἀσύζυγον—τῶν ἐξ ὧν ἐστι φύσεων δημιουργῶν τὴν ἀνάχυσιν· οὔτε τῆς ἄνω Τριάδος αὔξων τῆς τῶν ὅλων ἀρχικῆς τὴν ἀρίθμησιν· καὶ εἷς τῶν ἀνθρώπων τοῖς ἀνθρώποις δεικνύμενος, καὶ Θεὸν τὸν αὐτὸν εὑρίσκω καὶ ἄνθρωπον, καὶ τοῦ θαύματος θαυμάζω τὸ μέγεθος.

28   *Χαῖρε, κεχαριτωμένη, ὁ Κύριος μετὰ σοῦ.* Καὶ τί ταύτης ἂν εἴη τῆς χαρᾶς, ὦ Παρθενομῆτορ, ἀνώτερον; Ἢ τί ταύτης ἂν τῆς χάριτος γένοιτο, ἧς μόνη σὺ θεόθεν κεκλήρωσαι, χαριέστερόν τε καὶ φαιδρότερον; Πάντα σου κατόπιν βαδίζει τοῦ θαύματος· πάντα σου κάτω κεῖται τῆς χάριτος· πάντα σου δευτερεύει τὰ ἔγκριτα καὶ τὸ ἧττον κληροῦται τῆς λαμπρότητος. *Θεὸς μετὰ σοῦ·* καὶ τίς ἁμιλλᾶσθαι τολμήσειε; *Θεὸς ἐκ σοῦ·* καὶ τίς οὐκ εὐθὺς ἡττηθήσεται, καὶ μὴ μᾶλλον ἀφηγήσεταί σου χαίρων τὸ προῦχον καὶ ἔξοχον; Διὰ τοῦτό σοι τὰ μέγιστα φθέγγομαι, τὰ σὰ θεωρῶν ἐν πᾶσι κτιστοῖς προτερήματα. *Χαῖρε, κεχαριτωμένη, ὁ Κύριος μετὰ σοῦ·* ἐκ σοῦ γὰρ ἡ χαρὰ οὐ μόνοις ἀνθρώποις κεχάρισται, ἀλλὰ καὶ ταῖς ἄνω δυνάμεσι δίδοται.

from Origen! No madness again from Didymos! No raging again from the followers of the furious Evagrios! These men expound empty myths, fantasize the prior existence of souls and make libations with the abominable Hellenes!—but here below I see him becoming human without changing and a wonder within a wonder, because He is God beyond change and man outside of understanding; He is double in nature, but not double in hypostasis, being one and the same in person; He is recognized in two natures, but not divided because of the duality of natures, nor—thanks to the sameness, unity and absoluteness of hypostasis—creating a confusion of his constituent natures; nor does He increase the number of the heavenly Triad which rules over everything; and manifesting himself to men as one of mankind, I find him to be both God and man, and I am in awe of the magnitude of the miracle.

"*Be joyful, you who are full of grace, the Lord is with you.* 28 What could be more sublime than this joy, Virgin Mother? Or what could be more beautiful or more glorious than this grace, which you alone have received from God? Everything is secondary to your miracle, everything ranks lower than your grace, and everything that is judged excellent places second to you and obtains the lesser glory. God *is with you,* so who would dare to contend with you? God is from you, so who will not be immediately bested and will not rather declare joyfully your excellence and superiority? That is why I announce to you the greatest things, seeing your superiority among all creatures. *Be joyful, you who are full of grace, the Lord is with you,* for from you joy is not only bestowed on mankind, but is granted also to the powers in heaven.

29 ""Οντως εὐλογημένη σὺ ἐν γυναιξίν· ὅτι τῆς Εὔας τὴν κατάραν εἰς εὐλογίαν μετέβαλες· ὅτι τὸν Ἀδάμ, ὄντα τὸ πρῶτον ἐπάρατον, εὐλογηθῆναι διὰ σοῦ παρεσκεύασας. Ὄντως εὐλογημένη σὺ ἐν γυναιξίν· ὅτιπερ ἡ εὐλογία τοῦ Πατρὸς διὰ σοῦ τοῖς ἀνθρώποις ἀνέτειλε, καὶ κατάρας αὐτοὺς τῆς παλαιᾶς ἠλευθέρωσεν. Ὄντως εὐλογημένη σὺ ἐν γυναιξίν· ὅτι διὰ σοῦ οἱ σοὶ προπάτορες σῴζονται· σὺ γὰρ τὸν Σωτῆρα γεννήσεις, τὸν τούτοις σωτηρίαν θεϊκὴν χαριζόμενον. Ὄντως εὐλογημένη σὺ ἐν γυναιξίν· ὅτι καρπὸν ἀσπόρως ἐβλάστησας, τὸν πάσῃ τῇ γῇ τὴν εὐλογίαν δωρούμενον, καὶ κατάρας αὐτὴν τῆς ἀκανθοφόρου λυτρούμενον. Ὄντως εὐλογημένη σὺ ἐν γυναιξίν· ὅτι, γυνὴ τὴν φύσιν ὑπάρχουσα, Θεοτόκος γενήσῃ τῷ πράγματι· εἰ γὰρ ὁ ἐκ σοῦ τεχθησόμενος σεσαρκωμένος Θεός ἐστι κατ' ἀλήθειαν, Θεοτόκος σὺ δικαιότατα λέγοιο, ὡς Θεὸν κατ' ἀλήθειαν τίκτουσα."

30 Ἀλλ' ἡ μακαρία Παρθένος καὶ ἔνθεος, ἰδοῦσα τὸν θεσπέσιον ἄγγελον οὕτω πρὸς αὐτὴν ἀφικόμενον καὶ τοιούτοις αὐτὴν προσφθεγγόμενον ῥήμασι, τὴν ἁγίαν ψυχὴν ἐταράττετο· καὶ τοὺς λόγους τοῖς λογισμοῖς ἀνεσκάλευε, λογιζομένη καθ' ἑαυτὴν καὶ μαστεύουσα τῶν ἀγγελικῶν ῥημάτων τὴν δύναμιν· ἐθαμβεῖτο γὰρ καὶ ἐθαύμαζε τῶν ἀγγελικῶν ἀσπασμῶν τὴν ποιότητα. "Ἡ δὲ" γάρ, φησίν, ἰδοῦσα "διεταράχθη ἐπὶ τῷ λόγῳ αὐτοῦ· καὶ διελογίζετο ποταπὸς εἴη ὁ ἀσπασμὸς οὗτος." Ἦν γάρ, ἦν καὶ ἀνθρωπίνης συνέσεως ἔμπλεως, καὶ τῶν λεγομένων οὐδὲν ἀβασανίστως προσίετο· ἐδεδίει γὰρ καὶ ὑπέτρεμε, τῆς Εὔας τὴν ἀπάτην γιγνώσκουσα, μήπως αὐτὴν ὁ ὄφις ὁ δόλιος καθὰ κἀκείνην

"Truly *you are blessed among women,* for you turned the 29
curse of Eve into a blessing; for you made Adam, who was at
first accursed, to be blessed through you. Truly *you are blessed
among women,* because the blessing of the Father came upon
men through you and freed them from the ancient curse.
Truly *you are blessed among women,* because through you your
forebears are saved; for you will give birth to the Savior who
will bestow divine salvation upon them. Truly *you are blessed
among women,* because without seed you produced a fruit
that will bestow blessings on the whole earth and will ran-
som it from the thorn-laden curse. Truly *you are blessed among
women,* because being a woman by nature you will in fact be-
come the Mother of God; for if He who will be born from
you is God incarnate in truth, you will be most justly called
Mother of God as the one that truly gives birth to God."

But the blessed and devout Virgin, seeing the revered an- 30
gel thus coming to her and addressing her with such words,
was disturbed in her holy soul; in her mind she sorted
through his words, pondering and searching for the import
of the divine message, because she was astonished and won-
dered greatly at the way the angel had greeted her. The Gos-
pel says, *"But she,* seeing him, *was greatly troubled at the saying,
and considered in her mind what sort of greeting this might be."*
She was indeed full of human intelligence and left none of
the words unexamined; for, knowing the deception of Eve,
she was nervous and afraid lest the treacherous serpent
should deceive a second time, as he did in the case of Eve.

ἀπατήσοι τὸ δεύτερον· καὶ διὰ τοῦτο πάντα συνετῶς ἐδοκίμαζε, μήπως αὐτὴν ὀφιόμορφον πρόσφθεγμα θεϊκῆς ἐκβάλοι λαμπρότητος.

31 Ἀθρήσας δὲ οὕτως αὐτὴν ἐναγώνιον ὁ σταλεὶς πρὸς αὐτὴν ἐπουράνιος ἄγγελος, φόβου παντὸς ἐλευθεροῖ καὶ δεδίξεως, καὶ ταραχῆς ἐκβάλλει παντελοῦς καὶ κυκήσεως, καί φησι πρὸς αὐτὴν ἱλαρώτατα καὶ χαριέστατα καὶ ἡδύτατα, "'Μὴ φοβοῦ Μαριάμ·' οὔκ εἰμι κατ' ἐκεῖνον τὸν τὴν Εὔαν πάλαι πλανήσαντα· οὔκ εἰμι κατ' ἐκεῖνον τὸν τὴν Εὔαν πτερνίσαντα· οὔκ εἰμι κατ' ἐκεῖνον τὸν μητέρα τὴν σὴν τὸ πρὶν ἀπατήσαντα· οὔκ εἰμι κατ' ἐκεῖνον τὸν πάλαι τὸν ἄνθρωπον σφήλαντα· οὔκ εἰμι κατ' ἐκεῖνον τὸν πρῴην σοῦ τοὺς προπάτορας τοῦ Παραδείσου τῆς τρυφῆς ἐξορί-σαντα· οὔκ εἰμι κατ' ἐκεῖνον τὸν ἐκ μακαρίας ζωῆς ἐκβε-βληκότα τὸν ἄνθρωπον καὶ τοῦτον ἐπωδύνῳ ζωῇ προσαρ-μόσαντα· οὔκ εἰμι κατ' ἐκεῖνον τὸν φθόνῳ τεκόντα τὸν θάνατον καὶ πάντας ἀνθρώπους θνητοὺς ἐργασάμενον· οὔκ εἰμι κατ' ἐκεῖνον τὸν πάντας ἀνθρώπους, τοὺς ἐκ γῆς γεγονότας καὶ λαβόντας χειρὶ Θεοῦ τὴν διάπλασιν, θείας ἐντολῆς παραβάτας ποιήσαντα καὶ πάλιν εἰς γῆν ἀπο-στρέψαντα· οὔκ εἰμι κατ' ἐκεῖνον τὸν πρῴην τὸν Ἀδὰμ φίλον Θεοῦ χρηματίζοντα Θεοῦ ἐχθρὸν ἀποδείξαντα.

32 "'Ἄγγελός εἰμι Θεοῦ παντοκράτορος, καὶ ἀγγελικοῦ τι-νος ἡγοῦμαι στρατεύματος, καὶ ἐν ἀγγέλοις Θεοῦ Γαβριὴλ ὀνομάζομαι. Καὶ λέγειν πρὸς σέ, τὴν ἄσπιλον Παρθένον καὶ ἄμωμον, ἐκ Θεοῦ Πατρὸς παντοκράτορος ἔσταλμαι, τὴν τοῦ μονογενοῦς αὐτοῦ Υἱοῦ—τοῦ τὰ πάντα παρ-αγαγόντος πρὸς ὕπαρξιν καὶ ἐξ οὐκ ὄντων εἰς τὸ εἶναι

For that reason, she weighed everything intelligently, lest a serpentlike salutation cause her to be expelled from the divine splendor.

The heavenly messenger who was sent to her, seeing her 31 thus struggling within herself, relieved her of all fear and apprehension; he completely dispelled the confusion and disturbance of her mind by addressing her in the most cheerful, joyous and pleasant manner, saying, "'*Do not be afraid, Mary.*' I am not like the one who misled Eve of old; I am not like the one who tripped up Eve; I am not like the one who previously deceived your mother; I am not like the one who long ago fooled man; I am not like the one who long ago exiled your forefathers from *the Paradise of pleasure;* I am not like the one who expelled man from a life of blessings and consigned him to a life of suffering; I am not like that one who out of envy brought forth death and made all men mortal; I am not like the one who turned all men into transgressors of the divine command and sent them back to earth, after they had been formed by the hand of God and had sprung from earth; I am not like the one who made Adam into an enemy of God, after he had been God's friend.

"I am an angel of God almighty, I am the leader of an an- 32 gelic host, and among the angels of God my name is Gabriel. I have been sent by God the Father almighty to announce to you, the spotless and faultless Virgin, the descent of his only-begotten Son—He who brought all things into being and called them into existence from nonbeing—down into

καλέσαντος—ἐπὶ σὲ τὴν Παρθένον κατάβασιν, καὶ τὴν ἐν σοὶ πολυύμνητον σύλληψιν, καὶ τὴν ἐκ σοῦ πανυπέρτατον Σάρκωσιν, καὶ τὴν ἐν σοὶ πολυθαύμαστον κύησιν, καὶ τὴν ἐκ σοῦ ἀκατάληπτον γέννησιν. Δι' ὧν ἅπαντα τοῦ ἐχθροῦ τὰ σπουδάσματα λύεται· δι' ὧν ἅπαντα τοῦ ἐχθροῦ τὰ εὑρήματα σὺν αὐτῷ τῷ τούτων εὑρετῇ καταλύεται· δι' ὧν ἄνθρωπος σῴζεται καὶ θανάτου καὶ φθορᾶς ἐξανίσταται· δι' ὧν τῆς πλάνης ἡ νὺξ ἀφανίζεται· δι' ὧν ὁ Παραδείσου γενόμενος ἐξόριστος ἄνθρωπος, πάλιν οἰκεῖ τὸν Παράδεισον· δι' ὧν ὁ τῆς πρὸς Θεὸν φιλίας γυμνωθεὶς συμβουλίᾳ τοῦ δράκοντος, Θεοῦ φίλος πάλιν καθίσταται.

33   "Καὶ διὰ τοῦτό σοι βοῶ, ὦ μακαρία Παρθένε καὶ Θεοῦ γενησομένη τοῦ τῶν ὅλων Σωτῆρος γεννήτρια, 'Χαῖρε κεχαριτωμένη, ὁ Κύριος μετὰ σοῦ· εὐλογημένη σὺ ἐν γυναιξίν·' ὅτι τοιούτων τυχεῖν μεγαλείων ἠξίωσαι· ὅτι καὶ ἡ χαρὰ ἡ οὐράνιος ἐκ σοῦ τῷ κόσμῳ τεχθήσεται, καὶ ἡ εὐλογία ἡ ἔνθεος, ἡ τὴν πάλαι κατάραν ἀμβλύνουσα, διὰ σοῦ τοῖς ἀνθρώποις πηγάζεται. Ἐπαινῶ σου, ὦ Θεομῆτορ, καὶ αὐτὸς ἐγὼ τὴν ἀσφάλειαν καὶ τὴν σύνεσιν πάνυ τὴν σὴν ἀποδέχομαι, ὅτι φοβῇ τοῦ δολίου τὰ θήρατρα· ὅτι φοβῇ τοῦ μισανθρώπου θηρὸς τὰ τεχνάσματα· ὅτι δειλιᾷς τὰ κρυπτὰ τοῦ διαβόλου τοξεύματα· ὅτι δειμαίνεις καὶ δέδοικας τὰ ποικίλα τοῦ ὄφεως καὶ ἀληθῶς θανατηφόρα φυσήματα, ἵνα μὴ Εὔα τις ἄλλη κατ' ἐκείνην καὶ σὺ χρηματίσειας.

34   "Μὴ φοβοῦ Μαριάμ· εὗρες γὰρ χάριν παρὰ τῷ Θεῷ τὴν ἀθάνατον· εὗρες χάριν παρὰ τῷ Θεῷ τὴν ὑπέρλαμπρον· εὗρες χάριν παρὰ τῷ Θεῷ τὴν πολύευκτον· εὗρες χάριν παρὰ

you the Virgin, and the far-famed conception in you, and the most sublime Incarnation from you, and the all-wonderful child bearing on your part, and the incomprehensible birth from you. By means of these events all the eager efforts of the enemy are thwarted; through them all the machinations of the enemy along with their inventor are broken up; through them man is saved and arises from death and corruption; through them the night of error is wiped out; through them man who was exiled from Paradise inhabits it again; through them man who by the wiles of the serpent was stripped of his friendship with God is again restored as God's friend.

"For this reason, blessed Virgin and future Mother of 33 God the Savior of all, I proclaim to you, *'Be joyful, you who are full of grace, the Lord is with you; you are blessed among women,'* because you have been deemed worthy to obtain such great honors; because heavenly joy will be born to the world from you, and the divine blessing that will remove the ancient curse will flow like a spring for mankind through you. I myself, Mother of God, praise your caution and I very much acknowledge your prudence, because you fear the snares of the treacherous one, because you fear the machinations of the man-hating beast, because you are afraid of the hidden arrows of the devil, because you fear and dread the manifold and truly deadly contrivances of the serpent, in order to avoid becoming another Eve like the first one.

"*Fear not, Mary, for you have found favor with God,* favor 34 that does not die; *you have found favor with God* that is splendid; *you have found favor with God* that is much prayed for;

189

τῷ Θεῷ τὴν ὑπέρφωτον· εὗρες χάριν παρὰ τῷ Θεῷ τὴν ἀμείωτον· εὗρες χάριν παρὰ τῷ Θεῷ τὴν σωτήριον· εὗρες χάριν παρὰ τῷ Θεῷ τὴν ἀκλόνητον· εὗρες χάριν παρὰ τῷ Θεῷ τὴν ἀσάλευτον· εὗρες χάριν παρὰ τῷ Θεῷ τὴν ἀνίκητον· εὗρες χάριν παρὰ τῷ Θεῷ τὴν ἀΐδιον.

35   "Πολλοὶ μὲν πρὸ σοῦ καὶ ἄλλοι γεγόνασιν ἅγιοι, ἀλλ᾽ οὐδεὶς κατὰ σὲ κεχαρίτωται· οὐδεὶς κατὰ σὲ μεμακάρισται· οὐδεὶς κατὰ σὲ καθηγίασται· οὐδεὶς κατὰ σὲ μεμεγάλυνται· οὐδεὶς κατὰ σὲ προκεκάθαρται· οὐδεὶς κατὰ σὲ περιηύγασται· οὐδεὶς κατὰ σὲ ἐκπεφώτισται· οὐδεὶς κατὰ σὲ ὑπερύψωται· οὐδεὶς γὰρ κατὰ σὲ Θεῷ προσεπέλασεν· οὐδεὶς κατὰ σὲ Θεῷ δώροις πεπλούτισται· οὐδεὶς κατὰ σὲ Θεοῦ χάριν ἐδέξατο· πάντα νικᾷς τὰ παρὰ ἀνθρώποις ἐξαίρετα· πάντα νικᾷς τὰ οὐράνια τάγματα· πάντα νικᾷς τὰ πρὸς Θεοῦ τοῖς πᾶσι δοθέντα δωρήματα· πάντων γὰρ πλέον Θεοῦ πλουτεῖς τὴν κατοίκησιν· οὐδεὶς οὕτω Θεὸν χωρῆσαι δεδύνηται· οὐδεὶς οὕτω Θεοῦ παρουσίαν ἴσχυσε δέξασθαι· οὐδεὶς οὕτω φωτισθῆναι Θεὸν κατηξίωται. Καὶ διὰ τοῦτο οὐ μόνον Θεὸν τὸν ἁπάντων Κτίστην καὶ Δεσπότην προσδέδεξαι, ἀλλὰ καὶ ἔχεις ἐκ σοῦ παραδόξως σαρκούμενον καὶ κυοφορούμενον, καὶ μετὰ ταῦτα γεννώμενον, καὶ πάντας ἀνθρώπους καταδίκης πατρῴας λυτρούμενον, καὶ σωτηρίαν αὐτοῖς οὐ παυσομένην δωρούμενον.

36   "Καὶ διὰ τοῦτό σοι κέκραγα καὶ πάλιν ἐρῶ διαπρύσιον ʽ*Χαῖρε, κεχαριτωμένη, ὁ Κύριος μετὰ σοῦ· εὐλογημένη σὺ ἐν γυναιξί.*ʼ Μὴ ταράττου τῶν ἐμῶν ῥημάτων ἀκούουσα· μὴ

you have found favor with God that is full of illumination; *you have found favor with God* that does not diminish; *you have found favor with God* that brings salvation; *you have found favor with God* that cannot be displaced; *you have found favor with God* that cannot be shaken; *you have found favor with God* that cannot be overcome; *you have found favor with God* that is eternal.

"There have been many other saints before you, but none 35 of them has been shown favor like you; none has been blessed like you; none has been sanctified like you; none is magnified like you; none has been prepurified like you; none has been illuminated like you; none has been enlightened like you; none has been exalted like you; none of them has come close to God like you; none has been showered by God with gifts like you; none has received the grace of God like you. You surpass everything that men hold remarkable; you surpass all the heavenly orders; you surpass all the gifts that have been given by God to everyone for, more than everyone else, you are enriched by God's dwelling in you; none has ever been able like you to contain God; none has had the power to receive the presence of God like you; none has been deemed worthy to be divinely illuminated like you. For this reason, not only have you received within yourself the Creator and Master of all, but also, He miraculously takes on flesh from you and is carried in your womb. He is then to be brought to birth and become the one who redeems all men from the ancestral condemnation and bestows on them eternal salvation.

"That is why I proclaimed loudly to you, and I now again 36 declare at the top of my voice, *'Be joyful, you who are full of grace, the Lord is with you; you are blessed among women.'* Do not

φοβοῦ πυνθανομένη τῆς ἐμῆς πρὸς σὲ διαλέξεως· οὐκ ἀπάτην ἄγω τοῖς ἀνθρώποις ὀλέθριον· οὐ φθόνον θανάτου γεννήτορα τοῖς ἐμοῖς ὁμοδούλοις προξενεῖν παραγέγονα· πᾶσαν ταραχὴν τῆς σῆς καρδίας ἀπέλασον· πάντα δισταγμὸν τῆς σῆς διανοίας ἐξόρισον· πάντα φόβον τῆς σῆς ψυχῆς ἀποδίωξον· οὐ φοβερὸς πρὸς σὲ παραγέγονα, εἰ καὶ πρὸς πάντας τοὺς ἄλλους φοβερώτατος φαίνομαι· οὐκ ἐχρησάμην τῷ τῆς ἐμῆς ἀρχῆς ἀξιώματι· οἶδα γὰρ πρὸς τίνα παρὼν διαλέγομαι· οἶδα πρὸς τίνα θεόθεν ἀπέσταλμαι· οἶδα τίνι διακονεῖν προκεχείρισμαι.

37   Τοὐναντίον ἐγώ σε θεωρῶν καταπλήττομαι, καὶ φόβου καὶ δέους ἐμπίπλαμαι· τοὐναντίον ἐγώ σου θαυμάζω τὸ μέγεθος, καὶ τρόμου πληροῦμαι καὶ δείματος· ἐγώ σου τὴν χάριν δεδίττομαι· ἐγώ σου τὴν λαμπρότητα τέθηπα· ἐγὼ δοῦλός εἰμι Θεοῦ καὶ διάκονος· σὺ δὲ Μήτηρ ἔσῃ Θεοῦ, τοῦ ἐμοῦ Δεσπότου καὶ Κτίσαντος, οὐ μὴν ἀλλὰ καὶ γεννήτρια καὶ τροφὸς ἀδιήγητος, μαζῶν αὐτὸν παρθενικῶν ἀποτρέφουσα χεύμασι, τὸν πάσῃ σαρκὶ *τροφὴν διδόντα τὴν εὔκαιρον*· ἐγὼ λάτρις εἰμὶ Θεοῦ καὶ λειτουργὸς ἀποκρίσεων· σὺ δὲ Θεὸν αὐτὸν ἔχεις ἐγγάστριον ἐν σοὶ σαρκικῶς διαιτώμενον, καὶ ἐκ σοῦ νυμφικῶς προερχόμενον, καὶ πᾶσι τὴν χαρὰν πρυτανεύοντα, καὶ αἴγλην θεϊκὴν χαριζόμενον. Ἐν σοὶ γὰρ Θεός, ὦ Παρθένε, ὡς ἐν οὐρανῷ τινι καθαρωτάτῳ καὶ λάμποντι τὸ οἰκεῖον *ἔθετο σκήνωμα*· καὶ ἐκ σοῦ *ὡς ἐκ παστοῦ νυμφίος πορεύσεται*· καὶ *δρόμον ἐκμιμούμενος γίγαντος, ὁδὸν ἐν βίῳ δράμοι* τὴν πᾶσιν ἐσομένην τοῖς ἀνθρώποις σωτήριον, *ἀπ' ἄκρων οὐρανῶν ἕως ἄκρων*

be disturbed upon hearing my words; do not fear upon learning my message to you; for I work no deadly deceit on mankind; I have not come to cause death-producing envy in my fellow servants. Drive out all fear from your heart; banish every doubt from your mind; chase every trepidation far from your soul; I have not come to you to cause fear, even if I appear to be most fearsome to all others; I have not used the authority of my rank, for I know to whom it is that I speak; I know to whom I have been sent by God; I know who it is that I have been appointed to serve.

"On the contrary, it is I who am awestruck upon seeing 37 you and I am filled with terror and fright. On the contrary, it is I who marvel at your greatness and am full of fear and trembling; I am unnerved by your grace; I am astounded by your splendor. I am a slave and servant of God; you are the Mother of God my Master and Creator. Moreover, you are the one who inexplicably will give birth to him and nurse him, feeding him with the flow from your virgin breasts, He who *administers food* to all flesh *in good season.* I am God's servant and the minister of his messages; but you are the one who carries God himself in your womb; He lives in the flesh within you, He will proceed from you as a bridegroom, He will bestow joy on all, dispensing a divine splendor. For in you, Virgin, as in a most pure and resplendent sky, *God has set his own tent,* and from you He will come forth *like a bridegroom from his chamber.* And imitating *the stride of a great man he will run a course* in life that will bring salvation to all mankind, extending *from one end of the heavens to the other,* and will

αὐτῶν διατείνουσαν, καὶ θέρμης ἐνθέου πληροῦσαν τὰ σύμπαντα, καὶ σὺν αὐτῇ φωτοζώου φαιδρότητος.

38 ""Οθεν σοι καὶ πάλιν βοῶ τῆς χαρᾶς τὸ μακάριον πρόσφθεγμα 'Χαῖρε, κεχαριτωμένη, ὁ Κύριος μετὰ σοῦ·' χαρὰν κομίζων ἐλήλυθα, οὐ φόβον ἀνθρώποις ὀλέθριον· χαρᾶς ὑπάρχω διάκονος, οὐ λύπης ὑπηρέτης γνωρίζομαι· χαρᾶς ἄγγελος πέφηνα, οὐ λύπης κήρυξ γινώσκομαι. Τί φοβῇ τὸν σὲ τοὐναντίον φοβούμενον; Τί δειλιᾷς τὸν δειλιῶντα σοῦ τὸ ἀξίωμα; Τί δεδίττῃ τὸν χάριν τὴν σὴν δεδιττόμενον; Τί εὐλαβῇ τὸν ἀγλαΐαν τὴν σὴν εὐλαβούμενον; Δοῦλός εἰμι καὶ λάτρις ἐλάχιστος τοῦ σοῦ παιδὸς καὶ γεννήματος. Αὐτός με, μὴ ὄντα, πεποίηκεν· αὐτός με πρὸς σὲ τῶν οὐρανίων χωρίων ἀπέστειλε· τὴν αὐτοῦ σοι μηνύω χαροπάροχον ἄφιξιν· τὴν αὐτοῦ σοι βοῶ ἀπερίγραφον σύλληψιν· τὴν αὐτοῦ σοι καταγγέλλω ἀνερμήνευτον Σάρκωσιν· τὴν αὐτοῦ σοι προσφθέγγομαι χαρᾶς ἁπάσης γεννήτριαν γέννησιν. Καὶ διὰ τοῦτό σοι λέγω, Παρθένε πανύμνητε, 'μὴ φοβοῦ, Μαριάμ· εὗρες γὰρ χάριν παρὰ τῷ Θεῷ·' εὗρες χάριν ἣν γυναικῶν οὐδεμία τὸ σύνολον εὕρηκεν· εὗρες χάριν ἣν οὐδεὶς ἐθεάσατο· εὗρες χάριν ἣν οὐδεὶς εἰσεδέξατο.

39 "Καὶ ποίαν ταύτην ἄκουε ὦ Θεοῦ θεοφόρον κειμήλιον, ἄκουε· 'Ἰδοὺ συλλήψῃ ἐν γαστρὶ καὶ τέξῃ υἱὸν καὶ καλέσεις τὸ ὄνομα αὐτοῦ Ἰησοῦν. Οὗτος ἔσται μέγας, καὶ Υἱὸς Ὑψίστου κληθήσεται· καὶ δώσει αὐτῷ Κύριος ὁ Θεὸς τὸν θρόνον Δαβὶδ τοῦ πατρὸς αὐτοῦ, καὶ βασιλεύσει ἐπὶ τὸν οἶκον Ἰακὼβ εἰς τοὺς αἰῶνας, καὶ τῆς βασιλείας αὐτοῦ οὐκ ἔσται τέλος.' Ταῦτα πρὸς σὲ βοᾶν οὐρανόθεν ἀπέσταλμαι· ταῦτά σοι

fill everything *with* a *divine heat* and, with it, illumination that lights up life.

"Hence again I raise my voice with the blessed salutation 38 of joy, *'Be joyful, you who are full of grace, the Lord is with you.'* I have come bringing joy to mankind, not deadly fear; I am a minister of joy, I am not recognized as a servant of sorrow; I appear as a messenger of joy, I am not known as a herald of sadness. Why do you fear the one who, on the contrary, fears you? Why are you frightened by him who is frightened by your rank? Why do you tremble before the one who trembles at your grace? Why are you wary of him who is wary of your splendor? I am a slave and the lowliest servant of your son and offspring. He is the one who created me from nothing; He is the one who sent me to you from the heavenly realms. I announce to you his coming that will bring joy; I cry out to you his indescribable conception; I proclaim to you his inexplicable Incarnation; I broadcast to you his birth that will be a source of all every kind of joy. That is why I say to you, all-praised Virgin, *'fear not, Mary, for you have found favor with God;'* you have found favor which no woman has ever found; *you have found favor* which no one has witnessed; *you have found favor* which no one has received.

"And now, God-bearing vessel of the divine, hear what 39 this favor is: *'Behold, you will conceive in your womb and bear a son, and you shall call his name Jesus. He will be great, and will be called the Son of the Most High; and the Lord God will give to him the throne of his father David, and He will reign over the house of Jacob for ever; and of his kingdom there will be no end.'* These are the tidings I have been sent from heaven to announce loudly

σαφῶς εὐαγγελίσασθαι, ὁ ἐκ σοῦ με τεχθησόμενος πέ-
πομφε· ταῦτά σοι μηνῦσαι λόγοις καὶ ῥήμασιν, ὁ Λόγος
τοῦ Πατρὸς ἐγκεκέλευσται· ταῦτά σοι διαλέξασθαι, ὁ μο-
νογενὴς Υἱὸς τοῦ Θεοῦ διεθέσπισεν. Ἄνω μοι τὸ διάγγελμα
δέδωκε, κἀνθάδε αὐτὸν διασκέπτομαι· ἐν οὐρανῷ μοι τὸ
ῥηθὲν ἐνεχείρισε, καὶ ἐν σοὶ τῇ Παρθένῳ τοῦτον θεωρῶ
διαιτώμενον. Ἀΐδιος ἦν ὁ πρὸς σὲ τὴν Παρθένον νῦν
ἀφικόμενος· ἄχρονος ἦν ὁ ἐν σοὶ χρονικῶς κυϊσκόμενος·
ἄσαρκος ἦν ὁ ἐκ σοῦ σαρκικῶς τεχθησόμενος· ἀπερίγρα-
πτος ἦν ὁ ἐν σοὶ περιγραφῆς ἀνεχόμενος.

40   *"Ἰδοὺ συλλήψῃ ἐν γαστρί.* Καὶ μὴ νόει μοι, ὦ Παρθένε,
τῶν ἄλλων γυναίων τὴν σύλληψιν· ἰδοὺ συλλήψῃ ἐν
γαστρὶ σύλληψιν ἄσπορον, σύλληψιν ἄφραστον, σύλλη-
ψιν ἄρρητον, σύλληψιν ἔνθεον, ἣν οὐκ ἀνδρὸς ἐγεώργησε
σύνοδος, ἣν οὐκ ἄρρενος εἴργασται σύμβασις, ἣν ἀνθρώ-
πων ἐξειπεῖν οὐδεὶς ὁ δυνάμενος. Πῶς γὰρ οἱ κατὰ φύσιν
γεννώμενοι, τὰ ὑπὲρ φύσιν εἰπεῖν ἐξισχύσουσιν; Ὑπερφυ-
οῦς οὖν οὔσης σου τῆς συλλήψεως, τοὺς κατὰ φύσιν λογι-
σμοὺς μὴ ἐξέταζε.

41   *"Τέξῃ δὲ υἱόν,* οὐ μόνον χρονικὸν καὶ ἐπίκηρον, ἀλλὰ δὴ
καὶ ἀΐδιον καὶ πάντων χρονικῶν ἀρχικώτερον· *καὶ τέξῃ
υἱόν,* οὐ μόνον σαρκικὸν θεωρούμενον, ἀλλὰ δὴ καὶ
ἀσώματον· *καὶ τέξῃ υἱόν,* οὐ μόνον σοῦ τῆς Παρθένου
φαινόμενον, ἀλλὰ δὴ καὶ Θεοῦ Υἱὸν γινωσκόμενον· *καὶ
τέξῃ υἱόν,* οὐ μόνον γνωριζόμενον ἄνθρωπον, ἀλλὰ δὴ καὶ

to you; these are the tidings I have been sent to proclaim clearly to you by the one who will be born from you; these are the tidings that the Word of the Father enjoined on me to convey in words expressly; these are the tidings that the only-begotten Son of God instructed me to deliver to you. On high He gave me the command, and here on earth I observe him; in heaven He entrusted me with the message, and here I see him abiding in you the Virgin. He was eternal, the one who now comes to you the Virgin; He was timeless, the one who now in time is carried in your womb; He was without flesh, the one who will be born in the flesh from you; He was without limitation, the one who now accepts confinement in you.

"*Behold, you will conceive in your womb.* Do not think, Virgin, that I mean conception as in the rest of women; for you will undergo conception in the womb that is without seed, a conception that cannot be described, a conception that is beyond words, a conception that is divine, which was not produced by sexual union with a man, which was not the outcome of intercourse with a male, which no human is able to express. For how could those born according to nature have the ability to express what is above and beyond nature? Therefore, since your conception is outside of nature, do not inquire into it on natural grounds.

"*You will bear a son* who is not only temporary and subject to death, but also indeed eternal and more primary than all temporal beings. *You will bear a son* who is not only observed in the flesh, but is at the same time incorporeal. *You will bear a son* who not only appears as the son of you the Virgin, but also is known as the Son of God. *You will bear a son* who is not only recognized as a man, but also is believed to be true

40

41

Θεὸν ἀληθῆ πιστευόμενον· *καὶ τέξῃ υἱόν, οὐ* σωτηρίας τῆς παρ' ἑτέρου δεόμενον, ἀλλὰ σωτηρίαν πᾶσιν ἀνθρώποις δωρούμενον.

42 *"Καὶ διὰ τοῦτο καλέσεις τὸ ὄνομα αὐτοῦ Ἰησοῦν,* ὅπερ ὄνομα 'Σωτὴρ' ἑρμηνεύεται· ἔδει γάρ, ὦ Παρθένε, τὸν Σωτῆρα τῶν ὅλων τικτόμενον, αὐτὸ κληροῦσθαι τοῦ Σωτῆρος τὸ ὄνομα, ἵνα κἀξ αὐτοῦ τοῦ ὀνόματος δηλῶται τοῦ τεχθέντος ἡ δύναμις, καὶ πᾶσιν ἀνθρώποις σημαίνηται τοῦ σοῦ παιδὸς ἡ σωτήριος λόχευσις.

43 *"Οὗτος ἔσται μέγας,* ὡς *μεγάλης βουλῆς* καλούμενος *ἄγγελος,* καὶ *Θεὸς ἰσχυρὸς* ἀνυμνούμενος, καὶ *θαυμαστὸς* τοῦ Πατρὸς κελαδούμενος *σύμβουλος,* καὶ *ἄρχων εἰρήνης* φαινόμενος, καὶ πάσης ὡς Ποιητὴς ἐξουσιάζων τῆς κτίσεως, καὶ τοῖς ἐπιγείοις εἰρηνοποιῶν τὰ οὐράνια. Τὰ γὰρ τῆς οἰκείας *ἀρχῆς* κατορθώματα *ἐπὶ τοῦ οἰκείου ὤμου* φορεῖ καὶ βραχίονος· οὐ γὰρ ἑτέρου δυνάμει, οἰκείᾳ δὲ μᾶλλον, κατορθοῖ τὰ πραττόμενα, εἰρηναίαν τοῖς πᾶσι πηγάζων κατάστασιν. Ἀλλὰ καὶ *πατὴρ αἰῶνος ἔσται τοῦ μέλλοντος,* ὁ μόνος ἐκ μόνου τεχθεὶς Θεοῦ τοῦ Γεννήτορος, καὶ πατὴρ ὑπάρξας αἰῶνος τοῦ μέλλοντος, καὶ πρὸ πάντων αἰώνων σὺν αὐτῷ τῷ Πατρὶ δοξαζόμενος. Περὶ οὗ καὶ Ἡσαΐας προλαβὼν προεφήτευσε, 'παιδίον,' λέγων, 'ἐγεννήθη ἡμῖν, καὶ υἱὸς ἐδόθη ἡμῖν·'—τὸ σόν, ὦ Παρθένε, παιδίον, οὗ σοι νῦν ἀγγέλλω τὴν γέννησιν—'οὗ ἡ ἀρχὴ ἐπὶ τοῦ ὤμου αὐτοῦ, καὶ καλεῖται τὸ ὄνομα αὐτοῦ μεγάλης βουλῆς ἄγγελος, θαυμαστὸς σύμβουλος, Θεὸς ἰσχυρός, ἐξουσιαστής, ἄρχων εἰρήνης, πατὴρ τοῦ μέλλοντος αἰῶνος.'

44 *"Οὗτος ἔσται μέγας,* οὐχ ὡς μὴ μέγας ὤν, μετέπειτα δὲ

God. *You will bear a son* who does not need salvation from anyone else, but who grants salvation as a gift to all mankind.

"*And you shall call his name Jesus,* for the reason that this   42
name is interpreted to mean 'Savior.' For it was necessary, Virgin, that the one born as the Savior of all be given this name of Savior, in order that the power of the newborn be made clear by the name itself and that the salvific birth of your son be made known to all men.

"*He will be great,* as being called *messenger of great counsel,*   43
and sung of as *mighty God,* and applauded as *wonderful counselor of the Father,* and appearing as *prince of peace,* and ruling over all creation as Creator, and making peace between the heavenly and the earthly realms. For He carries the accomplishments of *his rule on his own shoulder* and arm; the success of his deeds depends not on the power of another but on his own, as He pours forth a state of peace on all. And He will be *father of the age to come,* the only-begotten Son of the one God the Creator, being the father of the future age and glorified with the Father himself before all ages. It was about him that Isaiah foretold in prophecy with the words, '*to us a child is born, to us a son is given*'—this is your child, Virgin, whose birth I now announce to you—'*and his rule will be upon his shoulder, and his name will be called messenger of great counsel, wonderful counselor, mighty God, supreme authority, prince of peace, father of the age to come.*'

"*He will be great,* not as one who is not great, but will   44

γενησόμενος, ἀλλ' ὡς ἀεὶ μέγας ὤν, μετὰ ταῦτα δὲ φα-
νησόμενος· μεγάλου γὰρ Θεοῦ καὶ Πατρὸς κατὰ φύσιν
Υἱὸς γνωριζόμενος, μέγας καὶ αὐτὸς διορίζεται καὶ τὴν
φύσιν Θεὸς κηρυχθήσεται· συμφυὴς γὰρ ὢν Θεῷ τῷ γεν-
νήτορι, πάντως καὶ τὴν ἴσην ἕξει κατ' οὐσίαν ταυτότητα,
καὶ φυσικὴν ὁμοῦ καὶ θεϊκὴν μεγαλότητα· ἄνισον γὰρ
ἑαυτῷ Θεὸς Υἱὸν καὶ ἀνόμοιον οὐκ ἄν ποτε τίκτων γεν-
νήσειεν, ἀλλὰ πάντως συμφυῆ καὶ παρόμοιον καὶ ἐν πᾶσι
φυσικοῖς ἀπαράλλακτον.

45   *Οὗτος ἔσται μέγας, καὶ Υἱὸς Ὑψίστου κληθήσεται.*
Μέγας μὲν γάρ ἐστιν ἀεὶ καὶ ὑψίστου Θεοῦ Υἱὸς προσ-
ηγόρευται, ὡς ἀπ' αὐτοῦ γεννηθεὶς τοῦ μεγάλου Θεοῦ καὶ
Υἱὸς αὐτοῦ μονογενὴς κηρυττόμενος· *ἔσται* δέ, φημί, καὶ
κληθήσεται οὐχ ὡς ταῦτα μὴ ὤν—μὴ οὕτως ὑπόπτευε,
ἀλλὰ διὰ τὴν ἐκ σοῦ ταῦτα βοῶ πολυθαύμαστον γέννησιν,
καὶ τὴν ἐκ σοῦ σαρκικὴν ἐνανθρώπησιν· τὸ *ἔσται* γὰρ καὶ
κληθήσεται χρονικὰ πεφυκότα προσρήματα, ὡς καθ' ὑμᾶς
τοὺς ἀνθρώπους γενόμενος ἄνθρωπος εἴρηται, ἐπεὶ καὶ
καθ' ὑμᾶς κατ' ἀλήθειαν πρόεισιν.

46   *Ὡσαύτως* δὲ καὶ τὸ *δώσει αὐτῷ Κύριος ὁ Θεὸς τὸν*
θρόνον Δαβὶδ τοῦ πατρὸς αὐτοῦ· καὶ βασιλεύσει ἐπὶ τὸν
οἶκον Ἰακὼβ εἰς τοὺς αἰῶνας· καὶ τῆς βασιλείας αὐτοῦ οὐκ
ἔσται τέλος. Ταῦτα γὰρ ἅπαντα τῆς ἐκ σοῦ χάριν σαρκικῆς
ἀναφωνεῖται γεννήσεως· ἅπαξ γὰρ δι' ὑμᾶς γενέσθαι καθ'
ὑμᾶς ἀνασχόμενος ἄνθρωπος, καὶ πάντα δι' ὑμᾶς τὰ
ἀνθρώπινα ἀκοῦσαι καὶ παθεῖν καταδέχεται, ἵνα μὴ φάσμα
νομισθῇ τοῖς ἀκούουσιν, ἵνα μὴ δόκησις δόξῃ τοῖς βλέπου-
σιν, ἵνα τῆς πρὸς ὑμᾶς ἀληθοῦς συγκαταβάσεως τοῖς

become so later, but as one always great, who will become manifest as such hereafter. For being known as the natural Son of the great God the Father, He himself as well will be defined as great and will be proclaimed as God in nature. For sharing the same nature with God his begetter, obviously He too will have the same identity in essence, and possess both a natural and a divine greatness. For God would never beget a son who was not identical and fully like himself, but rather one who was entirely of the same nature, identical and an exact equal in all natural qualities.

"*He will be great, and will be called the Son of the Most High.* 45 For He is eternally *great* and called *Son of* God *the Most High,* since He is born of the great God himself and is proclaimed as his only-begotten Son. *He will be* and *will be called,* not as one who is not these things already—perish the thought, rather I cry out these words on account of his all-wonderful birth from you and his becoming a man in the flesh through you. For the verbs '*will be*' and '*will be called*' are used in the future tense, because He will become a man like you humans, seeing that He will truly be born in the same manner as you.

"Likewise also, *the Lord God will give to him the throne of his* 46 *father David, and He will reign over the house of Jacob for ever; and of his kingdom there will be no end.* For all these prophecies are announced on account of his birth in the flesh from you; for having once accepted to become a human being, like men, on behalf of mankind, He then took on for the sake of men all human designations and experiences, in order that He not be thought a phantom by those who listen to him, in order that He not be considered an apparition by those who see him, in order that He might demonstrate by his deeds

πράγμασι δείξῃ τὸ μέγεθος, ἵνα τῆς οἰκείας δι᾽ ὑμᾶς ἐναν-
θρωπήσεως παραστήσῃ σαφῆ τὰ τεκμήρια. Ἐπεὶ πῶς
ἄνθρωπος μὴ χοϊκὴν λαχὼν τὴν ἐκλόχευσιν, καὶ χοϊκὴν
φορῶν ταπεινότητα (τί γὰρ χοός ἐστι ταπεινότερον;), ἢ
μέγας γενήσεται ἢ Υἱὸς Ὑψίστου κληθήσεται γνήσιος; Ἢ
πῶς Δαβὶδ τὸν ἀδιάδοχον θρόνον κληρώσειεν; Ἢ πῶς ἐπὶ
τὸν οἶκον Ἰακὼβ εἰς ἀεὶ βασιλεύσειε, καὶ οὐχ ἕξοι τέλος
αὐτοῦ τὸ βασίλειον; Δαβὶδ γὰρ καὶ Ἰακὼβ ὁ Χριστὸς
αὐτὸς ἑρμηνεύεται πρὸς θεωρίαν μυστικὴν λαμβανόμενος.
Αὐτὸς γὰρ καὶ *κραταιὸς χειρί,* ἤτοι δυνάμει, καθέστηκε, καὶ
τοὺς ὑμῶν ἀντιπάλους *ἐπτέρνισε,* καὶ τὴν κατ᾽ αὐτῶν νίκην
ὑμῖν ἐχαρίσατο· δι᾽ οὗ καὶ οἱ εἰς αὐτὸν τῶν ἀνθρώπων
πιστεύοντες, τὸν πάλαι τῶν Ἰουδαίων λαὸν εἰκότως πτερ-
νίσουσι, καὶ τὰ κατὰ χρόνον αὐτοῦ πρωτοτόκια, ὡς καλῶς
Χριστῷ πεπιστευκότες κομίσονται. Ἀλλὰ ταῦτα κατὰ
φύσιν ὢν τὴν ἀΐδιον καὶ τὴν ἐκ Πατρὸς ἀκατάληπτον
γέννησιν, διὰ τὴν ἐκ σοῦ τῆς θεόφρονος σάρκωσιν καὶ τὴν
ἐκ σοῦ τῆς Θεομήτορος γέννησιν καὶ λαμβάνειν καὶ δέχε-
σθαι λέγεται, ἵν᾽, ἅπερ αὐτὸς κατὰ φύσιν ἐστὶ τὴν ἀθάνα-
τον, ταῦτα καὶ ὑμῖν κατὰ χάριν τὴν θείαν χαρίσηται, οἷς
καὶ φιλανθρώπως κατὰ σάρκα γεγέννηται, τὴν ἐκ σοῦ τὴν
παθητὴν καὶ θνητὴν ὁμοούσιος."

47   Ἀλλ᾽ ἡ θεοδόχος Παρθένος κυοφόρος καὶ πάναγνος
καὶ πάσης ὁμοῦ τῆς κτίσεως προΰχουσα, σύλληψιν θείαν
ἀκούουσα, καὶ θαυμαστὴν κυοφορίαν μανθάνουσα, καὶ
τόκον εὐαγγελιζομένη παράδοξον, κἀπὶ τοῖς λεγομένοις
θαυμάζουσα, καὶ τὴν γυναικείαν φύσιν γινώσκουσα, καὶ
τὰς τούτων συλλήψεις φυσικῶς ἐξετάζουσα, καὶ τοὺς

the magnitude of his truly coming down as man among you, in order that He present clear proofs of his becoming man on your behalf. For how could a human being become *great* and *be called Son of the Most High* in the true sense, if He did not have an earthly birth or take upon himself earthly lowliness (for what could be more lowly than earth?). How otherwise could He inherit *the* everlasting *throne of David?* How could He rule forever over *the house of Jacob* and his kingdom not have an end? For Christ himself, taken in a mystical understanding, is interpreted as David and Jacob. For He is *mighty in hand,* or power, and He has *tripped up* your adversaries and has given you victory over them. Through him those men who believe in him will, as is fair, trip up the Jewish people of old and, as good believers in Christ, they will obtain the rights of first born in his time. But being such according to his eternal nature He is said to take and accept his incomprehensible generation from the Father through incarnation from you the godly-minded and through birth from you the Mother of God; and this in order that what He is by his immortal nature, He might by divine grace bestow on you people also, for whom He is born, out of his love for mankind, of the same substance in the flesh that He has received from you which is subject to suffering and death."

But the God-bearing, pregnant Virgin, all-pure and surpassing all creation, hearing of the divine conception, learning of the miraculous pregnancy, being informed of the marvelous childbirth, being astonished at the message, knowing the nature of women, in natural terms examining conception in women, intelligently pondering childbearing by 47

τούτων τοκετοὺς συνετῶς ἀνακρίνουσα, ὡς οὐκ ἐκτὸς
ἀνδρικῆς συνελεύσεως ταῦτα πώποτε γίνεται, καὶ ἑαυτὴν
ἄθικτον βλέπουσα, καὶ τῆς τοιαύτης συνηθείας κἂν μέχρις
ἐνθυμήσεως ἄγευστον, πρὸς Γαβριὴλ φησι τὸν ἀρχάγγε-
λον, τὸν ταῦτα αὐτῇ τὰ μεγαλεῖα Θεοῦ καὶ μεγάλα μηνύ-
οντα, καὶ τὰ τῆς χαρᾶς εὐαγγέλια φάσκοντα,
"'Καὶ πῶς ἔσται μοι τοῦτο, ἐπεὶ ἄνδρα οὐ γινώσκω;' Πῶς σου
πιστεύσω τοῖς ῥήμασιν ὑπὲρ ἀνθρωπείαν φύσιν τυγχάνουσι;
Πλείστας τεκούσας γυναῖκας ἑώρακα, καὶ ἄνευ ἀρρένων
συμβάσεως οὐδεμίαν τούτων εἶδον γεννήσασαν· καὶ πῶς
ἐπ' ἐμοὶ ταῦτα γενήσεται τὰ φυσικὰ μὴ δραμούσῃ δρομή-
ματα; Καὶ πῶς υἱοῦ μήτηρ ἄρρενος γίνομαι, ἡ πάμπαν
ἄρρενος ἀγνοοῦσα συνάφειαν; Τάχα με νομίζεις, ὦ ἄγγελε,
ὡς ἐπείπερ ἀνδρὶ κατὰ Νόμον τὸν Μωσέως μεμνήστευμαι,
ὅτι καὶ κοίτην ἀνθρωπείαν ἑώρακα—ἀφ' ἧς αἵ τε συλλήψεις
καὶ κυοφορίαι καὶ τοκετοὶ βλαστάνειν πεφύκασιν; Οὔπω
τὴν πρὸς τὸν ἐμὸν μνηστῆρα καὶ φύλακα γαμικὴν πεποίη-
μαι σύνοδον· καὶ πῶς σὺ σύλληψίν μοι μηνύεις καὶ γέννη-
σιν καὶ πάντως παιδὸς τεχθησομένου γαλούχησιν;

48   "Μᾶλλον ἀγνοεῖς, ὦ τῶν ὑπὲρ φύσιν εὐαγγελίων
διάκονε, ὡς οὐκ ἀνδράσι Μαρία συντέθραπται, οὐδὲ παισί
ποτε προσωμίλησεν ἄρρεσι. Γνῶθι παρθενίας τῆς ἐμῆς τὴν
λαμπρότητα, καὶ οὐ φήσεις μοι τὴν ἀπείρανδρον σύλλη-
ψιν· γνῶθί μου τῆς ἁγνείας τὸ μέγεθος, καὶ οὐ λέξεις μοι
κυοφορίαν ἀνύμφευτον· γνῶθί μου τῆς σωφροσύνης τὸ
ἄμωμον, καὶ οὐκ εἴποις μοι τόκον ἀφύσικον· γνῶθί μου
τὴν ἀθιγῆ καθαρότητα, καὶ οὐ βοήσεις μοι γαλούχησιν
ἄπιστον.

women, how it never occurs without male intercourse, and seeing herself untouched and without experience of such intimacy or of even desiring it, she addresses the archangel Gabriel, the one who informed her of these mighty deeds and great works of God and gave her the glad tidings of joy, and says to him, "'*How shall this be, since I have no husband?*' How am I to believe your words that surpass human understanding? I have seen very many women bearing children and not one of them have I witnessed giving birth without intercourse with a male. So, how will this happen in my case without following the natural course? How will I become the mother of male offspring, since I have no knowledge whatsoever of union with a male? Do you suppose, angel, since I am betrothed to a man according to the Law of Moses, that I have known intercourse with a man—intercourse that is by nature the source of conception, pregnancy and birth? I have not yet consummated the marriage union with my betrothed and guardian. So, why do you declare that I will conceive, give birth and surely nurse a child that is to be born?

"It is more likely, minister of glad tidings beyond nature, 48 that you are unaware that Mary has no familiarity with men or that she has never consorted with male youths. Learn the glory of my virginity, and you will not speak to me of conceiving without knowledge of a man. Learn the greatness of my purity, and you will not report to me a pregnancy without a husband. Learn the spotlessness of my chastity, and you will not announce to me unnatural childbearing. Learn my purity that has not been violated, and you will not proclaim to me a suckling that is not to be believed.

49 "Μᾶλλον οὐκ ἔμαθες ὡς ἐκ πρώτης εὐθέως γεννήσεως εἰς τὰ τῶν Ἁγίων ἀνατέθραμμαι Ἅγια, ἔνθαπερ ἀνὴρ οὐχ εὑρίσκεται, ἔνθα τις ἀνδρῶν οὐκ εἰσέρχεται, ἔνθαπερ ἀρρένων οὐδεμία κατοπτεύεται πάροδος. Γνῶθι τῆς ἐμῆς ἀναστροφῆς τὸ σεβάσμιον, καὶ μή μοι σαρκικὰς ἐννοίας ἀγόρευε· γνῶθι τῆς ἐμῆς διαίτης τὸ πάναγνον, καὶ μή μοι συνηθείας μητέρων ὑπόφαινε.

50 "Οὐ ταὐτὸν παρθενία καὶ γάμος, ὦ ἄγγελε· οὐ ταὐτὸν ἀζυγία καὶ σύμβασις· οὐ ταὐτὸν ἀγνεία πανίερος καὶ θήλεος κοίτη καὶ ἄρρενος· εἰ γὰρ καὶ *τίμιος ὁ γάμος καθ-έστηκε, καὶ ἡ κοίτη* κατὰ Νόμον ἐστὶ τὸν Μωσέως *ἀμίαν-τος, ἀλλ᾽ οὖν πολὺ* τούτων τῆς παρθενίας ἡ χάρις ὑπέρκει-ται, πολὺ τούτων κἀκείνης ἐστὶ τὸ διάφορον, καὶ οὐδεμίαν ταῦτα πρὸς ἄλληλα τὸ παράπαν δέχεται σύγκρισιν. Πῶς οὖν αὐτὸς ἀφεὶς τὰ παρθενίας γνωρίσματα, τὰ γάμου καὶ κοίτης ἀγγέλλεις προβλήματα;

51 "Διὰ ταῦτά σου δειλιῶ τὸ διάγγελμα· διὰ ταῦτά σου φο-βοῦμαι τὴν πρόσρησιν· διὰ ταῦτά σου τὸν χαιρετισμὸν οὐ προσίεμαι, ἄνευ συνετῆς ἐρευνήσεως, ἄνευ σοφῆς ἀνα-κρίσεως, ἄνευ ἀληθοῦς ἐξετάσεως, μήπως λόγοις ἀπίστοις πιστεύσασα, ἀπατηθῶ καὶ αὐτὴ τὴν διάνοιαν, καὶ μητρὸς ἐμῆς τῆς Εὔας βαδίσω τοῖς ἴχνεσι, καὶ γένωμαι τοῖς ἀθλίοις ἀνθρώποις μειζόνων κακῶν καὶ συμφορῶν χειρόνων προ-μνήστρια.

52 "Ὅθεν σοι καὶ πάλιν φυσικῶς ἀποκρίνομαι, *'Καὶ πῶς ἔσται μοι τοῦτο, ἐπεὶ ἄνδρα οὐ γινώσκω'* καὶ ἄνδρα, καθὼς ἔφησας, τέξομαι; Ἄπιστον τὸ διάγγελμα· λόγων ἀκο-λουθίας ὁ λόγος ἀλλότριος καὶ τῆς κοινῆς συνηθείας

"It is more likely that you have not been informed that,   49
from the very first, after my birth, I was nurtured in the
Holy of Holies, where no male is found, where no male en-
ters, where no male is ever seen to set foot. Learn the holi-
ness of my upbringing, and do not speak to me of carnal
thoughts. Learn the purity of my mode of life, and do not
suggest for me the way of mothers.

"Virginity and marriage, angel, are two different things;   50
being unattached and cohabitation are not the same; all-
holy purity and sexual relations between female and male
are not the same. For even if *marriage is held in honor* and *the
marriage bed is undefiled* according to the Law of Moses, nev-
ertheless the grace of virginity is far superior to these, vir-
ginity is very different from these, and the one of them can-
not at all be compared to the other. How then can you
ignore the characteristics of virginity and announce the sub-
jects of marriage and intercourse?

"That is why your message makes me nervous; that is why   51
I fear your salutation; that is why I do not embrace your
greeting, without prudent inquiry, without wise question-
ing, without true examination, lest, trusting in your incredi-
ble words, I too become deceived in my thinking and follow
in the footsteps of my mother Eve, thus becoming the cause
of greater evils and worse misfortune for wretched man-
kind.

"That is why I naturally respond to you again, '*How shall*   52
this be, since I have no husband,' and how can I, as you have
stated, give birth to a male child? Your message cannot be
believed, your words do not present a logical train of
thought, and they are foreign to common usage. Therefore,

ἀπόξενος. Διόπερ οὐκ ἂν αὐτὸν πώποτε δέξωμαι, εἰ μὴ λόγον ἀκόλουθον φήσειας τῆς τῶν παρὰ σοῦ λεγομένων ἐκβάσεως· λόγου γὰρ ἐκτὸς ἀποδόσεως, οὐκ ἄν τι τοιοῦτον τὸ σύνολον γένηται. Δὸς οὖν λόγον τοῦ σοῦ διαγγέλματος καὶ τότε σου πιστεύσω τοῖς ῥήμασι. Σωφρονεστέραν γάρ με καὶ ἔμφρονα τῆς Εὔας ποιεῖ τὸ παράπτωμα εἰς ὅπερ αὐτήν, ἀπόνηρον οὖσαν καὶ ἄπλαστον, καὶ λογισμῶν ἐρεύνης ἀμέτοχον, τὸ δολερὸν ἐκεῖνο κατήγαγε τοῦ ἀρχεκάκου δράκοντος σύριγμα. Δευτέρα γοῦν Εὔα οὐκ ἄν ποτε γένωμαι, λόγοις ἀηθέσι πιστεύσασα."

53 Τούτων ἀκηκοὼς ὁ ἀρχάγγελος τοῦ Παρθενικοῦ πρὸς αὐτὸν καὶ ἀμώμου φάσκοντος στόματος, πάλιν ἡμέρως πρὸς αὐτὴν ἀποκρίνεται· καὶ τῶν φυσικῶς ἠπορημένων ὑπερφυῶς τὴν λύσιν παρέχεται, καὶ λογισμῶν ἐρεύνης ἀπαλλάττει τὴν πάναγνον.

54 "Οἶδα, ὦ Παρθένε, καὶ πέπεισμαι, ὡς κοίτην ἀνδρὸς οὐ τεθέασαι· βλέπω σου τῆς παρθενίας τὸ ἄχραντον· θεωρῶ σου τῆς διανοίας τὸ ἔνθεον· βλέπω σου τῆς ἁγνείας τὸ ἄθικτον· κατανοῶ σου τὴν ἀκραιφνῆ καθαρότητα. Ἐπίσταμαι ὡς εἰς τὰ τῶν Ἁγίων ἀνετράφης καὶ ηὔξησας Ἅγια, καὶ τὴν ἐκεῖθεν ἔχεις κατά τε σῶμα καὶ ψυχὴν ἁγιότητα. Γινώσκω ὡς μόνον ὄνομα πράγματος ἔρημον ὁ Ἰωσὴφ μνηστῆρος κεκλήρωται· οὐ γὰρ ὡς τόκου σοι γεωργὸς προσελήλυθεν, ἀλλ' ὡς ὑπηρέτης τόκου πιστὸς καὶ φιλόθεος.

55 "Τί μοι σὺ φθέγγῃ νῦν τὰ ἐξαίρετα; ἐγώ σοι τὰ τούτων ὑπέρτερα φθέγξομαι. Σύ μοι λέγεις φυσικὰ καὶ ἀνθρώπινα· ἐγὼ δέ σοι ὑψηλὰ βοῶ καὶ θειότατα. Εἰ τῶν ἐμῶν ἐγνώκεις

I could never accept your message, unless you were to give me a coherent explanation of the import of your words; for without an account from you, there will be no such acceptance. So, provide an explanation of your message and then I will trust what you tell me. For Eve's fall makes me more prudent and wise, the fall into which she was led by that treacherous hissing of the arch-evil serpent, she who was innocent of malice or deception and knew nothing of inquiring into reasons. Therefore, I would never become a second Eve by having trust in strange statements."

Hearing these things addressed to him from the mouth 53 of the blameless Virgin, he again replies to her in gentle terms; he supplies a supernatural solution for the natural problems that she raised and frees the all-holy woman from inquiring into reasons.

"I know and am convinced, Virgin, that you have not ex- 54 perienced intercourse with a man; I see the spotlessness of your virginity; I observe the piety of your mind; I see your untouched chastity; I am aware of your unalloyed purity. I know that you were nurtured and raised in the Holy of Holies and that from there you possess sanctity of body and soul. I am aware that Joseph obtained only the name, and not the reality of betrothed; for he did not come to you as a producer of offspring, but as a trusted and devout servant of your child.

"Why do you now bring up mundane details? I will tell 55 you things that are more exalted than those. You mention matters that are natural and human; I proclaim to you matters that are sublime and divine. If you knew the import of

λόγων τὴν δύναμιν, οὐκ ἄν μοι γυναίων συνηθείας προέφερες· οὐκ ἄν μοι λόγους ταπεινοὺς προεκόμιζες· οὐκ ἄν μοι νόμους ἐκραύγαζες φύσεως, ὧν ἐκτὸς οὐδέποτε τίκτει τὰ θήλεα. Οἶδα καὶ αὐτὸς τὴν ἀνθρωπίνην συνήθειαν, κἂν εἰ ἄνθρωπος τὴν φύσιν οὐ πέφυκα· οἶδα κἀγὼ ὡς ἀνδρὸς ὁμιλία καὶ θήλεος γεννᾷν εἴωθε τὸν τικτόμενον ἄνθρωπον. Οὔκ εἰμι τούτων ἀγνώτης τὴν εἴδησιν, εἰ καὶ τούτων εἰμὶ τὴν ἐνέργειαν ἄπειρος· ἄλλη γὰρ φύσις ἐστὶν ἡ ἀσώματος, καὶ ἄλλη πάλιν ἡ σωμάτων φύσις καθέστηκε, καὶ ἄλλος τῶν ἀσωμάτων ὅ τε νόμος ἐστὶ καὶ ἡ δίαιτα, καὶ ἄλλη σωμάτων ἐστὶν ἡ συνήθεια. Ἄφες μοι τὰ χθαμαλὰ καὶ ἐπίγεια, καὶ βλέπε μοι τὰ ὑψηλὰ καὶ οὐράνια· ἄφες μοι τὰ εὐτελῆ καὶ ἐλάχιστα, καὶ ὅρα μοι τὰ θαυμαστὰ καὶ παμμέγιστα. Οὐ φυσικόν σοι τόκον εὐαγγελίζομαι σήμερον, τὸν ἐκ θελήματος ἀνδρὸς καὶ σαρκὸς προερχόμενον, ἀλλὰ τόκον σοι τὸν ὑπὲρ φύσιν φημὶ καὶ συνήθειαν.

56 "Οἶδα ὡς οὐδέποτε παρθένος, ὦ Παρθένε, γεγέννηκεν, ἀλλὰ σὺ γεννήσεις παρθένος ὁρωμένη καὶ μένουσα. Οἶδα ὡς ἀνδρὸς ἄνευ συμβάσεως οὐδέποτε τέτοκε γύναιον, ἀλλὰ σύ γε τέξῃ Θεοῦ τὸν τόκον θεσπίζοντος. Οὐχ ἑαυτὴν ἡ ἀνθρωπεία φύσις εἰργάσατο, ἵνα καὶ νόμους οἰκείους ὁρίσηται. Θεὸς ὁ ταύτην τευξάμενος καὶ νόμους ὁρίσας τοὺς πρέποντας, καὶ δύναται ὅτε καὶ βούλεται τοὺς νόμους ἀμεῖψαι τῆς φύσεως, οὓς αὐτὸς τεχνουργῶν διωρίσατο. Θεὸς ὁ βουλόμενος, καὶ τίς Θεοῦ θεσμοῖς ἀντιτάξοιτο; Πᾶσαι μὲν γὰρ αἱ γυναῖκες μητέρες γινόμεναι, πρῶτον ἀνδράσι συνέρχονται καὶ τότε μητέρες προέρχονται· σὺ δὲ παρθένος τηρουμένη καὶ μένουσα, μήτηρ ἐκ θείου γενήσῃ

my words, you would not be bringing up the ways of women; you would not be offering me lowly words; you would not be loudly proclaiming to me the laws of nature, outside of which a woman never bears a child. Even I understand the ways of humans, although I am not myself human by nature; even I know that a human is born from the union of a man and a woman. I am not ignorant of these facts, even if their workings are outside of my experience. The nature of the incorporeal is one thing, while the nature of bodies is another; the law and mode of living of the incorporeal is different from the normal ways of the corporeal. Please forget about the lowly and earthly and consider with me the sublime and heavenly; let go of insignificant and unimportant things, and see with me the marvelous and greatest things. It is not natural offspring that I announce to you today, that which proceeds *from the will of male and flesh,* but I speak of an offspring that is beyond nature and outside the normal.

"I know, Virgin, that no virgin has ever given birth, but you will give birth while being seen as and remaining a virgin. I know that no woman has ever produced a child without male intercourse, but you will bear offspring at God's bidding. Human nature is not its own creator, so that it might lay down its own laws. It is God who has created nature and decreed its fitting laws; He can also, when He wishes, change the laws of nature, which as nature's fashioner He has defined. If God wishes, who could oppose his decrees? For all women produce offspring by first having sexual union with men and then becoming mothers; you, on the other hand, preserving your virginity and remaining a virgin, will become a mother by the will of God. God will

56

θελήματος. Ἄλλην ἐπὶ σοὶ Θεὸς καινουργήσοι τὴν σύλλη-
ψιν· ἄλλην ἐπὶ σοὶ Θεὸς τὴν ἀπότεξιν δείξειεν· ἀδυνατεῖ
γὰρ αὐτῷ τὸ παράπαν οὐδέν, ὧν ἂν ποιεῖν ἐθελήσειεν, ἀλλ'
ἔργον εὐθέως τὸ θέλημα γίνεται, κτισμάτων αὐτῷ μηδενὸς
ἀντιπίπτοντος, ὧν αὐτὸς ἐργάτης ἐστὶ δυνατώτατος.

57 "Πῶς οὖν Θεὸς ὁ πάντα δυνάμενος καὶ σέ, ὦ Παρθένε,
μητέρα ποιεῖν οὐ δυνήσοιτο, εἰ μὴ νόμοις καὶ ὅροις καὶ
ἔθεσιν, οὓς αὐτὸς πρότερον ἔθετο, ὡς ἐκείνοις καὶ αὐτὸς
ὑποκείμενος, καὶ νόμοις δουλεύων, οἷς ἀνθρώποις δου-
λεύειν ἐθέσπισεν; Οὐ καλὸν τὸ ἀπόφθεγμα· οὐκ εὐσεβὴς
ἡ ἀπόκρισις· οὐ θεοφιλὴς ἡ ἀπόφασις, Θεὸν ποιεῖν τῶν
οἰκείων νόμων ὑπόδουλον, Θεὸν δουλεύειν τοῖς τῶν δού-
λων ἐθέλειν ἐθήμασι. Χαίρω σου θεωρῶν τὸ νηφάλιον·
χαίρω σου κατανοῶν τὴν ἀσφάλειαν· χαίρω σου βλέπων
τὴν φρόνησιν, κἂν τοῖς ἐμοῖς ἀντιφθέγγῃ προσφθέγμασιν.
Οὐ γὰρ ἀπιστίας κρίνω τὰ ῥήματα, οὐδ' ἀντιλογίας οἶδα
τὰ φθέγματα, ἀλλὰ σοφῆς καὶ συνετῆς ἐρευνήσεως καὶ
διανοίας ζητητικῆς καὶ φρονήσεως.

58 "'Συλλήψῃ οὖν ἐν γαστρί,' καθὼς εἴρηκα· μᾶλλον δὲ
ἤδη, ὡς ὁρῶ, καὶ συνείληφας, ἀφ' οὗ σοι τὸ 'Χαίρειν' ἠγό-
ρευσα καὶ φθογγήν σοι χαροποιὸν διαλέλεγμαι. Καὶ τέξῃ
υἱόν, τὸν σὲ μὴ οὖσαν ποιήσαντα, τὸν σὲ μὴ ὑπάρχουσαν
κτίσαντα, καὶ πᾶσαν τὴν κτίσιν πρὸ σοῦ τεκτηνάμενον.
Λόγῳ γὰρ Θεοῦ τὰ πάντα γεγένηται, καὶ Λόγον Θεοῦ καὶ
Θεόν, ὦ Παρθένε, γεννήσειας, οὐ γυμνὸν ἀνθρωπότητος,
καθὰ ἐκ τοῦ Πατρὸς ἀϊδίως γεγέννηται, ἀλλὰ σάρκα γε-
γονότα καὶ ἄνθρωπον ἄνευ τροπῆς καὶ συγχύσεως, ἄνευ
μεταβολῆς καὶ μειώσεως, ἄνευ σωματικῆς ἀλλοιώσεως· ὁ

introduce a new kind of conception in you. God will show a different kind of childbearing in your case. For nothing whatsoever of what He chooses to do is impossible for God; rather, his wish immediately becomes reality and none of his creatures, of which He is the Maker most powerful, opposes him.

"So how would God, for whom everything is possible, not 57 be able to make you a mother, Virgin? Otherwise, He who first laid down laws, decrees and customs for men to obey, would himself be subject and subservient to those same laws. The assertion is not proper, the response is not pious, the statement is not devout, that is, to make God the servant of his own laws, to want God to be subject to the customs of his servants. I rejoice seeing your vigilance; I rejoice observing your caution; I rejoice witnessing your prudence, even if you raise questions about my pronouncements. For I do not judge those to be words of disbelief, nor do I understand what you say as contradiction, but rather as stemming from wise and intelligent inquiry and from a searching mind and out of prudence.

"Thus '*You will conceive in your womb,*' as I have said; 58 rather, you have conceived already, as I see, from the moment I uttered to you '*Be joyful,*' addressing to you the joyful greeting. And *you will bear a son,* the One who made you, who did not exist before, the One who created you from nothing and who fashioned the whole of creation before you. For all things have come to be by the Word of God and you, Virgin, will give birth to the Word of God and to God, not separate from human nature, as He was begotten eternally from the Father, but becoming flesh and human without mutation and confusion, without change and diminution, and with-

γὰρ Θεός, ὁ καὶ τούτων Δημιουργὸς κραταιότατος, τούτων ἐστὶ κατὰ φύσιν ἀπείραστος· ὑμῖν γὰρ τοὺς ὅρους, οὐχ ἑαυτῷ, διωρίσατο.

59 "'Τέξῃ γοῦν υἱόν,' ὡς προείρηκα, τοῦ Θεοῦ τὸν ἀΐδιον, ὃς καὶ Λόγος ἐστὶ τοῦ Γεννήτορος· καὶ τοῦτον οὐκ ἄσαρκον, ἀλλὰ σαρκὶ συμπεπλεγμένον καὶ αἵματι, καὶ ψυχὴν νοερὰν καὶ ἀόρατον ἔχοντα, καὶ ὅσαπέρ ἐστιν ὁ κατὰ φύσιν ὁρώμενος ἄνθρωπος· ὃς ἐπὶ σὲ τὴν ἀμόλυντον, ὡς ἐπὶ πόκον ὑετὸς κατερχόμενος, σάρκα μὲν ἐκ σῶν αἱμάτων παρθενικῶν προσλαβόμενος, ψυχὴν δὲ δημιουργῶν αὐτός, καθὼς βούλεται, ἑνώσας τε ταῦτα καὶ συμμίξας ἑαυτῷ καθ' ὑπόστασιν εἰς ἑνὸς Υἱοῦ μὴ τεμνομένην ὑπόστασιν, ἐκ σοῦ παραδόξως τεχθήσεται, παρθένον σε φυλάττων τὴν τίκτουσαν, καὶ Θεοτόκον σε ποιῶν τὴν ἀπείρανδρον. Τέξῃ δὲ ὅτε τῆς κυοφορίας τὸν χρόνον πληρώσειας· βούλεται γὰρ ὁ φιλάνθρωπος, βούλεται, καὶ κατὰ τοῦτο ποιεῖσθαι τὴν ἑαυτοῦ πρὸς ἀνθρώπους ὁμοίωσιν, ἵν' ἐν ἅπασιν ἄνθρωπος γένηται, μήτε τοῦ εἶναι Θεὸς ἐξιστάμενος, μήτ' ἀνθρωπείου μετασχὼν ἁμαρτήματος. Μὴ οὖν μοι λοιπὸν ἀνθρωπίνοις λέγε νοήμασι, 'καὶ πῶς ἔσται μοι τοῦτο, ἐπεὶ ἄνδρα οὐ γινώσκω;'"

60 Πρὸς ὃν καὶ πάλιν ἡ παναγία Παρθένος θάρσος ἀδείμαντον ἔχουσα, ἀτρόμοις ἀποκρίνεται χείλεσιν. "Ἄκουε, ὦ τῆς ἐμῆς παραδόξου συλλήψεως καὶ τῆς ἐμῆς λοχείας παρθενικῆς καὶ γεννήσεως ἄγγελε· πῶς οὐκ ἔχω σου θαυμάζειν τὰ ῥήματα; Πῶς οὐκ ἔχω σου τεθηπέναι τὰ φθέγματα; Πράγματα γάρ μοι λέγεις ὑπέρτατα, τὰ μήπω μέχρι τοῦ νῦν ἐν ἀνθρώποις γενόμενα. Οἶδ' ὡς πάντα Θεὸς

out bodily alteration. For God, who is the most powerful Creator of these things, is also in his nature without experience of them, seeing that He laid down limitations for mankind, not for himself.

"'*You will bear a son,*' as I have said already, the eternal Son 59 of God, who is also the Word of the Begetter. And you will bear him not bereft of flesh, but joined with flesh and blood, and possessed of a rational and invisible soul, and with all the other natural attributes of a human being. He will come down into you, the spotless one, *like rain falling on a fleece,* taking on flesh from your virginal blood and creating for himself a soul in the way He wishes; then combining these hypostatically in himself and uniting them into an undivided hypostasis of one Son, He will be marvelously born from you, preserving your virginity even after giving birth and making you the Mother of God without experience of a man. You will give birth when you have completed the term of your pregnancy; for the merciful God really wishes in this way to align himself with humans even in this detail, so that He might become human in every respect, while neither ceasing to be God nor taking part in human sin. So please do not say to me in human terms, '*how shall this be, since I have no husband?*'"

And once more the all-holy Virgin with unbreakable 60 courage and with untrembling lips replies to him. "Listen, messenger of my miraculous conception and of my virginal childbearing and motherhood, how can I not be awed by your words? How can I not be astounded by what you say? For you are telling me things of the highest order, things that have never before happened among humankind. I

κατεργάζεται, ὁπόσαπερ ἂν καὶ διαπράξασθαι πρόθοιτο, ἀλλ' ὅπερ αὐτὸς εὐαγγελίζῃ μοι ῥήμασιν, οὔπω μέχρι τῆς τήμερον γέγονε.

61 "Πολλὰ μὲν γὰρ στείρωσιν ἔχοντα γύναια, καὶ πέτρας ξηρὰς ἐκμιμούμενα, Θεοῦ μετὰ ταῦτα θεσπίσαντος τέτοκε. Παρθένος δὲ ἁγνείαν ἄφθορον ἔχουσα, καὶ συζυγίας ἀνδρὸς καθαρεύουσα, οὔπω μέχρι τῆς τήμερον τέτοκεν. Οἶδα στεῖραν τὴν Σάρραν ἔτη πολλὰ διανύσασαν, ἀλλ' ὕστερον τὸν Ἰσαὰκ ἀπεγέννησεν, ὅτε πρὸς γῆρας ὡρᾶτο βαδίζουσα, καὶ τρίχα λευκὴν ἐπεκόμαζε τῆς οἰκείας παλαιότητος μάρτυρα, ἐπεὶ Θεὸς διετάξατο καὶ ἀδύνατον ἦν εἰ μὴ γένηται. Οἶδα Ῥεβέκκαν στεῖραν ὑπάρχουσαν, καὶ γονὴν μετὰ ταῦτα βλαστήσασαν δίδυμον, ἣν Ἰακὼβ καὶ Ἡσαῦ ἐπλήρουν οἱ σύγγονοι, ἐξ ἑνὸς πατρὸς καὶ μιᾶς ἐμφανῶς στείρας μητρὸς μετ' ἔτη πολλὰ προερχόμενοι. Οἶδα τὴν Ἄνναν τὴν ἀτεκνίαν ἀλύουσαν, καὶ τὴν στείρωσιν κλαίουσαν, τῆς οἰκείας μήτρας ὀδυρομένην τὴν νέκρωσιν, καὶ διὰ τοῦτο βρώσεως ἀπεχομένην καὶ πόσεως, ἐπειδὴ τῆς στειρώσεως τὸ ἄλγος οὐκ ἔφερεν· ἀλλὰ καὶ αὐτὴ σὺν δάκρυσι τὸν τῶν ὅλων Θεὸν ἱκετεύσασα, Σαμουὴλ ἀποτέτοκε, καὶ τῆς στειρώσεως τοὺς θεσμοὺς παραγράφεται, ἐπεὶ Θεὸς αὐτῆς τῶν φωνῶν ἐπακήκοε, καὶ τὴν αἴτησιν ὡς δυνατὸς ἀπεπλήρωσε. Ταύταις συναριθμήσω καὶ τὴν ἐμὲ μετὰ στείρωσιν φύσασαν, κἀξ ἱκετείας με τὴν Μαρίαν γεννήσασαν· Ἄννης γὰρ καὶ αὐτὴ τὴν προσηγορίαν ἐκόμιζε, καὶ σὺν τῇ προσηγορίᾳ τὴν στείρωσιν· ἀλλὰ καὶ αὕτη τὸν ἐπὶ πάντων Θεὸν δυσωπήσασα, καὶ δεήσεις αὐτῷ πολλὰς προσκομίσασα, τὸ γενέσθαι μήτηρ

know that God is capable of everything, whatever it is that He wishes to do, but this thing that you yourself announce to me has never yet happened to this day.

"Now many a barren woman, the very image of a dry 61 rock, has later given birth at God's decree; but to this day no virgin has produced a child, while preserving her chastity inviolate and unsullied by intercourse with a man. I know that Sarah was barren for many years, but afterward gave birth to Isaac, when she was clearly approaching old age and had white hair to bear witness to her longevity; and this because God gave the order, and therefore it was impossible for it not to happen. I know about Rebecca who, despite being barren, later gave birth to twin offspring; the brothers were Jacob and Esau, progeny of a single father and one mother, who had been manifestly infertile for many years. I know about Anna, distraught by her childlessness, bewailing her sterility, lamenting her own lifeless womb, and for that reason abstaining from food and drink, because she could not bear the pain of barrenness; but she too, tearfully beseeching the God of all, gave birth to Samuel, thereby overriding the laws of sterility, once God gave ear to her prayers and, powerful as He is, fulfilled her request. Along with these women I count also my mother who produced me after being barren and gave birth to me, Mary, as a result of prayer; for she too was called Anna and, together with the name, also shared her barrenness. But after pleading with God who oversees everything and sending up many requests to him,

προσείληφεν· ἥτις με γεννᾷ, Θεοῦ διατάξαντος, τῆς ἀγονίας τοὺς θεσμοὺς ἀθετήσασα. Καὶ στερίφας πολλὰς ἀριθμήσασθαι δύναμαι, μητέρας ἐκ θείου γεγονυίας προστάγματος, παρθένον δὲ οὔπω μέχρι τῆς τήμερον ἤκουσα, καθ' ὅλον τὸν βίον γεννήσασαν, ὅπερ αὐτὸς βεβαιῶσαι νῦν, ὡς λέγεις, ἐλήλυθας.

62 "Οὐκ ἀπιστῶ γοῦν Θεοῦ τῷ προστάγματι· ἐργάτης γὰρ εὐθὺς ἀναδείκνυται πάντων, ὧν ἐργᾶσθαι θελήσειεν. Ἀλλὰ θαυμάζω τῶν λεγομένων τὴν δύναμιν, καὶ τούτων ἐκπλήττομαι τὸ παράδοξον ὁμοῦ καὶ παράξενον, καὶ ἀκοαῖς ἀνθρώπων ἀσύνηθες· καὶ ζητῶ δικαίως πῶς τοῦτο γενήσεται, ἢ τρόπον ὁποῖον ἕξοι τὴν πλήρωσιν. Ὅθεν οὐδὲ ποιουμένη πρὸς σὲ τὴν ἀπόκρισιν, 'Οὐκ ἔσται μοι τοῦτο καθὼς ἔφησας,' ἔφησα, 'ἐπεὶ ἄνδρα οὐ γινώσκω,' ἀλλά, 'Πῶς ἔσται μοι τοῦτο,' σὲ προσηρώτησα, 'ἐπεὶ ἄνδρα οὐ γινώσκω;' Οὐδὲ γὰρ γέγονε πώποτε, οὐδὲ παρθένος ὁρᾶται γεννήσασα. Διὸ τὸν τρόπον μαθεῖν ἐπεζήτηκα, καθ' ὃν ἐγὼ μήτηρ ἡ παρθένος γενήσομαι καὶ τέξω παῖδα, παιδὸς μὴ δεξαμένη σπορὰν καὶ γεννήματος. Καὶ διὰ τοῦτό σε καὶ πάλιν ἐρωτῶσα, φημὶ σωφρονέστατα, 'Καὶ πῶς ἔσται μοι τοῦτο, ἐπεὶ ἄνδρα οὐ γινώσκω;' Οὐ γὰρ ῥήματα ἀπιστίας προφέρομαι, ἀλλ' ἀκριβείας ζητῶ τὴν ἀπόδειξιν. Τὸν τρόπον εἰπὲ τῆς συλλήψεως, καὶ τῆς γεννήσεως τὴν αἰτίαν ἑρμήνευσον, καὶ ἕξεις με οὐκ ἀπιστοῦσαν τοῖς ῥήμασιν, ἀλλὰ πειθαρχοῦσαν τοῖς φθέγμασι· τὸ γὰρ Θεῷ δοκοῦν τῶν ἀδυνάτων ἐστίν, εἰ μὴ γένηται."

63 Ταῦτα πρὸς αὐτῆς τῆς γενησομένης ἀληθῶς Θεομήτορος ὁ τῶν εὐαγγελίων ἀκηκοὼς κῆρυξ ἀρχάγγελος,

she obtained the status of mother. She gave birth to me at God's command and annulled the laws of infertility. And while I can name many barren women who became mothers by divine command, to this day I have never in my whole life heard of a virgin becoming a mother, which is what, by your own admission, you have come to confirm.

"I do not disbelieve God's command, for He immediately 62
puts everything into effect that He wishes to do. However, I do marvel at the import of the message and I am greatly perplexed by its paradoxical and extraordinary nature and by how strange it sounds to human ears. So, I am justified in asking how this will come to pass or in what way it will be fulfilled. That is why I did not say in my response to you: 'This will not happen to me as you indicated, *since I have no husband*,' but I asked in addition, '*How shall this be, since I have no husband?*' For it has never happened, no virgin has ever been seen to give birth. That is why I sought to learn how I, a virgin, will become a mother and bear a child without receiving the seed necessary to produce offspring. Therefore, I ask you once more with all due respect, '*How shall this be, since I have no husband?*' For I am not expressing words of incredulity, but I am looking for a precise explanation. Tell me how I will conceive and explain the cause of my pregnancy, and you will find me not disbelieving your words, but persuaded by the message; for it is impossible for any plan of God not to come to pass."

When the archangel and messenger of the glad tidings 63
heard these things from the woman herself who was truly

θαυμάσας αὐτῆς τὴν ἀπόκρισιν καὶ τὸ ταύτης συνετὸν ἀπεκρίνατο. "Ἄριστά γε καὶ σοφώτατα, ὦ Θεομῆτορ Παρθένε, διείλεξαι, ὡς πολλαὶ γυναῖκες στεῖραι τυγχάνουσαι πρότερον, μητέρες παίδων γεγόνασιν ὕστερον, καὶ φύσιν τρόπον τινὰ τὴν ἑαυτῶν ἐβιάσαντο, καὶ παῖδας ὑπὲρ φύσιν τετόκασι, σπλαγχνισθέντος Θεοῦ καὶ οἰκτείραντος τοῦ Δεσπότου καὶ Κτίστου καὶ Πλάστου τῆς φύσεως· ὅπου γὰρ Θεὸς ἐπινεύσειε, τῆς φύσεως ἀργεῖ τὰ ὁρίσματα. Ὥσπερ οὖν ἐκεῖναι, Θεοῦ διατάξαντος, τῆς οἰκείας τὰ πάθη νενικήκασι φύσεως, καὶ πάθη μεγάλα παραλύσασαι φύσεως, κοιλίας καρπὸν προσηγάγοντο, οὕτω καὶ σὺ ἡ ἐκ στείρας τῆς Ἄννης βλαστήσασα, καὶ τῆς τεκούσης τὴν φύσιν νικήσασα—ἁγνὴ παρθένος τυγχάνουσα, καὶ παρθένος μετέπειτα μένουσα—τέξῃ παραδόξως υἱὸν ἄσπορον καὶ ἀνήροτον, αὐτοῦ σε τεκεῖν τοῦ τικτομένου κελεύοντος. Αὐτὸς γάρ ἐστι καὶ τῆς φύσεως Κύριος, ὡς Κτίστης αὐτῆς τυγχάνων καὶ πρύτανις· Θεὸς γάρ ἐστιν ἀκατάληπτος, κἂν ὡς ἄνθρωπος ἐκ σοῦ τῆς Παρθένου τεχθήσεται, ἐπεὶ καὶ ἔπρεπεν αὐτῷ καὶ ὠφείλετο, ἀνθρώπῳ φιλανθρωπίᾳ γινομένῳ δι' ἀνθρώπων ἁπάντων ἐκλύτρωσιν, ἐκ μόνης παρθένου τὸν τοκετὸν ἐπιδείξασθαι, ἡδονῆς ἐκτὸς γαμικῆς καὶ συμβάσεως ποιησαμένῳ τὴν ἐκ σοῦ περιφανῆ καὶ σωτήριον Σάρκωσιν.

64 "Εἰ δὲ ὅτι παρθένος καθαρὰ καὶ ἀμόλυντος οὔπω μέχρι καὶ τήμερον τέτοκεν, οὐδὲ μήτηρ ἀσπόρου ποτὲ παιδὸς ἀνηγόρευται, ἀμφίβολόν σου ποιεῖ τὴν διάνοιαν, καὶ μαθεῖν ἐπιζητεῖς πότε παρθένος γεγέννηκεν, κἀγώ σε διερωτῶ καὶ πυνθάνομαι, πότε γὰρ Θεὸς ἐνηνθρώπησεν; Ἢ

destined to become the Mother of God, he marveled at the intelligence of her reply and responded, "Virgin Mother of God, you have spoken the best and wisest of words, saying that there have been many previously barren women who later became the mothers of children; they somehow overcame their own nature and produced children beyond the laws of nature, once God, the Lord and Creator and Maker of nature, showed his mercy and pity; for whenever God gives his assent, the commands of nature cease to operate. So, just as those women at God's command produced the fruit of their wombs, having overcome the abnormal condition of their nature and resolved its great affliction, in the same way you too, the offspring of the barren Anna, going beyond the nature of your mother, you—being now a chaste virgin and afterward remaining a virgin—will miraculously produce a son without seed or husband, because the Son himself gives the command for you to bear him. For He is the Lord of nature as well, being its Creator and governor. For God is incomprehensible, even if He is to be born as a man from you the Virgin, since it was fitting and proper for him, becoming man out of love for mankind in order to redeem all men, to exhibit birth only from a virgin, outside of marital pleasure and intercourse, and to bring about his glorious and salvific Incarnation from you.

"If the fact that a pure and undefiled virgin has never to 64 this day given birth, nor has ever been called mother to a child without seed, has put doubts in your mind and you seek to learn when a virgin has given birth, then I too pose the question and ask, when has God ever taken on human

221

πότε σαρκωθῆναι Θεὸς κατεδέξατο; Ἢ πότε Θεὸς γέγο-
νεν ἄνθρωπος; Ἢ πότε Θεὸς ἀσπόρως συνείληπται; Ἢ
πότε Θεὸς κυοφορίας ἠνέσχετο; Ἢ πότε Θεὸς σαρκικὴν
ἐκ γυναικὸς ἐπεδέξατο γέννησιν; Ἢ πότε Θεὸς γυναι-
κείων μαζῶν ἀπεθήλασεν; Ἢ πότε Θεὸς κλαυθμυρισμὸν
ἀπηνέγκατο; Ἢ πότε Θεὸς ἡλικίας αὔξησιν εἴληφεν; Ἢ
πότε Θεὸς σὺν τοῖς ἀνθρώποις ὑμῖν πεπολίτευται; Ἢ πότε
Θεὸς ὑπὲρ ἀνθρώπων ἀπέθανεν; Ἢ πότε Θεὸς σταυροῦ
προσήλωσιν ἔσχηκεν; Ἢ πότε Θεὸς λόγχῃ τὴν πλευρὰν
ἐκκεκέντηται; Ἢ πότε Θεὸς τριήμερον ταφὴν ὑπελήλυ-
θεν; Ἢ πότε Θεὸς ἐκ νεκρῶν ὡράθη σαρκικῶς ἀνιστάμε-
νος; Ἢ πότε Θεὸς ταῦτα πάντα πάσχων τεθέαται, ἵνα
παθῶν ἁπάντων τὸν ἄνθρωπον ῥύσηται, καὶ θανάτου μὲν
καὶ φθορᾶς ὀλοθρεύσῃ τὴν ἔφοδον, ἄφθαρτον δὲ καὶ
ἀθάνατον ἀναστήσῃ τὴν οἰκείαν εἰκόνα τὸν ἄνθρωπον;

65   Εἰ τοίνυν μηδέποτε ταῦτα, ὦ Παρθένε, γεγένηται, εἰς
τὸν παρόντα δὲ καιρὸν ἐτετήρητο, καὶ πληροῦσθαι διὰ
σοῦ προτεθέσπιστο, πῶς ἂν ἄλλη παρθένος σοῦ προτέρα
γεγέννηκεν; Ὅτι τοῦτο παρ' ἐμοῦ μαθεῖν ἐπεζήτησας,
πρὸς πίστωσιν καὶ παράστασιν τῆς σῆς παρθενικῆς ἀπο-
τέξεως, οὐ τέτοκέ ποτε παρθένος, ὦ Παρθένε, οὐ τέτοκεν·
ἀλλ' οὔτε μετὰ σὲ παρθένος ἑτέρα, ὦ Παρθένε, πώποτε
τέξεται· ἀλλ' οὔτε Θεομήτωρ, ὦ Παρθένε, παρθένος γεγέ-
νηται· οὔτε μετὰ σὲ παρθένος τις ἄλλη Θεομήτωρ, ὦ Παρ-
θένε, τὴν μόνην Θεομήτορα, γίνεται. Σὺ γὰρ καὶ μόνη
γυναικῶν Παρθένος γεννήσειας, καὶ σύ γε μόνη Θεο-
μήτωρ ἐν γυναιξὶ χρηματίσειας· ἅπαξ γὰρ ἐπὶ συντελείᾳ

form? Or when has God ever deigned to be incarnated? Or when has God ever become man? Or when has God ever been conceived without seed? Or when has God ever endured being carried in a womb? Or when has God ever accepted birth in the flesh from a woman? Or when has God ever sucked from a woman's breasts? Or when has God subjected himself to weeping and sobbing? Or when has God ever undergone growth in age and stature? Or when has God ever come to live among mankind? Or when has God ever laid down his life on behalf of mankind? Or when has God ever endured being nailed to a cross? Or when has God ever been pierced in the side by a lance? Or when has God ever undergone burial for three days? Or when has God ever been seen to rise in the flesh from the dead? Or when has God ever been seen to suffer all these things, in order to rescue man from all sufferings, to destroy the onslaught of death and corruption, and to raise up again as uncorrupted and immortal his own image, man?

"If then these things, Virgin, have never taken place, but 65 have been reserved for the present age and have been foreordained to be realized through you, how could another virgin before you have given birth? But since this is the very thing you sought to learn from me, as a confirmation and proof that you, a virgin, would bear a child, no, O Virgin, no virgin has ever given birth, ever, and no other virgin, O Virgin, will ever again bear a child after you. No virgin, O Virgin, has ever become the Mother of God; and after you, O Virgin and only Mother of God, no other virgin will become Mother of God. For you are the only virgin of all women who will bear a child and you alone among women will have the title Mother of God, since *once for all at the end of ages* the

τῶν αἰώνων ὁ μονογενὴς Υἱὸς τοῦ Θεοῦ καὶ Πατρὸς ἐνηνθρώπησε, καὶ τὴν ἐκ σοῦ καὶ μόνης θαυμαστὴν ἐπιδείξεται Σάρκωσιν.

66 "Καὶ ὅτι τοῦτο Θεοῦ τὸ ἐπάγγελμα διὰ σοῦ καὶ μόνης τὴν πλήρωσιν ἤμελλε δέξασθαι, προφητικοῖς σε πιστώσομαι ῥήμασιν. Ἡσαΐας γὰρ ὁ θαυμάσιος τὴν ἐκ σοῦ τοῦ Λόγου καὶ Θεοῦ προορώμενος Σάρκωσιν, σύλληψίν τε θείαν καὶ ἄσπορον, καὶ κυοφορίαν ἀνώδυνον, καὶ γέννησιν ἄφραστον, καὶ γαλούχησιν ἄλεκτον, ὧδε φανερῶς ἀνακέκραγεν· 'Ἰδοὺ ἡ παρθένος ἐν γαστρὶ ἕξει, καὶ τέξεται υἱόν, καὶ καλέσουσι τὸ ὄνομα αὐτοῦ Ἐμμανουήλ.' Ὁρᾷς, ὦ Παρθένε ἁγνὴ καὶ ἀμόλυντε, ὡς παρθένον μίαν ῥητῶς προηγόρευσε τὴν τὸν Ἐμμανουὴλ τέξεσθαι μέλλουσαν; Ἥτις σὺ καὶ μόνη καθέστηκας, καὶ οὐχ ἑτέρα τις πρὸ σοῦ ἢ μετὰ σὲ θεαθήσεται. Οὐ γάρ, 'ἰδοὺ αἱ παρθένοι,' φησὶν ὁ θεόπνευστος, 'ἐν γαστρὶ ἕξουσι καὶ τέξονται υἱούς, καὶ καλέσουσι τὰ ὀνόματα αὐτῶν Ἐμμανουήλ,' ἵνα καὶ ἄλλην παρθένον παραστήσω σοι τίκτουσαν· εἷς γὰρ ὁ Ἐμμανουήλ, ὃν σὺ σαρκικῶς, ὦ Παρθένε, γεννήσειας, καὶ οὐκ ἄλλος Ἐμμανουὴλ ἢ πρότερον γέγονεν, ἢ μετὰ ταῦτα γενήσεται, ἵνα καὶ ἄλλη παρθένος τόκον τέκοι παράδοξον. Καὶ μία σὺ εἶ, ὦ Παρθένε, ἡ τούτου θεία γεννήτρια, καὶ οὐκ ἄλλη τις πρὸ σοῦ Θεομήτωρ πεφήμισται, ἢ μετὰ σὲ προσγενήσεται.

67 "Οὐκοῦν κάλλιστά σοι καὶ πρεπωδέστατα κέκραγα, 'Χαῖρε, κεχαριτωμένη, ὁ Κύριος μετὰ σοῦ·' τὸ γὰρ Ἐμμανουὴλ Ἑβραϊκῇ μὲν διαλέκτῳ λεγόμενον, εἰς Ἑλλάδα δὲ φωνὴν ἀμειβόμενον, 'μεθ' ἡμῶν ὁ Θεὸς' ἐκλαμβάνεται.

only-begotten Son of God the Father has become man and will display the miraculous Incarnation from you alone.

"And I will prove to you that this announcement of God 66 was destined to achieve its fulfillment through you alone, by citing the words of a prophet. For the admirable Isaiah, foreseeing the Incarnation of the Word of God from you, the divine and seedless conception, the painless pregnancy, the indescribable birth, and the ineffable suckling, cried out with a clear voice these words: *'Behold, the virgin shall conceive and bear a son, and they shall call his name Emmanuel.'* Do you see, chaste and spotless Virgin, how he expressly foretold one virgin who was destined to bear the Emmanuel? This is you and you alone, and no other such woman preceded you or will be seen after you. For the inspired man did not say, 'behold, the virgins shall conceive in their wombs and bear sons, and they shall call their names Emmanuel,' so that I could name for you another virgin who gave birth. For there is but one Emmanuel to whom you, Virgin, will give birth in the flesh; there was no other Emmanuel previously nor will there be one later, so that another virgin could bear miraculous offspring. And you, Virgin, are the sole godly mother of this Emmanuel; no other woman before you has been called Mother of God and none will come into being after you.

"That is why I cried out to you those most beautiful and 67 fitting words, *'Be joyful, you who are full of grace, the Lord is with you.'* For the name Emmanuel is a Hebrew word which, when translated into Greek, means *'God with us.'* When did

Πότε δὲ Θεὸς μετ' ἀνθρώπων γεγένηται, καὶ τοῖς ἀν-
θρώποις ὑμῖν συνηρίθμηται, εἰ μὴ νῦν ἐν ἐσχάτοις τοῦ
αἰῶνος καιροῖς, ὅτε καὶ σπέρματος Ἀβραὰμ ἐπελάβετο καὶ
σάρκα τὴν ἐκ σοῦ προσανείληφε; Τὸ γὰρ Ἐμμανουὴλ ἐξ-
ηγούμενον διττῆς ἑρμηνείας καθέστηκε—φύσεως ἀνθρω-
πίνης καὶ θείας, ἐξ ὧν καὶ συντέθειται, ἐν αἷς καὶ γνωρίζε-
ται. Τέλειος γὰρ ὢν Θεὸς προαιώνιος, τέλειος ἐν σοὶ
γέγονεν ἄνθρωπος, τὴν ἀνθρωπείαν φύσιν ἐκ σοῦ προσ-
λαβόμενος, καὶ ταύτην ἑαυτῷ συνθεὶς καθ' ὑπόστασιν,
φυλάξας ἀναλλοίωτον τὴν φυσικὴν ἑκατέρας ποιότητα
φύσεως, καὶ τὰ τούτων φυσικὰ καὶ οὐσιώδη γνωρίσματα.
Ὅ τε γὰρ Θεὸς Λόγος, Θεὸς Λόγος μεμένηκε, καὶ εἰ
φύσιν σαρκὸς φυσικῶς ἠμφιάσατο· ἥ τε σὰρξ ἐμψυχωμένη
λογικῶς, ἣν ἐκ τῶν σῶν ἀχράντων αἱμάτων προσείληφε
καὶ πνεύματι ζωῆς λογικῆς ἐνεψύχωσε, σὰρξ λογικῶς
ἐμψυχωμένη μεμένηκε, καὶ εἰ μόνου Θεοῦ Λόγου σὰρξ
ἐγνωρίζετο, ἡνωμένη αὐτῷ καθ' ὑπόστασιν, καὶ εἰς ἑνὸς
προσώπου καὶ μιᾶς ὑποστάσεως συνδρομὴν οὐ τεμνομένην
συνθέουσα, οὔτε μὴν τὰ ἑνούμενα τρέπουσαν καὶ εἰς
οὐσίας ταυτότητα φέρουσαν.

68   Εἰ καὶ ἑκατέρων οὖν ὁ Χριστὸς διεφύλαξε τῶν φύσεων
καὶ οὐσιῶν τὸ διάφορον, εἷς Υἱὸς καὶ Χριστὸς ἐκ σοῦ τῷ
κόσμῳ φανήσεται, οὐ δεικνὺς Υἱῶν καὶ Χριστῶν τὸ διάφο-
ρον· ὁ γὰρ ὢν Θεὸς ἀληθής, ἄνθρωπος ἀληθὴς καὶ τεχθή-
σεται, ψεῦδος οὐδὲν ἐνδεικνύμενος, ὢν ἂν καλοῖτο καὶ
λέγοιτο. Καὶ διὰ τοῦτο Ἐμμανουὴλ προσκληθήσεται, ὡς
ἄμφω πεφυκὼς κατ' ἀλήθειαν, καὶ Θεὸς ὁ αὐτὸς ἀπερίγρα-
φος, καὶ ἄνθρωπος ὁ αὐτὸς κατ' ἀλήθειαν· τὸ μὲν κατὰ τὴν

God join the company of mankind and was counted among you men, if not now at the end of the present age, when *he took up the seed of Abraham* and assumed flesh from you? For when the name Emmanuel is interpreted, it yields a double signification—namely human and divine nature, of which He is composed and by which He is recognized. For being perfect God before the ages, He has become perfect man in you, taking on human nature from you and joining this to himself hypostatically, preserving unchanged the natural quality of each nature along with their natural and essential characteristics. For the Word of God has remained the Word of God even if He physically put on the nature of flesh; and the flesh endowed with a rational soul, which it took on from your immaculate blood, and ensouled with the spirit of rational life, has remained flesh endowed with a rational soul, even if it was recognized as flesh of the one Word of God, united with him in hypostasis and coming together in an undivided union of one person and one hypostasis, not changing the united elements or reducing them to sameness of essence.

"Even if Christ has preserved the distinction between the 68 natures and the essences, He will come into the world from you as one Son and one Christ, not showing a difference between Sons and Christs; for the one who is true God will be born also true man, not exhibiting any falseness in the elements by which He will be called and known. And so, for this reason He will be called Emmanuel, as being truly both, one and the same being God uncircumscribed, one and same being true man; God because of his eternal generation

ἐκ Πατρὸς ἀΐδιον γέννησιν, τὸ δὲ κατὰ τὴν ἐκ σοῦ τῆς μητρὸς χρονικὴν καὶ ἐνσώματον κύησιν. Οὕτω γὰρ σῴζειν τὴν ἀνθρωπείαν φύσιν ηὐδόκησεν, ὅτιπερ εἰς τοσαύτην ἑαυτὸν καθῆκεν ὁ ἀκένωτος κένωσιν, ἵνα τὴν κενωθεῖσαν εἰς γῆν διαφθορᾶς ἀνθρωπότητα, πάλιν ἐκ γῆς ἀναστήσειε, καὶ οὐρανίων κλήρων ποιήσειε μέτοχον, ἀντὶ τῆς ἐν Παραδείσῳ τὸ πρὶν ἀπολαύσεως.

69   "Καὶ πῶς τοῦτο, ὦ Παρθένε θεοδόχε, γενήσεται, ἐρῶ καὶ φράζω τοῖς ῥήμασιν, ἐπειδὴ καὶ τοῦτο πρὸς σὲ λέξων ἐλήλυθα· *Πνεῦμα Ἅγιον ἐπελεύσεται ἐπὶ σέ, καὶ δύναμις Ὑψίστου ἐπισκιάσει σοι· διὸ καὶ τὸ γεννώμενον ἅγιον κληθήσεται Υἱὸς Θεοῦ.'* Ἔχεις σαφῆ τὴν ἀπόδειξιν, ἔχεις ἀληθῆ τὴν ἀγόρευσιν· Πνεῦμα γὰρ Ἅγιον ἐπὶ σὲ τὴν ἀμόλυντον κάτεισι, καθαρωτέραν σε ποιησόμενον, καὶ καρπογόνον σοι παρεξόμενον δύναμιν. Ἐπισκιάσει δέ σοι ἡ τοῦ Θεοῦ παντοδύναμος δύναμις, τοῦτ᾽ ἔστιν ὁ τοῦ Θεοῦ Λόγος καὶ Υἱὸς ὁμοούσιος. Οὗτος γὰρ αὐτοῦ τοῦ Θεοῦ καὶ Πατρὸς καὶ χείρ ἐστι καὶ βραχίων καὶ δύναμις, καὶ δι᾽ αὐτοῦ ὁ Πατήρ, ὡς δι᾽ Υἱοῦ, τὰ πάντα πεποίηκε, καὶ *ἐν αὐτῷ τὰ πάντα συνέστηκε,* τὴν ἐκ σοῦ ποιησόμενος ἀνερμήνευτον Σάρκωσιν, καὶ τὴν ἐκ σοῦ ἐνδειξόμενος ἀγεώργητον σύλληψιν, καὶ τὴν ἐκ σοῦ ἐργασόμενος ἀπερινόητον γέννησιν.

70   "*Διὸ καὶ τὸ γεννώμενον ἅγιον, κληθήσεται Υἱὸς Θεοῦ.* Εἰ τοίνυν Θεοῦ Υἱὸς ὁ ἐκ σοῦ τεχθησόμενος τῆς Θεοτόκου Παρθένου κληθήσεται, πῶς οὐ παρθένος ἡ τοῦτον γεννῶσα φανήσεται; Δεῖγμα γὰρ τοῦτο σαφὲς καὶ ἀκράδαντον γνώρισμα ἔσται τῆς αὐτοῦ τῶν πάντων κρατούσης

from the Father, man because of his being conceived in time and in a body from you, his mother. For this is how He was content to save human nature: He, the inexhaustible, debased himself to such an emptiness, so that He might raise up again human nature from the earth, after it had been emptied into the earth of corruption, and to make it partake of the inheritance of heaven in place of its original enjoyment of Paradise.

"And how this will happen, God-bearing Virgin, I will tell 69 you explicitly, since it was this message that I came to deliver to you: '*The Holy Spirit will come upon you, and the power of the Most High will overshadow you. Therefore, the holy child to be born will be called the Son of God.*' There you have the clear proof, you have the true announcement; for the Holy Spirit will descend on you the spotless one, to make you even more pure and to give you the power to produce offspring. The almighty power of God will overshadow you, that is, God's Word and consubstantial Son. For He is the hand, arm and power of God the Father himself, and through him the Father, as through his Son, created all things and *in him all things hold together;* He will bring about the inexplicable Incarnation from you, He will produce the unseeded conception in you, He will cause the incomprehensible nativity from you.

"*Therefore, the holy child to be born will be called the Son of* 70 *God.* If, then, the one to be born from you, the Virgin Mother of God, is to be called the Son of God, how will she who gives birth to him not be a virgin? For it will be a clear proof and an unshakeable sign of his divinity, which rules

θεότητος, τὸ παρθένον σε τυγχάνουσαν ἄσπιλον τεκεῖν τὴν ἀνέκφραστον γέννησιν, καὶ παρθένον μεῖναι μετὰ τὴν ἄφθορον λόχευσιν· εἰ γὰρ Θεὸς ὁ ἐκ σοῦ τῆς Παρθένου τικτόμενος, ὥσπερ οὖν καὶ Θεός ἐστι καὶ κηρύττεται, τί οὐκ ἂν βουληθεὶς διαπράξαιτο; Θεὸς γάρ ἐστι, κἂν εἰ ὡς ἄνθρωπος τίκτεται· καὶ ἄνθρωπός ἐστι, κἂν εἰ ὡς Θεὸς παρθένον σε φυλάττει τὴν τίκτουσαν.

71 "Διὰ τοῦτο γὰρ καὶ αὐτὸς ἐγὼ Γαβριὴλ πρὸς σὲ τὴν Παρθένον ἀπέσταλμαι, ἵνα μου καὶ αὐτῷ δηλῶ τῷ ὀνόματι, ὡς Θεὸς ὑπάρχει καὶ ἄνθρωπος ὁ ἐκ σοῦ τῆς ἀχράντου Παρθένου τικτόμενος. Καὶ γὰρ καὶ τὸ Γαβριὴλ ὄνομα εἰς ἑρμηνείαν ἀγόμενον, 'Θεὸν' ἀγορεύει καὶ 'ἄνθρωπον.' Ἐπεὶ πολλοὶ κατ' οὐρανὸν ἐτύγχανον ἄγγελοι, ἀλλ' οὐδένα τούτων στεῖλαι βεβούληται, ἀλλ' ἐμέ, τὸν τούτων ἕνα φαινόμενον, Γαβριὴλ δὲ ὀνομαζόμενον ἔπεμψεν, ἵνα καὶ λόγῳ τῷ ἐμῷ καὶ ὀνόματι δηλώσοι σοι σαφῶς τὸν ἐκ σοῦ τεχθησόμενον, ὡς Θεός ἐστι καὶ ἄνθρωπος, καὶ πάντα φέρει τῷ τῆς οἰκείας δυνάμεως ῥήματι· καὶ ὡς ἅγιος εἴη καὶ τῶν ἁπάντων ἀνθρώπων ἁγιάσοι τὴν γέννησιν, καὶ ὡς Υἱὸς Ὑψίστου κληθήσεται, καὶ υἱοὺς Ὑψίστου ποιήσειε χάριτι τοὺς εἰς αὐτὸν ἀνθρώπους πιστεύοντας. Λοιπὸν τοῖς ἐμοῖς, ὦ Παρθένε, πίστευε ῥήμασι· πάντως γὰρ ταῦτα πραγματικῶς πληρωθήσονται· ἀληθεύω γάρ σοι φθεγγόμενος, ὡς ἀληθείας κῆρυξ καὶ ἄγγελος.

72 "Καὶ πρὸς σὴν πληροφορίαν καὶ πίστωσιν μείζονα τῆς τῶν ἐμῶν ῥημάτων πληρώσεως, καὶ σημεῖον ἀναντίρρητον δίδωμι, ὅπως μένοις περὶ τὴν πίστιν ἀσάλευτος· Ἰδού, Ἐλισάβετ, ἡ συγγενής σου, καὶ αὐτὴ συνειληφυῖα υἱὸν ἐν

over all things, that you, a spotless virgin, will have produced a child by an inexpressible birth and will have remained a virgin after that uncorrupted event. For if He is God, the one born from you the Virgin, just as He is and is proclaimed to be God, what could He not do, if He wished it? For He is God, even if He is born a man; and He is a man, even if as God He preserves you his mother as a virgin.

"This was the reason too why I, Gabriel, in particular 71 have been sent to you the Virgin, in order to demonstrate by my name that the Son born from you the immaculate Virgin is both God and man. For when the name Gabriel is interpreted, it means 'God' and 'man.' Though there are many angels in heaven, God did not want to send just any of these. Rather, He sent one of them, myself, who is called Gabriel, in order to clearly indicate by both my words and my name that the one to be born from you is God and man; and that *He upholds the universe by his word of power,* and that He is holy and will sanctify the birth of all men, and *will be called Son of the Most High,* and by his grace He will make all men who believe in him to be sons of the Most High. So, trust my words, Virgin; for they will surely come to fulfillment as reality, because, as the herald and messenger of truth, I am speaking the truth to you.

"And for a greater assurance and proof to you that my 72 words will be fulfilled, I give an indisputable sign, so that you may remain unshaken in your faith: '*Behold, your kinswoman Elizabeth in her old age has also conceived a son; and this is*

γήρει αὐτῆς· καὶ οὗτος μὴν ἕκτος ἐστὶν αὐτῇ τῇ καλουμένῃ στείρᾳ· ὅτι οὐκ ἀδυνατήσει παρὰ τῷ Θεῷ πᾶν ῥῆμα.' Καὶ τοῦτό σοι δεῖγμα γενήσεται κράτιστον, ὡς ἅπαντά μου τὰ ῥηθέντα πρὸς σὲ τὴν πᾶσι σεπτὴν εὐαγγέλια, τέλος ἀληθὲς καὶ σωτήριον δέξεται πρὸς ἀνθρώπων ἁπάντων ζωὴν καὶ ἐκλύτρωσιν· τῆς γὰρ αὐτῆς παρὰ Θεῷ τυγχάνει δυνάμεως, καὶ τὸ στεῖραν τεκεῖν τὴν οὐ τίκτουσαν, καὶ τὸ παρθένον τεκεῖν τὴν ἀνύμφευτον. Σὺ οὖν χαῖρε, ὦ κεχαριτωμένη Παρθένε καὶ ἔνθεε, ἐφ' οἷς σοι Θεὸς ὁ τῶν ὅλων Δεσπότης κεχάρισται, καὶ ἐφ' οἷς Θεοῦ τὸν Υἱόν, τὸν πάντων χαρὰν γενησόμενον τῶν ἀνθρώπων τῷ γένει, γεννήσειας."

73 Πρὸς ὃν ἡ Θεομήτωρ Παρθένος πιστεύσασα, καὶ ὡς ἔσται πάντως τελείωσις τοῖς λελαλημένοις αὐτῇ παρὰ Κυρίου θαρσήσασα, πράως ὁμοῦ καὶ ταπεινῶς, οὐ μὴν ἀλλὰ καὶ παρθενικῶς ἀποκρίνεται—τὸν πρᾶον γὰρ καὶ ταπεινὸν τῇ καρδίᾳ Χριστὸν γεννᾶν ἡ πάναγνος ἔμελλε, καὶ πλουτεῖν αὐτὴν ἔδει τὴν αὐτοῦ ταπεινότητα καὶ πραότητα— "Ἰδοὺ ἡ δούλη Κυρίου· γένοιτό μοι κατὰ τὸ ῥῆμά σου."

74 Γαβριὴλ μὲν οὖν ὁ ἀρχάγγελος ταῦτα πρὸς τῆς Θεοτόκου Παρθένου πυθόμενος, εἰς οὐρανὸν ἀνελήλυθεν, ὅθεν πρὸς αὐτὴν καὶ ἀπέσταλτο. Ἡ δὲ Θεὸν ἐκυοφόρει τὸν στείλαντα, τὸν ἄνω μὲν σὺν Πατρὶ δοξαζόμενον, κάτω δὲ ἐν αὐτῇ κυοφορίας σαρκικῆς ἀνεχόμενον. Ἅμα γὰρ ὁ Λόγος καὶ Θεὸς πρὸς αὐτὴν παραγέγονε, καὶ διὰ τῆς τοῦ ἀγγέλου φωνῆς εἰς τὴν θείαν αὐτῆς νηδὺν εἰσελήλυθε καὶ σεσάρκωτο, καὶ ἄνευ τροπῆς σεσωμάτωτο, σάρκα προσλαβὼν ἐξ αὐτῆς τὴν ἀνήροτον, καὶ ταύτην ἑνώσας ἑαυτῷ

*the sixth month with her who was called barren. For with God
nothing will be impossible.'* And this will be the strongest sign
for you that all the glad tidings I conveyed to you, who are
revered by all, will have a true and salvific outcome for the
life and redemption of all mankind. For it is from the same
power of God that a woman who was barren gives birth and
that an unwed virgin gives birth. You then, divine Virgin full
of grace, be joyful because God the Lord of all has bestowed
his grace upon you, and because you will give birth to the
Son of God who will become the joy of all mankind."

The Virgin Mother of God, having trust and being 73
strongly confident that *there would be a fulfillment of what was
spoken to her from the Lord,* answers him meekly, humbly and
in the manner of a virgin—for the all-holy one, being des-
tined to give birth to Christ *the meek and humble of heart,* was
perforce herself rich in his humility and meekness—*"Behold,
I am the handmaid of the Lord; let it be to me according to your
word."*

Gabriel the archangel, then, having heard this from the 74
Virgin Mother of God, went off to heaven again, whence he
had been sent to her. And she became pregnant with God
who had sent him, that is, God who is glorified with the Fa-
ther in heaven, but who, upon the earth, allowed himself to
be conceived in the flesh in her. For as soon as the Word and
God came to her, straightaway He, through the voice of the
angel, entered into her divine womb and was made flesh. He
took on a body without changing, assuming the unseeded

κατ' ἀλήθειαν, λογικῶς μὲν ἐμψυχωμένην, οὐ προϋπο-
στᾶσαν δὲ τῆς πρὸς αὐτὸν ἀνεκφράστου συνθέσεως. Ἅμα
γὰρ σάρξ, ἅμα Θεοῦ Λόγου σάρξ· ἅμα σὰρξ ἔμψυχος λογική,
ἅμα Θεοῦ Λόγου σὰρξ ἔμψυχος λογική· ἐν αὐτῷ γὰρ τὴν
ὑπόστασιν καὶ οὐ πρὸ αὐτοῦ τὴν σύστασιν ἔσχηκεν· οὔτε
τινὸς ἑτέρου σὰρξ τῶν καθ' ἡμᾶς ἀνθρώπων γέγονε πώποτε,
καὶ τότε τῷ Θεῷ Λόγῳ συνέδραμε, καὶ τὴν πρὸς αὐτὸν
ἐποιήσατο σύνθεσιν. Ἀλλ' ἐν ταὐτῷ τὸ εἶναι σὰρξ ἔμψυχος
λογικὴ καὶ Θεοῦ Λόγου σὰρξ ἔμψυχος λογικὴ ἐκ παρθε-
νικῶν καὶ ἀχράντων αἱμάτων ληφθεῖσα τῆς ἀχράντου
Παρθένου κεκλήρωκεν, οὐδεμίαν τοῖς διαιρεῖν τὸν ἕνα
Υἱὸν καὶ Χριστὸν εἰς δύο Υἱοὺς καὶ Χριστοὺς ἀσεβέστατα
θέλουσιν ἔμφασιν ἢ πρόφασιν νέμουσα, ὡς ὑπέστη ποτὲ
καθ' ἑαυτὴν καὶ ἴδιον ἔσχηκε πρόσωπον, καὶ εἶθ' οὕτως τῷ
Λόγῳ καὶ Θεῷ πρὸς ἕνωσιν φυσικὴν συνελήλυθε. Τὰ γὰρ
ἀνὰ μέρος ὄντα καὶ ἀλλήλων ἐν χωρισμῷ θεωρούμενα,
οὐδέποτε τὴν φυσικὴν ἢ τὴν καθ' ὑπόστασιν ἕνωσιν δέχε-
ται. Ὅπου δὲ ἕνωσις φυσικὴ μὴ προέρχεται, μηδὲ ἡ καθ'
ὑπόστασιν γίνεται σύνθεσις, οὐδὲ μία καὶ ἡ αὐτὴ ὑπόστα-
σις δείκνυται, οὔτε ἓν καὶ τὸ αὐτὸ καταγγέλλεται πρόσω-
πον, ἀδιαίρετον ὁμοῦ καὶ ἀμέριστον, καὶ πᾶσαν τομὴν
διωθούμενον.

75　Ὥσπερ δὲ τοὺς τοιούτους παράφρονας ἡ ἀδιαίρετος ἐκ-
κλίνει τοῦ Λόγου καὶ ἀμέριστος Σάρκωσις, καὶ πάντη τῶν
τῆς εὐσεβείας τροφίμων ἐξίστησι (Νεστόριοι οὗτοι καὶ
Παῦλοί εἰσι καὶ Θεόδωροι, καὶ οἱ τούτων πρὸς θεομάχον
μανίαν συνόμιλοι), οὕτω καὶ τοὺς συγχέειν τὰς φύσεις
<ἐ>θέλοντας, καὶ φύσιν μίαν ἐξ ἀμφοτέρων ἐργάσασθαι

flesh from her, and uniting this truly with himself, flesh possessed of a rational soul, but not existing before its inexpressible union with him. *For as soon as flesh, at the same moment flesh of the Word of God; as soon as flesh with a rational soul, at the same moment flesh of the Word of God with a rational soul.* For in him it had its existence and not before did it have its formation. *Nor was it ever flesh of another type of being, different from us humans,* which then joined with God the Word and made a union with him. No, at the same instant flesh possessed of a rational soul and flesh of God the Word possessed of a rational soul, was assumed from the virginal and immaculate blood of the immaculate Virgin and attained its existence. Thereby it provided those impiously wishing to divide the one Son and Christ into two Sons and Christs with neither a suggestion nor a pretext to claim that the flesh ever existed by itself having its own person and then came together in a natural union with the Word and God. For the things that exist on their own, and are seen as separate from each other, never admit of natural or hypostatic union. Where no natural union emerges and where there is no hypostatic combination, then one and the same hypostasis is not shown to exist nor is one and the same person proclaimed, undivided and inseparable and rejecting all division.

And just as the undivided and inseparable Incarnation of the Word distances itself from such madmen and excludes them entirely from the company of those nurtured in piety (I mean the likes of Nestorios, Paul and Theodoros and their fellows in God-fighting madness), so too it ejects from the assembly of the pious those who wish to confuse the 75

σπεύδοντας φύσεων, συλλόγων ἔξω τῶν εὐσεβῶν ἀποπέμ-
πεται. Οὔτε γάρ, κατὰ τὴν ἐκείνων μανίαν, ὁ Λόγος σαρ-
κούμενος, τρέψας ἑαυτοῦ πρὸς σάρκα τὴν φύσιν σεσάρκω-
ται, ἀλλ᾽ οὔτε τὴν σάρκα τὴν ἔννουν καὶ ἔμψυχον, ἣν ἐκ
Παρθένου ταυτησὶ τῆς Θεοτόκου προσείληφε, πρὸς φύσιν
ἑαυτοῦ τὴν θείαν ἠλλοίωσε, καὶ θεϊκὴν πρὸς οὐσίαν μετ-
έβαλεν· ἀλλ᾽ ἔμεινεν ἄτρεπτος, καὶ μεταβολῆς παντοίας
ἀνώτερος, καὶ συγχύσεως παντοίας ἐλεύθερος, καὶ σάρκα
σαρκωθεὶς τὴν ἡμῖν ὁμοούσιον, καὶ γενόμενος δι᾽ ἡμᾶς
κατ᾽ ἀλήθειαν ἄνθρωπος. Μεμένηκε δὲ καὶ ἡ σὰρξ σὰρξ
ἀναλλοίωτος, καὶ πάσης ἔξω τροπῆς καὶ συγχύσεως, καὶ
τῷ Λόγῳ συμβᾶσα πρὸς σύστασιν, καὶ ἑνωθεῖσα καθ᾽
ὑπόστασιν αὐτῷ τὴν ἀμέριστον, ἔχουσα μὲν τὸ πρὸς ἡμᾶς
ὁμοούσιον ἄτρεπτον, καὶ σῴζουσα, ὅσον εἰς φύσιν καὶ
οὐσίαν καὶ ὕπαρξιν, ἀπαράλλακτον πρὸς ἡμᾶς τὴν ὁμοίω-
σιν, οὐδένα δὲ τοῦ Λόγου μερισμὸν ὑπομένουσα, ἢ τομὴν
καὶ διαίρεσιν πάσχουσα, ἀλλ᾽ αὐτοῦ τοῦ Λόγου ἰδία καὶ
ἰδικὴ χρηματίζουσα, καὶ πρὸς ὑπόστασιν αὐτῷ μίαν συν-
τρέχουσα, διὰ τὴν πρὸς αὐτὸν καθ᾽ ὑπόστασιν ἕνωσιν, ἐπὶ
τῶν ἰδίων ὅρων τῆς φύσεως ἑστῶσα καὶ μένουσα δείκνυ-
ται· διαφορὰν μὲν φυσικὴν πρὸς αὐτὸν ὑποφαίνουσα, δια-
φορὰν δὲ προσωπικὴν πρὸς αὐτὸν οὐ γινώσκουσα, ἀλλ᾽ εἰς
μίαν μὲν σὺν αὐτῷ τελοῦσα καὶ μόνην ὑπόστασιν—καὶ
ταύτην ἑνιαίαν καὶ σύνθετον· οὐ γὰρ ἁπλῆν καὶ ἀσύνθε-
τον—οὐκ εἰς μίαν δὲ φύσιν συνθέουσα σύνθετον· ἀρχὴ
γὰρ τοῦτο τυγχάνει συγχύσεως, καὶ κρηπὶς ὑπάρχει
τρεπτικῆς ἀλλοιώσεως.

76   Ὥσπερ οὖν "τοὺς διαιροῦντας" καὶ "τέμνοντας" ὁ

natures and are eager to make one nature out of the two. For it is not the case, as they claim in their insanity, that the Word incarnate became flesh when it altered its own nature to flesh; nor is it the case that the Word converted to its own divine nature the rational and ensouled flesh, which it received from the Virgin Mother of God, and changed it into a divine substance. No, the Word remained unchanged, above any kind of mutation, free from all confusion, when it was incarnated with flesh of the same substance as ours and became truly human for the sake of us men. The flesh remained unchanged flesh, free from all conversion and confusion, when it came into composition with the Word and was united with it in the inseparable hypostasis, maintaining immutable its consubstantiality with us, preserving unchanged its likeness to us with regard to nature, substance, and existence, and enduring no separation from the Word or suffering any splitting or division. Rather, it is specific and peculiar to the Word itself and comes together with it in one hypostasis, on account of its hypostatic union with the Word, and it is shown to stand and remain upon the peculiar determinants of its own nature; while it displays a difference in nature from the Word, it does not know a difference in person with it, but forming one single hypostasis with it—and this combined and compounded, not simple and uncompounded—it does not come together in one composite nature; for that is the beginning of confusion and is a foundation for mutation and change.

So, just as the Word incarnate rejects "the dividers" and 76

Λόγος σαρκωθεὶς ἀποσείεται, οὕτω καὶ τοὺς ἄμφω τὰς φύσεις συγχέοντας, καὶ κρᾶσιν αὐτῶν καὶ ἀλλοίωσιν φάσκοντας, περιβόλων ἱερῶν ἀποβάλλεται. Σευῆροι οὗτοι καὶ Εὐτυχεῖς καὶ Διόσκοροι, Ἀπολλινάριοί τε καὶ Πολέμωνες, καὶ πρό γε τούτων Σίμωνες, Οὐαλεντῖνοι, Μαρκίωνες, Βασιλεῖδαι, Μάνεντές τε καὶ Μένανδροι, καὶ ἡ νῦν κακῶς ἀνασκάλλουσα πᾶσα τῶν Ἀκεφάλων αἵρεσις πολυκέφαλος, ἡ ἕνα μὲν πόλεμον καὶ κοινὸν πρὸς τὴν εὐσέβειαν ἔχουσα, μυρίους δὲ πρὸς ἑαυτὴν καὶ παυομένους μηδέποτε φέρουσα. Ταῦτα οὖν τὰ ὄντως ἱερὰ καὶ πανίερα, καὶ ἀκοῶν ἐνθέων ἐπάξια τῶν εὐσεβούντων ἡμῶν εὐαγγέλια, ἡμᾶς μὲν ἡδέως προσίεται, ἐκείνους δὲ τοὺς μιαροὺς καὶ παράφρονας ἔξω διώκει ταυτησὶ τῆς εὐαγγελίου αὐτῶν πανηγύρεως, ὡς ἀσεβῶς αὐτὰ νοοῦντας ἐκείνους καὶ λέγοντας.

77   Ἐγὼ δὲ ὁ ἐλάχιστος τούτων προελθὼν κῆρυξ τήμερον, πρὸς μόνους ὑμᾶς τοὺς εὐσεβείας παῖδας καὶ πίστεως, καὶ δεχομένους εὐσεβῶς τὰ λεγόμενα, μεγαλοφώνως βοῶ καὶ διαρρήδην κηρύττω καὶ φθέγγομαι, "Εὐαγγέλια, εὐαγγέλια, εὐαγγέλια·" τοῦ Σωτῆρος ἡμῶν εὐαγγέλια, τοῦ σαρκωθέντος Θεοῦ δι' ἡμᾶς εὐαγγέλια, τῆς Θεοῦ παρουσίας πρὸς ἡμᾶς εὐαγγέλια, ἐνανθρωπήσεως Θεοῦ τῆς ἐξ ἡμῶν εὐαγγέλια, ἀσπόρου συλλήψεως Θεοῦ εὐαγγέλια, κυοφορίας Θεοῦ παρθενικῆς εὐαγγέλια, ἀτρέπτου συνδρομῆς πρὸς σάρκα Θεοῦ εὐαγγέλια, ἐφ' οἷς ἡμεῖς οἱ ἀπόβλητοι ὑψούμεθα καὶ θεούμεθα, καὶ θεοὶ κατὰ χάριν γινόμεθα, οὐκέτι φθορὰν δεδιττόμενοι, οὐκέτι πάθη φοβούμενοι, οὐκέτι θάνατον τρέμοντες, οὐκέτι τὸν μιαρὸν

"the splitters," it likewise expels from the sacred precincts
those who confuse the two natures and who speak of their
mixture and mutation. Such people are Severos, Eutyches
and Dioskoros, Apollinarios and Polemon, and before them
Simon, Valentinos, Markion, Basileides, Manes and Menandros, along with the whole multiheaded heresy of the Headless Ones, presently stirring up its evil, waging one common
war against piety but carrying on countless and neverceasing conflicts against itself. Therefore, these truly sacred
and all-holy glad tidings, which are worthy of the God-inspired ears of us the Orthodox, joyfully accept us, but expel those abominable and insane heretics from this good-news celebration on account of their impious thoughts and
words about those tidings.

I, for my part, coming before you today as the lowliest 77
herald of this news, to you the sole children of orthodoxy
and faith, who receive my words piously, I cry out with loud
voice, I proclaim clearly and I say "Glad tidings, glad tidings,
glad tidings"; glad tidings of God our Savior, glad tidings of
God made flesh for our sake, glad tidings of God's coming to
dwell with us, glad tidings of God's assuming his humanity
from us, glad tidings of God's conception without seed, glad
tidings of God's being borne in the womb of a virgin, glad
tidings of God's unchanged union with flesh, by which we
the outcasts are elevated, deified and become gods by grace,
no longer fearing corruption, no longer scared of sufferings,
no longer dreading death, no longer terrified by the abomi-

ὀρρωδοῦντες διάβολον, οὐκέτι τὰς ἀφανεῖς αὐτοῦ προσβολὰς εὐλαβούμενοι, οὐκέτι τὰς φανερὰς αὐτοῦ τυραννίδας δειμαίνοντες, ἀλλ᾽ ὅλοι θεοὶ φαινόμενοι, ὅλοι θεοειδεῖς εὑρισκόμενοι, ὅλοι τῆς ἄνω χορείας γραφόμενοι, ὅλοι πολῖται τῆς ἄνω πόλεως Ἱερουσαλὴμ θεωρούμενοι· ἔνθα γὰρ ἂν σχῶμεν ἡμῶν τὸ πολίτευμα, ἐκεῖ καὶ τοὺς κλήρους δεξόμεθα καὶ τὰς ἀρρήτους μονὰς κατοικήσομεν.

78 Τούτων ἁπάντων, ἀδελφοί, τὰ εὐαγγέλια φέροντες, πρὸς τοὺς φιλτάτους ὑμᾶς ἀφικόμεθα τήμερον. Τούτων γὰρ ἁπάντων ἀρχὴ καὶ ῥίζα καὶ κρηπὶς καὶ θεμέλιος τὰ νῦν πρὸς ὑμᾶς εὐαγγέλια πέφυκεν· ἐκ τούτων γάρ, ὡς ἐμάθετε, πᾶσα ἡμῖν τῶν ἀγαθῶν ἡ ἀφθονία πηγάζει, ὥσπερ ἀπὸ πηγῆς τινος ἀναβλύζουσα, καὶ πᾶσαν ὁμοῦ τὴν οἰκουμένην ἀρδεύουσα, καὶ εὐφραίνουσα καὶ ἐκτρέφουσα, καὶ εἰς οὐρανίους αὐλὰς ἀναφέρουσα, καὶ τῶν ἐκεῖσε θειοτάτων μονῶν καὶ μακαρίων δωρεῶν κοινωνοὺς ἀποφαίνουσα. Καὶ διὰ τοῦτο πολλάκις βοῶ γεγηθὼς διαπρύσιον, "εὐαγγέλια, εὐαγγέλια, εὐαγγέλια." Πρὸς ἅπερ ὑμᾶς καλῶ καὶ προτρέπομαι, καὶ ἅπερ ὑμᾶς ἑορτάζειν βεβούλημαι σήμερον· ἔνθεν γὰρ ἡμῶν ἡ σωτηρία προέρχεται, ἔνθεν ἡμῖν ἡ ἐλευθερία πυρσεύεται, ἔνθεν ἡμῶν ἡ πρὸς Θεὸν υἱοθεσία μαιεύεται, ἔνθεν ἡμῶν ἡ ἀνάκλησις τίκτεται, ἔνθεν ἡμᾶς ὁ Λόγος σώζειν καὶ Θεὸς ἀφικόμενος τῆς σωτηρίας ἀπάρχεται· ταύτην τῆς εἰς ἡμᾶς εὐσπλαγχνίας ποιεῖται προοίμιον· ταύτην τῆς ἡμῶν θεουργίας τὴν ἀρχὴν ἐπεδείξατο, ἧς ἀνθρώποις οὐδὲν θυμηρέστερον, ἧς γηΐνοις οὐδὲν τιμαλφέστερον, ἧς τοῖς θνητοῖς οὐδὲν χαριέστερον. Ὅθεν ὁ δεύτερος Ἀδὰμ τὴν παρθένον γῆν προσλαβόμενος καὶ

nable devil, no longer wary of his invisible assaults, no longer afraid of his openly despotic ways, but becoming completely divine, finding ourselves wholly godlike, being all inscribed in the heavenly choir, being all seen as citizens of the heavenly city of Jerusalem; for in the place where we will have our abode, there too we will receive our inheritance and will inhabit the ineffable mansions.

The glad tidings of all these events, most beloved brethren, we come bearing to you today. For, of all these events the beginning, the root, the basis and the foundation are the glad tidings brought now to you. Because it is from these, as you have learned, that the whole unstinting abundance of good things flows to us, as if welling up from a spring, watering at the same time the whole inhabited world, bringing good cheer and nourishment, carrying us up to the heavenly halls and making us dwellers in the most divine mansions there and fellow partakers of the blessed gifts. That is why I repeatedly cry out in joy and with loud voice, "glad tidings, glad tidings, glad tidings." It is to these tidings I call and urge you to come, it is these that I have wanted you to celebrate today. For from them springs our salvation, from them our freedom is kindled, from them our status as sons of God is engendered, from them our redemption is born, from them the Word who is God, coming to save us, begins the work of salvation. He makes these tidings the prelude to his mercy toward us; He makes them the beginning of our deification, than which there is nothing more pleasing to mankind, than which there is nothing more precious to earthly creatures, than which there is nothing more acceptable to mortals. That is why the second Adam, taking on the virgin

78

μορφώσας ἑαυτὸν ἀνθρωπίνῳ τῷ σχήματι, δευτέραν ἀρ-
χὴν τῇ ἀνθρωπότητι τίθεται, τὴν τῆς προτέρας ἀνακαι-
νίζων παλαίωσιν, καὶ δευτέραν ἡμῖν δεικνὺς ἀπαλαίωτον,
τὸ μὲν συγγενὲς πρὸς ἐκείνην καὶ ὁμόφυλον ἔχουσαν, οὐ
φέρουσαν δὲ πρὸς αὐτὴν τῆς ζωῆς τὸ ὁμότροπον, οὔτε τῆς
ἀξίας καὶ δόξης ἱερᾶς τὸ ἰσόρροπον. Ἐκείνη διὰ τὸν
πρῶτον Ἀδὰμ κατεκέκριτο· αὕτη διὰ τὸν δεύτερον Ἀδὰμ
ἠλευθέρωται μέμψεως· ἐκείνη διὰ τὸν πρῶτον Ἀδὰμ θε-
ϊκῶν αὐγῶν ἐξωρφάνισται· αὕτη διὰ τὸν δεύτερον Ἀδὰμ
οὐρανίων αὐγῶν ἀναπέπλησται· ἐκείνη διὰ τὸν πρῶτον
Ἀδάμ, τὸν ἐκ γῆς χοϊκὸν καὶ χοόφρονα, δουλείας ζυγὸν
ὑπεβάσταξεν· αὕτη διὰ τὸν δεύτερον Ἀδὰμ καὶ Θεοῦ Υἱὸν
ὁμοούσιον, υἱοθεσίας ἀξίωμα δέδεκται, καὶ ἀββᾶ, ὁ πατὴρ
κράζειν καὶ βοᾶν κατεπλούτησεν.

79   Ἆρα μὴ μικρὰ ἡμῶν, ἀδελφοί, τὰ εὐαγγέλια; Ἆρα μὴ
εὐτελὴς τῶν ἡμῶν εὐαγγελίων ἡ κήρυξις; Ἆρα μὴ ταπεινὴ
καὶ κατάπτυστος τῶν ἡμῶν εὐαγγελίων ἡ ἔκλαμψις; Ἢ οὐ
πᾶσαν ὑπερβαίνει λαμπρότητα, καὶ πᾶσαν ὑπεραίρει φαι-
δρότητα, καὶ πᾶσαν ἀποκρύπτει κομψότητα; Καὶ διὰ
τοῦτο βοῶ πρὸς τοὺς κοινωνοὺς ὑμᾶς καὶ ὁμόφρονας, καὶ
"εὐαγγέλια, εὐαγγέλια, εὐαγγέλια" βοῶν οὐ κορέννυμαι.
Ἔτι τρέχειν βουλόμενον καὶ καλῶς εὐδρομεῖν ἐφιέμενον,
ἐπέχω τὸν λόγον· κεκμηκότας γὰρ ὑμᾶς ὁρῶ τοὺς ἀκού-
οντας, καὶ ταῦτα μὴ κορεσθέντας τῆς τῶν ἱερῶν εὐαγ-
γελίων ἡμῶν ἀκροάσεως. Τὸ μὲν γὰρ πνεῦμα πρόθυμον
ἔχετε, ἀλλ᾽ ἀσθενῆ τὴν σάρκα, ἐπεὶ καὶ λόγου κόρον περίκει-
σθε, καὶ ἐπὶ πλεῖον μοχθεῖν οὐκ ἰσχύετε. Οἶδα δὲ ταῖς ἀκο-
αῖς καὶ λόγου κόρον πολέμιον, κἂν θεῖος ᾖ καὶ ὑπέρτατος,

earth and shaping himself into human form, sets a second beginning for mankind; He renews the antiquated state of the first and makes the second one ageless; but while the second is of the same stock and kin as the first, it does not have the same way of life in common with it, nor are the two equally matched in dignity and sacred glory. The first was condemned on account of the first Adam; the second was freed from fault thanks to the second Adam; the first was deprived of divine illumination on account of the first Adam; the second was filled with heavenly light thanks to the second Adam; *the first* bore *the yoke of slavery due to the first Adam, who issued from the ground* as a man of dust and earthly-minded; the second, due to the second Adam, the consubstantial Son of God, was honored with the status of sonship and was enriched by the ability to *shout* and cry out, "*Abba, Father.*"

Surely, brethren, our glad tidings are not trivial? Surely 79 the announcement of our glad tidings is not insignificant? Surely the luster of our glad tidings is not lowly and contemptible? Or rather, does it not outshine all brightness, and surpass all brilliance, and put all elegance in the shade? That is why I cry out to you, fellow Orthodox and likethinkers, and cannot proclaim enough "Glad tidings, glad tidings, glad tidings." However, I bring my sermon to an end, though it wishes to continue still and is eager to run the good course. For I see that you my listeners are worn out, even before you have heard the full account of the blessed tidings. *While your spirit is eager, your flesh is weak,* because you have had your fill of words and lack the strength to struggle further. I know that *a surfeit of words is the enemy of the ears,* even if they are divine and sublime, and especially for ears

καὶ μάλιστα ταῖς ἀψικόρως πρὸς λόγων ἐχούσαις ἀκρόα-
σιν. Ἱερῶς τοίνυν καὶ ὑψηλῶς τῶν ὑψηλῶν ἡμῶν εὐαγ-
γελίων καὶ ἱερῶν τὴν ὑψηλὴν καὶ ἱερὰν ἑορτὴν ἑορτάσω-
μεν καὶ ἀξίως αὐτὴν καὶ πρεπόντως τιμήσωμεν, ἵνα δι᾽
αὐτῆς ἀμαχώτατα τῶν οὐρανίων ἀγαθῶν ἐπιτύχωμεν· ὧν
ἡμῖν αὕτη ῥίζα καὶ πηγὴ καὶ γεννήτρια πέφηνεν, ἐν αὐτῷ
Χριστῷ Ἰησοῦ τῷ Κυρίῳ ἡμῶν, μεθ᾽ οὗ τῷ Πατρὶ καὶ τῷ
Ἁγίῳ Πνεύματι δόξα, τιμή, κράτος, μεγαλωσύνη, εἰς τοὺς
αἰῶνας τῶν αἰώνων. Ἀμήν.

quickly sated by listening to words. Let us, then, celebrate in a holy and sublime way the holy and sublime feast of our holy and sublime glad tidings, and let us honor this feast in a worthy and fitting manner, in order that through it we may reach, without the slightest struggle, the blessings of heaven, because it is for us the root and source and begetter of those blessings, in Christ Jesus himself our Lord, along with him glory, honor, power, greatness to the Father and the Holy Spirit, for the ages of ages. Amen.

6

Τοῦ ἐν ἁγίοις πατρὸς ἡμῶν Σωφρονίου ἀρχιεπισκόπου Ἱεροσολύμων· Ἐγκώμιον εἰς τὸν ἅγιον Ἰωάννην τὸν Πρόδρομον

Δίδου ἡμῖν, ὦ Φωνὴ τοῦ Λόγου, φωνήν· δίδου ἡμῖν, ὦ Λύχνε τοῦ Φωτός, τὴν αὐγήν· δίδου ἡμῖν, ὦ τοῦ Λόγου Πρόδρομε, τοῦ λόγου τὸν δρόμον, ἵνα σε πρὸς ἀξίαν τοῖς σοῖς εὐφημήσαντες ἐντρυφήσωμεν σήμερον. Ὑμνεῖν γὰρ σε κατὰ χρέος πατρῷόν τε καὶ ἰδικόν, πάντων πλέον ὦ Βαπτιστὰ προθυμούμεθα, ἐπειδὴ καὶ πάντων πλέον ἐκ προγόνων σου ταῖς δωρεαῖς ἐνηβρύνθημεν, καὶ οἴκοθεν τοῦτο δρᾶν οὐ δυνάμενοι, πάλιν ἐπὶ σὲ τὸν φιλόδωρον τρέχομεν, καὶ σὲ γενέσθαι χορηγὸν ἡμῖν τῶν ἐπαίνων αἰτούμεθα, ἵνα μή σε μόνον τοῖς ἐξ ἡμῶν λόγοις γεραίροντες, ὑβρισταί τινες εἶναι τῇ μικροπρεπείᾳ τῶν λόγων καὶ ἄτιμοι δόξωμεν ἢ ἐπαινέται τε καὶ εὐχάριστοι παρὰ τοῖς οὐκ εἰδόσι τὴν ἡμῶν ἐν λόγοις εὐτέλειαν, ἀλλὰ τῷ μεγέθει τῆς ἀξίας τοῦ τιμωμένου ἀπαιτοῦσιν εἶναι τὸν λόγον ἐφάμιλλον, καὶ μὴ διδοῦσι συγγνώμην τῇ προθέσει τοῦ λέγοντος, εἰ τοῦ πόθου τὴν φλόγα μὴ φέρουσα, τοῦ ὑπὲρ αὐτὴν ἐκ βίας ἐφάπτοιτο.

2   Ὅτι μὲν γὰρ οἵ σε ταῖς εὐφημίαις στεφανοῦν ἐθελήσαιεν, πόρρω που τῆς ἀξίας καὶ πάνυ μακρὰν ἀπολείπονται, οὐκ

Homily 6

Sophronios, Archbishop of Jerusalem, Our Father among the Saints: Encomium on Saint John the Forerunner

Grant us voice, O Voice of the Word; grant us light, O Lamp of the Light, grant us the run of words, O Forerunner of the Word, that we may on this day, by praising you as you deserve, take delight in your accomplishments. For it is our wish above all, Baptist, to sing your praises in payment for a debt that is both ancestral and personal, seeing that we above all, from the time of our ancestors, have exulted in gifts from you; but not being capable of performing this on our own, again we run to you who delights in giving and ask you to bestow on us the gift of praise. We ask this lest, by celebrating you in our own words alone, we appear to be insulting and mean due to the shabbiness of our language, rather than laudatory and grateful, in the eyes of those who are unaware of the paltriness of our words but demand a speech that matches the grandeur and dignity of the honoree and who show no sympathy for the speaker's intention if, unable to bear the flame of its own desire, it is forced to touch upon what is beyond itself.

For there is not a single individual who would not pro- 2 claim at full voice (unless he were mad and not of sound

ἔστιν οὐδεὶς ὃς οὐχ ὅλῳ κηρύξειε [τῷ] στόματι (εἰ μὴ μέμηνε καὶ τοῦ κατὰ φύσιν ἐξέστη φρονήματος). Τί οὖν χρὴ διαπράττεσθαι τὸν οἷον ἐμὲ μυρίαις σου καθ' ὥραν ἑκάστην δωρεαῖς, ὥσπερ τι δένδρον παρ' ὕδασι τὴν φυτείαν λαχὸν ἀρδευόμενον, καὶ ἀλήκτως παραρρέουσαν ἔχοντα τῆς σῆς εὐεργετικῆς χύσεως τὴν ἐπίδοσιν; Ἆρα σιγᾶν καὶ μηδὲν ὅλως βοᾶν χαριστήριον, ὅτι κατ' ἀξίαν μὴ δύνηται, ἢ βοᾶν ὡς οἷός τε εἴη καὶ δύνηται, καὶ ταύτῃ δεικνύναι τῆς ἐνούσης αὐτῷ γνώμης τὸ ἄσχετον, κἂν ἡ βοὴ ταύτης τὸ μέγεθος δι' οἰκείαν φανεροῦν μὴ ἰσχύσῃ σμικρότητα; Ὁ μὲν γὰρ καὶ ἀποδοχῆς ἄξιος κρίνεται, κἂν τῇ τῶν εὐγνωμονούντων μοίρᾳ λογίζεται, καθὰ κἀκεῖνος ὁ ἐν τῇ δεκάδι τῶν ὑπὸ τοῦ Σωτῆρος καθαρθέντων λεπρῶν ἀλλογενὴς καὶ ἀλλόφυλος· ὁ δὲ τῷ τῶν ἀχαρίστων στίφει συντάττεται, τὸν εὐεργέτην οὐκ εὐφημῶν κατὰ δύναμιν, καθὰ καὶ οὗτοι εἰληφότες μὲν τῆς νόσου τὴν κάθαρσιν, οὐ δεδωκότες δὲ δόξαν Χριστῷ τῷ ταύτην αὐτοῖς δεδωκότι τὴν κάθαρσιν.

3   Οὐκοῦν οὐ σιωπητέον, ἀλλὰ λεκτέον σοι ποθητῶς τὸ ἐγκώμιον, εἰ καὶ κατόπιν τῆς σῆς μεγαλειότητος λέξοιμεν, ὡς ἂν μὴ τούτων τῶν ἐννέα τὸν μῶμον δρεψώμεθα, ἀλλὰ τοῦ κριθέντος εὐγνώμονος τὴν ἐπαινετὴν ἑταιρίαν ἁρπάσωμεν. Βόησον τοίνυν, ὦ Βαπτιστά, καὶ νῦν ἐν ἡμῖν ὡς ἐν ἐρήμῳ τὸ πρότερον· ἔρημοι γὰρ καὶ ἡμεῖς λόγου καὶ φωνῆς καὶ ταῦτα βλαστώσης αὐγῆς καθεστήκαμεν, ἐξ ὧν σοι καὶ δι' ὧν ὁ τῆς εὐφημίας ἀναπλέκεται στέφανος. Βόησον καὶ νῦν ἐν ἡμῖν γεγωνότερον· βοησόμεθα γὰρ εἰ βοήσειας, καὶ σιγήσομεν εἰ σιγήσειας, κἂν μεγαλοφώνως

mind) that those who wish to crown you with praises are
wholly unworthy and fall far short of the demands of the
task. So, what is someone like me to do who, like a tree ob-
taining its nourishment by the water's edge, in every season
is watered by you with innumerable gifts and is the recipient
of the incessant stream of your beneficence? Should such a
one remain silent and not at all proclaim loudly his grati-
tude, because he cannot do so worthily? Or should he shout
out to the best of his ability and thereby show his indomita-
ble spirit, even though his own shout, being so puny, is not
capable of revealing the magnitude of his gratitude? The lat-
ter is judged worthy of approval and is assigned to the group
of the grateful, just like that man, the foreigner and outsider,
who was one of the ten lepers healed by the Savior; but the
former belongs in the ranks of the ungrateful, because he
fails to praise his benefactor to the best of his ability, just
like those lepers who, having been cleansed of their disease,
did not render glory to Christ who had cleansed them.

Let us, therefore, not be silent, but rather let us lovingly 3
deliver the encomium for you, even if we will speak at a level
far beneath your greatness, in order to avoid the blame at-
tached to those nine and to join the laudable company of
the one judged grateful. So, raise your voice now among us,
Baptist, as you once did in the desert; for we have been de-
serted by words and voice and by the light that promotes
the growth of those materials from which the garland of
praise is woven for you. Raise your voice now mightily
among us; for we will shout out if you shout, and we will be
silent if you are silent, even if we would have preferred to

βοᾶν προῃρήμεθα. Εἰς οὐδὲν γὰρ ἡμῶν ἡ βοὴ λογισθήσε-
ται, μὴ τῇ θειοτέρᾳ σου βοῇ τὸ σθένος λαμβάνουσα, καὶ
οὐδαμόθι γῆς ἡμῶν ἡ φωνὴ ἀκουσθήσεται, μὴ ἐκ τῆς
μεγάλης σου φωνῆς δεχομένη τὸ εὔηχον. Διὸ μᾶλλον καὶ
μᾶλλον εἰς συμμαχίαν σε προσκαλούμεθα, καὶ λῦσαι
δεόμεθα τὴν γλῶτταν ἡμῖν ἀφωνίᾳ δουλεύουσαν, ὥσπερ
καὶ Ζαχαρίᾳ τῷ πατρὶ πάλαι γεννώμενος ἔλυσας· καὶ
δοῦναι φωνὴν ἱκετεύομεν πρὸς τὴν τῆς σῆς εὐφημίας
ἀνάρρησιν, καθὰ κἀκείνῳ τικτόμενος δέδωκας πρὸς τὴν
τοῦ σοῦ δημηγορίαν ὀνόματος. Εἰ γὰρ ἐκεῖνος τὴν γλῶτταν
πεπέδητο, ἕως αὐτὴν ἡ σὴ προέλευσις ἔλυσε καὶ τῆς σῆς
προσηγορίας κεκίνηκε πρόοδος, πῶς ἂν ἡμεῖς πρὸς τὴν
σὴν εὐφημίαν τὴν γλῶτταν κινήσοιμεν, μὴ σοῦ ταύτην κι-
νοῦντος καὶ στρέφοντος καὶ πρὸς τὸ σὸν αὐτὴν κατευ-
θύνοντος στάδιον;

4   Ἀλλά μοι πρὸς τὴν βαλβίδα τῶν λόγων ὁ λόγος ἐλθών,
καὶ πρὸς τὴν τῶν σῶν θαυμάτων πληθὺν ἐκθαμβούμενος,
ἀπορίᾳ συνέχεται μείζονι, ὅθεν τῆς κατὰ σὲ διηγήσεως
ἄρξηται. Τὴν γέννησιν εἴποι πρώτην, ἣν ὁ Γαβριὴλ προ-
εμήνυσε, ὡς χαρᾶς ἐσομένην τῷ κόσμῳ προοίμιον; Ἀλλὰ
τὴν σύλληψιν, ἣν οὐ φύσις ὑπέρακμος, ἀλλ᾽ ἔνθεος ἐγεώρ-
γησε δέησις; Ἀλλὰ τὴν κυοφορίαν, ἣν ἡ στεῖρα γραῦς ὡς
ὑπερφυᾶ περιέκρυβε; Ἀλλὰ τὴν ἐγγάστριον ὄρχησιν, τὴν
πρώτην Θεὸν ἐγγάστριον πᾶσι κηρύξασαν; Ἀλλὰ τὴν ἐκ
στείρας ἀπότεξιν, <ἣν Μαρία> ἱστορεῖν ἐπεθύμησε; Ἀλλὰ
καὶ πορείαν, <ἣν> τριήμερον ἤνυσε, καὶ χρόνον τριμηνι-
αῖον παρέμεινεν, ἵνα τὴν θαυμαστήν σου θεωρήσασα
γέννησιν, τοῦ τῆς Τριάδος ἑνὸς μήτηρ ἀπειρόγαμος

shout with mighty voice. For our shout will count as nothing, if it does not obtain strength from your divine shout, and nowhere on earth will our voice be heard, if it does not receive resonance from your mighty voice. That is why we call on you with increasing insistence to come to our aid and beg you to release our tongue for us which is held in the bonds of voicelessness, just as once, upon your birth, you released the tongue of your father Zachariah; and we pray you to lend your voice to the proclamation of your eulogy, just as at your birth you gave a voice to Zachariah, in order that he might proclaim your name in public. For if his tongue was tied until your arrival set it loose, and until the pronouncement of your name set it in motion, how shall we move our tongue to proclaim your praise unless you move it and turn it and guide it into your racecourse?

But now that my speech has come to the starting line and stands astonished before the multitude of your wondrous works, it is held back by an even greater difficulty, namely, from what point it should begin your story. Should it speak first of your birth which Gabriel predicted would be the beginning of joy for the world? Or should the start be your conception, which was set to growth not by a nature beyond its prime but by a desire of God? Or should it be the pregnancy that the barren old woman was concealing, because it was so out of the ordinary? Or the leap in the womb that for the first time heralded to all the appearance of God in the womb? Or your birth from a barren woman that Mary was eager to investigate? Or the three-day journey that she made and the three months that she waited in order that, having witnessed your miraculous birth, she might firmly and unshakably believe that she was to be the virgin mother of one

ἔσεσθαι, βεβαίως τε καὶ ἀραρότως πιστεύσειεν; Ἀλλὰ τὴν
γαλούχησιν, ἣν ξηρός σοι μασθὸς διὰ γῆρας βαθὺ παρα-
δόξως προέχεεν; Ἀλλὰ τὴν ἐν ἐρήμῳ δίαιταν, ἣν ὁ κόσμος
χωρεῖν οὐκ ἠδύνατο; Τὴν ἐκ τῆς ἐρήμου πρὸς τὸν Ἰσραὴλ
τελευταίαν καὶ πρώτην ἀνάδειξιν, δι' ἧς αὐτοῖς τὸν Χριστὸν
ἐξεκάλυπτες καὶ τὴν τῶν οὐρανῶν βασιλείαν ἐκήρυττες;
Ἀλλὰ τὸν Ἰορδάνην, ἐν ᾧ τὸν λεὼν ἐκαθάριζες, καὶ δι' οὗ
σε Χριστὸς ἐκαθάρισε, ὑπουργόν σε λαβὼν καὶ ποιήσας
τοῦ οἰκείου βαπτίσματος; Τὴν νομοθεσίαν, ἣν φιλαν-
θρώπως τοῖς πειθομένοις ἐθέσπιζες; Τὴν ἀπειλήν, ἣν ἐμ-
βριθῶς τοῖς ἀπειθοῦσι προέφερες; Τὴν παρρησίαν, δι' ἧς
ἄρχοντας καὶ βασιλέας κατέπληττες, καὶ ἣν ἀξίως ὁ βασι-
λεὺς Ἡρώδης ἐτρόμασε, καὶ εἰ πάθει γυναίου τὸ δέος
ἀπέβαλε; Τὴν γενναίαν ἀποτομὴν καὶ τῆς τιμίας κεφαλῆς
τὴν ἀφαίρεσιν, δι' ἧς σεαυτὸν διπλοῦν τοῦ Σωτῆρος
κατέστησας Πρόδρομον, οὐκ ἐπὶ γῆς μόνον αὐτοῦ προϊὼν
καὶ προτρέχων, ἀλλὰ καὶ εἰς Ἅιδην γιγνόμενος Πρόδρο-
μος καραδοκοῦσι καὶ μένουσιν, ὥσπερ τοῖς ἐπὶ γῆς προ-
κηρύττων αὐτοῦ τὴν σωτήριον ἄφεσιν;

5   Ἀλλὰ τί τῶν σῶν ἐπέλθωμεν πρότερον ἢ τί καταλείψω-
μεν δεύτερον, ἑκάστου τὴν ὑπεροχὴν σύγκληρον ἔχοντος,
καὶ φιλονεικοῦντος εἰκότως εἰς προοίμιον τάττεσθαι, καὶ
τὸ πέρας ἐφ' ἑαυτῷ πάσης τῆς παρούσης ἐγκωμιαστικῆς
διαλέξεως δέχεσθαι, καὶ μὴ συγχωροῦντος ἐπ' ἄλλο τι τὴν
γλῶτταν διήγημα φέρεσθαι, ὅπως ἂν ἀτελὲς αὐτῷ μὴ ἐαθῇ
καὶ ἀπλήρωτον. Δοκεῖ δὲ ἡμῖν ἔχειν καλῶς εἰ τοῦ χρόνου
καὶ ἡμεῖς τὴν τάξιν φυλάξοιμεν, καὶ τῷ χρόνῳ <τὰ> πρω-
τεύοντα καὶ νῦν πρωτεύσοι ταῖς λέξεσιν, ἵνα καὶ τάξιν ὁ

of the Trinity? Or should the beginning be the marvelous flow of suckling milk provided to you by a desiccated breast, despite its great age? Or your sojourn in the desert, which the world was not able to comprehend; or after the desert your first and last appearance before the people of Israel that you used in order to reveal Christ to them and to proclaim the kingdom of heaven? Or shall my eulogy begin with the Jordan in which you cleansed the people and Christ cleansed you, taking you and making you the minister of his own baptism? Or the instructions that you lovingly laid down for those willing to follow them, or the threats which you sternly delivered to those not willing to obey? Or the boldness of your speech by which you shocked rulers and kings, and before which King Herod justifiably trembled, even if because of the passion of a woman he put aside his fear? Or the noble decapitation and removal of your precious head by which you made yourself doubly the Forerunner of the Savior, that is, going before and preceding him not only on earth, but in Hades also becoming a Forerunner for those who wait in expectation, just as you announced to those on earth his salvific remission of sins?

And so, which of your deeds should we put in first place 5 and which should be placed second? The fact is that each one of them has a claim to preeminence and asserts as reasonable its right to be at the very beginning; each one also wants to claim the ending of this whole encomium for itself, not allowing the speaker's tongue to embark upon any other story, lest its own account be left incomplete and unfulfilled. We think it would be best, however, if we too preserved the chronological order, and that the events that took place first in time should have precedence also in this account, in order

λόγος λάβοι τὴν πρέπουσαν, ἁρμόδιον ἑκάστῳ καὶ βρα-
χεῖαν παρέχων διήγησιν, καὶ φύγοι τῆς χρονικῆς ἐναλ-
λαγῆς τὴν ἀνάχυσιν, ἐπαινῶν ἐν τούτῳ Λάβαν τὸν δόλιον,
ὅτι τῶν θυγατέρων τὴν ἥττονα πρὸ τῆς πρεσβυτέρας
γάμῳ κατεγγυᾶν οὐκ ἠνέσχετο, καὶ ταῦτα ποθουμένην καὶ
πρόκριτον νομισθεῖσαν τῷ γήμαντι, οὐ μόνης χάριν σωμα-
τικῆς, ἀλλὰ καὶ ψυχικῆς ὡραιότητος ἕνεκα.

6   Οὐκοῦν ἐπαναγέσθω πάλιν ἡμῖν ὁ λόγος ἐπὶ τὴν ἀρχὴν
καὶ τοῦ θαυμαζομένου τὴν σύλληψιν—ἥτις αὐτῷ τῆς εἰς
τὸ εἶναι παρόδου προοίμιον γέγονε—τῆς εἰς αὐτὸν εὐφη-
μίας ποιείσθω προοίμιον, καὶ πάντων ἐφεξῆς ἐν τάξει
τιθέτω τὸν ἔπαινον, ὡς αὐτὸς ὁ παρ' ἡμῶν εὐφημούμενος
τὸν λόγον ἡμῖν χορηγεῖν ἐπινεύσειεν. Τάχα δὲ καὶ ταύτης
ἀνωτέρω τὸν λόγον ἀναγαγεῖν οὐκ ἀσύμφορον· δείξειε
γὰρ καὶ οὕτως αὐτὸν καὶ πρὸ ταύτης τῆς ἐν κοιλίᾳ συλ-
λήψεως μέγαν τινὰ γενησόμενον καὶ ἐπὶ μειζόνων ἀγαθῶν
προσδοκίᾳ φανούμενον, . . . τὴν ἐν Ἀδὰμ ἡμῶν [οὐκ ἀγνο-
ούμενον] περιβόητον ἔκπτωσιν. Διὰ ταύτης γὰρ πάντες
ἀθλίως ἐπράττομεν καὶ εἰς γῆν καὶ φθορὰν ἀπελήγομεν,
ὡς ἀπαξάπαντες τῷ "γῆ εἶ, καὶ εἰς γῆν ἀπελεύσῃ" πειθόμε-
νοι· τοῦτο γὰρ τῆς ἡμῶν ἐτύγχανε φύσεως ὑπὲρ τῆς ἡμῶν
παρακοῆς τὸ κατάκριμα. Οὐκ αὐτὴ δὲ μόνη τῆς ἀνθρωπίνης
ζωῆς ἡ ἀθλιότης ἐδείκνυτο, ἀλλ' εἶχεν αὐτῇ συμμεμιγμένον
τὸ ἄθεον. Τὸν γὰρ Κτίστην τοῦ παντὸς καὶ Δεσπότην
ἐάσαντες τοῖς ὁμοδούλοις ἐλατρεύομεν κτίσμασιν, καὶ θε-
οὺς ὠνομάζομεν τῶν ἰδίων ἡμῶν χειρῶν τὰ ποιήματα. Διὸ
καὶ τοῖς τῆς ἀτιμίας ἐδουλεύομεν πάθεσι, ἐπειδὴ τοῖς

that the speech maintain the appropriate order and provide a short narrative that is fitting for each topic, and thereby avoid confusion in the changing and sequence of times. In doing this our speech will be showing its approval of the crafty Laban, who refused to pledge in marriage the younger of his daughters before the older one, and this despite the fact that the younger was loved and considered preferable by the husband, on account of both her physical and her spiritual beauty.

So let our encomium go back again to the beginning, and let it take our admired subject's conception—which is the prelude of his coming to life—as the starting point for its eulogy on him; and let it arrange the praise of all the elements in orderly succession, according as the honoree himself may assent to provide me with the words. And perhaps it will not be unreasonable to bring the starting point back even before the conception; for in this way it could be demonstrated that, even before he was conceived in the womb, he was destined to be an important figure whose appearance would bring the expectation of great good things, . . . our famous fall from grace through Adam. Because of this fall we were all living wretched lives and were ending up in the earth and decomposed, every one of us subject to the words, *"you are dust and to dust you shall return."* For to this our nature was condemned, as a punishment for our disobedience. But the wretchedness of mortal life did not come on its own; it was mixed with godlessness. For, having set aside the Creator and Lord of all, we were offering worship to creatures that were our fellow slaves, and we were naming as gods the artifacts of our own hands. That is why we were enslaved to the passions of dishonor, because we were paying the honor

ἀτίμοις εἰδώλοις καὶ δαίμοσιν τοῦ μόνου τιμίου Θεοῦ τὴν τιμὴν προσεφέρομεν. Τοῦτο τῆς ἡμῶν φύσεως ἦν τὸ ἀρρώστημα, ὃ μεγέθους ὑπερβολὴν οὐ δεχόμενον μεγίστης ἰατρείας ἐδέετο. Αὕτη δὲ ἦν τὸ τὸν Κτίστην ἡμῖν ὁμοιωθῆναι τοῖς κτίσμασιν, καὶ τὸν Θεὸν ἄνθρωπον γενέσθαι καθ' ἡμᾶς διὰ τῆς πρὸς σάρκα τὴν ἀνθρωπίνην συνθέσεως· καὶ πάντων ἡμῶν ἀναλαβεῖν ἐν ἑαυτῷ τὰ φυσικὰ καὶ διαβολὴν οὐκ ἐμποιοῦντα παθήματα· καὶ τούτων παντελῆ τὸν ἀφανισμὸν ἐπιδείξασθαι, καὶ οὕτω περιφανῶς διασώσασθαι τὸν τούτοις ἑκουσίως κρατηθέντα τε καὶ κρατούμενον ἄνθρωπον, καὶ πρὸς τὴν πρώτην αὐτὸν ἐπανάγειν μακαριότητα, ἣν αὐτῷ καὶ ἀπ' ἀρχῆς δημιουργήσας συνέζευξε.

7 Ταύτην Θεὸς καὶ ποιεῖν πρώτῳ τῷ Ἀβραὰμ ἐπηγγείλατο, καὶ ἐν τῷ σπέρματι αὐτοῦ πάσας εὐλογηθῆναι τὰς φυλὰς τῆς γῆς ἐχαρίσατο, διὰ τῆς ἀπ' αὐτοῦ τοῦ μονογενοῦς αὐτοῦ Υἱοῦ καὶ Λόγου Σαρκώσεως. Ταύτην μετὰ τὸν Ἀβραὰμ τῷ Δαβὶδ ἐπωμόσατο, καὶ ἐκ καρποῦ τῆς κοιλίας αὐτοῦ ἐπὶ τὸν βασιλικώτατον αὐτοῦ θρόνον τὸν Βασιλέα τῆς Δόξης τιθέναι συνέθετο, ὅταν ὁ παρὼν αἰὼν ἐπὶ τὸ τέλος ἀφίκοιτο, καὶ τοῦ γραπτοῦ Νόμου ὁ διορισθεὶς ὑπ' αὐτοῦ καιρὸς τὸ πλήρωμα δέξοιτο. Ἦν ἰδεῖν καὶ θεάσασθαι οὐ μόνος Ἀβραὰμ καὶ Δαβὶδ οἱ τὰς τοιαύτας ἐπαγγελίας ἀξιωθέντες κληρώσασθαι, ἀλλὰ καὶ πολλοὶ μετ' ἐκείνους προφῆταί τε καὶ βασιλεῖς ἐπεθύμησαν, καθάπερ ἐν Εὐαγγελίοις πρὸς τὴν τῶν οἰκείων μαθητῶν μακαρίαν ὁμήγυριν, αὐτὸς ἡ πάντων ἁγίων ἐπιθυμία Χριστὸς ἀπεφήνατο. Παρῆν οὖν τοῦ παρόντος αἰῶνος τὰ ἔσχατα,

of the one honorable God to idols and demons lacking in all honor. This was the sickness of our nature, which, because it was unable to bear the surfeit of grandeur, was in need of the greatest cure. And the cure was for the Creator to assume the likeness of us creatures and for God to become man like us by a union with human flesh; and to take upon himself the natural passions, the ones that do not bring ill repute; and to display the complete annihilation of those evil passions, and thus to gloriously rescue mankind willingly conquered by them and still in their power; and to lead man back to that first state of bliss to which the Creator attached him in the beginning.

This was the bliss that God first promised to Abraham, 7 when He granted him the gift that *all the tribes of the earth in his seed would be blessed* by means of the Incarnation from that seed of his only-begotten Son and Word. This was the bliss that God swore to David after Abraham, and He promised to place, from the fruit of his abdomen, the King of Glory on his most regal throne, whenever the present age should reach its end and when the time ordained by him for the written Law should reach its completion. Abraham and David were not the only ones who longed to see and behold this bliss, having been judged worthy to inherit those promises, but many prophets and kings after them had that desire too, just as in the Gospels Christ, himself the desire of all the holy, announced to the blessed gathering of his own disciples. The end of the present age, then, was at hand and the

257

καὶ ἡ ἐπαγγελία τὴν οἰκείαν ἐμάστευεν ἔκβασιν, καὶ ὁ Νόμος τὴν προσδοκωμένην αὐτῷ διὰ Χριστοῦ προσεδέχετο πλήρωσιν, καὶ πάντες οἱ ἐν Ἰερουσαλὴμ προφῆται καὶ δίκαιοι τὴν τοῦ Ἰσραὴλ προσδεχόμενοι λύτρωσιν καὶ Πνεύματι ταύτην ἐφεστῶσαν μανθάνοντες, ἐπόθουν αὐτῆς τὴν παρουσίαν θεάσασθαι, οὐ μόνον ψυχῆς, ἀλλὰ καὶ σώματος ὄμμασιν, πρὶν τῆς παρούσης ζωῆς ἐκδημήσωσιν. Καὶ οὐ μόνον ἐπόθουν, ἀλλὰ καὶ ηὔχοντο καὶ Θεῷ δεήσεις προσέφερον, καὶ τῶν αἰτουμένων (ἄξιοι γὰρ ἦσαν) ἐτύγχανον.

8   Τοιοῦτος ἦν ὁ Συμεών, ὁ Χριστὸν ὡς ἱερεὺς ἐν ἀγκάλαις δεξάμενος, καὶ Δεσπότην αὐτὸν πάσης ὁμολογήσας τῆς κτίσεως. Τοιαύτη ἡ Ἄννα, ἡ τὴν πολυχρόνιον ἐκείνην χηρείαν κοσμίως ἀνύσασα, καὶ νύκτα καὶ ἡμέραν ἐν τῷ ἱερῷ Θεῷ προσεδρεύουσα, καὶ νηστείαις τε καὶ δεήσεσι διὰ παντὸς αὐτὸν θεραπεύουσα, ἡ τότε προφητικῷ παραστᾶσα τῷ πνεύματι καὶ παρόντα Χριστὸν τοῖς τότε παροῦσιν ὑπέφαινε. Τοιοῦτος ἦν ὁ Ἀριμαθαῖος Ἰωσήφ, ὁ τῆς ἁπάντων Ζωῆς τολμηρὸς ἐνταφιαστής, καὶ διὰ τοῦτο μᾶλλον εὐσχήμων βουλευτὴς κηρυττόμενος, ὅτι τὴν μὲν τῶν Ἰουδαίων κατὰ τοῦ Σωτῆρος βουλὴν ὡς αἰσχρὰν παρῃτήσατο καὶ ἀσχήμονα. "Οὗτος," γάρ φησιν, "οὐκ ἦν συγκατατιθέμενος τῇ βουλῇ καὶ τῇ γνώμῃ αὐτῶν." Ταύτην δὲ μόνος αὐτὸς ὡς λαμπρὰν καὶ εὐσχήμονα, εὐσχημόνως καὶ λαμπρῶς ἐβουλεύσατο.

9   Τοιοῦτος καὶ Ζαχαρίας, ὁ πρεσβύτης τε καὶ ἱερεὺς ἐγνωρίζετο, ὃς καὶ διὰ τὸ τῆς ἡλικίας ὑπέρακμον, καὶ τοῦ τῷ γήρᾳ παρεπομένου θανάτου τὸ ἄδετον, δεήσεις

promise was seeking its own fulfillment, and the Law was awaiting the completion it expected through Christ; and all the prophets and the righteous in Jerusalem, waiting for the redemption of Israel and learning through the Spirit that it was about to appear, desired to see it present with the eyes not just of the soul but of the body as well, before they should depart the present life. And they not only desired, but also, they prayed and brought their supplications to God, and (being worthy) they had their prayers answered.

Such a one was Simeon who, as priest, received Christ in 8 his arms and acknowledged him as the Lord of all creation. Such a one was Anna who decorously lived through a widowhood of many years and waited on God night and day in the temple, attending to him constantly with fasting and prayers; she was the one who standing by with prophetic spirit revealed to the people in that place that Christ was then present. Such a one was Joseph of Arimathea, who boldly performed the burial of the Life of all, and was proclaimed a decent member of the council, for the reason that he rejected the plot of the Jews against the Savior as disgraceful and indecent; for, as the Gospel says, "*This man was not in agreement with their plan* and intention." He alone, showing his decency and illustrious spirit, adopted this plan of burial as being the decent and honorable thing to do.

Such a one too was Zachariah, the elder and priest who, 9 because of his very advanced years and the uncertainty of the time of death that comes with age, was offering assidu-

ἐκτενεῖς καὶ συχνὰς τῷ Θεῷ προσεκόμιζε, μὴ στερηθῆναι
τοῦ πᾶσι προσδοκωμένου θεάματος, μηδὲ πρὸ τῆς τούτου
θέας τὸν ἐλπιζόμενον καὶ ἐπὶ θύραις ὄντα θεάσασθαι
θάνατον. Ταύτην ὁ πρεσβύτης ἀεὶ προσῆγεν τὴν δέησιν,
τοῦτο μὲν ἅπασι ταχέως ἐκλάμψαι τῆς σωτηρίας τὸ φῶς
ἐπευχόμενος, τοῦτο δὲ καὶ ἑαυτῷ τὴν τούτου τοῦ φωτὸς
ἀνατολὴν ἰδεῖν ἐξαιτούμενος καὶ [ἵνα] μὴ κατὰ τὸν ταύτης
αὐτὸν χρόνον ἀκμάζοντα, ταύτης ἁρπαγῆναι τῆς θεωρίας
ἀμέτοχον. Περὶ τούτου διηνεκῆ τὴν πρεσβείαν ποιούμενος
(καὶ μάλιστα ὅτε Θεῷ τὰς κατὰ Νόμον λατρείας προσέφε-
ρεν, ἵνα τούτων ταχέως ἡ ἄμειψις ἐπὶ τὸ πνευματικώτερόν
τε καὶ τελειότερον γένηται, καὶ λυτρωθῶσι τοῦ βάρους οἱ
τὸν αὐτὸν ζυγὸν ἐπικείμενον ἔχοντες), κληροῦται κατὰ
τὸν τῆς ἐφημερίας καιρὸν τὴν εἰς τὰ Ἅγια τῶν Ἁγίων μετὰ
θυμιάματος εἴσοδον, ἔνθα τοῦ ἔτους ἅπαξ ὁ ἀρχιερεὺς (καὶ
μόνον) εἰσέτρεχεν, αἷμα ταῖς χερσὶν ἐπαγόμενος καὶ διαρ-
ρήδην δεικνὺς τῷ αἰνίγματι τὴν ἐσομένην μίαν καὶ μόνην
Χριστοῦ τοῦ Σωτῆρος προσένεξιν, ἣν ἑαυτὸν τῷ Θεῷ καὶ
Πατρὶ ὁ ἀρχιερεὺς καὶ ἀμνὸς ὑπὲρ ἡμῶν εἰς σφαγὴν τῶν
ἀνθρώπων προσήγαγεν.

10 Ἐνταῦθα γοῦν καὶ Ζαχαρίας γενόμενος (ἦν γὰρ τῆς τοι-
αύτης λειτουργίας ἐπάξιος), καὶ τῷ θυσιαστηρίῳ παρεστὼς
καὶ περὶ τῆς ἐπιδημίας τοῦ Λόγου δεόμενος καὶ προσδε-
χθεὶς τῇ ἐπιμονῇ τῆς δεήσεως, δεξιὸν τοῦ θυσιαστηρίου
καθ' οὗ τὴν τοῦ θυμιάματος εὐωδίαν προσέφερεν, οὐράνιον
ἑστῶτα κατενόησεν ἄγγελον, ἀγγελίαν αὐτῷ δεξιὰν καὶ
οὐράνιον φέροντα. Γαβριὴλ οὗτος ἦν ὁ τουτωνὶ τῶν μη-
νυμάτων διάκονος, ὁ καὶ τῇ προσηγορίᾳ πρὸ τῶν λόγων

ous and frequent prayers to God that he not be deprived of the sight awaited by all and that he not witness, before seeing that sight, the imminent death he was expecting. The old man was constantly sending up this prayer, on the one hand praying that the light of salvation swiftly shine upon all and, on the other, asking for himself that he witness the dawning of this light, and not be deprived and left without the opportunity to participate in this sight at the very time when it was imminent. And while he was presenting an incessant appeal on this matter, (especially when in keeping with the Law, he was making offerings of worship to God, so that these rituals change to something more spiritual and perfect and those who carried the same yoke be relieved of it), he was assigned during the course of his *priestly division* to enter the Holy of Holies with incense, the place where once each year the high priest (and he alone) entered, carrying blood in his hands and by this symbol explicitly pointing to the coming unique offering of Christ the Savior, by which as high priest and lamb He gave himself up to God the Father for slaughter on behalf of mankind.

So Zachariah came to the temple (for he was worthy of performing that service) and while standing by the altar and praying for the coming of the Word, his prayer was answered thanks to the steadfastness of his request; for on the right side of the altar, where he was offering up the fragrance of the incense, he caught sight of a heavenly angel standing there who was bringing him an auspicious and heavenly message. The bearer of these tidings was Gabriel who, even before beginning to speak, revealed the message by his

10

HOMILIES

δηλῶν τὸ ἐξάγγελμα· τὰ γὰρ τῆς τοῦ Θεοῦ Λόγου θείας
Ἐνανθρωπήσεως μηνύσων ἥκει προοίμια, περὶ ἧς καὶ ὁ
πρεσβύτης ἐκτενῶς ἐλιτάνευεν· ὃν ἰδὼν ὁ θεσπέσιος ἄγγε-
λος ἐπὶ τῇ ὀπτασίᾳ κλονούμενον, καὶ τῷ φόβῳ τὸν κλόνον
συναύξοντα—"Ἐταράχθη," γάρ φησι, "Ζαχαρίας ἰδὼν καὶ
φόβος ἐπέπεσεν ἐπ᾽ αὐτόν·" τοῦ Νόμου γὰρ ἐν ἑαυτῷ τὸν
σάλον εἰκόνιζε, καὶ τὴν πρὸς τὴν εὐαγγελικὴν ὑπετύπου
πολιτείαν μετάθεσιν—ἀφαιρεῖται πρῶτον τοῦ φόβου τὸν
τάραχον, καὶ εἶθ᾽ οὕτω τῶν εὐαγγελίων ἀπάρχεται (οὐ γὰρ
φόβου ἦν τὰ λεγόμενα, ἀλλ᾽ ἀφοβίας καὶ τερπνότητος
πρόξενα). Τί λέγων; "Μὴ φοβοῦ, Ζαχαρία, διότι εἰσηκούσθη
ἡ δέησίς σου," μονονουχὶ βοῶν, "Τί δέδοικας, ὦ πρεσβύτα;
Τί δέδοικας περὶ ὧν αἰτεῖς λαμβάνων ἀπόκρισιν; Τί φοβῇ
Νομικῆς ἀχθηδόνος λυτρούμενος; Τί ταράττει τῆς σκιᾶς
ὁρῶν τὴν ἀπόβασιν; Τί καταπλήττει τῶν σαλευομένων
ὁρῶν τὴν μετάστασιν; Φοβερὰ μὲν γάρ εἰσι τὰ ὑπ᾽ ἐμοῦ
μηνυόμενα, ἀλλ᾽ οὐ φόβου ποιητικὰ τοῖς ἀκούουσι· καὶ
μεγάλα σοι λέγειν ἔχω μυστήρια, ἀλλ᾽ οὐ πρέπει σε τούτων
ἀκριβῶς ἀκροώμενον ταραχῇ καὶ φόβῳ συνέχεσθαι, ἀλλὰ
χαίρειν σὺν ἐμοὶ καὶ εὐφραίνεσθαι· εὐφροσύνης γὰρ καὶ
χαρᾶς ποιητικὰ ταῦτα καθέστηκε. Πάρεστι τῶν ἀνθρώπων
ἡ λύτρωσις· ἐλήλυθε τῶν πεπτωκότων ἡ ἔγερσις· τοῦ
Νόμου τὸ πέρας ἀφίκετο· τῆς χάριτος ὁ καιρὸς ἀνατέταλκε.
Καὶ ὄψει τούτων οὐκ εἰς μακρὰν ἐν ὀφθαλμοῖς τὸ κεφά-
λαιον, τὸν Θεὸν Λόγον ἐκ παρθένου σαρκούμενον, καὶ
καθ᾽ ὑμᾶς τοὺς ἀνθρώπους τικτόμενον, καὶ ὅλον τοῦ
ἀνθρωπείου γένους τὸ φῦλον ῥυόμενον. Καὶ σὺ τούτων οὐ
μόνον ἔσῃ θεατής, ἅπερ ὁρᾶν ἐπεθύμησας, ἀλλὰ καὶ

greeting; for he had come to announce the prelude to the divine Incarnation of the Word of God, the very event for which the old man was making fervent supplication. And when the heavenly angel saw Zachariah agitated by the apparition and that his agitation was increasing due to his fear—*"For,"* as the Gospel says, *"Zachariah was troubled when he caught sight of him and fear fell upon him,"* seeing that he was representing in himself the overthrow of the Law and symbolizing the conversion to the polity of the Gospels—Gabriel first removed the agitation and fear, and then proceeded to begin his good news (for his words were not conveyors of fear, but rather agents of fearlessness and joy). What did he say? *"Do not be afraid, Zachariah, for your prayer is heard,"* as if shouting to him, "Why are you alarmed, old man? Why the fear at hearing the answer to your prayers? Why the anxiety when you are being redeemed from the burden of the Law? Why are you disturbed at seeing the departure of the shadow? Why are you terrified at witnessing the removal of a system in tatters? It is true that what I announce is frightening, but it should not be a cause of fear to those who hear it. I do have great mysteries to relate to you, but you should not be overcome by fear and anxiety, if you listen to them carefully. Rather, you should join me in welcoming them and rejoicing, because they are a source of joy and happiness. The redemption of man is at hand; the raising of the fallen has come; the end of the Law is here; the season of grace has arrived. Before long, you will see with your eyes the author of these things, God the Word issuing in flesh from a virgin, being born just like you humans, and coming to save the whole race of mankind. You will not only become a witness of these things that you longed to

ὑπηρέτης γενήσῃ μακάριος. Ἵνα δὲ τοῖς ὑπ᾽ ἐμοῦ λε-
γομένοις πιστεύσειας, καὶ ξένῳ σε θαύματι πρὸς πίστιν
ἐπάγομαι, ἐκεῖνά σοι διηγούμενος, ἅπερ ὁρᾷν τὸ λοιπὸν
οὐκ ἐπίστευες. Τίνα ταῦτα; Ἡ γυνή σου Ἐλισάβετ γεννήσει
υἱόν σοι, καὶ καλέσεις τὸ ὄνομα αὐτοῦ Ἰωάννην· καὶ ἔσται
χαρά σοι καὶ ἀγαλλίασις, καὶ πολλοὶ ἐπὶ τῇ γεννήσει αὐτοῦ
χαρήσονται· ἔσται γὰρ μέγας ἐνώπιον Κυρίου, καὶ οἶνον καὶ
σίκερα οὐ μὴ πίῃ, καὶ Πνεύματος Ἁγίου πλησθήσεται ἔτι ἐκ
κοιλίας μητρὸς αὐτοῦ, καὶ πολλοὺς τῶν υἱῶν Ἰσραὴλ
ἐπιστρέψει ἐπὶ Κύριον τὸν Θεὸν αὐτῶν· καὶ αὐτὸς προελεύσε-
ται ἐν πνεύματι καὶ δυνάμει Ἡλιοῦ, ἐπιστρέψαι καρδίας
πατέρων ἐπὶ τέκνα, καὶ ἀπειθεῖς ἐν φρονήσει δικαίων,
ἑτοιμάσαι Κυρίῳ λαὸν κατεσκευασμένον."

11   Ὁρᾷς οἷα τοῦ Ἰωάννου καὶ πρὸ αὐτῆς τῆς ἐν κοιλίᾳ
συλλήψεως εἶναι μαρτυρεῖται φωναῖς ἀγγελικαῖς τὰ
αὐχήματα; Ἐτέχθη μὲν γὰρ ἐκ στείρας καὶ Σαμουήλ, ἀλλ᾽
οὐκ ἐκ γηραιᾶς οὐδὲ πατρὸς προβεβηκότος καὶ γέροντος.
Ἐτέχθη καὶ Ἰσαὰκ ἐκ γηραιῶν μὲν καὶ τοῦ τίκτειν ἐνηλ-
λαχότων τὸν καιρὸν καὶ τὴν δύναμιν, ἀλλ᾽ οὐ Πνεύματος
Ἁγίου ἐκ νηδύος αὐτῆς ἐνεπίμπλατο· ἀλλ᾽ οὔτε τοῖς ἄλλοις
ἅπασιν τούτων οὐδεὶς ὡραΐζετο, οἷς Ἰωάννης καὶ πρὸ το-
κετῶν ὡραΐζεται. Καὶ προφήτης μὲν ἦν ὁ Σαμουήλ, καὶ ὡς
βλέπων ἀληθῶς ἐχρημάτιζε—ἔβλεπεν γὰρ ὡς παρόντα τὰ
μέλλοντα—καὶ οἶνον οὐ πέπωκεν οὐδὲ σίκερα, ἀλλ᾽ ἔρη-
μον οὐ κατῴκησεν οὐδὲ ξέναις ἀνθρώποις τροφαῖς διετρέ-
φετο· ἀλλ᾽ οὔτε γεννώμενος χαρὰν πολλοῖς ἐνεποίησεν,
ὥσπερ Ἰωάννης ὁ μέγιστος ἔδρασε τῆς παγκοσμίου χαρᾶς
προγεννώμενος. Ἐγεγόνει στείρας καρπὸς καὶ Ἰωσὴφ ὁ

see, but you will also be a blessed servant of them. But in order to convince you of my message, I will bring you to believe by means of a strange marvel, relating to you those things that you believed you would never see. And what are they? *Your wife Elizabeth will bear you a son, and you shall call his name John. And you will have joy and gladness, and many will rejoice at his birth; for he will be great before the Lord, and he shall drink no wine nor strong drink, and he will be filled with the Holy Spirit from his mother's womb. And he will turn many of the sons of Israel to the Lord their God, and he will go before him in the spirit and power of Elijah, to turn the hearts of the fathers to the children, and the disobedient to the wisdom of the just, to make ready for the Lord a people prepared."*

Do you see what glorious achievements of John are attested by the angel's words even before his conception in the womb? Now Samuel too was born from a barren mother, but not from a woman who was old or a father who was far advanced in years. And while Isaac was the offspring of elderly parents who had passed beyond the age and ability for producing children, he was not filled with the Holy Spirit right from the womb, nor indeed was either of those men adorned by any of the gifts with which John was blessed even before his birth. Samuel was a prophet and was able to prophesy because he had true vision—for he saw future things as if they were present—and he abstained from wine and strong drink; but he did not live in the desert or feed himself on foods that are strange to men; nor did his birth bring joy to many, unlike the great John whose birth was followed by the joy of the whole world. And the most wise Joseph was the fruit of a barren woman, as indeed was his

11

σοφώτατος· καὶ πρὸ τούτου γε ὁ ἐκ στείρας αὐτὸν Ῥαχὴλ γεννησάμενος Ἰακὼβ ὁ μακάριος. Καὶ σώφρων μὲν ἦν Ἰωσήφ (ἔστησε γὰρ κατὰ τῆς Αἰγυπτίας τὸ τῆς σωφροσύνης ἀξιάγαστον τρόπαιον), ἀλλ' οὐ παρθενίας στρατηγὸς ὡς Ἰωάννης ἐγένετο· ὅσον δὲ παρθενίας καὶ σωφροσύνης τὸ μεταξύ, αὐτὰ βοᾷ τὰ τῶν ἀρετῶν ἀξιώματα· καὶ ὁ κρείττων υἱῶν καὶ θυγατέρων τόπος, ὁ μόνοις ἐκεῖσε διδόμενος τοῖς ψυχῆς ὁμοῦ καὶ σαρκὸς τὴν ἐν Χριστῷ παρθενίαν τιμήσασι, καὶ μιμηταῖς τῆς τοῦτον τεκούσης ἀχράντου Παρθένου γενομένοις τε καὶ ὑπάρξασιν. Τοῦτο δὲ καὶ αὐτὸς ὁ Σωτὴρ πᾶσιν ἐπιφανεὶς ἐφανέρωσε, μὴ πάντας εἰπὼν τούτου τυγχάνειν χωρητικούς, τοῦ τῆς παρθενίας λέγω χαρίσματος, ἀλλὰ μόνους ἐκείνους, οὓς ὡς ἀξίους κατὰ θείαν ηὐτρέπισται πρόγνωσιν. Ἠγαπήθη Θεῷ καὶ Ἰακὼβ ἔτι κατὰ τὴν μητρῴαν νηδὺν διαιτώμενος· ἐρρέθη γὰρ θείᾳ φωνῇ πρὸς τὴν τοῦτον ἐγκόλπιον φέρουσαν, "Τὸν Ἰακὼβ ἠγάπησα, καὶ τὸν Ἠσαῦ ἐμίσησα·" ἀλλ' οὐ Πνεύματος Ἁγίου κυοφορούμενος γέγονεν ἔμπλεως· καὶ Θεῷ παλαίειν παννύχιος ἴσχυσε—νὺξ γὰρ ἀγνοίας τότε Θεοῦ τοῖς πᾶσιν ἐκέχυτο— ἀλλ' οὐ Θεοῦ προτρέχειν καὶ Θεὸν βαπτίζειν δεδύνητο, ὃ μόνος ἐν ἀνθρώποις Ἰωάννης ποιεῖν ἀπετόλμησεν. Ὄρθρος γὰρ ὁ τῆς θεογνωσίας ἀναβεβήκει, λοιπὸν καὶ τῆς ἀληθοῦς ἡμέρας ἡ φαιδρότης ἐπέλαμπε, κἀκ τῆς πάλης ὁ ἄπλαστος τῷ μηρῷ διὰ τοὺς ἐξ αὐτοῦ ἐκ μηροῦ γεννησομένους ἐπέσκαζε, καὶ ὅλως ὀξυδρομεῖν οὐκ ἠδύνατο, προμηνύων αὐτῶν ἐμφανῶς τῷ αἰνίγματι τὸ πρὸς τὴν θείαν χάριν ἐπιδημοῦσαν τῷ βίῳ βραδὺ καὶ δυσκίνητον καὶ τὴν ἐκ τούτου φανησομένην αὐτῶν πανολέθριον χώλανσιν, ἣν

father the blessed Jacob who begot him from the childless Rachel. Joseph was a chaste man (for he won the distinguished trophy for chastity against the Egyptian woman), but unlike John he was not a general of virginity; and as for the difference between virginity and chastity, the very honors accorded the two virtues make that clear, as does the preeminent place of sons and daughters in heaven assigned there only to those who have honored the virginity in Christ of soul and body and who have become imitators of the immaculate Virgin who bore him. The Savior himself made this manifest to all when He appeared on earth, saying that not all were capable of receiving this, namely, the grace of virginity, but only those whom IIe, by means of his divine foreknowledge, prepared for it as being worthy. Jacob was already beloved of God when he was in his mother's womb; for a divine voice addressed her while she was carrying him, *"Jacob I loved, but Esau I hated."* However, he was not filled with the Holy Spirit when he was in the womb. And while he was strong enough to wrestle with God for a whole night—for the night of ignorance of God was then spread over all—he did not have the power to proceed before God and to baptize God. Rather, John was the only one among men who had the daring to do this; for the morning of the knowledge of God had dawned and the brightness of the true day had come to light. And when the wrestling was over, Jacob the innocent *was limping from the thigh,* on account of those who were destined to be born of his thigh, and he was completely unable to move quickly, clearly forecasting by this symbol the slow and hindered movement toward the divine grace that is endemic in their life, and the all-destructive lameness that they would suffer because of

Ἰωάννης παντελῶς οὐχ ὑπέμεινε, καίτοι κατ᾽ ἐκείνους ἐξ Ἰακὼβ καταγόμενος· ἀλλ᾽ εὔδρομός τις πρὸς ταύτην καὶ Πρόδρομος γίγνεται, τῆς Ἰουδαϊκῆς ἀπιστίας καὶ νυκτὸς πόρρω καταλιπὼν τὰ μυστήρια.

12 Ἠβουλόμην δὲ καὶ τὸν Σαμψὼν παραγαγεῖν εἰς παράθε-σιν· ἐκ στείρας γὰρ καὶ αὐτὸς ἐγεγέννητο, καὶ δεήσεως τῆς πρὸς Θεὸν βλαστὸς ἀναπέφηνε, καὶ τὴν κεφαλὴν ἑκὼν οὐκ ἐκείρατο· ξυρόν, γάρ φησιν, οὐκ ἀνέβη ἐπὶ τὴν κεφαλὴν αὐτοῦ· καὶ ἄλλοις δὲ θείοις τισὶν ἐκόμα δωρή-μασιν· ἀλλ᾽ ἡ Δαλιδὰ καὶ νῦν τὸ πορνίδιον πάλιν αὐτὸν γενναίως κρατήσασα ἀκολουθεῖν ἡμῖν πρὸς Ἰωάννην οὐκ εἴασεν.

13 Καὶ μεγάλοι μὲν ἐνώπιον Κυρίου πάντες ἐτύγχανον, ἀλλ᾽ οὐ πολλοὺς τῶν υἱῶν Ἰσραὴλ ἐπὶ Κύριον τὸν Θεὸν αὐτῶν ἐπιστρέψαντες φαίνονται· οὔτε Χριστοῦ τοῦ Θεοῦ προωδεύκασιν ἐν Ἠλιοῦ δυνάμει καὶ πνεύματι, οὔτε καρδίας πατέρων ἐπὶ τέκνα τῶν ἐν Νόμῳ τραφέντων ἐπὶ τοὺς γε-γονότας ἐν χάριτι μεθαρμόσαντες δείκνυνται, οὐδ᾽ ἀπει-θεῖς Ἰουδαίους ἐν φρονήσει δικαίων τῶν ἐν Χριστῷ δεδι-καιωμένων ὡδήγησαν, οὔτε Κυρίῳ ἐπὶ γῆς ἀναλάμψαντι λαὸν κατεσκευασμένον ἡτοίμασαν, οὔτε τὰ τούτων ἐσχή-κασι μείζονα—τί γὰρ μεῖζον τοῦ ἰδεῖν ἐν σαρκὶ καὶ βαπτίσαι τὸν Κύριον ὕδασιν;—καὶ εἰ ἐκ στείρων ἔσχον μητέρων τὴν γέννησιν καὶ ἄλλοις τισὶ πλεονεκτήμασιν ἔθαλλον, μεγά-λοις μὲν εἰ πρὸς ἑτέρων ἀρετὰς παραβάλλοιντο, μικροῖς δὲ λίαν εἰ τοῖς Ἰωάννου χαρίσμασι τολμοῖεν συγκρίνεσθαι.

14 Πρὸς ἃ δι᾽ ὑπερβολὴν ἀνυπέρβλητον καὶ Ζαχαρίας

him, which John entirely escaped, even though he, like them, was descended from Jacob. John, by contrast, became a swift Forerunner for this grace, having left far behind the mysteries of Jewish unbelief and nocturnal darkness.

It was my intention to bring Samson also into the comparison, for he too was born from a barren woman and came into the world as the product of a petition made to God; and he willingly refrained from having his hair cut, for as the scripture says, *a razor has never come upon his head,* and he abounded in other divine gifts. But once again the harlot Delilah, taking full control of him, has prevented us from proceeding to a comparison with John. 12

Now all of those men, it is true, were great in the sight of the Lord, but they do not appear to have turned many of the sons of Israel to the Lord their God; nor did they proceed before Christ our God *in the power and spirit of Elijah;* neither are they shown to have converted the hearts of the fathers bred in the Law to the children, that is to say, to those born in grace; nor have they guided the disobedient Jews to the wisdom of the just, in other words, of those who have been justified in Christ; nor have they readied a people prepared for the Lord after He appeared in glory upon the earth; nor have they achieved greater things than these accomplishments—for what could be greater than to see the Lord in the flesh and to baptize him with water? Yes, they were born from barren mothers and had an abundance of other achievements; but, while these were great if they were set side by side with the virtues of other people, they were really insignificant if they dared to be compared to the special gifts of John. 13

In this situation, confronted by the impossibly over- 14

τότε, ὁ μέλλων Ἰωάννου πατὴρ ἀναδείκνυσθαι, τὸν νοῦν ὡς ἐπ᾽ ἀμηχάνοις τισὶν ἐκπληττόμενος, τῆς ἀπιστίας τὸ κέντρον ἐδέχετο· καὶ δὴ τούτῳ πληγεὶς πρὸς τὸν μακάριον ἔφασκεν ἄγγελον ἐκεῖνα τῆς δεινῆς ἀπιστίας τὰ ῥήματα· "Κατὰ τί γνώσομαι τοῦτο; Ἐγὼ γάρ εἰμι πρεσβύτης, καὶ ἡ γυνή μου προβεβηκυῖα ἐν ταῖς ἡμέραις αὐτῆς." Ἅπερ εἰπεῖν Ἰωάννου τὸν πατέρα τὸ παράπαν οὐκ ἔπρεπεν· εἴρηκεν δὲ οὐχ ὡς Ἰωάννου πατήρ, τῆς μεγάλα τε καὶ ἐξαίσια βοώσης Φωνῆς, ἀλλ᾽ ὡς τοῦ στενοφώνου καὶ βραδυγλώσσου Νόμου φέρων τὸ πρόσωπον· στενόφωνος γὰρ ὁ Μωσῆς καὶ βραδύγλωσσος ὁ τοῦτον γεγραφὼς ἀναγέγραπται· ὅθεν εὐθὺς καὶ σιωπᾶν ἐπετάττετο καὶ εἰκονίζειν ἐν ἑαυτῷ Νόμου τοῦ Μωσαϊκοῦ τὴν σιώπησιν, ἣν ἐπιφανέντος ἡμῖν ἐν σαρκὶ τοῦ μεγάλου νομοθέτου Χριστοῦ σεσιώπηκεν, ὡς Νόμου βουληθεὶς γενέσθαι προτύπωμα· ἐπύθετο γὰρ τοῦ ἀγγέλου τὴν σιωπὴν αὐτῷ καθορίζοντος· "Ἐγώ εἰμι Γαβριὴλ ὁ παρεστηκὼς ἐνώπιον τοῦ Θεοῦ, καὶ ἀπεστάλην λαλῆσαι πρὸς σὲ καὶ εὐαγγελίσασθαί σοι ταῦτα· καὶ ἰδοὺ ἔσῃ σιωπῶν, καὶ μὴ δυνάμενος λαλῆσαι ἄχρι ἧς ἡμέρας γένηται ταῦτα, ἀνθ᾽ ὧν οὐκ ἐπίστευσας τοῖς λόγοις μου, οἵτινες πληρωθήσονται εἰς τὸν καιρὸν αὐτῶν." Καὶ μάλα εἰκότως ἐπετιμᾶτο τὸ ἄφωνον, εἰ καὶ τῆς Φωνῆς γεννήτωρ ἔμελλεν ἔσεσθαι· οὐ μόνον ὅτι τῶν ἐν Νόμῳ διαπιστούντων γενέσθαι τύπος ἠνέσχετο, ἀλλ᾽ ὅτι μηδὲ τὴν ταῦτα κηρύττειν στελλομένην Φωνὴν ἀπ᾽ αὐτοῦ προϊέναι πεπίστευκεν, καὶ τῇ τῆς Φωνῆς ἀπιστήσας προόδῳ, δικαίως τῆς φωνῆς ἐστερίσκετο, ἐπειδὴ "δι᾽ ὧν τις ἁμαρτάνει, διὰ τούτων," ὡς ὁ σοφός φησιν Σολομών, "καὶ κολάζεται," ἵνα μάθοι τῇ ἐξ

charged message of the angel, Zachariah, the father-to-be of John, at that moment was hopelessly dumbfounded in his mind and was struck by the sharp point of incredulity. Thus stricken, he addressed to the blessed messenger those well-known words of his terrible unbelief, *"How shall I know this? For I am an old man, and my wife is advanced in years."* It was in no way proper for the father of John to say these things and he spoke them, not as the father of John the Voice which loudly proclaims great and extraordinary events, but as the representative of the weak-sounding and *slow-speaking* Law; for Moses the author of this Law is attested as being weak of voice and *slow of speech.* Accordingly, as one destined to prefigure the Law, Zachariah was immediately instructed to become dumb and to symbolize in himself the silencing of the Mosaic Law which was imposed upon it, when the great lawgiver Christ arrived among us in the flesh; for he heard the angel pronouncing the penalty of silence upon him, *"I am Gabriel who stands in the presence of God; and I was sent to speak to you, and to bring you this good news. And behold, you will be silent and unable to speak until the day that these things come to pass, because you did not believe my words, which will be fulfilled in their time."* Even if he was destined to be the father of the Voice, he was quite rightly penalized with the loss of his own voice, not only because he allowed himself to become the symbol of those in the Law who lack all belief, but also because he refused to believe that the Voice sent to announce those things would issue from himself. And so having disbelieved in the coming of the Voice, he was justly deprived of his voice, since, as the wise Solomon says, *"a man is punished by the very things through which he sins,"* in order that

HOMILIES

ἐρήμου προϊούσῃ Φωνῇ μὴ ἀπιστεῖν· ἐξ ἀγόνου γὰρ γῆς
(ἤτοι μήτρας), ὁ Ἰωάννης ἐξέθορε, καὶ ἐν ἐρήμῳ ἐβόησεν
ταῖς Ἰουδαίων πίστεως καρπὸν οὐ τικτούσαις ψυχαῖς, ἢ
καὶ τῇ ἐξ Ἐθνῶν ἐκκλησίᾳ ὡς καρπὸν οὐκ ἐχούσῃ τὸ
πρότερον ἥμερόν τε καὶ τρόφιμον καὶ τρέφειν Χριστὸν
κατὰ τὴν ἐν Σαμαρείᾳ βρῶσιν δυνάμενον· ἑκατέραις γὰρ
τούτων Ἰωάννης ἐν ἐρήμῳ ἡ μεγάλη καὶ μεγάλα βοῶσα
Φωνὴ τὸ σωτήριον ὄντως βεβόηκεν κήρυγμα, τὸ καὶ καρ-
ποφόρον εἰς γῆν μεταβαλεῖν ἑκατέραν ἱκανὸν ἄκαρπον
ἔρημον.

15 Τί γὰρ ἄρα καὶ ὁ πρεσβύτης ἐκεῖνος καὶ ἱερεὺς καὶ τοῦ
Νόμου παιδευτὴς καὶ διδάσκαλος, καὶ τὴν παράκλησιν
τοῦ Ἰσραὴλ προσδεχόμενος, καὶ ὑπὲρ ταύτης ἀεὶ προσάγων
σύντονον δέησιν, μὴ τοῖς ταύτης εὐαγγελίοις ἐπείθετο, εἰ
μὴ τῶν ὑπὸ Νόμον ἐν ἑαυτῷ προεζωγράφει <τὸ> ἄπιστον;
Εἰ μὲν γὰρ ἄγγελον ἅγιον ᾤετο τὸν τῷ θυσιαστηρίῳ παρ-
εστῶτα καὶ ταῦτα πρὸς αὐτὸν ἐκεῖθεν φθεγγόμενον, διὰ τί
μετὰ πίστεως τῶν λεγομένων οὐκ ἤκουε, τῷ κατὰ τὸν
Ἀβραὰμ καὶ τὴν Σάρραν πρὸς τὸ πιστεῦσαι ῥυθμίζων
ἑαυτὸν ὑποδείγματι; Καίτοι εἰ καὶ τοῦτο μὴ ἦν, ἔδει πάντως
Θεῷ πιστεῦσαι θεσπίσαντι ξένον τι καὶ ὑπὲρ φύσιν ἐργάσα-
σθαι· τί γὰρ ἐν τοῖς οὖσίν ἐστιν, ὃ μὴ θᾶττον πρὸς ὕπαρξιν
τῷ τοῦ Θεοῦ πανσθενεῖ συντρέχει προστάγματι; Ὁ καὶ
Ἰὼβ ὁ θαυμάσιος, ὑπ’ αὐτοῦ τοῦ Θεοῦ διὰ τῆς πρὸς αὐτὸν
ἐν τῷ νέφει πυθομένης φωνῆς διδασκόμενος, θαυμασίως
πως ἀνεβόησε, "Οἶδα ὅτι πάντα δύνασαι, ἀδυνατεῖ δέ σοι
οὐδέν." Εἰ δὲ δύναμιν ἐχθράν τινα καὶ ἀντίθεον τὴν πρὸς
αὐτὸν φθεγγομένην ἐτόπαζε, τί τῶν λαληθέντων ἐπεζήτει

272

he learn not to disbelieve in the Voice coming forth out of the desert. For John sprang forth from barren soil (that is, a childless womb) and in the desert he shouted out to the souls of the Jews who were not producing the fruit of faith, as well as to the church of the Gentiles which at first did not possess the mild and nutritious fruit that has the power to nourish Christ like that *food in Samaria.* For John, the great Voice shouting out great things in the desert, announced the truly salvific message to both of these groups, a message capable of transforming the barren desert of each to fruit-bearing land.

So why did that elder and priest, the instructor and 15 teacher of the Law, who was waiting for the consolation of Israel and constantly offering prayer on behalf of that, not believe the good news of this consolation, if it was not because he was foreshadowing in himself the disbelief of those under the Law? For if he thought that the one standing at the altar addressing those words to him was a holy angel, why did he not receive the announcement with faith, following the example of Abraham and Sarah who did believe? And even if he failed to do that, he should surely have believed God decreeing the accomplishment of something marvelous and supernatural. For what is there in existence that does not rush more quickly into being at the almighty command of God? This sentiment was marvelously proclaimed by the admirable Job also, when he was instructed by God himself through the voice in the cloud that he heard directed to him: "*I know that you can do all things, and that nothing for you is impossible.*" But if he suspected that he was being addressed by a hostile power and one opposed to God,

τὴν πίστωσιν, λέγων, "Κατὰ τί γνώσομαι τοῦτο;" εἰδὼς ὡς
ψεύστης ἐστὶν ἀπ' ἀρχῆς καὶ ἀλήθειαν λαλεῖν οὐκ ἐπίστα-
ται· καὶ ὡς τὸ πρῶτον ψευσάμενος καὶ ὅλως δεχθεὶς ἐν τῷ
ψεύσματι, οὐκ ἀπορήσει καὶ τὸ δεύτερον ψεύσασθαι, ὅπως
μείζοσιν ἀπάταις αἰχμάλωτον τὸν ἁλόντα ταῖς πρώταις
αὐτοῦ προσβολαῖς ἀπενέγκοιτο; Ἀλλ' οὐ τοιοῦτός τις εὐ-
ήθης ὁ Ζαχαρίας ὁ Ἰωάννου τοῦ μεγάλου πατὴρ ἐτύγχα-
νεν, ἄπαγε· οὐδ' ἐκ ῥίζης τοιαύτης οὕτω μωρᾶς ὁ γλυκύτα-
τος οὗτος καρπὸς Ἰωάννης ἐφύετο, ὁ καὶ διὰ τοῦτο τάχα
τρεφόμενος μέλιτι, ὅτι πᾶσι τοῖς τὴν ἐξαίρετον ἀγαπῶσι
ζωὴν ἡδύς ἐστιν καὶ γλυκύτατος, καὶ πρὸς τὴν οἰκείαν
αὐτοὺς δι' ἔνθεον ἡδονὴν προσκαλεῖταί τε καὶ προτρέπε-
ται μίμησιν. Ἀλλ' ἔκστασιν ὁ πρεσβύτης, ὡς ἔφημεν, οἶμαι,
κατὰ τὸν Ἰσαὰκ ἐκεῖνον ὑπέμεινεν, ἵνα τοῦ μὲν Νόμου τὴν
σιγὴν καὶ τῶν ὑπὸ Νόμον προδηλώσοι τὸ ἄπιστον, τοῦ δὲ
Εὐαγγελίου τὴν βροντὴν τὴν πάντα τῆς οἰκουμένης κατα-
κτυπούσαν τὰ πέρατα, καὶ τῶν ὑπὸ χάριν ἐθνῶν τὸ πιστὸν
προμηνύσειεν.

16   Οὐκοῦν μέγας ὁ ἱερεὺς καὶ μυστικῶς ἀπιστεῖ καὶ μυ-
στικώτερον ἀφαιρεῖται τοῦ λόγου τὴν πρόοδον διὰ τὸ τῆς
Ἰουδαϊκῆς ἀπιστίας ἀλόγιστον· κἀκ τούτου Ἰωάννης ὁ
τοῦ Λόγου πρόεισι πρόδρομος φέρων ἐν ἑαυτῷ τὴν ἀρετὴν
τοῦ γεννήτορος, εἴπερ ἐκ τοῦ καρποῦ τὸ δένδρον γιγνώσκε-
ται καὶ οὐ δύναται δένδρον σαπρὸν καρπὸν καλὸν ποιεῖν,
κατὰ τὴν θείαν ἐκείνην φωνὴν καὶ θεότευκτον· εἰ γὰρ μὴ
οὕτως τις τοῦ πρεσβύτου τὴν ἀπιστίαν νοεῖν ἐθελήσειεν,
ἔσται πολὺ τῆς Ἐλισάβετ ἐν ἀρεταῖς ἐλαττούμενος· ἐκείνη
γὰρ καίτοι τούτων μηδαμῶς ἐπακούσασα (ἄναυδος γὰρ ὡς

why did he ask for a confirmation of the message, saying *"How will I know this?"* if he was aware from the start that the messenger was lying and did not know how to speak the truth, and that having lied once and been totally believed, he would have no problem in lying a second time, so that he might catch by a greater deception the one who fell victim to his first assault? But Zachariah the father of the great John was not such a simpleminded man, God forbid; nor was John, the sweetest of fruits, born from such an insipid root, the same John, who perhaps for this reason feeding himself on honey, is pleasant and most sweet to all those who love the special life and by means of a godly pleasure invites and summons them to imitate himself. Rather, I think that the elder, Zachariah, experienced an ecstatic vision, just as the famous Isaac did, in order that he might foreshadow, as we said earlier, the silencing of the Law and the disbelief of those under the Law, and to foretell the thunder of the Gospel that would resound to all the limits of the world, and the belief of the nations under grace.

Great was the priest, then, and mystical his incredulity, 16 and in a rather mystical way he was deprived of the passage of speech because of the irrational unbelief of the Jews. And from him came John, the forerunner of the Word, bearing in himself the virtue of his father, if it is true that *a tree is known by its fruit* and that *a bad tree is incapable of producing good fruit,* according to that divine and inspired precept. And if anyone is reluctant to understand the disbelief of the elder in this way, then he will fall far short of Elizabeth in virtue. For that woman, despite the fact that she had heard none of those

αὐτὴν ὁ πρεσβύτης ἀνέλυσε), τὴν μακαρίαν Παρθένον ἐλθοῦσαν πρὸς αὐτὴν θεωρήσασα, καὶ τῆς παρθενικῆς πυθομένη προσρήσεως, Θεοτόκον αὐτὴν εὐθὺς ἀνηγόρευσε· "Εὐλογημένη σὺ ἐν γυναιξίν," μεγάλῃ βοῶσα τῇ φωνῇ, "καὶ εὐλογημένος ὁ καρπὸς τῆς κοιλίας σου. Καὶ πόθεν μοι τοῦτο ἵνα ἔλθῃ ἡ μήτηρ τοῦ Κυρίου μου πρός με; Ἰδοὺ γὰρ ὡς ἐγένετο ἡ φωνὴ τοῦ ἀσπασμοῦ σου εἰς τὰ ὦτά μου, ἐσκίρτησεν τὸ βρέφος ἐν ἀγαλλιάσει ἐν τῇ κοιλίᾳ μου," ἣν καὶ ἀξίως ἐμακάριζεν λέγουσα καὶ "μακαρία ἡ πιστεύσασα, ὅτι ἔσται τελείωσις τοῖς λελαλημένοις αὐτῇ παρὰ Κυρίου·" οὐ μόνον γὰρ ἔγκυον αὐτὴν οὖσαν ἐπέγνω τῷ Πνεύματι, ἀλλὰ καὶ τῶν παρὰ Θεοῦ λελαλημένων αὐτῇ δι' ἀγγέλου φωνῆς ἐπλούτει τὴν εἴδησιν· ὅπερ ἄπιστον ἂν εἴη παντελῶς καὶ ἀπίθανον. Δείκνυσι γὰρ Ζαχαρίου τὴν πρὸς Θεὸν τελειότητα οὐ μόνον τὸ πρὸς αὐτὸν ἀπεστάλθαι τὸν ἄγγελον τὸν τὰ τοιαῦτα κατακομίσαντα ἐπὶ γῆς εὐαγγέλια, καὶ τὸ Ἰωάννου τοῦ Βαπτιστοῦ γενέσθαι γεννήτορα καὶ τὸ τῇ τοῦ Χριστοῦ συγγενείᾳ σεμνύνεσθαι—"Ἰδού," γάρ φησιν, "Ἐλισάβετ ἡ συγγενίς σου" αὐτὸς ὁ τὴν ἁγίαν Παρθένον εὐαγγελισάμενος ἄγγελος, ἀλλὰ καὶ ἐξ ὧν μετὰ τὸν τοῦ Ἰωάννου τόκον προφητικῶς μεμελῴδηκεν καὶ τὰ περὶ Χριστοῦ προδιήγγειλεν, "Εὐλογητός," βοῶν, "Κύριος ὁ Θεὸς τοῦ Ἰσραὴλ ὅτι ἐπεσκέψατο καὶ ἐποίησεν λύτρωσιν τῷ λαῷ αὐτοῦ, καὶ ἤγειρεν κέρας σωτηρίας ἡμῖν, ἐν οἴκῳ Δαβὶδ τοῦ παιδὸς αὐτοῦ, καθὼς ἐλάλησε διὰ στόματος τῶν ἁγίων τῶν ἀπ' αἰῶνος προφητῶν αὐτοῦ," καὶ τὰ ἕτερα ὅσα περὶ αὐτοῦ τούτοις ἐπήγαγεν, ἃ καὶ πρὸ θανάτου θεάσασθαι ἑκάστης ὥρας προσηύχετο.

things (for the elder had returned to her without his voice), upon seeing the blessed Virgin approaching her and hearing the Virgin's greeting, straightaway proclaimed her as the Mother of God, exclaiming in a loud voice, *"Blessed are you among women, and blessed is the fruit of your womb! But why does it happen to me that the mother of my Lord should come to me? As soon as the sound of your greeting reached my ears, the baby in my womb leaped for joy."* And then she pronounced her blessed in a worthy manner saying, *"Blessed is she who has believed that the Lord will fulfill his promises to her!"* For not only did she recognize that Mary was pregnant by the Spirit, but she was also in full knowledge of the words announced to her by God through the angelic messenger, something that otherwise would be completely incredible and improbable. For Zachariah's perfection before God is shown not only by the fact that the angel was sent to him bringing such good tidings down to earth, namely, that he would be the father of John the Baptist and would be honored by kinship with Christ—for the angel who brought the good news to the holy Virgin himself said, *"Behold your kinswoman Elizabeth,"* but also from what he chanted in prophecy after the birth of John and what he foretold about Christ, proclaiming loudly, *"Blessed be the Lord God of Israel, for He has visited and redeemed his people, and has raised up a horn of salvation for us in the house of his servant David as He spoke by the mouth of his holy prophets from of old,"* and the rest that he added to these things about him, the things that he was at every hour praying to see before death.

¹⁷ Ὁμοίως δὲ καὶ ἀφ᾽ ὧν πρὸς τῷ τοῦ ᾄσματος πέρατι περὶ τοῦ οἰκείου παιδὸς προεφήτευσεν, "Καὶ σύ, παιδίον," λέγων, "προφήτης Ὑψίστου κληθήσῃ· προπορεύσῃ γὰρ πρὸ προσώπου Κυρίου ἑτοιμάσαι ὁδοὺς αὐτοῦ τοῦ δοῦναι γνῶσιν σωτηρίας τῷ λαῷ αὐτοῦ, ἐν ἀφέσει ἁμαρτιῶν αὐτῶν διὰ σπλάγχνα ἐλέους Θεοῦ ἡμῶν." Ἅπερ οὐκ ἀπὸ καρδίας, ἀλλὰ Πνεύματος Ἁγίου γενόμενος ἔμπλεως ἔλεγε· γέγραπται γὰρ ἐν Εὐαγγελίοις ὧδε περὶ αὐτοῦ· "Καὶ Ζαχαρίας," φησίν, "ὁ πατὴρ αὐτοῦ ἐπλήσθη Πνεύματος Ἁγίου, καὶ προεφήτευσεν λέγων." Τί λέγων; Ταῦτα, δηλαδή, ἃ προλαβόντες εἰρήκαμεν. Πρόδηλον δέ, ὡς οὐκ ἂν οὕτως ὁ Ζαχαρίας Ἁγίου σαφῶς ἐνεπίμπλατο Πνεύματος, εἰ μὴ πιστός τις ὑπῆρχε τῷ Πνεύματι καὶ τῆς εὐκταίας αὐτοῦ πληρώσεως ἄξιος, καὶ ὡς οὐδὲ Ἰωάννου πατὴρ ἐχρημάτιζε, εἰ μὴ καὶ ταύτης ἦν τῆς ἀξίας ἐφάμιλλος. Ταῦτα μὲν οὖν ἅπαντα τῆς Ἰωάννου καθηγείσθω συλλήψεως, δεικνύντα πάντων αὐτὸν τῶν ἐν γεννητοῖς γυναικῶν πρὸ συλλήψεως μείζονα· καθὰ καὶ ταύτην αὐτῷ Χριστὸς ἡ ἀλήθεια τὴν μαρτυρίαν ἀληθῶς μεμαρτύρηκε, ἵνα μὴ κατὰ τοῦτό τινες, τὸ μὴ ἐκ μεγάλων τετέχθαι τινῶν, ὑπολάβοιεν αὐτόν τινος τῶν ἀνθρώπων ἐλάττονα· ὃ καὶ τὸ γράμμα τὸ Εὐαγγελικὸν διὰ φροντίδος, ὡς οἶμαι, τιθέμενον διὰ τῆσδε τῆς περὶ αὐτῶν προεκτεθείσης γραφῆς τὴν ὑπόνοιαν τῶν τοῦτο μελλόντων ὑπονοεῖν προαπεκήρυξεν φῆσαν ἐναργῶς, "Ἦσαν δὲ δίκαιοι ἀμφότεροι ἐνώπιον τοῦ Θεοῦ πορευόμενοι ἐν πάσαις ταῖς ἐντολαῖς καὶ δικαιώμασι τοῦ Κυρίου ἄμεμπτοι." Τί δὲ τοῦ τοιαύτην ἑλεῖν τότε τὸν Ζαχαρίαν καὶ τὴν Ἐλισάβετ, τοὺς Ἰωάννου γεννήτορας, ψῆφον εὐαγγελικὴν

Likewise his perfection is shown also from what he   17
prophesied at the end of the chant about his own son, in
these words, "*And you, child, will be called prophet of the Most
High; for you will go before the Lord to prepare his ways, to give
knowledge of salvation to his people in the forgiveness of their sins
through the tender mercy of our God.*" He said these words not
from the heart but filled with the Holy Spirit; for it was
written thus about him in the Gospels, "*And his father Zacha-
riah was filled with the Holy Spirit and prophesied, saying.*" Say-
ing what? Clearly those words that we quoted just now. And
it is obvious that Zachariah would not have been in this way
clearly filled with the Holy Spirit, unless he was faithful to
the Spirit and was worthy of having his prayer fulfilled. And
it is clear that neither would he be the father of John, if he
were not equal to this honor as well. All these things, then,
are the foreground to John's conception and prove that he
was *greater* before conception than anyone else *born of a
woman.* And so, Christ, the truth, has provided for him this
true testimony, in order that people not consider him in this
respect, namely his not being born of important parents, to
be inferior to any other human being. It was this concern, as
I believe, that led the Gospel document, by means of the
following text about the parents, to condemn clearly in ad-
vance the suggestion of those who were liable to make this
imputation, "*And they were both righteous before God, walking
in all the commandments and ordinances of the Lord blameless.*"
What is to be seen among men, which surpasses such a
scriptural judgment at that time in favor of Zachariah and

μαρτυροῦσαν αὐτοῖς τῶν ἀρετῶν τὴν ἀκρόπολιν τὸ ὑπερ-
έχον ἐστὶν ἐν ἀνθρώποις θεάσασθαι; Οὐ μόνον γὰρ αὐτοῖς
τὸ "δίκαιοι" ἡ ἀδέκαστος ψῆφος παρέσχετο, ἀλλὰ καὶ τὸ
"ἐνώπιον τοῦ Θεοῦ" προσεπήγαγε· Θεῷ γὰρ μόνῳ δίκαιοι
φαίνεσθαι νόμοις Εὐαγγελικοῖς ἐπετήδευον, ὄμματι προ-
φητικῷ ὡς ἤδη τεθέντας προβλέποντες· καὶ τὸ χεῖρα τὴν
ἀριστερὰν τὸ δεξιὸν ἀποκρύπτειν πειρᾶσθαι πολίτευμα
<καὶ> φθάνειν τῆς τοιαύτης νομοθεσίας ἔργῳ καὶ πράξει
τὸ πρόσταγμα· πρόσκειται δὲ καὶ τοῦτο τῇ ψήφῳ σαφῶς,
ἡ πασῶν ὁμοῦ τῶν Μωσαϊκῶν ἐντολῶν καὶ δικαιωμάτων
ἄμεμπτος πλήρωσις, ἵνα δείξῃ τοὺς ταυτηνὶ τὴν ψῆφον
ἔννομον ἔχοντας, ἑκατέρους ἑκατέροις τοῖς τε τῆς Πα-
λαιᾶς Νομοθεσίας στεφανουμένους αὐχήμασιν καὶ τοῖς
τῆς Εὐαγγελικῆς πολιτείας λαμπρυνομένους ὑψώμασιν.

18   Τοιούτους γὰρ ἔδει καὶ ἔπρεπε καὶ τοὺς Ἰωάννου προ-
βολέας ὁρᾶσθαι, ἐπειδὴ καὶ ὁ ἐκ τούτων ἡμῖν διαθήκης
ἑκατέρας μεσίτης ἤμελλε δείκνυσθαι, καὶ συνέχειν ἐν
ἑαυτῷ τῶν ἀμφοτέρων ἀληθῶς τὸ ἐξαίρετον. Ὡμολόγηται
γὰρ ὡς τῆς μὲν Πρεσβυτέρας τέλος ὡρίζετο (τοῦ γὰρ προ-
φητικοῦ χοροῦ τὸν ἀριθμὸν αὐτὸς τετελείωκεν, ἐπειδὴ καὶ
πάντες οἱ προφῆται ἕως Ἰωάννου τοῦ Βαπτιστοῦ προεφήτευ-
σαν), τῆς δὲ Νεωτέρας ἀρχὴ καὶ προοίμιον. Πάντων γὰρ
τῶν ἀποστόλων αὐτὸς προηγήσατο, ἐπειδὴ προϊέναι τε
καὶ προτρέχειν Χριστοῦ ἀξίαν ἄγων ἀγγελικὴν ἀπεστέλ-
λετο· Θεοῦ γὰρ ὡς ἄγγελος προβαδίζειν κεκέλευστο. Καὶ
"ἀπὸ τῶν ἡμερῶν Ἰωάννου τοῦ Βαπτιστοῦ ἡ βασιλεία τῶν
οὐρανῶν βιάζεται, καὶ βιασταὶ ἁρπάζουσιν αὐτήν·" ἐξ ἐκείνου

Elizabeth, the parents of John, testifying to their supremacy in virtue? For not only did the impartial judgment concede to them the description "*righteous*" but also added "*before God*." For in accordance with the laws of the Gospel they strove to appear righteous to God alone, with prophetic eye foreseeing these laws as already in place; and they tried to pursue the policy of concealing the right hand's action from the left and to anticipate in their deeds the prescription of such a law. And there was clearly this element as well in the judgment accorded them, namely the faultless fulfillment of each and every one of the Mosaic commandments and ordinances, in order to show that those who were granted that lawful judgment were both crowned by the achievements of the Old Law and adorned by the sublimities of the way of living in accordance with the Gospels.

It was also necessary and fitting that John's parents 18 should be seen in this light, since he was destined to be for us the intermediary between the two testaments, and to truly contain within himself the distinctive character of both. For it is a matter of agreement that he was fixed as the end point of the Old Testament (for he completed the number of the chorus of prophets, since *all the prophets up until John* the Baptist *produced prophecies*), and as the beginning and prologue of the New Testament. He came before all of the apostles, seeing that he was sent in the role of a messenger to proceed and go before Christ; for he was ordered to go ahead as a messenger of God. And "*from the days of John the Baptist until now the kingdom of heaven has suffered violence, and men of violence take it by force*"; for it is from his time that

γὰρ λαβοῦσα τὴν ἀρχὴν <τοῦ> βιάζεσθαι, διὰ τῆς εὐαγγε-
λικῆς ἀγωγῆς ἑκουσίως ὑπὸ πάντων ἁρπάζεται. Ἐξ ἱερέως
τοίνυν καὶ προφήτου πατρὸς καὶ τἄλλα λαμπροῦ καὶ θεό-
φρονος ἐν κοιλίᾳ μητρὸς ἱερᾶς καὶ προφήτιδος, Ἰωάννης
οὗτος ὁ ἐν πᾶσι προφήταις ἔχων τὸ περισσὸν συλλαμβάνε-
ται· ὃς καὶ μόνος ἐν γαστρὶ προεφήτευσεν, ἐπεὶ παρόντα
γαστρὶ παρθενικῇ τὸν Δεσπότην ἐνόησε, καὶ μόνος ἐν
γαστρὶ Πνεύματος Ἁγίου γέγονεν ἔγκυος, κυοφορῶν ἐν
ἑαυτῷ καὶ κυοφορούμενος· κυοφορούμενος μὲν στείρᾳ
μητρί, κυοφορῶν δὲ τὴν χάριν τοῦ Πνεύματος καὶ ὠδῖνα
προφητικὴν πρὶν ὠδινηθῆναι ποιούμενος, καὶ πρὸ τοῦ
τεχθῆναι τίκτων τὸ τοῦ Πνεύματος χάρισμα, εἴπερ ἐν
γαστρί, κατὰ τὸν θεῖον Ἠσαΐαν, λαμβάνουσι καὶ ὠδίνουσι
καὶ πάλιν ἔπειτα τίκτουσιν οἱ προφητικῶς ὑπηρετοῦντες
τῷ Πνεύματι καὶ τὴν κρύφιον τούτου βουλὴν εἰς τοὐμφανὲς
ἐξαγγέλλοντες. Ἀλλὰ ταῦτα μὲν Ἰωάννης ὕστερον ἔδρα-
σεν μετὰ τὴν αὐτοῦ παράδοξον σύλληψιν· ἐν στείρᾳ γὰρ
μήτρᾳ συνείληπτο καὶ ἐν πρεσβύτιδι μητρὶ ὑπὸ πρεσβύτου
πατρὸς κατεβέβλητο. Πρὸ τούτου δὲ τέως ἡσυχάζει μὲν
βίᾳ, μητρικῇ δὲ ὅμως κελεύσει πειθόμενος· οὐκ ἠβούλετο
γὰρ ἀνενέργητον φέρειν τὴν χάριν τοῦ Πνεύματος, ἧς
κατὰ τὴν ἀγγελικὴν φωνὴν ἐγκόλπιος ἔτι τελῶν ἐνεπίμ-
πλατο.

19   Ἐπειδὴ δὲ ὁ πενταμηνιαῖος ἐκεῖνος χρόνος παρῴχηκεν
(ὁ τὸν αἰσθητὸν ἡμῖν Νόμον παραδηλῶν διὰ τὴν σύστοι-
χον αὐτῷ πεντάδα καὶ προσφιλῆ τῶν σωματικῶν καὶ
παχυτέρων αἰσθήσεων), ὧν ἡ μήτηρ, ὡς εἴη μήτηρ, ἑαυτὴν
περιέκρυβε, καὶ τὸν ἀσίγητον τοῦτον προφήτην ἑαυτῇ

the kingdom began to suffer violence and was willfully victimized by all, on account of the evangelical way of life. So, this John, remarkable among all the prophets, was conceived in the womb of a holy and prophetic mother from a priest and prophet father, who was also illustrious and of godly mind. And he was the only one who prophesied while in the womb, since he recognized the presence of the Master in the Virgin's womb. And he was the only one who became pregnant with the Holy Spirit in the womb, bearing the Spirit in himself and being borne. That is, he was being carried in the womb of a barren mother while being pregnant with the grace of the Spirit; and producing prophetic offspring before being born, and bringing forth the gift of the Spirit before coming into the world himself, if it is true that, as the divine Isaiah says, those who serve the Spirit in prophecy *are with child in the womb, have labor pangs* and then, he goes on to say, *produce offspring* by pronouncing in the open the hidden will of the Spirit. Now these things John did later, after his miraculous conception; for he was conceived in the barren womb of a mother advanced in age and was begotten by an aged father. Now before this he remained quiet by constraint, in obedience to his mother's command, despite the fact that he did not wish to carry the grace of the Spirit inactive, the grace with which according to the angel's words he was filled while still in the womb.

But when that five-month period had elapsed (a period 19 signifying for us the sensory Law, because the pentad of the grosser corporeal senses is congruous and agreeable to it), in which the mother hid the fact that she would be a mother and kept concealed within herself this prophet who did not

συναπέκρυπτεν, μὴν δὲ λοιπὸν ὁ ἕκτος παρῆν καὶ παρῆν ἡ Παρθένος τὸν ἄκτιστον ἐν γαστρὶ κτιζόμενον φέρουσα (ἐν ἕκτῳ γὰρ αὕτη συλλαμβάνει μηνὶ τὸν ἐν ἓξ ἡμέραις τὸν ἑξαήμερον κόσμον τευξάμενον, καὶ ἡμέρᾳ τῇ ἕκτῃ τὸν ἄνθρωπον κτίσαντα, καὶ πάλιν αὐτὸν διὰ σταυροῦ πεπραχότα κακῶς ἀνακτίσαντα), οὐκέτι τὴν ἡσυχίαν ἄγειν ὁ Ἰωάννης ἠνείχετο, οὔτε τοῦ Λόγου παρόντος ἠρεμεῖν ἡ Φωνὴ κατεδέχετο, ἀλλὰ κῆρυξ ἐγίγνετο πρόωρος, μηδαμῶς τῆς κηρύξεως διὰ τῶν τῆς γλώττης δεσμῶν κωλυόμενος. Ἐβόα γὰρ τοῖς σκιρτήμασιν, ὡς πάρεστιν ὁ δεσμῶν ἡμᾶς τοὺς ἀνθρώπους λυτρούμενος καὶ τὸ σκιρτᾶν ἡμῖν ὡς ἐκ δεσμῶν ἀνειμένοις δωρούμενος· ἠγαλλιᾶτο κράζων τῷ Πνεύματι, ὡς ἀφίκετο ὁ πᾶν δάκρυον ἀπὸ προσώπου παντὸς ἀφαιρούμενος καὶ σταθερὰν ἀγαλλίασιν τῷ γένει παντὶ χαριζόμενος· ἦπλου τὸν δάκτυλον καὶ τοῦ Θεοῦ τὸν ἀμνὸν ἐπεδείκνυε, τὸν ὑπὲρ ἡμῶν δι᾽ ἁμαρτίαν ἐρίφων σφαττόμενον καὶ τοῦ κόσμου τὴν ἁμαρτίαν τέλεον αἴροντα· ἄμφω τὰς χεῖρας ἐξέτεινεν, καὶ τὸ τοῦ σταυροῦ προεκήρυττε τρόπαιον, ὅπερ ὁ ἐν γαστρὶ Παρθένου παρὼν κατὰ δαιμόνων ἱστᾶν παραγέγονεν· ὄρθιος ἵστατο καὶ τὴν ἐξ Ἅιδου πάντων ἀνάστασιν μυστικῶς ἐκελάδει τῷ σχήματι, ἣν ὁ ἐν ἀσπόρῳ μήτρᾳ τότε κρυπτόμενος ἐν τάφῳ κρυφθεὶς ἐπεδείξατο. Καὶ τάχ᾽ ἂν τῇ μητρὶ διεμάχετο, ὅτι τὰ τοιαῦτα βοᾶν ἐφιέμενον φυσικοῖς δεσμοῖς ἐνεπόδιζε καὶ κατεῖχεν ἄκοντα δέσμιον, εἰ μὴ τὴν φωνὴν αὐτῷ θᾶττον δανείσασα πρὸς τὴν μακαρίαν Παρθένον διαρρήδην φράσαι δι᾽ αὐτῆς συνεχώρησε, "Εὐλογημένη σὺ ἐν γυναιξὶν καὶ εὐλογημένος ὁ καρπὸς τῆς κοιλίας σου· καὶ πόθεν μοι

wish to be silent, and the *sixth month* came and there arrived the Virgin bearing the uncreated, as He was being created in her womb (for she conceived in the sixth month the one who fashioned the six-day world in six days, and on the sixth day created man and recreated him through the cross when he was faring badly), at that point John no longer was able to keep his silence and the Voice did not want to remain quiet in the presence of the Word, but became a herald before his time, being in no way hindered in his message by the bonds on his tongue. For by means of his leaps he proclaimed loudly that the one who redeems us men from bondage was present, granting to us, because released from bondage, the gift of leaping for joy. He exulted shouting out with the Spirit that He had arrived, *the one who wipes away every tear from all faces* and bestows upon the whole race constant jubilation. He raised his finger and thereby indicated *the lamb of God,* the one who is slaughtered on behalf of us young goats because of our sin, and *who* completely *removes the sin of the world.* He extended both hands and proclaimed in advance the victory of the cross, which the one present in the Virgin's womb came to establish against demons. He stood upright and by this posture mystically announced the resurrection of all from Hades, which the One then concealed in the unseeded womb demonstrated after being concealed in a tomb. And John perhaps would have objected to his mother that she was preventing him by physical bonds, when he was eager to raise his voice and say these things, and that she was holding him captive against his will, if she had not, quickly lending him a voice, allowed him through herself to expressly address the blessed Virgin, saying, *"Blessed are you among women and blessed is the fruit of your womb. And why is*

τοῦτο ἵνα ἔλθῃ ἡ μήτηρ τοῦ Κυρίου μου πρός με;" Ἰωάννου γὰρ τάχα τοῦτο τυγχάνει τὸ κήρυγμα, κἂν εἰ τῷ τῆς Ἐλισάβετ διεκεκήρυκτο στόματι, ἐπειδὴ καὶ τὴν συγγενῆ φωνὴν καὶ ταυτόλεκτον πρὸς τὸν Σωτῆρα Χριστὸν ἀνακέκραγεν, ὅτε πάλιν πρὸς αὐτὸν ἐν Ἰορδάνῃ τὸν ὄχλον βαπτίζοντα, ὑπ' αὐτοῦ βαπτισθῆναι καὶ αὐτὸς παραγέγονε· ἀνεβόησε γὰρ καὶ τότε ὡς εἶδεν αὐτὸν προσεγγίζοντα, "Ἐγὼ χρείαν ἔχω ὑπὸ σοῦ βαπτισθῆναι, καὶ σὺ ἔρχῃ πρός με;" Ἐγνώρισας τῆς φωνῆς τὴν συγγένειαν; Γνώρισον τοῦτον εἶναι τὸν κἀκείνην καὶ ταύτην φθεγξάμενον, καὶ τὴν μὲν δι' ἑαυτοῦ, τὴν δὲ διὰ τοῦ τῆς μητρὸς ἀνεφθέγξατο στόματος.

20 Οἶμαι δὲ τὸν οὕτως θερμὸν πρὸς τὸ κήρυγμα Χριστοῦ κατὰ τῆς κυοφορούσης καὶ τῆς πορείας εἰργούσης ἀλαλήτως ἐντυγχάνειν τῷ στείλαντι· "Δέσποτα, σύ με κηρύττειν ἀπέστειλας τὴν σὴν ἐπὶ γῆς ἀνεκδιήγητον ἄφιξιν, καὶ ἡ μήτηρ κατέχει πεδήσασα· σὺ κελεύεις βοᾶν καὶ αὕτη τὴν γλῶτταν συνέδησεν· σύ με προτρέχειν σου πέπομφας καὶ αὕτη μοι τὸν δρόμον συνέκλεισε. Δεσπότης ὑπάρχεις τῆς φύσεως· κέλευσον καὶ ἡ φύσις τὸ κελευσθὲν διαπράττεται· μόνον πρόσταξον καὶ κωλύειν ἡ μήτηρ οὐ δύναται· μόνον εἰπὲ καὶ τὸ λεχθὲν εὐθέως γενήσεται· σύνδρομον γὰρ ἔχεις τῇ βουλῇ καὶ τὴν δύναμιν, καὶ πάντα τῷ σῷ παντοδυνάμῳ δουλεύει θεσπίσματι· εἰ δὲ τοῦτο μὴ κελεύεις με διαπράξασθαι, μὴ καταδικάσῃς μου ῥᾳθυμίαν τοῦ δρόμου, ὁ τοῦ δρόμου νομοθετήσας τὴν κώλυσιν· αὐτὸς γὰρ τοὺς ὅρους ἔθου τῆς φύσεως, οὓς ὑπερβαίνειν οὐκ ἔνεστιν τοὺς νόμῳ δουλεύοντας φύσεως." Ἀλλ' οὐδὲν ὁ Δεσπότης τῆς φύσεως

this granted to me, that the mother of my Lord should come to me?"
This indeed was the declaration of John, even if delivered by
the mouth of Elizabeth, since he used a similar voice and de-
livered a similar message to the Savior Christ, when at a later
time, as he was baptizing the crowd in the Jordan, Christ
himself came to him to be baptized. On that occasion too,
when he saw Christ approaching him, he cried out, *"I need to
be baptized by you, and do you come to me?"* Do you recognize
the kinship of the voices? You should know that John is the
one who made both that earlier utterance and this one, the
latter pronounced by himself and the former through the
mouth of his mother.

I imagine that he who was so eager to announce Christ   20
spoke silently to the One who sent him, and criticized the
mother who was pregnant with him and preventing his pas-
sage into the world: "Master, you sent me to announce your
inexplicable arrival on earth and my mother holds me in
bonds; you command me to cry out and she has tied my
tongue; you have sent me to go before you and she has
blocked the road for me. You are the Master of nature; just
give the order and nature will carry out your command; only
give the command and my mother will not be able to stand
in the way; *just speak* and your word will immediately come
to pass, for your power and your wish coincide perfectly and
all things are subservient to your all-powerful command.
But if you do not instruct me to do this, then do not fault
me for my sluggish progress, you who have ordained a hin-
drance in my path. For it was you yourself who set the limits
of nature and these cannot be overstepped by anyone sub-
servient to the law of nature." But the Master of nature, just

διὰ τὴν Ἰωάννου πρὸς τὸ κηρύττειν θερμότητα τῆς ἀρχῆθεν αὐτῷ καλῶς θεσπισθείσης προέταττε φύσεως, ἧς καὶ αὐτὸς διὰ τοὺς ἀνθρώπους ἡμᾶς καθ' ἡμᾶς γενόμενος ἄνθρωπος νόμοις δουλεῦσαι σὺν ἡμῖν κατηξίωσεν· ἀλλ' ἐκεῖνα τάχα κἀνθάδε πρὸς αὐτὸν ἀπεκρίνατο, ἃ καὶ μετὰ ταῦτα προσιὼν τῷ βαπτίσματι, "Ἄφες ἄρτι· οὕτω γὰρ πρέπον ἐστὶν ἡμᾶς πληρῶσαι πᾶσαν δικαιοσύνην·" ὤν, ὡς εἰκός, Ἰωάννης ἀκούσας, ἡσύχασε καὶ ἔτι λαλεῖν οὐκ ἐτόλμησεν, καίτοι λίαν τῆς συνεχούσης αὐτὸν νηδύος τοῦ διωρισμένου πᾶσιν τοῖς κυϊσκομένοις καιροῦ προεξελθεῖν ἐπειγόμενος, καὶ τοῦ θεόθεν αὐτῷ δοθέντος κηρύγματος ἄρξασθαι. Οὕτω δὲ μῆνας ἔτι τρεῖς καὶ συνοικοῦντα τὸν Κτίσαντα βλέποντι καὶ τῶν αὐτῶν τῆς φύσεως θεσμῶν ἀνεχόμενον, ὁ τοῦ τόκου καιρὸς ἐπιγίνεται· τοὺς τρεῖς γὰρ ἡ τοῦτον κυοφοροῦσα Παρθένος τῇ Ἐλισάβετ συμπαρέμεινεν, ὅπως ἐντελῶς ὁ ἐξ αὐτῆς προερχόμενος καὶ κῆρυξ ἀληθὴς τῷ κόσμῳ στελλόμενος, τῆς ὑπερτάτης Τριάδος (ὡς ἐν νεφέλῃ Μωσαϊκῇ) τῇ μητρῴᾳ γαστρὶ μυηθῇ τὰ μυστήρια· καὶ τίκτεται τοῦ ἐν μήτρᾳ τῇ παρθενικῇ κρυπτομένου Θεοῦ διατάξαντος.

21   Καὶ τεχθείς, τῆς μὲν τεκούσης μητρὸς εὐθέως τὸν ὄνειδον ἔπαυσεν, ὃν ἐκ τοῦ τῆς ἀπαιδίας ἔσχεν ἐγκλήματος, τῆς δὲ τοῦ τεκόντος πατρὸς γλώττης τὸν χαλινὸν οὐκ ἀπέλυσεν, ὃν ἐκ τοῦ τῆς ἀπιστίας ἔσχε προσκόμματος. Καὶ παῖς μὲν τοῖς ὁρῶσι πᾶσιν ἦν ἀναμφίβολος, <ἡ δὲ κλῆσις οὐκ ἦν ἀναμφίλογος>· ἡ τεκοῦσα μὲν γὰρ τὴν ψυχὴν ἐλλαμπομένη τῷ Πνεύματι, Ἰωάννην αὐτὸν ἠβούλετο λέγεσθαι (ὃ δὴ Ἑβραϊκῇ μὲν ἐκφωνεῖται φωνῇ, εἰς τὴν

because of John's eagerness to be his herald, in no way overrode the nature rightly laid down for John from the beginning, the very nature whose laws He himself deigned to serve along with us men, for whose sake He became man like us. Rather, He answered him no doubt with the same words that He also used later when He came to be baptized, *"Let it be so now; for thus it is fitting for us to fulfill all righteousness."* Upon hearing these words John naturally fell silent and did not dare to say anything further, even though he was very eager to emerge from the womb that was holding him before the time limit set for all newborns, and to begin his God-given mission. And so the time of John's birth arrived, after he had seen his Creator living under the same roof for three more months and accepting the same laws of nature; for the Virgin carrying him remained with Elizabeth for three months, in order that the one proceeding from her and sent into the world as a true herald might be fully initiated into the mysteries of the highest Trinity in his mother's womb (as in a cloud, like Moses). And thus, he was born at the command of God hidden in the Virgin's womb.

And upon his birth he immediately brought to an end the 21 shame of the mother who bore him, which she was carrying as a reproach for her barrenness, but he did not loose the bridle on his father's tongue, which had resulted from the offense of his unbelief. And while the child was plain for all to see, his naming, on the other hand, was a subject of dispute. For the mother, inspired in her soul by the Spirit, wanted him to be called John (a name which pronounced in

Ἑλληνίδα δὲ μετερχόμενον "Θεοῦ χάριν" δηλοῖ καὶ "παράστασιν"), οἱ δὲ συγγενεῖς καὶ τῆς συναγωγῆς φίλοι καὶ τρόφιμοι τῆς προφητικῆς ἐπωνυμίας ἀκούσαντες, καὶ παρεῖναι τῷ κόσμῳ τοῦ Θεοῦ καὶ Πατρὸς τὴν χάριν οἰόμενοι, ταύτην ἠρνοῦντο καὶ μετὰ τῆς οἰκείας ἐμφάσεως ἔφευγον, καὶ δὴ καὶ ἀμείβειν αὐτὴν ἐπειρῶντο καὶ ἤθελον, καὶ τολμηρότερον πρὸς τὴν φύσασαν ἔλεγον, "Ὅτι οὐδείς ἐστιν ἐν τῇ συγγενείᾳ σου ὃς καλεῖται τῷ ὀνόματι τούτῳ·" ἤμελλον γὰρ οἱ τὴν Ἰουδαϊκὴν ἀποπληροῦντες συγγένειαν, ὁ δὲ πυξίδα λαβὼν διὰ νεύματος, ἐπεὶ λαλεῖν μὴ ἐδύνατο, "Ἰωάννης" τοὔνομα τοῦ παιδὸς ἀπεχάραττεν· οὐ μόνον δὲ τοῦτο τοῖς κηρίοις ἐνέγραφεν, ἀλλὰ καὶ γράφων τοῖς γράμμασιν, ἐβόα τοῖς ῥήμασιν, τῷ τῆς χειρὸς κινήματι σύνδρομον τῆς γλώττης ἐμφαίνων τὴν κίνησιν, καὶ τῇ γραφίδι τρεχούσῃ δεικνὺς τὸν λόγον συντρέχοντα· τοῦτο γὰρ σημᾶναι βουλόμενος καὶ ὁ μακάριος εὐαγγελιστὴς ἐμφαντικώτερον ἔφησεν, καὶ αἰτήσας πινακίδιον ἔγραψεν λέγων· Ἰωάννης ἔσται τὸ ὄνομα αὐτοῦ· ἅμα γὰρ ἔγραφέν τε καὶ ἔλεγεν, καὶ σύγχρονον παρεῖχεν ὁρᾶν τὴν ἑκατέρου μέρους, γλώττης καὶ χειρός, ἑκατέραν ἐνέργειαν· οὐ γὰρ ἔγραφε μέν, οὐκ ἔλεγεν δέ· ἢ ἔλεγε μέν, οὐκ ἔγραφεν δέ· ἀλλ' ἔλεγεν ἴσως καὶ ἔγραφεν· καὶ ἡ χεὶρ κάτωθεν ἔθεεν καὶ ὁ λόγος ἄνωθεν ἔρρεεν. Καὶ οὐδεὶς ἑκατέρων κατὰ θατέρου τὴν νίκην, ἀλλ' ἄμφω φίλοι τοῦ δρόμου τὴν νύσσαν ἠσπάζοντο, καθὰ καὶ βαλβίδων ἔξω δραμόντες καὶ ἄμφω νίκης στεφάνους εἰλήφασιν, οὐδενὸς τὴν ἧτταν ὁμολογεῖν ἐθελήσαντος. Ἐφ' ᾧ καὶ ἐθαύμασαν ἅπαντες· θαύματος γὰρ ἦν ἀληθῶς τὸ πραττόμενον ἄξιον· καὶ εἰ τοῖς τότε

Hebrew, and translated into Greek, means "the grace and support of God"), but the kinfolk and the friends and followers of the synagogue, upon hearing the prophetic name and considering that the grace of God the Father was already present in the world, shunned and rejected it because of its special meaning. They wanted and tried to change it and were rather outspoken in telling the mother, *"None of your kindred is called by this name"*; for those who (wished to) preserve the continuity of the Jewish family line were hesitant, but Zachariah, giving a sign and taking a tablet in his hands, since he was not able to speak, inscribed "John" on it as the name of the child. He not only wrote this on the wax but, as he was tracing the letters, he also shouted them out with his voice, making the movement of his tongue match exactly the movement of his hand, and making his words keep pace with the moving stylus. This is what the blessed evangelist wished to indicate when he said rather explicitly, *and he asked for a writing tablet and wrote while saying 'His name will be John.'* For while he was writing he was speaking, and he made it obvious that the actions of each part, tongue and hand, were in unison; for he did not write and then speak, nor did he speak first and then write, but he spoke and wrote at the same time. And while the hand was racing below, the voice was running above, and neither of the two won the victory against the other but both, friends in the race, embraced the winning post together, and having passed beyond the finish line they both received the crown of victory, with neither one willing to admit defeat. Because of this *everyone was amazed,* for the incident was truly deserving of wonder. Now for those who at that time were

τὸ χρῆμα θαυμάζουσι μόνον σωματικῶς ἐθαυμάζετο, ἐπεὶ
καὶ μόνον σωματικῶς ὑπ' αὐτῶν κατεφαίνετο, ἀλλὰ μὴν
τοῖς μύσταις τοῦ Πνεύματος οὐ μέχρι τῶν ὁρωμένων τὰ
τοῦ Πνεύματος στήσεται, ἀλλ' ἔχειν τι κρυπτὸν ὁ λόγος
ἐνδείκνυται, ὃ διερευνῶντες τῷ Πνεύματι πνευματικῶς
ἀνιχνεύσωμεν· καὶ τοῦτο θηράσαντες, τοῦ Λύχνου δη-
λαδὴ τὴν αὐγὴν ἡμῖν καταπέμποντος, τοῖς τοῦ Πνεύματος
τέκνοις ὑμῖν εἰς τροφὴν πνευματικὴν παραθώμεθα.

22 "Θεοῦ χάριν" ἐλέγομεν Ἰωάννου σημαίνειν τὸ ὄνομα,
ἐπειδὴ καὶ ταύτης ἐπέμπετο πρόδρομος καὶ μηνυτὴς ἀγα-
θὸς ἀπεστέλλετο· Θεοῦ δὲ χάρις ὁ τοῦ Θεοῦ Λόγος εἶναι
πιστεύεται, ὁ δι' ἡμᾶς τοὺς ἁμαρτίας αἴσχεσι βρίθοντας ἐν
σαρκὶ καθ' ἡμᾶς ἐσχηκὼς τὴν φανέρωσιν, καὶ τῶν μὲν τοι-
ούτων ἡμᾶς λυτρωσάμενος αἴσχεων, δόξης δὲ τῆς οἰκείας
πληρώσας καὶ χάριτος· οὕτως γὰρ ὡς πάντων Θεὸς καὶ
Πλάστης καὶ πρύτανις πᾶσιν ὁμοίως ἐπέλαμψεν, Ἰου-
δαίοις, Ἕλλησι, βαρβάροις, ἰδιώταις, σοφοῖς, ἀσόφοις,
δούλοις, δεσπόταις, καὶ πᾶσιν ἴσην τὴν τῆς οἰκείας φιλαν-
θρωπίας αἴγλην προτέθεικεν, κἂν ἐξ Ἰουδαίων σαρκικῶς
ἀπετίκτετο διὰ τὴν πρὸς Ἀβραὰμ τὸν πατριάρχην ἐπαγ-
γελίαν καὶ ἔντευξιν, τὸν ἐξ Ἐθνῶν μὲν τὴν γέννησιν
ἔχοντα, Ἰουδαίων δὲ τὸ γένος γεννήσαντα. Ἦι γάρ, ὡς
Παῦλός φησιν ὁ σοφώτατος, ἢ Ἰουδαίων μόνον Θεὸς ὁ
Θεός; Οὐχὶ δὲ καὶ Ἐθνῶν; Ναὶ καὶ ἐθνῶν· ἔστι γὰρ ἀληθῶς
καὶ Ἐθνῶν καὶ Ἰουδαίων Θεός, ἐπεὶ εἷς καὶ μόνος ὑπάρχει
Θεός, ὃς δικαιώσει περιτομὴν ἐκ πίστεως καὶ ἀκροβυστίαν
διὰ τῆς πίστεως. Τὴν πρὸς τούτους οὖν ἑκατέρους τῆς
θείας χάριτος ἴσην καὶ ὁμοίαν ἐμφάνειαν, πάλιν ὁ Ζαχαρίας

amazed at the event, the basis of their wonder was purely corporeal, since it was witnessed by them merely in a corporeal way; but for those initiated in the Spirit the things of the Spirit are not limited to what is visible to the eye, and for them the Gospel account holds a hidden message, which we will track down in a spiritual way, conducting our search with the help of the Spirit; and having hunted it down, with the Lamp of course sending down to us its illumination, let us place it before you, the children of the Spirit, as spiritual food.

The name John, as we have said, means "the grace of God," since he was sent as a forerunner and good informant of this grace. The Word of God is believed to be the grace of God, who took on our appearance in the flesh for the sake of us who are weighed down by the shame of sin; and He redeemed us from such shame having filled us with his own glory and grace. For in this way did God, the Creator and governor of all, illuminate all equally, Jews, Hellenes, barbarians, natives, wise, unwise, slaves, masters, and He set before all in equal measure the radiance of his mercy, even if He was born in the flesh from Jews due to God's encounter with and promise to the patriarch Abraham, who was himself born of Gentiles but gave birth to the race of the Jews. For indeed the question is, according to Paul the most wise, *Is God the God of Jews alone and not of Gentiles as well? Yes, of Gentiles as well.* For He is truly the God of both Gentiles and Jews, for He is the one and only God *who will justify the circumcised on the ground of their faith and the uncircumcised through their faith.* Again Zachariah, moved by the prophetic spirit, conveyed the wondrous name of John in speech and

HOMILIES

προφητικῷ κινούμενος πνεύματι, λόγῳ καὶ γράμματι
Ἰωάννου τὸ θαυμαστὸν προσεκόμιζεν ὄνομα, τῷ ἐφαμίλλῳ
τῆς ἑκατέρας δεικνὺς ἐκφωνήσεως, ὡς μία τοῖς πᾶσιν τῆς
υἱοθεσίας χάρις δοθήσεται τοῖς ἐκ Νόμου καὶ Ἐθνῶν ἐπ᾽
αὐτὴν ἐπιστρέφουσιν, καὶ προσιεμένοις αὐτὴν καὶ λαμ-
βάνουσι μετὰ πίστεως ἀληθοῦς καὶ ψυχικῆς καθαρότητος·
"ὅσοι γὰρ αὐτὸν ἔλαβον," φησίν, "ἔδωκεν αὐτοῖς ἐξουσίαν
τέκνα Θεοῦ γενέσθαι, οἳ οὐκ ἐξ αἱμάτων οὐδὲ ἐκ θελήματος
σαρκός, οὐδὲ ἐκ θελήματος ἀνδρός, ἀλλ᾽ ἐκ Θεοῦ ἐγεννήθη-
σαν." Πρόδηλον γὰρ ὡς Ἰουδαῖοι μὲν τῷ τῆς πινακίδος
ἐσημαίνοντο γράμματι, ὡς τῷ τοῦ Νόμου δουλεύοντες
γράμματι· τὰ Ἐθνη δὲ τῷ τοῦ στόματος λόγῳ καὶ πνεύματι,
ὡς Λόγου μᾶλλον μετέχοντες καὶ τῷ τοῦ Νόμου προσ-
χωρήσαντες πνεύματι, ἐπεὶ καὶ ὁ Νόμος αὐτὸς διπλοῦς
ἐγνωρίζετο, τὸ μὲν ἔχον σαρκικὸν καὶ ἐν γράμματι, τὸ δὲ
λογικὸν καὶ ἐν πνεύματι· αὕτη διερευνωμένοις ἡμῖν τὸ
Εὐαγγελικὸν τοῦτο μυστήριον τῆς Ἰωάννου διπλῆς ἐν
ταὐτῷ καὶ μυστικῆς ἐκφωνήσεως ἡ αἰτία κατείληπται, ἣν
οὐχ ἡμεῖς ἐξ αὐτῶν εὑρεῖν δεδυνήμεθα, ἀλλ᾽ Ἰωάννης
αὐτὸς ὁ Λύχνος ὁ ἄσβεστος ἀστράπτων καὶ τὰ κρύφια
φωτίζων ὑπέδειξεν. Ὅθεν νῦν ἡμεῖς μᾶλλον θαυμάζομεν ἢ
ἐκεῖνοι τὸ παλαιὸν ἀλλ᾽ ἐπὶ μόνοις τοῖς ὁρωμένοις θαυ-
μάζοντες. Οὕτω δὴ Ἰωάννης ἐν βίῳ προέρχεται τοῦ τῆς
δικαιοσύνης ἡλίου προτρέχων τοῖς ἅλμασιν, ὥσπερ ἑωσφό-
ρος τις διαυγὴς καὶ φαιδρότατος, καὶ πάντας ἐκπλήττων
τῷ μεγέθει τῆς οἰκείας λαμπρότητος, ἣν αὐτῷ προφέρειν
παρείχετο, τοῦ Ἡλίου τοῦ μετ᾽ αὐτὸν εὐθὺς ἀνατέλλοντος,

writing, indicating by the matching value of each form of communication the equal and identical manifestation of divine grace to both, since one grace of sonship in God will be granted to all, that is, to those who from both the Law and the Gentiles turn to it, embrace it and accept it with true faith and pure soul. For, as is written, *"to all who received him He gave power to become children of God; who were born, not of blood nor of the will of the flesh nor of the will of man, but of God."* It is evident that the Jews are meant by the letters on the tablet, since they are slaves to the letter of the Law; and it is the Gentiles, on the other hand, who are indicated by the words and spirit of Zachariah's mouth, as being partakers rather of the Word and as siding with the spirit of the Law. For the Law itself is known in two aspects, the one being physical and residing in the written form, the other intellectual and residing in the spirit. In investigating the Gospel mystery, this is the explanation we have reached of the double and mystical designation contained in John's name. But we were not able to achieve it on our own; rather it was John himself, the unquenchable and brilliant Lamp illuminating the hidden things, who showed it to us. Hence, we in this age are more filled with wonder than those in olden times, who were astonished in their day, but only on the basis of the visible. Thus John proceeds into life, springing ahead of *the sun of righteousness* like a radiant and most brilliant morning star and astonishing all by the extent of his own brilliance; and this was the brilliance that he was given to show forth by the mighty, conspicuous and unlimited progression

δι' ὑπερβολὴν μαρμαρυγῆς καὶ ἄκρας τοῦ φωτὸς καὶ
ἐκλάμψεως, ἡ μεγάλη τε καὶ περιφανὴς καὶ ἀχώρητος πρό-
οδος.

23   Οὕτως τεχθεὶς καὶ Ἰωάννης κληθεὶς καὶ τῷ οἰκείῳ μη-
νύσας ὀνόματι τοῦ μετ' αὐτὸν ἐκ παρθένου τεχθησομένου
τὴν δύναμιν λύει τοῦ τεκόντος καὶ κεκληκότος Νόμῳ τὴν
γλῶτταν δεσμοῖς βραδυγλωττίας πρὸ τούτου δουλεύου-
σαν, καὶ παρέχει τῷ βαρυφώνῳ Νόμῳ καὶ πατρὶ φωνὴν ἡ
Φωνὴ διαπρύσιον, τὸν Λόγον κηρύττειν τὸν μετ' αὐτὸν
φανησόμενον, τὸν καὶ τὴν προσοῦσαν Μωσῇ τῷ Νομο-
θέτῃ βαρυφωνίαν ἐλαύνοντα· πῶς γὰρ ἦν δυνατὸν πρὸ
τοῦ Λόγου τικτομένης τοῦ Λόγου τῆς Φωνῆς ἀφωνίᾳ τὸν
ταύτην γεγεννηκότα κατέχεσθαι ἢ δεσμοῖς ἀλογίας τὴν
γλῶτταν πιέζεσθαι, μέλλοντος ὅσον οὐδέπω τοῦ Λόγου
προϊέναι καὶ τίκτεσθαι; Πρόδηλον γὰρ ὡς, μετὰ Ἰωάννην
τὴν Φωνήν, Ἰησοῦς ὁ Λόγος γενόμενος, τὴν γλῶτταν τοῦ
Νόμου βραδυγλωττίας δεσμῶν ἠλευθέρωσεν· ἐσφράγιστο
γὰρ αὐτοῦ καὶ τῆς προφητικῆς ἐπαγγελίας τὰ κρύφια, καὶ
φωνὴν αὐτῷ μεγάλην καὶ εὔρυθμον δέδωκεν, ἀπελάσας
αὐτοῦ τὸ πρώην φαινόμενον ἄφωνον, καὶ ἐξελὼν αὐτοῦ
τὴν ἀφωνίαν τῇ φανερώσει τῆς οἰκείας ἐκλάμψεως, τὴν
πρὶν αὐτὸν ἀφανῶς καταθλίβουσαν. Διὰ τοῦτο γὰρ ἐν
Ζαχαρίᾳ τῷ κατ' αὐτὸ ἱερεῖ καὶ προφήτῃ τυγχάνοντι,
ἐτελεῖτο μυστικῶς τὰ ἑκάτερα, ὡς ἑκάτερα σαφῶς εἰκονί-
ζοντι, τῇ μὲν ἱερωσύνῃ τὸν Νόμον καὶ τῷ γηραλέῳ καὶ
παλαιῷ τὴν Νομικὴν παλαιότητα, τῷ δὲ τῆς προφητείας
χαρίσματι τοῦ προφητικοῦ χοροῦ τὴν ὁμήγυριν· "Ἀνεῴχθη,"
γάρ φησιν, "τὸ στόμα αὐτοῦ παραχρῆμα καὶ ἡ γλῶσσα αὐτοῦ,

296

of the Sun, going to rise immediately after him, with its su-
perabundance of radiance, supreme light, and illumination.

The man who was thus born and called John, having indi-   23
cated by his own name the power of the one to be born after
him from a virgin, released the tongue of him who begat and
named him, the speechless tongue which before this was en-
slaved by the Law in the bonds of a speech impediment, and
the Voice provided for his father and the muffled-sounding
Law a penetrating voice, in order to herald the Word des-
tined to appear after him, He who would also dispel the
muffled-sounding voice of the Lawgiver Moses. For how
was it possible, seeing that the Voice of the Word was born
before the Word, for the father of the Voice to be stricken
with loss of voice, or for his tongue to be in bondage to
speechlessness, at a time when the Word was about to be
born and to proceed into the world? For it is clear that Jesus
the Word, born after John the Voice, freed the tongue of the
Law from the bonds of its speech impediment; and He
placed the seal of approval on the hidden things of the Law's
prophetic pronouncement, and having dispelled its earlier
seeming muteness He gave the Law a great harmonious
voice, having also removed by the manifestation of his own
illumination its voicelessness, that is, the loss of voice that
had previously been afflicting it unnoticed. For this reason
in Zachariah, being at once priest and prophet, both institu-
tions were mystically enacted, seeing that he clearly symbol-
ized both; on the one hand by his priesthood he represented
the Law and by his age the longevity of the Law, and on the
other hand by the gift of his prophecy he signified the as-
sembly of the prophetic chorus. For, as the Gospel says,
"*Immediately his mouth was opened and his tongue loosed, and he*

καὶ ἐλάλει εὐλογῶν τὸν Θεόν." Καὶ γὰρ ὡς ἀληθῶς Χριστοῦ κατὰ γῆν τοῖς ἐπὶ γῆς ἐπιφάναντος, ὃς καὶ Λόγος ἐστὶ καὶ σοφία τοῦ Πατρός, καὶ τοῦ προφητικοῦ στόματος ἡ σφραγὶς ἀπεσφράγισται καὶ τῆς Νομικῆς γλώττης ὁ δεσμὸς ἀπολέλυται· καὶ ὁμοίως ἑκάτεροι ὅ τε Νόμος καὶ οἱ προφῆται λαλοῦσι φανερῶς Χριστοῦ τὸ μυστήριον, καὶ εὐλογοῦσιν αὐτὸν ὡς Θεὸν προαιώνιον, τῷ Εὐαγγελικῷ συναθλοῦντές τε καὶ συμβροντῶντες κηρύγματι. Διὰ ταῦτα τῶν τότε παρόντων ὁ σύλλογος καὶ τῶν γείτονα ποιουμένων τὴν οἴκησιν, φόβῳ μεγάλῳ συνείχοντο καὶ περιμερίμνως περὶ αὐτοῦ διελέγοντο· καὶ "Τί ἄρα καὶ τίς Ἰωάννης ἔσται," συνεχῶς διεσκέπτοντο, "ὅτι γεννώμενος τοιαῦτα θαυμαστὰ συμβέβηκε πράγματα, οἷαπερ ἐπ' ἄλλου τινὸς μὴ συνήκαμεν;"

24   Ἀλλ' ἐγὼ φήσω πρὸς τὴν ἐκείνων διάσκεψιν, ἐπεὶ μηδ' ἄλλος τις κατ' αὐτὸν μέχρις αὐτοῦ γυναικὸς ἀποτέτεκται, ἵνα καὶ τοιαῦτα συμβαίνῃ θαυμαστὰ καὶ παράδοξα· ἐπειδὴ γὰρ *μείζων* εἶναι τῶν *ἐν γεννητοῖς γυναικῶν* μεμαρτύρηται, ταύτῃ τοι καὶ δόξης ἠξίωται τηλικαύτης γεννώμενος, ἵνα καὶ διὰ τοῦτο δοξάσῃ Χριστὸν τὸν μετ' αὐτὸν δι' ἡμᾶς τεχθησόμενον. Οὐ μόνον δὲ ταύτῃ [τῇ] διὰ τεράτων Χριστὸς τὸν οἰκεῖον ἠμφίασε πρόδρομον, ἀλλὰ καὶ ἀοράτως αὐτῷ συνὼν ὡς Θεὸς παρὰ πᾶσιν ἐποίησε μέγαν καὶ ἐπίδοξον φαίνεσθαι· ἔχει γὰρ οὕτω περὶ τούτων τῆς Εὐαγγελικῆς φωνῆς ἡ ὑφήγησις· *Καὶ ἐγένετο ἐπὶ πάντας φόβος τοὺς περιοικοῦντας αὐτοὺς καὶ ἐν ὅλῃ τῇ ὀρεινῇ τῆς Ἰουδαίας διελαλεῖτο πάντα τὰ ῥήματα ταῦτα· καὶ ἔθεντο πάντες οἱ ἀκούσαντες ἐν τῇ καρδίᾳ αὐτῶν λέγοντες, 'τί ἄρα τὸ παιδίον*

spoke, blessing God." For truly as soon as Christ, who is the Word and wisdom of the Father, appeared on earth to those on earth, both the seal on the prophetic mouth was broken and the binding on the tongue of the Law was loosed; and then in similar fashion both the Law and the prophets pronounce clearly the mystery of Christ and praise him as God eternal, thundering together in support of the Gospel message. And that is why the crowd of those present and of those who lived nearby was seized by a great fear and they anxiously conversed about him and kept asking, "*Who and what will John become?* For since his birth such wondrous things have occurred that we have not heard of in the case of anyone else."

But I will say the following in answer to their questions. 24 No one like John was ever born before him from a woman, so as to be the source of such wondrous and marvelous things. For since it was testified of him that he would be *greater than any of those born of women,* for this reason he was deemed worthy at birth of such great glory, in order that by this means he might glorify Christ who was to be born after him for our sake. And it was not only in this way that Christ clothed his own forerunner in marvelous deeds, but also being with him as God in an unseen way, He made him appear great and glorious in the eyes of all. For the Gospel narrative of these events is as follows: *And fear came on all their neighbors. And all these things were talked about through all the hill country of Judea; and all who heard them laid them up in their hearts, saying, 'Who then will this child be?' For the hand of the*

τοῦτο ἔσται·᾿ Καὶ χεὶρ Κυρίου ἦν μετ᾿ αὐτοῦ· εἴργετο γὰρ
οὐδαμῶς ἡ τοῦ Κυρίου χείρ, ὁ μονογενὴς τοῦ Θεοῦ Λόγος,
τοῦ εἶναι μετ᾿ αὐτοῦ τῇ θεότητι καὶ μεγαλύνειν αὐτὸν ὡς
πρῶτον αὐτοῦ καὶ μέγιστον κήρυκα· αὐτὸς γὰρ ἡ τοῦ
Θεοῦ καὶ Πατρὸς δεξιὰ καὶ χεὶρ καὶ βραχίων ὠνόμασται,
ὡς πάντα δρῶντος δι᾿ αὐτοῦ τὰ γενόμενα, κἂν ἐν μήτρᾳ
παρθενικῇ σεσαρκωμένος συνείληπτο, καὶ ὡς ἐν θαλάμῳ
βασιλικῷ κατηυνάζετο. Ὅθεν ὁ Ἰωάννης γεννώμενος
πάντας ὑπερέχων τοὺς ἐκ γυναικῶν γεννωμένους ἐδεί-
κνυτο, καὶ φόβον ἐγέννα καὶ ἔτικτε μέγιστον, οὐ μόνον
τοῖς συνοικοῦσιν αὐτῷ καὶ ὁμόφροσι καὶ ποθοῦσι Χριστοῦ
τὴν θεϊκὴν εἰς ἡμᾶς ἐπιφάνειαν, ἀλλὰ καὶ τοῖς περιοικοῦσι
καὶ ἔξω τῆς χάριτος μένουσι διὰ τὴν ἐν τῷ τοῦ Νόμου
γραπτῷ δυσαπόσπαστον οἴκησιν· περιοικεῖν γάρ πως ἡμᾶς
οὗτοι νομίζουσι μερικῶς τὸν Νόμον δεχόμενοι καὶ μονο-
στοιχοῦντες τῷ γράμματι· δι᾿ οὗ καὶ ἀφ᾿ ἡμῶν γεγόνασιν
ἔξοικοι καὶ τῆς αὐτῶν νοουμένης ἀπῳκίσθησαν χάριτος.
Ἐκεῖνοι μὲν οὕτως οἱ δείλαιοι δι᾿ οἰκείαν κακόνοιαν τῆς ἐν
Νόμῳ κεκρυμμένης ζωῆς ἐξεβλήθησαν· ὁ δὲ ταύτης κῆρυξ
καὶ πρόδρομος μετὰ τοιαύτης τεχθεὶς γαλουχεῖται δυνά-
μεως, καὶ μετὰ μαζὸν εἰς τὴν ἔρημον ἔξεισιν, πάντῃ τὰς ἐν
ἀνθρώποις διατριβὰς ἀρνούμενος, ὡς οὐκ ἀξίας τῆς ὑπὲρ
ἀνθρώπους αὐτοῦ διαγωγῆς καὶ βιώσεως. Πῶς γὰρ ὁ
μηδὲν ἔχων χαμερπὲς καὶ ἀνθρώπινον—μὴ οἶκον, μὴ τρο-
φήν, μὴ σκέπην, μὴ φιλίαν, μὴ συναλλαγήν, μὴ πρὸς γένος
συνάφειαν, μὴ πρὸς γυναῖκα ὁμόνοιαν, μὴ ἄλλο τι τῶν ἐν
κώμαις δρωμένων καὶ πόλεσιν—ἀνθρώποις ἐν πόλεσιν ἢ

Lord was with him. For the hand of the Lord, the only-begotten Word of God, was in no way prevented by his divinity from being with him and magnifying him as his first and greatest herald. For the Word has been called the right hand and right arm of God the Father, since everything the Father does is accomplished through him, even though He was conceived and became flesh in the womb of a virgin, and slumbered in her as in a royal bedchamber. Hence John, upon his birth, was shown to be superior to all those born of women and he generated very great fear, not only in those who lived with him and shared his views and longed for the divine appearance of Christ among us, but also in those living on the periphery and remaining outside the grace of God, because of their unshakeable attachment to the written word of the Law. For those who have partially received the Law and stick to the one path of the letter of the Law regard us somehow as being on the periphery; and that is why they have become estranged from us and have been banished from the grace that they consider their own. Those wretched ones, because of their own perversity, have been driven from the life that is hidden in the Law. But the herald and forerunner of that life, once born, was nourished with the milk of such power, and after being weaned from breastfeeding he went out to the desert, totally rejecting dealings with human beings, as being unworthy of his life and conduct which were above those of humankind. For how could one who possessed nothing lowly or human—no home, no food, no lodging, no friendship, no social dealings, no family connection, no sharing of mind with a wife, none of the features of villages and cities—how could he have lived with humans in cities or villages? He went out to the desert not in

κώμαις συνῴκησεν; Ἔξεισιν δὲ οὐ Μωσέα ζηλώσας τὸν
ἄριστον, εἰ καὶ πλείω Μωσέως τὰ θεῖα παιδεύεται, καὶ νο-
μοθετῶν ἐπανέρχεται, καὶ λαὸν λυτροῦται πλανώμενον,
καὶ ποδηγεῖ καλῶς πρὸς εὐσέβειαν ὑπ' Αἰγυπτίων νοητῶν
κακῶς ἐκθλιβόμενον· οὐδ' Ἠλίαν τὸν παλαιὸν ἐκμιμούμε-
νος τὸν μεγάλα κατὰ γῆν ἐργασάμενον τέρατα, κἂν νέος
Ἠλιοῦ προσηγόρευται καὶ ἐν Ἠλιοῦ δυνάμει καὶ πνεύματι
πρόεισι, καὶ Ἡρώδην τὸν νέον Ἀχαὰβ σωφρονίσων ἐπάνει-
σιν, καὶ ὑπὸ τῆς Ἡρωδιάδος τῆς ἄλλης Ἰεζάβελ διώκεται,
καὶ διωκόμενος κτείνεται, οὐδ' ἕτερόν τινα τῶν κατὰ τού-
τους τοῦ ἰδίου βίου σκοπὸν προτιθέμενος, εἰ μὴ πρὸς
ἥττους τὴν ἀρετὴν τοῖς ἐνθέοις καὶ σώφροσιν, ἀλλὰ πρὸς
τοὺς κρείττους εἴωθεν ἡ ἅμιλλα γίγνεσθαι. Εἰ δὲ παρ'
ἀνθρώποις Ἰωάννου τὸν κρείττονα βλέπειν ἡ φύσις οὐκ
ἤνεγκεν ἄνθρωπον ἄρρενα ("ἄρρενα" δέ φημι διὰ τὴν
ὑπὲρ πάντας ἀνθρώπους θηλείας καὶ ἄρρενας παναγίαν
Παρθένον καὶ σεπτὴν Θεομήτορα), οὔτε Χριστὸς ἐννοεῖν
συνεχώρησεν, φανερὸν ὡς οὐκ ἀνθρώπων τινὰς μιμησόμε-
νος, ἀλλ' οὐρανίους ἀγγέλους εἰς τὴν ἔρημον ἔξεισιν,
ἐπειδὴ καὶ τῆς αὐτῶν προσηγορίας ἠξίωτο.

25   Ἔσχε δὲ δικαίως πρὸς αὐτοὺς τὴν τοιαύτην ἔριν ἀγαθὴν
καὶ φιλόθεον, ὁ μόνος φανεὶς ἐπὶ γῆς ἐνσώματος ἄγγελος,
ὡς καὶ τῆς αἰθερίας αὐτῶν ἀξίας συμμέτοχος, καὶ τὴν ἴσην
μέλλων Χριστῷ λειτουργίαν προσάγειν Ἰορδάνου βαπτι-
ζομένῳ τοῖς ῥεύμασιν, καὶ τὴν ἄλλην ἄπασαν ὑπηρεσίαν,
ἣν δι' ὅλης αὐτοῦ τῆς ἐπιγείου ζωῆς ἀγγελικῶς ἐκτελῶν
εἰσαγήοχεν. Μετὰ τοιαύτης γοῦν Ἰωάννης τῆς ἐφέσεως,
τὴν πατρῴαν ἑστίαν ἀφείς, ὡς χῶρον ὑψηλόν τινα καὶ

emulation of the most excellent Moses, even if he was more expert in things divine than Moses, and proceeded to lay down laws, and redeemed a people gone astray, and skillfully guided them to piety, evilly oppressed as they were by erroneous Egyptians. Nor did he go in order to imitate Elijah of old who accomplished many wondrous deeds on earth, even though he was called a new Elijah and went forth *in the power and spirit of Elijah,* and proceeded to chasten Herod the new Ahab, and was persecuted and killed by Herodias a second Jezebel; no, he set the goal of his own life in imitation of neither of those figures, seeing that for prudent and holy men their competition is usually against their betters rather than their inferiors in virtue. And if among men nature could not bear to see a human male greater than John (I say "male" on account of the all-holy Virgin and blessed Mother of God who is above all humans, female and male) and if Christ did not permit such a thought, then it is clear that John went out to the desert not in imitation of certain men, but to emulate heavenly angels, since he was also deemed worthy of the name of angel.

He had that good and devout rivalry with the angels, this 25 man who alone appeared on earth as an embodied angel, being a sharer in their heavenly dignity and destined to offer an equal service to Christ baptized in the streams of the Jordan; and, acting in his role as angel, he continued to contribute all the other services throughout the entire course of his earthly life. It was with such an intention that John quit his father's house and went to live in the desert as some lofty

οὐράνιον τὴν ἔρημον ᾤκησε, πᾶσι διδοὺς ἐνορᾶν τῷ αἰνίγματι, ὡς τὴν κατὰ σάρκα γεννήσασαν καὶ πατρῴαν συναγωγὴν ἡ τοῦ Θεοῦ χάρις Χριστὸς καταλείψειε, καὶ τὴν τῶν Ἐθνῶν ἔρημον ἐκκλησίαν οἰκήσειε· καὶ τοῦτο οὐκ ἐπὶ χρόνον τινὰ ἀλλ᾽ εἰς ἀεὶ διαπράξοιτο, καὶ ἕως ἂν φανῇ πάλιν τὸ δεύτερον ἀπ᾽ οὐρανοῦ μετὰ δόξης πολλῆς καὶ δυνάμεως πρὸς τὸν ἀληθινὸν Ἰσραὴλ ἀναδεικνύμενος. *Τὸ δὲ παιδίον ηὔξανεν καὶ ἐκραταιοῦτο πνεύματι, καὶ ἦν ἐν ταῖς ἐρήμοις ἕως ἡμέρας ἀναδείξεως αὐτοῦ πρὸς τὸν Ἰσραήλ.* Ἴσασι γὰρ οἱ ἀγχινοίᾳ Πατρικῇ στεφόμενοι, ὡς τοῖς Ἰουδαίων δήμοις εἰπὼν ὁ Χριστός, "Ἰδοὺ ἀφίεται ὑμῖν ὁ οἶκος ὑμῶν ἔρημος," οἶκον ἑαυτοῦ τὴν ἔρημον τῶν Ἐθνῶν ἐκκλησίαν πεποίηται, καὶ σῶμα ἴδιον τοὺς κεκλημένους ἡγούμενος καὶ ἐν ἴσῳ κεφαλῆς αὐτοῖς ἐπικείμενος· *σῶμα γάρ ἐσμεν Χριστοῦ καὶ μέλη ἐκ μέρους,* καὶ κεφαλὴν αὐτὸν ἔχομεν, ὡς τὸ τῆς ἐκλογῆς ἐκδιδάσκον σκεῦός φησιν. Αὔξει τὴν ἡμῶν τῶν μελῶν καὶ τοῦ σώματος οἰκειούμενος αὔξησιν, καὶ *κραταιοῦται πνεύματι* ὁ τὴν πνευματικὴν ἡμῶν κρατύνων κραταίωσιν, ταύτην ἰδίαν διὰ τοὺς ἰδίους ἡμᾶς λογιζόμενος· εὖ δὲ καὶ τὸ *"ἐν ἐρήμοις"* αὐτὸν εἶναι φάσκει τὰ λόγια· δείκνυσι γὰρ τοῦτο ἐμφαντικώτερον λέγοντα, ὡς οὐκ ἐν ἔθνει μόνον ἑνὶ καθὰ καὶ πρώην ἐν μόνῳ τῷ Ἰσραὴλ Χριστός ἐστι καὶ γεραίρεται, ἀλλ᾽ ἐν πᾶσι τοῖς ἔθνεσι καὶ ταῖς ἐκ τούτων λαχούσαις ἐκκλησίαις τὴν σύστασιν. Οὕτως γὰρ πολλαχοῦ τῆς γραφῆς πληθυντικῶς ὀνομάζονται, νῦν μὲν "ὄρη τὰ ὑψηλά," νῦν δὲ "βουνοί," ἄρτι δὲ "πηγαί," καὶ ἄλλοτε "νῆσοι τῶν ἐθνῶν," καὶ ἀλλαχοῦ "πλοῖα Καρχηδόνος"—τροπικῶς σημαινόμενα. Σὺ μὲν

and heavenly space, thereby giving to all a glimpse into the dark riddle of the future, namely that the grace of God, Christ, would abandon the paternal synagogue which had produced him in the flesh and would inhabit *the deserted church of the Gentiles;* and He would do this not just for a certain amount of time, but forever, and until He should appear for the second time from heaven, revealing himself to the true Israel in great glory and power. *And the child grew and became strong in spirit, and he was in the desert places till the day of his manifestation to Israel.* For those who are crowned with the wisdom of the Fathers know that after Christ said to the Jewish people, *"Behold, your house will be left deserted,"* He made the deserted church of the Gentiles into his own house, considering as his own body those who were chosen and setting himself over them as a head; for we are *the body of Christ and individual members of it* and we have him as our head, as the *chosen instrument* says in his preaching. Making us into himself He increases the size of our members and of our body and He who increases our spiritual strength is *fortified in spirit,* reckoning that strength to be his own because we belong to him. And the Gospels rightly state that He was *"in desert places"*; for by saying this explicitly they show that Christ is present and honored not in one nation only, as He was previously in Israel alone, but in all the nations and the churches deriving their existence from them. That is why they are named in the plural in many parts of scripture; in one place "the lofty mountains," in another "hills," again "springs," another time *"islands of the nations,"* and elsewhere *"ships of Carthage"*—all in a figurative sense. You, then,

οὖν, ὦ μακάριε Βαπτιστὰ (καλέσω γάρ σε Χριστοῦ Βαπτι-
στήν, εἰ καὶ μήπω σε τοῦτο ποιούμενον ὁ λόγος ὑπέδειξεν),
οὕτω τε καὶ διὰ ταῦτα τὰς ἐρήμους κατέλαβες, ὡς ἐγώ σε
νοῆσαι καὶ φράσαι δεδύνημαι, μυστικώτερόν πως αὐταῖς
εὐαγγελιζόμενος τὴν καταληψομένην θᾶττον αὐτὰς τῆς
θείας χάριτος σωτήριον ἄφιξιν.

26 Ἐγὼ δέ σοι πρόθεσιν ἔχων τῷ λόγῳ συνέπεσθαι, εἴργο-
μαι καρτερῶς καὶ κωλύομαι· τοῦτο μὲν δι᾽ ἀνθρωπίνην
ἀσθένειαν (σοὶ γὰρ λέγειν τἀληθὲς οὐκ αἰσχύνομαι, ταύτην
εἰδότι καὶ πρὸ τῆς ἡμῶν ἀγορεύσεως)· τοῦτο δέ, ὅτιπερ ὁ
τῆς ἱερᾶς λειτουργίας καιρός, ὡς ὁρᾷς, παραγέγονεν, καὶ
πάντας ἡμᾶς ὡς ἑαυτὸν κατέχειν βιάζεται καὶ σὺν σοὶ πρὸς
τὴν φίλην χωρεῖν οὐκ ἀφίησιν ἔρημον· ὃ κἂν πρὸς βραχὺ
οὔτε σοὶ ποθητόν, οὔτ᾽ ἐμοὶ δυνατόν, οὔτε τῇ σῇ πανηγύρει
πρέπον καθέστηκε. Διό σοι συγγνώμης προσάγων τὴν
αἴτησιν παρακαλῶ συμπαραμεῖναι τῷ πνεύματι, κἂν εἰ τῷ
σώματι χωρεῖς πρὸς τὴν ἔρημον, καὶ τὴν σὴν ἀρωγὴν
ἀπαύστως παρέχεσθαι τοῖς ταύτης ἡμῖν ἀδιαλείπτως ἐγ-
χρῄζουσιν· εἴργει γάρ σε τόπος οὐδεὶς βοηθεῖν ἐπινεύ-
σαντα, ἐν οὐρανῷ παρόντα τῷ πνεύματι, καὶ πάντας ἡμᾶς
εὐχερῶς κατοπτεύοντα. Καὶ ταύτην μέν σου τὴν σε-
βασμίαν πανήγυριν δίδου μετὰ τῆς ἀξίας ἡμᾶς πανη-
γυρίσαι τερπνότητος, καὶ ὡς σοί τε φίλον τῷ προδρόμῳ
τῆς χάριτος, καὶ τῇ Θεῷ σοι κεχαρισμένῃ πολιτείᾳ κατάλ-
ληλον· τῆς παρούσης δὲ ζωῆς τὸ ἐπίλοιπον μόριον οὕτως
ἄγειν καὶ περιέπειν, ὡς ὁ νόμος κελεύει τοῦ Πνεύματος (οὗ
τύπος αὐτὸς ἡμῖν ἐν Χριστῷ προκεκάθικας), ἵνα τούτου
πληρωταὶ ταῖς σαῖς ἐπιπνοίαις γιγνόμενοι καὶ τῆς ἐνθάδε

blessed Baptist (for I will call you Baptist of Christ, even if my narrative has not yet shown you in that role), in this way and for these reasons you came to the desert places, as far as I can understand and explain your actions, in order to announce to them in a mystical kind of way the imminent and salvific arrival among them of the divine grace.

Even though my intention was to accompany you, Baptist, in my discourse, I am forcibly held back and prevented. The reason is partly because of human weakness (I am not ashamed to tell you the truth, since you were aware of this even before my speech), and partly because, as you have noticed, the moment of the sacred liturgy has arrived and is forcing us all to seize it and will not allow us to accompany you to your beloved desert. To do so even for a short while would not be desired by you, nor possible for me, nor appropriate for your festal celebration. Therefore, I beg your forgiveness and ask that you remain with us in spirit, even if in body you go to the desert, and please grant your unceasing help to us who are in constant need of it. For no place prevents you from helping, should you so wish, since you are in heaven in the spirit and easily see all of us from there. Grant us the ability to celebrate your venerable feast with worthy joy and as pleasing to you, the forerunner of grace, and as befits the way of life bestowed on you by God. Grant us also to pursue and live the remaining portion of this life in the way that the law of the Spirit commands (for you yourself preside in Christ as a model of the law for us), in order that under your inspiration we may fulfill the law and that Christ, 26

ζωῆς καλοίη Χριστὸς ὁ ταύτης χορηγὸς χωριζόμενοι, ἐν μιᾷ τῶν ὑπὸ σὲ τελουσῶν πόλεων, ἃς διδόναι σοί τε καὶ τοῖς μετὰ σὲ θείοις ἀνδράσιν (οὐ γὰρ τολμήσω "κατὰ σὲ" φάναι) Χριστὸς ἐπηγγείλατο, ὡς ταῖς ἱεραῖς σου κἀνθάδε νομοθεσίαις βραχέως πως πειθαρχήσασι· ὅπως καὶ ἡμεῖς ἐν ταύταις γινόμενοι, καὶ σοὶ μὲν ὡς ὑπασπιστῇ καὶ προστάτῃ καὶ φύλακι νομοθέτῃ τε καὶ παιδευτῇ τοῦ λαμπροῦ πολιτεύματος, τοῖς δὲ σοῖς, ἤγουν τοῖς ὑπὸ σὲ ὡς συνδούλοις ἐνθάδε τελέσασιν καὶ γνησίοις μαθηταῖς, συναπτόμενοι, κοινωνοὶ καὶ τῆς ἀποκειμένης σοι ζωῆς αἰωνίου γενοίμεθα, καὶ τῆς τῶν ἐν οὐρανοῖς ἡτοιμασμένων σοι πάντων ἀγαθῶν ἀπολαύσεως μέτοχοι, ἐν Χριστῷ Ἰησοῦ τῷ Κυρίῳ ἡμῶν, δι' οὗ καὶ μεθ' οὗ τῷ Θεῷ καὶ Πατρὶ σὺν Ἁγίῳ Πνεύματι δόξα, τιμή, κράτος, εἰς τοὺς αἰῶνας τῶν αἰώνων. Ἀμήν.

the provider of life on earth, may call us when separated from it, in one of the cities under your control, which Christ promised to give to you and to the divine men after you (I do not dare to say "like you"), because they obeyed for a brief time your sacred laws on earth. I pray this in order that we too coming there and joining, on the one hand, with you as supporter, protector, guard, lawgiver, and instructor in the splendid way of life, and uniting, on the other hand, with your people, I mean those who work under you here as fellow servants and true disciples, we may share with you the eternal life stored up for you, and partake in all the pleasurable blessings prepared for you in heaven, in Christ Jesus our Lord, through whom and with whom glory, honor, power to God the Father along with the Holy Spirit, for ever and ever. Amen.

Τοῦ ἐν ἁγίοις πατρὸς ἡμῶν Σωφρονίου
ἀρχιεπισκόπου Ἱεροσολύμων·
Ὁμιλία εἰς τοὺς ἁγίους Πέτρον καὶ
Παῦλον τοὺς μακαρίους ἀποστόλους
(τῇ δ΄ ἡμέρᾳ τῶν Γενεθλίων)

Πάλιν ἡμῖν δυὰς ἀδιάλυτος ἔλαμψεν, πάλιν ἡμῖν συζυ-
γία ἀδιάζευκτος ἤνθησε, πάλιν ἡμῖν συνάφεια ἀδιάτμητος
ἔβρυσεν, ἀποστολικῶν ὁμοῦ πανηγύρεων εἰς μίαν συνδρα-
μουσῶν ἑορτὴν καὶ πανήγυριν, καὶ διπλαῖς ἡμᾶς λαμ-
πρυνουσῶν ταῖς φαιδρότησιν, ἐν μιᾷ φωτὸς ἡλιακοῦ φαι-
νομένων λαμπρότητι. Πέτρος γὰρ τῶν ἀποστόλων ὁ
κορυφαιότατος σήμερον, καὶ Παῦλος ὁ Πέτρῳ τὴν χάριν
ἐφάμιλλος καὶ τὴν ἀξίαν τῆς ἀποστολῆς παραπλήσιος, κἂν
εἰ μὴ τῆς ἱερᾶς δωδεκάδος ἐκείνης τῶν φωτοφανῶν ἀπο-
στόλων ἐτύγχανεν, ἧς τὴν ἐκλογὴν καὶ πρόβλησιν οὐκ
ἄνθρωπός τις ψιλὸς ἐτεκτήνατο, οὐ προφήτης, οὐ πατρι-
άρχης, οὐ δίκαιος, οὐκ οὐράνιος καὶ ἀσώματος ἄγγελος
(δοῦλοι γὰρ οὗτοι καθεστήκασιν ἅπαντες καὶ ἡμῖν τοῖς
ἀνθρώποις ὁμόδουλοι, κἂν εἰ ἀρεταῖς ἡμῶν καὶ πνευματι-
καῖς ἀξίαις καὶ χάρισι μέτρῳ πολλῷ διαφέρωσιν), ἀλλ'
αὐτὸς ὁ Χριστὸς ὁ Δεσπότης πάντων ὁμοῦ, καὶ Θεὸς καὶ
Κύριος, ὁ τὴν φύσιν διπλοῦς καὶ μοναδικὸς τὴν ὑπόστασιν,

Homily 7

Sophronios, Archbishop of Jerusalem, Our Father among the Saints: Homily on the Blessed Apostles Saints Peter and Paul (On the Fourth Day of the Nativity)

Once again an indissoluble pair has shone forth on us, again an inseparable couple has blossomed for us, again an unbroken union has burst upon us, because the feasts of the two apostles have combined into one festival and celebration, illumined us with a double splendor, and appeared in a single brilliance of solar light. For Peter the supreme head of the apostles is celebrated today, as too is Paul his equal in grace who approaches Peter in apostolic dignity, even if he was not one of that sacred group of twelve light-filled apostles, whose selection and promotion was not made by a mere mortal nor by a prophet nor a patriarch nor one of the righteous nor by a heavenly incorporeal angel (for all these are servants and fellow servants of us men, even if they excel us by far in virtue, in spiritual rank and in grace). Rather, Christ himself did this, He who is Master of all and God and Lord. *He is twofold in nature and single in hypostasis;* He is a

ὁ ἐκ θείας τε καὶ ἀνθρωπίνης συγκείμενος φύσεως, καὶ ἐν
οὐσίᾳ τε θείᾳ καὶ ἀνθρωπίνῃ φανερῶς γνωριζόμενος, καὶ
οὐδαμῶς εἰς αὐτὰς διαιρούμενος, οὐδὲ τομὴν τὴν οἱανοῦν
προσδεχόμενος, διὰ τὴν ἄτρεπτον καὶ ἀμέριστον ἕνωσιν·
οὐδὲ γὰρ τὰ ἐξ ὧν ἐστιν συνέχυσεν, εἰ καὶ ἀλλήλοις ταῦτα
καθ᾽ ὑπόστασιν ἥνωσεν· οὔτε τὰ ἐν οἷς ἐστιν ἀλλήλων
διέστησεν, κἂν εἰ ἐν αὐτοῖς τελείως γνωρίζηται Θεός <τε>
καὶ ἄνθρωπος, ὁ αὐτὸς καὶ ἐν ταὐτῷ θεωρούμενος, ὁ καρ-
δίας καὶ νεφροὺς ἐπιστάμενος καὶ ψυχῆς ἀφανοῦς θεωρῶν
τὰ βουλεύματα, ἅπερ ἕκαστος ἄνθρωπος ἐν καρδίᾳ κρυ-
φαίως βουλεύεται, κἂν εἰ λανθάνειν δοκῇ ληστρικώτατα
τοὺς τῆς αὐτῆς ὑπάρχοντας φύσεως.

2   Οὕτως ἡμῶν τῆς σωτηρίας κηδόμενος, δι᾽ ἣν καὶ πρὸς
ἡμᾶς ἐξ οὐρανοῦ κατελήλυθεν, ἁλιέων ἐκλογὰς ἐποιήσατο,
καὶ χάριν ἀποστολῆς αὐτοῖς κατεμέρισεν, συναριθμουμέ-
νην μὲν αὐτῶν τῇ ποσότητι, οὐ διαιροῦσαν δὲ αὐτῶν τὸ
ἀξίωμα, οὔτε τὴν τάξιν συγχέουσαν, ἀλλ᾽ ἐν τῇ ἑνότητι τῆς
ἀποστολικῆς ἀξίας καὶ χάριτος τὸ τῆς τάξεως τηροῦσαν
διάφορον· καλὸν γὰρ ἡ σοφία τοῦ Θεοῦ καὶ ἡ δύναμις καὶ
ὁ Λόγος ὁ πάντων γνωστῶν γνωστικώτατος κέκρικε, καὶ
τῆς ἀποστολῆς τὴν ἀξίαν ἑνιαίαν φυλάττεσθαι, καὶ τῆς
τάξεως τὴν διαφορὰν ἀσυγχύτως γνωρίζεσθαι, ὡς ἂν μήτ᾽
ἡ τάξις εἰς ἀταξίαν μετέρχηται—ἐξεχθρὸν γὰρ Θεῷ τυγ-
χάνει τὸ ἄτακτον—μήτε τῆς ἀξίας ἡ χάρις εἰς ἀνίσους δια-
τέμνηται χάριτας· *ἀμεταμέλητα γάρ εἰσιν τὰ χαρίσματα,* καὶ
τὸ ὅριον ὅπερ αὐτὸς διορίσοιτο, οὐδαμῶς, ὡς ἡ μελῳδία
φησί, *παρελεύσεται·* οὗτος ὁ πάντα ζυγῷ καὶ σταθμῷ διοι-
κούμενος, καὶ ἑκάστῳ διδοὺς ἀπροσωπολήπτῳ βουλῇ τὰ

composite of divine and human nature and is clearly acknowledged in divine and human essence, never being separated into those two nor admitting of any division whatsoever, on account of his immutable and indivisible unity. Neither did He confuse the elements of which He is composed, even if He united them hypostatically with one another; nor did He separate from one another the elements in which He exists, even if He is perfectly known in them as God and man, understood the same in the same. He it is who knows *hearts and kidneys* and sees the hidden plans of the soul, which each man conjures up secretly in his heart, even though he thinks that, just like a robber, he will escape the notice of those of the same nature.

So, caring for our salvation, on whose account He came 2 down to us from heaven, He made a selection of fishermen and distributed the grace of apostleship among them. Now while this grace was commensurate with the number of apostles, it did not divide their honor nor did it confuse their order, but in the unity of apostolic dignity and grace it preserved a distinction in order. For the wisdom and power of God, and the Word which is the most wise of all the wise, decided well that the unity of honor of apostleship should be preserved and the difference in order should be recognized without confusion, so that the order might not change to disorder—disorder being fully repugnant to God—and so that the grace of the dignity not be divided into unequal graces; *for the gifts of grace cannot be altered* and *the boundary* which He himself sets will in no way, as the psalm says, *pass away.* He who manages *everything by* scale and *balance* and gives to each one with impartial decision the gifts of grace,

χαρίσματα, μετὰ τὴν πρώτην ἐκλογήν, ἣν ἐπ' ἀποστόλοις πεποίηται δώδεκα, καὶ τὴν δευτέραν, ἣν ἐπὶ μαθηταῖς δύο καὶ ἑβδομήκοντα τέτευχε, μετὰ τὴν εἰς οὐρανοὺς ἐκ τῶν ἐπιγείων πραγμάτων ἀνάβασιν, ἥτις διὰ τὴν σάρκα γεγένηται, ἣν ἐξ ἡμῶν προσελάβετο (ἄσαρκος γὰρ καὶ ἀσώματος τὸ πρὶν ὡς ἡμᾶς καταβέβηκε), καὶ τρίτην ἐκλογὴν ἐπιδείκνυται, αὔξων τῶν ἀποστόλων καλῶς τὴν ἀρίθμησιν, οὐκ ἀποστολῆς διαφορὰν ἐργαζόμενος· ἐξουσίαν γὰρ ἔχει ὁ πάντων κεραμεὺς ἡμῶν Θεὸς *τοῦ πηλοῦ* καὶ τοῦ πλάσματος, σκευοποιεῖν καὶ παράγειν ὡς βούλεται, μηδενὸς αὐτοῦ ταῖς βουλαῖς ἀντιπράττοντος· ὃς καὶ τὸν Παῦλον σαφῶς ἐκλεγόμενος, ἔφασκε πρὸς Ἀνανίαν τὸν Παύλου βαπτιστὴν καὶ διδάσκαλον—ἐκεῖνος γὰρ αὐτὸν καὶ τυφλωθέντα πεφώτικε, καὶ φωτισθέντα βεβάπτικε, καὶ βαπτισθέντα δεδίδαχε τὸ θεόπνευστον δίδαγμα—"*Πορεύου*" πρὸς τὴν τούτου θείαν κατήχησιν, οὐ μὴν ἀλλὰ καὶ ἀνάβλεψιν, "*ὅτι σκεῦος ἐκλογῆς μοί ἐστιν οὗτος, τοῦ βαστάσαι τὸ ὄνομά μου ἐνώπιον Ἐθνῶν καὶ βασιλέων υἱῶν τε Ἰσραήλ· ἐγὼ γὰρ ὑποδείξω αὐτῷ ὅσα δεῖ αὐτὸν ὑπὲρ τοῦ ὀνόματός μου παθεῖν.*" Ἀλλὰ καὶ Παῦλος αὐτὸς ὁ θαυμάσιος, τῆς οἰκείας ἀξίας δεικνὺς τὴν προχείρισιν, ἔγραφεν ὡς, "*Ὁ ἐνεργήσας Πέτρῳ εἰς τὴν περιτομὴν ἐνήργησε κἀμοὶ εἰς τὰ Ἔθνη.*"

3 Τῆς οὖν τοῦ Σωτῆρος κατ' ἐκλογὴν προχειρίσεως, Πέτρῳ τῷ πρώτῳ τῶν ἀποστόλων καὶ κήρυκι Παῦλον συναρμοσάσης τὸν ἔνθεον, καὶ ἐν ἀμφοῖν δεδωρημένης ἀξίωμα (κἂν εἰ τὸν μὲν εἰς ἀποστολὴν τῶν ἐν περιτομῇ προεβάλετο, τὸν δὲ ἀγέλαις Ἐθνικαῖς προσεκλήρωσε), καὶ χάριν μίαν καὶ θεόσδοτον ἀξίωμα, τὸ τῆς υἱοθεσίας φημὶ

after the first selection which He made for the twelve apostles, and after the second which He made for the seventy-two disciples, following his ascension to heaven away from earthly affairs which was accomplished in the flesh that He assumed from us (for He had first come down to us without flesh and body), He then made a third selection and introduced a laudable increase in the number of the apostles without changing the nature of the apostolate; for God who is *the potter* of all of us, who are *clay* and created things, *has the power* to mold and create as He desires with no one opposing his wishes. And clearly making Paul his choice He spoke to Ananias, his baptist and teacher, for Ananias illumined Paul when he was blinded, baptized him when he was illumined, and instructed him in the inspired teaching when he was baptized. Christ said to Ananias, "*Proceed*" to his divine instruction and indeed to his recovery of sight, "*because this man is a chosen vessel for me to carry my name before Gentiles and kings and the sons of Israel; for I will show him how much he must suffer for the sake of my name.*" And the marvelous Paul himself indicated his being chosen for his own position of dignity when he wrote, "*He who worked through Peter for the circumcised worked through me also for the Gentiles.*"

So, when the Savior made the selection according to his 3 choice, He joined the godly Paul with Peter the herald and first of the apostles, and bestowed upon both of them a single dignity (even though He promoted one of them to the apostolate of the circumcised, while the other He assigned to the flocks of the Gentiles), and He granted to those turning to Christ himself through them one grace and one

τῆς πρὸς τὸν Θεὸν καὶ Γεννήτορα, τοῖς δι' αὐτῶν ὡς Χριστὸν αὐτὸν ἐπιστρέφουσι δέδωκε, καὶ ὄνομα ἓν ἀμφοῖν προσκεχάρισται, τὸ ἀπ' αὐτοῦ Χριστοῦ Χριστιανοὺς ὀνομάζεσθαι. Εἰκότως καὶ ἡμεῖς οἱ τούτων μαθηταὶ καὶ ἀκόλουθοι, πίστιν τὴν αὐτῶν περιέποντες, καὶ δίδαγμα τὸ αὐτῶν ἀσπαζόμενοι, ἀλλήλοις τούτους συνήψαμεν, οὓς ἡ χάρις συνῆψε τοῦ Πνεύματος· καὶ κοινὴν αὐτοῖς συνιστῶμεν πανήγυριν, ὡς κοινὸν λαχοῦσι καὶ ἰσοκλεὲς τὸ προχείρισμα· καὶ μίαν Χριστῷ ἑορτὴν ἑορτάζομεν, ὡς μιᾶς ἡμῖν πνευματικῆς αὐγῆς διὰ τῆς ἀμφοτέρων ἐπαστραπτούσης φαιδρότητος. Οὓς γὰρ Χριστὸς αὐτὸς συνηρμόσατο, καὶ μιᾷ κατεκόσμησε χάριτι, τούτους ἀλλήλων διαιρεῖν οὐκ ἀκίνδυνον, οἱ εἰς Χριστὸν τετοκότες ἡμᾶς ἐψηφίσαντο. Διὰ τοῦτο γὰρ καὶ μίαν αὐτοῖς πανήγυριν ὥρισαν, ἵνα μὴ Χριστοῦ τῇ ψήφῳ φανῶσι μαχόμενοι· οἷς καὶ ἡμεῖς οἱ ἐλάχιστοι, ἐν πᾶσιν ἀκολουθεῖν ἐπισπεύδοντες, καὶ κοινὴν αὐτοῖς συνδρομὴν συνιόντες ἀθροίζομεν, καὶ ταύτῃ φανότατα τιμῶμεν αὐτῶν τὴν συνάφειαν. Ἔνθα γὰρ Πέτρος ὁ κορυφαῖος κηρύττεται, ἐκεῖ καὶ Παῦλος εὐθὺς ὀνομάζεται· καὶ ὅπου Παῦλος ὁ ἔνθεος ἄνθρωπος φαίνεται, ἐκεῖ καὶ Πέτρος συναγελαζόμενος δείκνυται.

4   Οὕτως ἀλλήλων οἱ σοφοὶ καὶ θεσπέσιοι τὰς συνουσίας ἀρρήτους ἐργάζονται, τὸν χωρισμὸν οὐ βουλόμενοι, τὸν μερισμὸν ἐκτρεπόμενοι, τὰς διαιρέσεις ἐκκλίνοντες, τὰς τομὰς ἀποφεύγοντες, τὰς διαστάσεις οὐ στέργοντες, ὡς μίσους ἐκγόνους καὶ ἔχθρας οὔσας προβλήματα, διδάξαι διὰ τούτων ἡμᾶς ἐφιέμενοι τὴν τῆς πνευματικῆς ἀγαπήσεως ὄνησιν καὶ φιλίας τῆς κατὰ Χριστὸν τὸ ὠφέλιμον· τὸ γὰρ

God-given dignity, namely the gift of being adopted as sons of God the Father, and He also bestowed a single name on both groups, that is, to be called Christian after Christ himself. And we too, the disciples and followers of Peter and Paul who respect their faith and embrace their teachings, have rightly joined those two together whom the grace of the Spirit has united. And we observe a common celebration for them, because their selection by God is shared by them and is of equal honor; and we celebrate one feast in Christ, since a single spiritual light shines upon us from their joint splendor. For our fathers in Christ decided that it is not without danger to separate from one another those whom Christ himself joined together and adorned with a single grace. For this reason, they constituted a single feast day for them, to avoid the appearance of opposing God's choice. And we the most lowly, eager to follow them in all things, come together and assemble for their common feast and in this most conspicuous way we honor their unity. For wherever Peter the chief of the apostles is proclaimed, there too the name of Paul is immediately mentioned; and wherever Paul, the divinely inspired man, appears, there too Peter is shown to be in his company.

Thus the wise and venerable ones form an ineffable partnership with one another, not wanting separation, rejecting division, avoiding disunion, shunning severance, and disliking partition, as being offshoots of hatred and products of enmity. By these actions they desire to teach us the benefit of spiritual love and the usefulness of friendship according to Christ, for something that is not done according to

κατὰ Χριστὸν τὸν Θεὸν οὐ γιγνόμενον οὐδεμίαν παρέχειν οἶδε τοῖς δρῶσιν ὠφέλειαν. Διὰ τοῦτο δὴ καὶ ἀμφότεροι, τὸ τῆς ἀγάπης ἡμᾶς ἐκδιδάσκοντες ὄφελος, καὶ ἐν ἑαυτοῖς τυποῦντες αὐτῆς τὴν ἐνέργειαν, καὶ κοινὴν ποιοῦνται προέλευσιν, καὶ κοινὴν τὴν πανήγυριν ἄγουσιν. Ὅθεν ὁ μὲν ἀλλήλοις ἡμᾶς τοῦ συνδέσμου τῆς ἀγάπης διδάσκων τὸ ἄπτωτον—ἣν καὶ πάντων μείζονα τῶν χαρισμάτων ὡρίζετο, ὡς καὶ τῷ πλησίον κακὸν οὐκ εἰδυῖαν ἐργάζεσθαι ("ἡ γὰρ ἀγάπη," φησίν, "τῷ πλησίον κακὸν οὐκ ἐργάζεται")— καὶ ἀλλήλων ἀνέχεσθαι τοῖς αὐτὴν ἐνδεδυμένοις ἐντέλλεται· καὶ οὐ τοῦτό γε μόνον, ἀλλὰ καὶ τὰ σφῶν αὐτῶν μὴ ζητεῖν διατάττεται, ἀλλὰ τοῦ πλησίον ποθεῖν δι᾽ ἀγάπησιν, ἥτις καὶ ἓν σῶμα καὶ ἓν πνεῦμα ποιεῖ τοὺς μετέχοντας, καὶ ἐν μιᾷ ἐλπίδι τῆς κλήσεως τίθησιν, καὶ κοινωνοὺς τῆς αἰωνίου ζωῆς ἀποδείκνυσιν. Ὁ δὲ "τὰς ψυχὰς ὑμῶν ἡγνικότες ἐν τῇ ὑπακοῇ τῆς ἀληθείας," φησίν, "εἰς φιλαδελφίαν ἀνυπόκριτον ἐκ καρδίας ἀλλήλους ἐκτενῶς ἀγαπήσατε," καὶ "ὡς Θεοῦ δοῦλοι πάντας [ἡμᾶς] τιμήσατε, τὴν ἀδελφότητα ἀγαπᾶτε," ἀδελφοποιεῖν ἀλλήλοις ἡμᾶς εἰδὼς τὴν ἀγάπησιν· ὅθεν καὶ "πρὸ πάντων τὴν εἰς αὐτοὺς ἀγάπην ἐκτενῶς ἔχειν" ἡμᾶς ἐγκελεύεται, ὅτι "τὴν ἀγάπην καλύπτειν πλῆθος ἁμαρτημάτων" ὁριστικῶς ἀπεφήνατο.

5 Ἀλλ᾽ ἡμεῖς τἀναντία τούτων ταῖς διδασκαλίαις σπουδάζοντες, οὐ μόνον ἀλλήλους ἀγαπᾶν οὐ βουλόμεθα, ἀλλὰ καὶ μισεῖν ὡς πολεμίους τοὺς πλησίον ἐθέλομεν, οὐκ εἰδότες, ὡς ἔοικεν, ὡς ἔχθρα καὶ μῖσος τοῦ πονηροῦ καθέστηκεν ἔκγονα πνεύματος· ὅθεν καὶ ἀδικοῦμεν τούτους καὶ θλίβομεν, καὶ μυρίαις διαβολαῖς ἐκτοξεύομεν, καὶ πᾶν

Christ our God is not able to bestow any benefit on the doer. And so, Peter and Paul, instructing us in the benefits of love and exemplifying in themselves its workings, make their appearance together and celebrate their feast together. Hence Paul, for his part, teaching us the unfailing strength of the bond of love of one for another—which he defined as greater than all the gifts, as not knowing how to harm one's neighbor (for *"love does no wrong to a neighbor,"* he says)—instructs those who put on the robe of love to have forbearance for one another; and not only that, but he also gives the command not to seek one's own interest, but to love one's neighbor on account of the love that unites in *one body and one spirit* those who possess it; and this love places them *in the one hope of their calling* and makes them fellow sharers of eternal life. And Peter for his part says, *"Having purified your souls by your obedience to the truth, love one another earnestly from the heart in unfeigned brotherly love"* and *"as servants of God honor all men, love the brotherhood,"* aware that loves makes us brothers of one another. And that is why he commands us *"above all to have an earnest love for one another,"* because he expressly stated that *"love covers a multitude of sins."*

But we pursue the opposite of what these men teach. Not 5 only are we unwilling to love one another, but we want to hate our neighbors as enemies, not realizing, it seems, that enmity and hatred are offspring of the evil spirit. Hence, we treat them with injustice and oppress them and subject them to countless slanderous attacks, and totally bereft of

εἴ τι κακὸν εἰς αὐτοὺς ἐργαζόμεθα, τῆς ἀγάπης ἅπαξ χη-
ρεύσαντες, ἥτις κατὰ Παῦλον τὸν πάνσοφον "τῷ πλησίον
κακὸν οὐκ ἐργάζεται·" ἀγάπης γὰρ ὄντως ἔργον πεφώραται
κάλλιστον, τὸ τῷ πλησίον κακὸν μὴ ἐργάζεσθαι. Ἀλλ' οὔτε
τούτων τὰ θεῖα διδάγματα (τὰ θείας γέμοντα χάριτος καὶ
σωτηρίαν τοῖς ποιηταῖς αὐτῶν <καὶ οὐ> μόνον ἀκροαταῖς
παρεχόμενα), οὔτε τὰ σοφὰ πάλιν ὑποδείγματα μετάγειν
ἡμᾶς πρὸς ἀγάπην δεδύνηται. Οὕτω νοσοῦμεν χαλεπῶς
τὸ μισάδελφον, καὶ ἀρρωστοῦμεν δεινῶς τὴν πρὸς ἀλλή-
λους ἀπέχθειαν, ἥτις πάντων κακῶν καὶ πηγὴ κυρίως ἐστὶ
καὶ γεννήτρια. Διὸ παρακαλῶ, προσφιλέστατοι, ἵνα τὴν
ἀποστολικὴν ὁμοῦ καὶ φιλικὴν Πέτρου καὶ Παύλου τῶν
θεσπεσίων ἀνδρῶν πανήγυριν ἄγοντες, ζηλῶμεν αὐτῶν
τὴν ἀγάπησιν, καὶ τὴν εἰς ἕν πνεῦμα καὶ ἓν σῶμα ποθῶμεν
συνάφειαν, καθὰ καὶ ἐν τῷ τῆς μιᾶς ἐδεξάμεθα χρίσματι
πίστεως, καὶ κακῶν τῶν εἰς ἀλλήλους παυσώμεθα, καὶ τῶν
ἀγάπης οὐρανίων αὐτοῖς ἀμοιβῶν κοινωνήσωμεν, φοιτη-
ταὶ χρηματίζοντες γνήσιοι, καὶ ὄντες αὐτῶν παῖδες καὶ
υἱοὶ γνωριζόμενοι, ὡς κρατοῦντες αὐτῶν τὴν ἀγάπησιν,
καὶ τιμῶντες ἀκριβῶς τὰ προστάγματα, καὶ μηδὲν παν-
τελῶς τῶν ἱερῶν μαθημάτων αὐτῶν παραφθείροντες.

6   Ἀλλὰ τί τοῦτο νῦν οἱ σοφοὶ καὶ παμμέγιστοι πράττουσι,
μετὰ Στέφανον ἡμῖν τὸν πανάριστον εἰς θεωρίαν σαφῆ
προερχόμενοι, καὶ τετάρτην ἑκουσίως τάξιν αἱρούμενοι,
καίτοι τῇ ἀξίᾳ τῆς κορυφαίας ἀποστολῆς καὶ προβλήσεως,
οὐ Στεφάνου μόνον τοῦ λαμπροῦ πρωτομάρτυρος, ἀλλὰ
καὶ πάντων ὁμοῦ θεοφιλῶν ἀνδρῶν προηγούμενοι, καὶ τῷ
μεγέθει τῆς αὐγῆς προτερεύοντες; Οὐκ ἄδηλον γὰρ ὡς

love we inflict every kind of harm on them. But this is the love that the all-wise Paul said *"does no wrong to a neighbor"*; for truly the fairest deed of love is found to be not wronging a neighbor. However, neither the godly teachings of these men (which are full of divine grace and bring salvation to those who carry out the instructions and do not just hear them), nor again their wise precepts have been able to lead us back to love, so seriously ill are we with brotherly hatred and deeply diseased with loathing for one another, which is the main source and cause of all evils. For this reason, most dearly beloved, as we celebrate this apostolic and love-filled feast of the inspired Peter and Paul, I beg that we emulate their love and that we desire harmony in *one spirit and one body,* just as we received it in the initiation into the one faith; I pray that we cease from doing wrong to one another, that we share with them in the heavenly rewards of love, being their genuine disciples, and acknowledged to be their children and sons, as putting into practice their love, and honoring exactly their instructions, and in no way debasing any of their holy teachings.

But why have these wise and very great men done this 6 now, namely, to come forward for our full contemplation after the excellent Stephen and to willingly choose the fourth day, despite the fact that, by the dignity of their apostolic supremacy and promotion, they outrank not only Stephen the illustrious first martyr, but simply all men beloved of God, and have precedence due to the magnitude of their splendor? For there is no doubt that the luster and glory of a

μαρτυρικὴ λαμπρότης καὶ ἔκλαμψις πολλῷ τῆς ἀποστο-
λικῆς αἴγλης ἡττᾶται καὶ στάσεως· τρίτην γὰρ μετὰ τὴν
τοῦ Χριστοῦ σωτήριον γέννησιν Στεφάνῳ δεδωκότες
πανήγυριν, τετάρτην ἑαυτοῖς διετηρήσαντο, τῶν τοῦ Δε-
σπότου ἐντολῶν μνημονεύοντες καὶ ταύτας κἀνθάδε πλη-
ροῦν ἐφιέμενοι. Τοῖς γὰρ τὰ πρωτεῖα λαμβάνειν ἐθέλουσι,
καὶ τὰς μείζους ἀξίας αἱρεῖσθαι διώκουσι, τάξιν αἱρεῖσθαι
τὴν ἐσχάτην ἐθέσπισεν, ὧδέ πως πρὸς αὐτοὺς διαρρήδην
φθεγξάμενος, "ὁ θέλων ἐν ὑμῖν εἶναι πρῶτος, γενέσθω
πάντων ἔσχατος," καὶ "ὃς ἐὰν θέλῃ ἐν ὑμῖν πρῶτος εἶναι,
ἔστω ὑμῶν δοῦλος," καὶ πάλιν, "ὁ μείζων ἐν ὑμῖν γενέσθω ὡς
<ὁ> νεώτερος, καὶ ὁ ἡγούμενος ὡς ὁ διακονῶν·" ὁ γὰρ ὑψῶν
ἑαυτὸν ταπεινωθήσεται, καὶ ὁ ταπεινῶν ἑαυτὸν ὑψωθήσεται·
ἀλλὰ καὶ οἱ ἔσχατοι πρὸς τὴν ἀμπελουργίαν καλούμενοι,
πρῶτοι τὴν μισθοφορίαν εἰσδέχονται. Ὅθεν τοῦτο σαφῶς
ἐπιστάμενοι, καὶ τάξιν τὴν δευτέραν λαμβάνουσι, καὶ Στε-
φάνῳ τῷ θείῳ τὰ πρωτεῖα παρέχουσιν, ἵνα πρῶτοι δικαιό-
τατα γένοιντο, καὶ τὴν ἀρίστην ἡμᾶς ὁδὸν τῆς ὑψώσεως,
τὴν εὐτέλειάν φημι καὶ ταπείνωσιν, ἣν πρῶτος Χριστὸς
ἐνεργήσας ἐτέμετο, ὑποδείγμασι τοῖς ἑαυτῶν ἐκδιδάσκωσι,
"μάθετε ἀφ' ἡμῶν τοῖς ἔργοις," φθεγγόμενοι, "ὡς πρᾶοι
καὶ ταπεινοὶ τῇ καρδίᾳ τυγχάνομεν, κατὰ τὸ τοῦ Χριστοῦ
τοῦ Δεσπότου καὶ διδασκάλου διάταγμα." Καὶ διὰ τοῦτο
ὁ μὲν ἀλλήλους ἡμᾶς ἡγεῖσθαι ἑαυτῶν ὑπερέχοντας ἔφα-
σκεν, ὁ δὲ τὴν εἰς ἀλλήλους ἡμᾶς ταπεινοφροσύνην
ἐγκομβώσασθαι βούλεται, ὅτι ὁ Θεός, φησίν, "ὑπερηφάνοις
ἀντιτάσσεται, ταπεινοῖς δὲ δίδωσι χάριν·" διὸ καὶ προστίθησι

martyr come second by far to the splendor and stature of an apostle. The explanation is that, having ceded to Stephen his feast on the third day after the salvific birth of Christ, they have kept the fourth for themselves, being mindful of the Master's commands and wishing to carry them out in this case as well. For to those wishing to take the first place and eager to obtain the greater honors He gave the command to choose the last place, addressing himself to them in these words, "*Whoever would be first* among you, *let him be last of all,*" and "*Whoever would be first among you must be your slave,*" and again "*Let the greatest among you become as the youngest, and the leader as one who serves.*" For *everyone who exalts himself will be humbled, and he who humbles himself will be exalted,* and those who are last called to the vineyard receive their wages first. It is because Peter and Paul clearly know this that they take the second place and grant precedence to the divine Stephen. They do this in order to become the first most deservedly, and to teach us by their example the best road to exaltation, I mean lowliness and humility, for this is the road first established by Christ by his own actions. "Learn from us by our actions," they say, "because we are gentle and lowly in heart, and this according to the command of Christ our Master and teacher." That is why Paul said that we should consider others better than ourselves, and why Peter wants us to clothe ourselves with humility toward one another because God, as he says, "*opposes the proud, but gives grace to the humble,*" and for that reason he adds to

τῷ τοιούτῳ διηγήματι, "Ταπεινώθητε ὑπὸ τὴν κραταιὰν χεῖρα τοῦ Θεοῦ, ἵνα ὑμᾶς ὑψώσῃ ἐν καιρῷ ἐπισκοπῆς."

7 Ὧν, ἀδελφοὶ ποθεινότατοι, ἀκροαταὶ καὶ μαθηταὶ χρηματίζοντες, συνάψωμεν τῇ μαθήσει τὴν μίμησιν καὶ τῇ ἀκροάσει τοῦ λόγου τὰ πράγματα, ἐκεῖθεν μὲν τὴν εἰς ἀλλήλους ἀγάπην λαμβάνοντες, ἐντεῦθεν δὲ τὴν ταπεινόφρονα γνώμην ἁρπάζοντες, ἵνα καὶ λόγῳ καὶ πράγματι τὴν πρὸς αὐτοὺς ἐπισπεύδοντες μίμησιν, καὶ τὴν αὐτῶν ὁμοιότητα φέροντες, καὶ οὕτως αὐτῶν ἐμφερῶς τὴν ἑορτὴν ἑορτάζοντες, εὐφράνωμεν ἡμῶν τὰς ψυχὰς καὶ τὰ πνεύματα, καὶ φαιδρύνωμεν ἡμῶν ταῖς μιμήσεσι τὴν αὐτῶν φαιδροτάτην πανήγυριν. Τοῦτο γὰρ θεωροῦντες πλέον εὐφραίνονται, καὶ πλέον ἀγάλλονται, καὶ χαίροντες ὁμοῦ καὶ γαννύμενοι, τὰς ὑπὲρ ἡμῶν Θεῷ δεήσεις προσφέρουσιν, εἰρηναίαν ζωὴν πρεσβευόμενοι καὶ βασιλείαν οὐρανῶν ἐξαιτούμενοι. Ἧς γένοιτο πάντας ἡμᾶς—ἑαυτοὺς ὡς δέον ῥυθμίσαντας, καὶ μετανοίᾳ τῇ θείᾳ λαμπρύναντας, καὶ ἀγάπης συνδέσμῳ συσφίγξαντας—τὰς ἀπολαύσεις καὶ τὴν ἔκλαμψιν δρέψασθαι, καὶ τὴν ἀγήρω ζωὴν καὶ μὴ λήγουσαν δέξασθαι, ἐν Χριστῷ Ἰησοῦ τῷ Κυρίῳ ἡμῶν, μεθ' οὗ τῷ Θεῷ καὶ Πατρὶ καὶ τῷ παναγίῳ Πνεύματι δόξα, τιμή, κράτος, μεγαλωσύνη τε καὶ ἀνύμνησις πάντοτε, νῦν καὶ ἀεὶ καὶ εἰς τοὺς αἰῶνας τῶν αἰώνων. Ἀμήν.

these words: *"Humble yourselves under the mighty hand of God, that He may exalt you in the time of visitation."*

So, dearly beloved brethren, as their hearers and stu- 7
dents, let us join together imitation and learning, and combine deeds with hearing their words; let us take from the one love for one another, and from the other humble minds, in order that striving to imitate them in word and deed, and putting on their likeness, and in this way like them celebrating their feast, we may gladden our souls and spirits and, by our imitation of them, we may add radiance to their most splendid celebration. For in observing us doing this they will be more pleased and more delighted and, rejoicing and exulting together, they will bring supplications on our behalf to God, pleading that we be granted a peaceful life and requesting for us the kingdom of heaven. And may we all—ordering ourselves as we should, brightening ourselves by divine repentance, and binding ourselves together by the bond of love—reap the pleasures and the splendor of that kingdom, and receive the ageless life that does not come to an end, in Christ Jesus our Lord, to whom, along with God the Father and the all-holy Spirit, be glory, honor, power, greatness and praise for ever, now and always and for the ages. Amen.

Abbreviations

ACO = E. Schwartz, ed., *Acta Conciliorum Oecumenicorum,* 4 vols. (Berlin, 1914)

PG = J.-P. Migne, ed., *Patrologiae cursus completus, series Graeca,* 161 vols. (Paris, 1857–1866)

Note on the Text

While it is possible that Sophronios himself, or some admirer, issued a separate volume of his homilies, we have no trace of one, and the fact that there is no review of such a collection in the *Bibliotheca* of Photios could be a further argument against its ever having existed.

The story of the transmission of the seven complete sermons (preserved in a total of seventy handwritten copies) is tied directly and exclusively to collections of readings used in the services of the Church on feast days. These were the manuscripts compiled and analyzed in Albert Ehrhard's Herculean and indispensable *Überlieferung und Bestand der hagiographischen und homiletischen Literatur der griechischen Kirche* (Leipzig-Berlin, 1937–1952). We have a good illustration of the phenomenon of liturgical use in the case of one monastery and for one particular kind of specialized book, called a *Panegyrikon*. The eleventh-century *Synaxarion* of the Theotokos Evergetis monastery in Constantinople contains detailed instructions for practically every step and sound of the liturgical service. Among the prescribed music and readings for the morning service of the Feast of the Elevation of the Cross (September 14) we find the following, "And after the recitation of the first *kathisma,* reading: homily of

Sophronius of Jerusalem in the *Panegyrikon* beginning Σταυροῦ πανήγυρις καὶ τίς οὐ σκιρτήσειε, and another homily, of Pantoleon the Deacon, Πάλιν ὑψοῦται σταυρὸς . . . and another homily, of Alexander the Monk, in the small *Panegyrikon*."[1]

The special circumstances of the preservation of the homilies (with practically no overlap in the manuscript tradition) means that each of the seven must be prepared as a separate edition. The number of witnesses varies widely, ranging from nineteen in the case of *On the Exaltation of the Cross* (Homily 1) to three for *On the Baptism of Christ* (Homily 3). In general, the original text has survived surprisingly well, and, apart from the usual errors associated with copying, there is really only one sermon (Homily 6) in which the rather precious Greek of Sophronios seems to have been occasionally altered for the purpose of simplifying it.

Until recently none of the homilies, with the exception of the second one, existed in a fully critical edition. What was available was a series of older publications of the texts, mostly based on one witness and printed at various times from the seventeenth to the nineteenth centuries. Four of those texts were also reproduced by Migne in the *Patrologia Graeca* (87.3), with little or no change.[2]

HOMILY 1

The first edition of this homily was published by the German Jesuit Jacob Gretser (1562–1625) in the second volume of his *De Cruce Christi* (Ingolstadt, 1600). It was based on

one contemporary copy (Monacensis gr. 271) made for him by Maximos Margounios. Gretser also prepared his own Latin translation. Both text and translation were reprinted by Migne (PG 87.3:3301–10).

The work survives in a large number of copies, of which I have collated nineteen. Those manuscripts (dividing into various subgroups and showing some slight contamination) descend from two hyparchetypes, which I designate *a* and *b*.[3] Not all of the peculiar readings of individual copies, subgroups, or the edition of Gretser are recorded in the Notes to the Text.

a = Parisinus gr. 520; late 10th cent. (under the name of John of Damascus); pages 6–10

Parisinus gr. 760; partly 12th, partly 14th cent.; folios 54r–56v

Vaticanus Barb. gr. 583; 15th cent.; pages 159–62

Oxoniensis Bodl. Barocc. 234; 12th or 13th cent.; folios 28r–31r

Londiniensis Bibl. Brit. Add. 22745; 13th cent.; folios 14r–16v

Dimitsanensis Sch. Hell. 37; 17th cent.; folios 51r–55r

Parisinus gr. 1176; 12th cent.; folios 23v–25v

Mosquensis Synod. gr. 466 (Vlad. 392); 16th cent.; folios 68v–77v

Oxoniensis Bodl. Seld. B 53; 13th or 14th cent.; folios 43v–46v

Scorialensis Ω.III.10; 13th cent.; folios 60r–64r

Atheniensis Mus. Byz. 136; 17th cent.; folios 15v–20v

Florentinus Laurentianus gr. IV, 4; 12th cent.; folios 32r–34r

Parisinus gr. 819; 16th cent.; folios 98v–100v

Vaticanus Ottob. gr. 172; 16th cent.; folios 159r–63r

b = Lesbiensis Leim. 13; 12th cent.; folios 54v–57v

    Constantinopolitanus Patriarch. Panag. Kamar. 1; 14th cent.; folios 49r–51r

    Monacensis gr. 271; 16th cent.; folios 93v–95r

    Parisinus gr. 774; 14th cent.; folios 42r–46r

    Vallicellianus gr. B 35; 13th cent.; folios 162r–64r

Homily 2

The Greek text of the Nativity homily was first edited by Hermann Usener, *Die Weihnachtspredigt des Sophronios* (Frankfurt am Main, 1886). A Latin translation of unknown authorship appeared in vol. XII of *Maxima bibliotheca veterum patrum* (Lyons, 1677), 206–9, and was reproduced by Migne (PG 87.3:3201–12) in place of a Greek text that was not yet available in print.

The homily is rather weakly attested in the manuscript tradition, surviving complete only in three copies and as two short extracts in one other. I have examined all of the witnesses, which are the following:

P   = Parisinus gr. 1171; 10th cent.; folios 143r–52v

    Athous Xeropotamou 134; 16th cent. (copied from the previous manuscript; folios 107v–16v)

Mu = Monacensis gr. 221; 16th cent. (incomplete at the end); folios 199r–210v

    Sinaiticus gr. 1807; 16th cent. (contains two very short extracts); folios 5r–5v

The most important copies are obviously those of Paris and Munich. Minor variants in either are disregarded in the Notes to the Text.

HOMILY 3

The first edition of this homily was published by A. Papadopoulos-Kerameus, in his Ἀνάλεκτα Ἱεροσολυμιτικῆς σταχυολογίας (St. Petersburg, 1898), vol. 5, pp. 151–68. He mainly relied on one manuscript (Athous Dionysiou 228) but incorporated in his notes some readings from another Athos copy.

I have collated the ten surviving copies, which fall into two main groups and are designated *c* and *d* in the Notes to the Text. Most of the peculiarities of individual copies, including those in the Papadopoulos-Kerameus edition (from Athous Dionysiou 228), are ignored. Some of the manuscripts have useful corrections that are worth adopting, and these are recorded.

c = Parisinus gr. 1171; 10th cent.; folios 229r–40r

> Athous Xeropotamou 134; 16th cent. (copied from the previous manuscript); folios 160v–72r

> Marcianus gr. VII 25; 12th cent. (text of the first twelve paragraphs missing); folios 190r–96v

> Constantinopolitanus Patriarch. Panag. Kamar. 1; 14th cent. (a copy of the foregoing manuscript); folios 474v–81v

> Scorialensis Υ.II.13; 13th cent. (has a large lacuna from paragraph 16 onward); folios 169r–74r

> Londiniensis Bibl. Brit. Add. 22745; 13th cent. (contaminated in part with group *d*): folios 140v–51r

d = Parisinus Suppl. gr. 822: 16th or 17th cent.: pages 1–36

> Athous Dionysiou 228; 1420/21 (the basis of the Papadopoulos-Kerameus edition); folios 131r–42v

Parisinus gr. 1176; 12th cent.; folios 171r–78r

Athous Dionysiou 156; 17th cent. (probably copied from the foregoing manuscript); folios 104r–18r

HOMILY 4

The first edition of the homily *On the Presentation* was published by Hermann Usener, in a Programmschrift of Bonn University under the title *Sophronii de praesentatione domini sermo* (1889) for which he used a single manuscript, Parisinus gr. 1194. He also consulted an anonymous seventeenth-century Latin translation to be found in *Acta Sanctorum* (vol. 4, part 1, pp. 276–81); it is based on Parisinus gr. 1452.

For the present edition of the text, seven copies have been collated, ranging in date from the tenth century to the sixteenth. They fall into two groups, designated *e* and *f.* Group *e* consists of the Paris manuscript used by Usener and one other that is a direct copy; all the rest belong to *f.* Peculiar readings of single members (or of subgroups) in *f* are ignored in the notes, unless they represent good corrections.

e = Parisinus gr. 1194; 10th cent.; folios 32v–52v

Meteorensis Metamorphoseos 558; 16th cent. (copied from the foregoing); folios 468r–77v

f = Parisinus gr. 1452; 10th (or possibly 11th) cent.; folios 8r–15v

Athous Iveron 26; 11th cent.; folios 3v–14v

Hierosolymitanus Taphou 135; 14th cent.; folios 82r–88v

Hierosolymitanus Taphou 133; 16th cent. (derived indirectly from Taphou 135); folios 198v–213v

Hierosolymitanus Saba 338; 16th cent. (derived indirectly from Taphou 135); folios 151r–65v

HOMILY 5

The first edition of this homily is due to the Italian Jesuit A. Ballerini and was published in part 2 of his *Sylloge ad mysterium conceptionis immaculatae Virginis Deiparae illustrandum* (Rome, 1856), along with a Latin translation and notes. He relied on a single manuscript, Parisinus Coisl. gr. 274. The whole production of Ballerini on this homily was more or less reproduced by Migne (PG 87.3:3211–83).

The text presented here is based on a full examination of nine witnesses that range in date from the eleventh to the seventeenth centuries. They fall into two groups, the first of which is represented by the oldest copy, a Moscow manuscript (M). All the others descend from a common ancestor labeled *h*. Peculiar readings of individual copies or subgroups within *h* are not reported, nor are trivial variants in any of the witnesses that do not affect the meaning, such as spelling, word order, and accentuation. Parisinus Coisl. gr. 274 and Constantinopolitanus Patr. Panagh. Kamar. 47 (in a subgroup of *h*) have some useful corrections that are acceptable. Mistakes in Ballerini and Migne are ignored.

M = Mosquensis Synod. gr. 184 (Vlad. 377); 11th cent.; folios 319r–47v. This copy, which runs out short in the middle of paragraph 75, came from the Philotheou monastery on Mount Athos, and in some places damaged writing has been retraced or replaced by a later hand, not always accurately; not all such mistakes are noted.

h = Parisinus Coisl. gr. 274; 17th cent.; folios 221r–56r

Constantinopolitanus Patr. Panagh. Kamar. 47; 17th cent.; folios 175r–203r

Vindobonensis Hist. gr. 128; 16th cent. (contains two extended fragments of the homily); folios 3r–9r

Athous Protatou 57; 13th/14th cent.; folios 129v–51v

Athous Protatou 90; 17th cent. (depends on the previous copy); folios 141r–67v

Atheniensis Bibl. Nat. 2088; 14th cent.; folios 233r–55r

Athous Megistes Lavras 460 (Δ 84); 12th/13th cent.; folios 364r–83r

Athous Philotheou 84; 14th cent. (a copy of the foregoing); folios 191v–220v

For paragraph 75 to the end, the sigla for the subgroups of h are y (= Par. Coisl. 274, Const. Kamar. 47, Vind. Hist. gr. 128) and z (= the five others).

HOMILY 6

The first edition of the text, based solely on Vaticanus gr. 1667, was published by Angelo Mai in *Spicilegium Romanum* (Rome, 1839–1844), vol. 4, pp. 1–30, and was reproduced by Migne (PG 87.3:3321–53). I have collated seventeen manuscripts, which show considerable contamination among the Athos copies and fall ultimately into two main groups, designated g and k. The minor peculiar readings and some mistakes of Mai and Migne, as well as a large number of the variants of group k, are left out of account, unless they have some particular interest.

It may be useful to point out that a later hand in one of the Athos manuscripts (Dionysiou 641, folio 71v) states that "this sermon is read on June 24 at Orthros and the remainder is read in the refectory." That may help to explain the numerous efforts in the Athos copies to smooth over difficulties in the text and to change the wording, as needed, in the interests of easier intelligibility. Among the homilies of Sophronios, the text and transmission of this encomium are the most complex.

g = Vaticanus gr. 1667; 10th cent.; folios 214v–29r

Vaticanus gr. 655; 16th cent. (a copy of the previous manuscript); folios 331r–48r

Athous Philotheou 8; 11th cent. (it has some *lacunae*); folios 167r–76v

k = Athous Dionysiou 148; 16th cent.; folios 315r–33v

Athous Dionysiou 592 (641); 16th cent. (copied from the foregoing); folios 71v–97v

Athous Batopediou 634; 15th cent.; folios 266r–88v

Meteorensis Metamorphoseos 29; 16th cent. (a fragment only); folios 295v–96v

Athous Protatou 48; 14th/15th cent.; folios 32v–46v

Athous Megistes Lavras 455 (Δ 79); 13th cent.; folios 81r–93r

Athous Karakallou 52; 15th cent.; pages 291–340

Meteorensis Barlaam 138; 16th cent.; folios 515r–23v

Constantinopolitanus Schol. Theol. 41 (37); 15th/16th cent.; folios 82r–96v

Athous Iberon 392; 16th cent.; folios 569v–92r

Athous Iberon 594; 16th cent.; folios 161v–83v

Athous Koutloumousiou 86 (626); 16th cent.; pages 476–513

Athous Stavronikita 58 (923); 16th cent.; folios 351r–69v

Yalensis gr. 251; 16th cent.; pages 480–98

HOMILY 7

The first edition of this text, along with a Latin translation, was published by Angelo Mai, in volume 10 of *Scriptorum veterum nova collectio* (Rome, 1838), pp. xxv–xxviii. His Greek version was not based on the oldest copy (Vat. 1667), but

on the inferior Vat. gr. 1165 of the 16th century. Mai's text, translation, and notes were reprinted, with a few minor corrections, by Migne (PG 87.3:3355–64). Not all of the variants of the dependent copies are recorded in the Notes to the Text.

The text of the homily on Saints Peter and Paul survives in six copies, of which I was able to examine five (the exception being Athous Xeropotamou 188 of the fourteenth century). The earliest of the five (Vat. 1667) dates to the tenth century and can without doubt be posited as the ultimate source of the others.

The five collated manuscripts are the following:

Vaticanus gr. 1667; 10th cent.; folios 285r–88v

Vaticanus gr. 655; 16th cent.; folios 388r–92r

Vaticanus gr. 1165; 16th cent.; folios 14r–26v

Casanatensis 334; 15th–16th cent.; folios 354r–60r

Vaticanus Ottob. gr. 219; 17th cent.; folios 58v–61v

NOTES

1 Robert H. Jordan, ed. and trans., *The Synaxarion of the Monastery of the Theotokos Evergetis,* vol. 6, part 5, *September–February* (Belfast, 2000), 57.

2 When this project was nearing completion, Alexander Alexakis discovered online a Greek PhD dissertation presented by J. D. Taousanes to the University of Thessaloniki in 2009, which featured a critical edition of five of the seven homilies of Sophronios. Subsequently, an effort was made to obtain permission to use the Taousanes text, but the process proved to be too complicated. It should be noted that none of the elements of that Greek dissertation have been used for the present work.

3 The order of manuscripts listed below follows the breakdown of the groups and subgroups and reflects a rough *stemma codicum,* which has no place in a work like this.

Notes to the Text

1 Ἀδὰμ ἡμῶν *b*: ἡμῶν Ἀδὰμ *a*

καὶ πάσῃ *b*: πᾶσι γὰρ *a*

<τὰς> *added by Nissen to restore the "double dactyl" rhythm*

2 ὡς Σταυροῦ *a*: ὃς Σταυροῦ *b*

<ἡ> *added by Gretser*

γεννᾶν ἀνάλυσις *a*: ἀνάλυσις γεννᾶν *b*; *the unusual word order can be explained by the author's penchant for the "double dactyl"*

συνέστηκε *a*: συνίσταται *b*

τοῦτ' αὐτὸ: *the manuscripts are evenly divided between* αὐτὸ *and* αὐτῷ

οὐκ ἀρθήσεται *b*: οὐ πτερώσειεν *a*. *The reading of a can hardly be correct, as the verb* πτερόω *in the active voice is used only transitively.*

3 τὰ πράγματα χρώμενα *b*: τούτων χρωμένων *a*

οὗτοι τῆς σεπτῆς *is found only in* Parisinus gr. 520, *the oldest copy. The rest of group a has either* οὗτοι τῆς ἐπὶ *or* οὗτοι τὴν ἐπὶ, *while b simply has* οὗτοι τῆς.

5 χαρησόμεθα *b*: χρησόμεθα *or* χρησώμεθα *a*

κατευνάσαντα *a*: καταλύσαντα *b*

γεγέννηται *is the reading of some copies in a and all in b; a subgroup of a has* γεγένηται

6 βούλεται: *after this a adds* μὴ κώμοις καὶ μέθαις *from the text of the Gospel*

ἃ τῶν ... σύμβολα *a*: *omitted b*

ἀπωσάμενοι *a*: ποιησάμενοι *b*

ἀνεσταύρωσεν *Nissen*: ἀπεσταύρωσεν *ab*

7   ζῶ δὲ *b*: καὶ ζῶ δὲ *a*

ὄψεται *b*: ὄψοιτο *a*

τάχα *a*: *omitted b*

ἐνώσας τε *b*: *omitted a*

8   ἐπακούσητε: *the manuscripts are divided between this and* ἐπακού-
σετε, *though slightly more have the subjunctive form*

ἀληθῶς *a*: *omitted b*

ἀγαθότητος καὶ *b*: *omitted a*

πρὸς αὐτὸν τὴν συμφωνίαν *a*: τὴν συμφωνίαν πρὸς αὐτὸν *b*

ἔνεστι: *the reading of the majority of the copies, though a number from
both groups have* ἔστι

ἀπολαύσωμεν *b*: ἀπολαύσοιμεν *a*

εὕρωμεν *b and three members of a; the rest have* εὕροιμεν

HOMILY 2

title   τοῦ Σωτῆρος γενέθλια P: γενέθλια τοῦ Σωτῆρος Mu

ἐν ἁγίᾳ Κυριακῇ καταντήσαντα Mu: *omitted* P

τε καὶ P: καὶ Mu

1   δύο διπλὸν P: δύο διπλῆν Mu; διπλὸν *is problematic, but may be
taken in its poetic form as an adverb. Usener and Nissen made differ-
ent suggestions for changing the text.*

Ἅιδου P: ἀδύτων Mu

2   ὁ κύριος δώσει (*written* δόση) P: ὁ κύριος ἡμῶν Ἰησοῦς Χριστὸς
δώσει Mu

ἐν ταὐτῷ Χριστοῦ P: ἐν ταὐτῷ Χριστῷ Mu

ὧν οὐδὲν P: ἃ Mu

ἑκατέρα Mu: ἑκάτερα P

ἀναπέπλησται *Usener*: ἀναπέπλισται Mu; ἀναπέπλασται P

διπλῶς Mu: πιστῶς P

3   τότε P: *omitted* Mu

Χριστὸς Κύριος Mu: Χριστὸς P

πτήξαντος P: καταπτήξαντος Mu

κατήργηται P: καθήρηται Mu

ἤνθηκε P: ἤνθησεν Mu

φθείρειν P: μὴ φθείρειν Mu

4 παγκοσμίου P: *omitted* Mu

φθείρεσθαι P: φείδεσθαι Mu

5 φθέγξωμαι *Usener*: φθέγγομαι Mu; φθέγξομαι P

τοκετὸν Mu: τῷ καὶ τῶν P

τοκετὸν τὸν ἀνθρώπινον: τὸν *added by Nissen to complete the "double dactyl" rhythm*

ἀπωτάτω Mu: ἀνοτάτω *(sic)* P

εὐδοκεῖσθαι P: εὐδοκιμεῖσθαι Mu

Θεῷ P: *omitted* Mu

βλέμματι P: ὀφθαλμῷ Mu

6 γεννώμενος Mu: γενόμενος P

ἀσπασάμενος Mu: ἀποσάμενος (= ἀπωσάμενος) P

7 προορῶν τὰ Mu: προορῶντα P

τὴν ὑψηλὴν ... βούλησιν P: *omitted* Mu

καὶ τῶν τοιούτων θεοσδότων: καὶ *added by Nissen*

ἐργασώμεθα Mu: ἐργασόμεθα P

θεότητι Mu: θεότητα P

τρυφὴν P: τροφὴν Mu

φανὲν P: *omitted* Mu

8 θεογόνον *Usener*: θεολόγον MuP

τεχθέντι P: τεχθέντι θεῷ Mu

βεβούληται Mu: βεβούλευται P

αὐτὸς τῶν ὅλων ποιητὴς Mu: αὐτὸν τῶν ὅλων ποιητὴν P

ἀπεργάσαιτο P: ἀπεργάσηται Mu

γε μόνον P: γενόμενον Mu

τοῖς αὐτῶν *Duffy*: τοῖς τῶν MuP; *Usener suggested* τοῖς πάντων

9 τὸ ὑπὲρ θαῦμα θαῦμα θεάσθωσαν *Duffy*: τὸ ὑπὲρ θαῦμα θαῦμα τεθεάσθωσαν Mu; τὸ ὑπέρθαυμα θεάσασθαι θαῦμα P; *both Nissen and Usener suggested different changes*

καρποφορίαν: *the manuscripts locate this noun before* τὴν μαγικὴν; *Duffy changed its position to improve the prose rhythm and to match the word order of the previous phrase.*

μηδὲν εὐλαβούμενοι Mu: *omitted* P

ἐπιθυμιῶν P: ἐνθυμιῶν Mu

κἂν εἰ Usener: κἂν εἰς MuP

μὴ δυναμένους P: οὐ δυναμένους Mu

10   ἄκοντες καὶ P: ἄκοντες Mu

καὶ τῆς . . . κωλυόμενοι P: omitted Mu

ἀξίᾳ τῆς Usener: ἄξια τῆς MuP

εἰ γάρ, εἰ γὰρ Mu: εἰ γὰρ P

ὑμνολογοῦντες σὺν ἀγγέλοις καὶ λέγοντες Mu: λέγοντες σὺν
   ἀγγέλοις P

11   ἔξοικος Mu: ἐξόριστος P

ἀπολαύσεως P: ἀποφάσεως Mu

θεηδόχῳ Mu: θεοδόχῳ P

12   ἀφθορίαν P: ἀφθονίαν Mu

13   μεγίστῳ Mu: omitted P

οὐ πτεροῦντες Duffy: οὔτε πτεροῦντες MuP; Usener conjectured
   οὐ στερεοῦντες

τὰ νῶτα Usener: ὦτα MuP

κραταιώμεθα Usener: κραταιούμεθα MuP

εὐφραίνωμεν Usener: εὐφραίνοιμεν Mu; εὐφραινόμενοι P

εὐμένειαν P: εὐγένειαν Mu

14   ἡμῖν P: omitted Mu

ἀμβλύναιμεν was corrected by Nissen: ἀμωλύνοιμεν (sic) Mu;
   ἀμβλύνομεν P

κατεάξοιμεν Mu: κατεάξομεν P

θεασοίμεθα Usener: θεασάμεθα Mu; θεασόμεθα P

κατοπτεύσοιμεν Usener: κατοπτεύσομεν Mu; καθοπτεύσοιμεν
   (sic) P

βοήσαιμεν Usener: βοήσομεν Mu; βοήσωμεν P

15   Θεὸς Λόγος P: ὁ Λόγος Θεὸς Mu

ἀμίαντον P: ἀμείωτον Mu

πρὸ τῆς πρὸς P: πρὸ τῆς π(ατ)ρ(ὸ)ς Mu

λαχοῦσαν Usener: λαχοῦσα MuP

δεηθεῖσαν Mu: δεηθεῖς (sic) P

καὶ Υἱὸς Mu: omitted P

16   ἀνημμένος Usener: ἀνειμένος Mu; ἀνημένος P

αὐτῇ τῇ βασιλείᾳ P: αὐτῷ βασιλείαν Mu

καὶ βασιλείαν τὴν αὐτοῦ βασιλεύσωμεν P: *omitted* Mu

17   δεδέγμεθα Mu: δεδειδάγμεθα P

φύσιν P: φύσει Mu

δεξάμενοι P: δοξαζόμενοι Mu

καὶ φθαρτὴν P: *omitted* Mu

ἀπαλλάξειεν Mu: ἀπαλλάξῃ P

18   ταύτην *corrected by Nissen to improve the rhythm*: αὐτὴν MuP

19   εἰκαζόμεθα *changed by Nissen for the sake of the prose rhythm*: ἀπει-
καζόμεθα MuP

περιείργετο P: εἴργετο Mu

πάντας Mu: πάντα P

φησὶν P: *omitted* Mu

<τὸν> *added by Duffy to complete the "double dactyl"*

20   οἷς τὸ ὕδωρ: οἷς *added by Usener; Nissen suggested* περὶ οὗ

Χριστὸν τὸν Σωτῆρα πιστεύσασιν P: τὸν Σωτῆρα Χριστὸν πι-
στεύουσιν Mu

ἀποσταλέντι P: σταλέντι Mu

21   κἀκ Mu: *omitted* P

ἱμείρετο *Nissen*: ὁμείρετο Mu; ὁμήρετο P. *There is a participle*
ὁμειρόμενος, *already used in paragraph 8 above, but finite forms of
the verb, with one exception, are not attested.*

22   ῥωμαλεώτατοι P: ῥωμαλαιότεροι Mu

23   ἀφήγημα *Nissen*: ἄφιγμα MuP

μιαροὶ Mu: *omitted* P

24   Χριστὸς γὰρ ὁ τόκον: γὰρ *added by Usener*

ὑπομείνας *Usener*: ὑπομεῖναι MuP

25   τῷ Θεῷ ἡμῶν Mu: τῷ Θεῷ P

ποθεινότητος: Mu *runs out after this word, in the middle of a folium*

ὅσηπερ ἡμῖν ἐστι *Usener*: ὅση περὶ ἡμῖν ἔστη P

λαμπρύνωμεν *Usener*: λαμπρύνομεν P

καθαρίσομεν *Usener*: καθαρήσομεν P

χαλινώσωμεν *Usener*: χαλινώσοιμεν P

βιώσαιμεν *Usener*: βιώσοιμεν P

γελάσαιμεν *Usener*: γελάσωμεν P

καὶ τὸ τόξον: τὸ *added by Usener*

καταλάβωμεν *Usener*: καταλάβοιμεν P

φιλήσωμεν, προσκυνήσωμεν *and* ἀσπασώμεθα *Alexakis*: φιλή-
σομεν, προσκυνήσομεν *and* ἀσπασόμεθα P

φάτνην τὴν ἱερὰν: τὴν *added by Usener in the reprinted version of
his edition*

ἀκηδοῦσα *Duffy*: οὐκ ἰδοῦσα P; οὐ δεηθεῖσα *Usener*; οὐ κυροῦσα
Nissen

γεννήσασα *is supplied by Nissen*

σώματι *Usener*: σώσαντι P

<υἱὸς> *added by Duffy*

κραταιὸς *Usener*: κραταιῶς P

προσερχόμενον *Usener*: προσερχόμεθα P

26   γενοίμεθα *Duffy*: γενόμεθα P

δεξοίμεθα *Duffy*: δεξόμεθα P

HOMILY 3

title   Τοῦ . . . ἡμῶν *d*: *omitted c*

ἅγιον *d*: τοῦ σωτῆρος *c*

1   αὐγὴ αὐγάζουσα: *the "double dactyl" rhythm is disturbed. The Lon-
don copy of c adds* ἡ *before the participle; Nissen suggested* <δι>αυ-
γάζουσα; *Alexakis prefers to leave the text as is.*

τοῖς οὐρανοῖς *Parisinus Suppl. gr. 822*: τοῖς οὐρανίοις *all the oth-
ers*

ἑορτάζουσα *Duffy*: *the manuscripts are divided between* ἑορτά-
ζοντα *and* ἑορτάζονται; ἑορτάζουσαι *would also be possible*

2   ἐγκέκραται *c*: ἐγκεκράτηται *d*

ἔκλαμψιν *c*: ἔλλαμψιν *d*

νοεῖ *d*: κατανοεῖ *c*

3   δωρήματα *Duffy*: *all the witnesses except two have* ῥήματα

σταυροῦ καὶ θανάτου *d*: θανάτου καὶ σταυροῦ *c*

δι' ἐμὲ καὶ λέγειν *c*: λέγειν δι' ἐμὲ *d*

παρθενικοῦ *c*: παρθένου *d*

4   συνευδοκήσαντος *c*: εὐδοκήσαντος *d*

5   με ταῖς σαρκὸς: *the manuscripts are divided between this reading and*

three others, με ταῖς τῆς σαρκὸς, μετὰ σαρκὸς, *and* με ταῖς σαρ-
κικαῖς; *one could also suggest* με τῆς σαρκὸς
ἀπερίγραπτος *is the reading of the majority of the copies; two have*
ἀπερίγραφος

6 ἡ θάλασσα *c: omitted d*

7 ὁ Θεὸς γὰρ *c:* ὁ γὰρ Θεὸς *d*
ἦν τῆς ἀρρήτου *c: omitted d*
φάραγγα *c:* φάρυγγα *d*
ὑπέροφρυ … βουνὸν *c: omitted d*
κατὰ Θεοῦ *in three copies: most of the rest have* κατὰ θεὸν
νοσοῦντα *c:* νοσοῦν *d (either form would be acceptable in the con-
text)*
ἰσορροποῦν τῷ *c:* ἰσορροποῦντα τὸ *d*

8 ἐνῆγεν εἰς μετάνοιαν: εἰς *added by two of the manuscripts*
αὐτῷ: *the copies are evenly divided between this form and* αὐτὸν

11 <ἀν>αρπάζεται *Duffy: to fix the prose rhythm, for the transmitted*
ἁρπάζεται; *Nissen's* ἐξαρπάζεται *would also suit the context well*
προφθέγγεσθαι *Duffy:* προσφθέγγεσθαι *is the reading of the
manuscripts*

12 ἔφησεν *Athous Dionysiou 156: two of the other manuscripts add*
φησίν
γέγονε καὶ καλῶς: καὶ *suppressed by Nissen*
ἐκλήψει *Alexakis:* ἐκλείψει *in the manuscripts*

13 βαπτίζειν *c: omitted d*
τὸν μετανοίας *in one copy from each group; the rest have* τὸν
μετάνοιαν
ἑαυτῶν *c:* αὐτῶν *d*
ἀρτήσωσι *c:* ἀναρτήσωσι *d*

14 λαλητὸν *c:* λάλον *d*
ἐπὶ γῆς με ἐδημιούργησας: με *added by Duffy*
καὶ πυρίφλεκτος τολμητίας γενήσομαι: *preserved only in the old-
est copy* (Parisinus gr. 1171); *the rest omit the phrase due to homoiote-
leuton*
πρᾶγμα *c: omitted d*
ῥεύμασι *c:* ὕδασι *d*
μὴ κελεύσειας *Nissen: a good correction to preserve the prose rhythm.*

The manuscripts exhibit four different forms of the verb, none of them satisfactory.

15 δρᾶν *c*: δ'ἂν *d*

φύσις με θηλείας *Nissen: the manuscripts are divided between* φύσις με θῆλυς *and* φύσις με θηλῆς, *neither of which is a good reading*

παρθενικὸν μαζόν *c*: παρθενικῶν μαζῶν *d*

σὺ δειλιᾷς καὶ πεφόβησαι <...>: *a main verb is missing. One manuscript has supplied* πέπραχα; *better might be* γέγονε.

νεύμασι *c*: θελήμασι *d*

16 Τοῦτο *Nissen: the manuscripts have* τούτων

τότε γὰρ *Duffy: the manuscripts have* τό τε γὰρ

τότε γὰρ Πνεῦμα τὸ Ἅγιον: τὸ *added by the copyist of* Marcianus gr. VII, *or a predecessor*

τεχθέντα *c*: *omitted d*

ἐθεώρει *d*: προθεωρεῖ *c*

17 ἐπίπτησιν θεϊκὴν ἐπιδείκνυται: *Duffy accepts the reading of the* Marcianus gr. VII *(12th cent.) copy, which probably represents a good correction. The rest of the manuscripts have* ἐπὶ πτῆσιν θεϊκὴν ἐπεδείκνυτο.

19 ἐπ' αὐτῷ *d*: ἐπ' αὐτὸν *c*

20 φθεγγόμενος *c*: δεχόμενος *d*

ἀντὶ Τριάδος *c*: *omitted d*

ἐπ' αὐτῷ *Nissen: the manuscripts have* ἐπ' αὐτὸν

ἀπερίγραφος . . . οἰκειούμενος *c*: *the Escorial copy in this group has* ἀπερίγραπτος; *omitted d*

21 ἡ ἁφὴ μὲν γνωρίζεται: μὲν *added by Nissen to complete the "dactylic" rhythm*

ἐψυχωμένον *c*: ἐμψυχωμένην *d* (*compare Homily 5.67 where the form* ἐμψυχ. *is used several times*)

λογικῇ ψυχῇ *c*: λογικὴν ψυχὴν *d*

τούτῳ *Papadopoulos-Kerameus: the manuscripts have* τοῦτο

22 ὧν ὁ αὐτός *c*: *omitted d*

23 ἐκείνοις τὸ βασιλεύειν: *it is very likely that there has been a loss of some text before these words*

ἐπέχων *c*: ἔχων *d*

συχνῶς *c*: συνεχῶς *d*

ἐγίνετο: *emended by Nissen (to restore the "double dactyl")*; *the manuscripts have* ἐπεγίνετο

θεϊκῆς *c: omitted d*

ὄντες *c: omitted d*

ἐφάμαρτον *c:* ἐνάμαρτον *d*

24   Χριστοῦ νοῶν *c:* κατανοῶν Χριστοῦ *d*

καὶ τὴν ψυχὴν φαιδρυνθήσεται *c: omitted d*

λαβόντες καὶ *d:* λαβόντες *c*

ἀποθέμενοι *d (compare Ephesians 4:22):* ἀπωσάμενοι *c*

μολυσμάτων: *Nissen emended from* μολυσμῶν *to preserve the prose rhythm*

μυστικῇ *Athous Dionysiou 228: the other manuscripts have* μικτικῇ *or* μικτῇ

τοιοῦτο γὰρ ἡμᾶς *Nissen: the manuscripts have* τοιούτους

τοῦτο *Nissen: the manuscripts have* αὐτὸ *but that form spoils the "double dactyl" rhythm*

25   τὰ πετεινὰ: *the manuscripts are divided between* τὰ πετεινὰ *and* τὰ πτηνὰ

οὐκ ἐθέλοντα *b:* οὐ βουλόμενον *d*

ἀπολογίας *c:* πρὸς ἀπολογίαν *d*

26   φορὰν *c:* φθορὰν *d*

27   αὐτοῦ θεωρούμενοι *c:* αὐτὸν θεωρούμενοι *d*

ἐκεῖ *c:* ἐκεῖθεν *d*

HOMILY 4

title   καὶ Σωτῆρος *e: omitted f*

1   βοήσομαι *f:* βοήσωμεν *e*

Ἐπείπερ *e:* Εἴπερ *f*

Ἐπεὶ δὲ *e:* Ἐπειδὴ δὲ *or* Ἐπειδὴ *f*

2   δεομένῳ *f:* δεομένου *e*

σεσιώπηται *f:* σεσιώπισται *e*

σεσίγηται *Usener: the manuscripts have* σεσίγηνται

3   <ἔνθεν ἡ Ἰερουσαλὴμ προαγγέλλεται,>: *the lacuna in the text was plausibly filled by Nissen*

δεδόξασται *e:* δοξάζεται *f*

πρεπόντως *e*: ὡς ἔδει *f*

τελούμεθα Athous Iveron 26: *the other manuscripts have* τελώμεθα

4 κηρύξω *f*: *omitted e*

5 ἀνυψοῦν *e*: ὑψοῦν *f*

προσφορὰ Parisinus gr. 1452: *the other manuscripts have either* προφορὰ *or* προφορᾶ

6 πρόεισι *f*: *the reading of* Parisinus gr. 1194 *is partly illegible, while its copy* (Meteorensis Metam. 558) *has* προρία (*sic*)

περιγραφῇ περιείληπτο *f*: γραφῇ περιήλειπτο *e*

συγχέων τὴν σύνθεσιν Duffy: *the manuscripts have* ἕνωσιν; Nissen *suggested* γένεσιν, *while a note in the seventeenth-century Latin translation comments* "*potius* οὐσίαν"

ἑαυτοῦ *f*: αὐτοῦ *e*

οὕτω σαρκικὸς *f*: οὕτως σαρκικῶς *e*

7 βαδίζωμεν *f*: βαδίζομεν *e*

πρεσβύτου *f*: πρεσβυτέρου *e*

δρόμων *f*: δρόμον *e*

8 παρεγένετο: Nissen *suggested* ἐγένετο *to suit the rhythm. One suspects rather that* ἡμᾶς *may have fallen out after the participle.*

9 προερχώμεθα Athous Iveron 26: *the rest have* προερχόμεθα

λαῶν *f*: λαβὼν *e*

Χριστὸν πίστει: Nissen *changed the word order of the manuscripts* (πίστει Χριστὸν) *to improve the prose rhythm*

εἰς ἡμᾶς *e*: ὡς ἡμᾶς *f*

10 ἀπερίγραπτον *e*: ἀπερίγραφον *f*

προδιάγγελμα *f*: διάγγελμα *e*

12 ἐτύγχανεν *f*: ἐντύγχανεν *e*

ὁ καὶ σάρκα λαβὼν: ὁ *added by Usener*

ὑποπτεύηται Athous Iveron 26 (*probably a correction*): Parisinus gr. 1194 *is not fully legible, but its* Meteora *copy has* ὑποπτεύσειται *and* Parisinus gr. 1452 *reads* ὑποπτεύοιτο. *The main* Jerusalem *copy,* Taphou 135, *has* ὑποπτεύεται.

ἔβλεπε τὸ Jerusalem Taphou 135: *this reading is much superior grammatically and rhythmically to* ἐβλέπετο *of the other copies*

13 ἐπισπέρχοντας Athous Iveron 26 *and* Jerusalem Taphou 135 *of f*:

ἐπεισέρχοντας Parisinus gr. 1452; ἐπισπεύδοντας Parisinus gr. 1194, *both of which may have arisen as attempts to replace an unusual verb with a more common one*

14   προσκυνεῖν *f*: omitted *e*

15   ἐπαλαιοῦντο *Usener*: the manuscripts have ἐπαλαίοντο

προεφήτευσαν *f*: προεκήρυξαν *e*

ψαλμικῶς *f*: ψαλτικῶς *e*

γεννώμενοι *Usener*: the manuscripts have γενόμενοι

παλαιότητα *f*: ματαιότητα *e*

16   ἀνάκτισιν *f*: ἀνάκλησιν *e*

γιγνόμεθα *f*: γενόμεθα *e*

ὀξώδους *f*: ὀζώδους *e*

ἃ καὶ ... τῆς ἀφίξεως: *corrected and rearranged by Duffy*; οἱ καὶ τῆς Χριστοῦ σωστικῆς δεόμενοι ἀφίξεως *e*; οἷς καὶ οἱ τῆς Χριστοῦ σωστικῆς δεομένοις ἀφίξεως Parisinus gr. 1452 *and* Jerusalem Taphou 135; οἷς καὶ οἱ τῆς Χριστοῦ δεόμενοι (?) ἀφίξεως Athous Iveron 26

17   οὐράνιος καὶ ἐπίγειος *e*: οὐρανίοις καὶ ἐπιγείοις *f*

τὸ σὸν ... σωτήριον *f*: τὸ σὸν ... μυστήριον *e*

Πατρὸς τὸ σωτήριον *Nissen*: the manuscripts have the article after ἀγκάλαις *but Nissen transferred it for the sake of the prose rhythm*

18   ἀποτέξεως *f*: ἀποτάξεως *e*

τῶν τὰ χοϊκὰ *f*: τῶν χοϊκῶν *e*

ἀρνουμένοις . . . προσιεμένοις *Usener*: the manuscripts have ἀρνουμένους ... προσιεμένους

σαρκὸς ... ἀνδρὸς *f*: ἀνδρὸς ... σαρκὸς *e*

καταδέδεκται *f*: καταδέχεται *e*

19   διαδράμοι *Usener*: διαδράμῃ *f*: -ει *e*

20   οὑτοσὶ Athous Iveron 26: οὑτωσὶ Parisinus gr. 1194 *and* 1452; *there is a lacuna in the* Jerusalem *copies in this and in most of the following paragraph*

21   ἰδίου *e*: οἰκείου Parisinus gr. 1452, Athous Iveron 26

22   βήμασιν Parisinus gr. 1452, Athous Iveron 26: γόνασιν *e*

πληρώσουσαν *Duffy*: πληρώσασαν Parisinus gr. 1452, Athous Iveron 26; πληροῦσαν Parisinus gr. 1194

αὐτὴ Parisinus gr. 1452, Athous Iveron 26: αὐτῇ *e*

οὐκ ἔτι Parisinus gr. 1194 *and* 1452: οὐκ ἔστι Athous Iveron 26

ὃς Athous Iveron 26: ὡς Parisinus gr. 1194 *and* 1452

24 ἢ ἡ τοῦτον γεννησαμένη *Usener: the manuscripts have* εἰ ἡ τοῦτον γεννήσασα μένη

κἂν τοῖς Parisinus gr. 1194: *the other witnesses have* κἂν τοῖς ἀσυγκρίτοις Athous Iveron 26, Jerusalem Taphou 135: ἀσύγκριτον Parisinus gr. 1194 *and* 1452

The passage from διαρρήγνυται *to* τεύχεται *is full of problems and the manuscripts do not agree on the text. As reconstructed here, it represents improvements by Nissen, Duffy, and Alexakis.*

25 σωφρονέσταται *Usener: the manuscripts have* σωφρονέστατοι

πολυέλεον *e*: πολυέλεον ἀληθῶς *f*

φυλλοκομοῦσα *f*: φυλλοκοσμοῦσα *e*

26 ἀκακίας *f*: ἀκακία *e*

ἐρημικὸν *Usener: the manuscripts have either* ἠρεμικὸν *or* ἡμερικὸν

μονοτρόπως *f*: μονοτρόποις *e*

27 καὶ ἐν δυσὶ δὲ γνωριζόμενος: καὶ *deleted by Nissen*

γίνεται *e*: κρίνεται *f*

28 προερχόμενον Parisinus gr. 1452, Jerusalem Taphou 135: προσερχόμενον Parisinus gr. 1194, Athous Iveron 26

ἀγκαλισώμεθα (*or* –όμεθα) *is the reading of the manuscripts: one of the later users of the text (George of Nicomedia, see note on paragraph 22 above) has* ἐναγκαλισώμεθα, *which preserves the prose rhythm*

κηρύττωμεν *Usener: the manuscripts have* κηρύττομεν (*apart from* Athous Iveron 26 *which has* κηρύξωμεν)

Ἀμήν: Parisinus gr. 1194 *adds* τέλος τῆς ὑπαπαντῆς

HOMILY 5

title πατρὸς ἡμῶν M, Athous Lavra 460: *omitted in the rest*

θεοτόκου: *all manuscripts except* M *and* Vindobonensis. Hist. gr. 128 *add the traditional pious formula* εὐλόγησον πάτερ *or* πάτερ εὐλόγησον

1 θαυμαστῶν M: θαυμασίων *h*

καὶ ἀρχικῆς Τριάδος *h*: ἀρχικῆς καὶ Τριάδος M

μόνῃ θεότητι: *the manuscripts add* ἤγουν οὐσίᾳ καὶ φύσει, *a phrase that Nissen rightly characterized as a gloss*

2   καὶ μόνην ἐλαύνει M: ἐλαύνει καὶ μόνην *h*
       ἕν ἐστιν M: ἔστιν *h*

3   ἕν τι *h*: *omitted* M
       τριῶν ἀληθῶν M: τριῶν ἀληθῶς *h*
       ἑξαπτέρυγα *h*: ἑξαπτέρυγα καὶ M
       ἅπαξ καὶ μόνον M: μίαν καὶ μόνον *h*

4   ἄσχετοι M: ἀσχέτως *h*
       τρισσὰ M: τρίς τὰ *h*
       ἐν ἑκατέροις *h*: ἑκατέροις M
       προφέρεσθαι M: προσφέρεσθαι *h*
       ἅπαν *h*: ἁπάντων M
       προσκηρύξεων *h*: προκηρύξεων M

5   ὁμογνώμονες M: ὅμοιοι *h*
       μυριόχειλός *h*: μυριόλετος *(sic, for* μυριόλεκτος?*)* M
       προσαρμόζουσιν *h*: ἐναρμόζουσιν M
       ἑτερογενῶν *h*: -ῶς M

6   νενοσηκότες *h*: νενοσηκότος M
       πολύφυρτον κύλικα *h*: πολύφορτον κοίλικα *(sic)* M
       συνάπτοντες *h*: συνάγοντες M
       φυρέτωσαν ἑαυτοὺς καὶ *h*: *omitted* M

7   στροβούμενοι *h*: στρωφούμενοι *(sic)* M

9   μένοντα *Nissen*: *all the manuscripts have* μὲν ὄντα *except* M, *which*
       has μὲν *placed after* φύσιν
       καταπαύσοισθε M: καταπαύσοιτε *h*
       πύθησθε M: πείθοισθε *h*

10   γεγονότες M: *omitted h*

11   ἐνελάμφθητε M: ἐπελάμφθητε *h*
       δεξάμενοι M: εἰσδεξάμενοι *h*
       οὐδὲ . . . σαρκὸς M: *omitted h*

12   οὖν M: *omitted h*

14   ἤνεγκεν *h*: ἐπεὶ γέγονεν M

15   τὸ βάρβαρον M *(and two of the Jerusalem copies)*: *the other manu-*
       scripts have τὸ βάρος
       ἤσθετο *h*: ἤσκητο
       ἐδέχετο[2]: *the text of* M *is erased and a later hand has written* τὸν
       νοῦν ἐλαμπρύνετο
       ὅτε κτισμάτων . . . ἐβασίλευεν *h*: *omitted* M

16	πάντη M: *omitted h*
17	ὁ Πλάστης οὐκ ἔφερε M: ὡς πλάστης *h*
18	θεσπέσιος M: θαυμάσιος *h*
	σύλληψιν *h*: λύτρωσιν M
	ἔθηκας πόλεις: *h adds* ὀχυρὰς *after the noun and omits the phrase* πόλεις ὀχυρὰς *in the following line*
21	ὁ ἐξ M: ὡς ἐξ *h*
	ἀγορεύεται M: ἀναγορεύεται *h*
	ἐχθρὰν: *above this M adds* ποτὲ
	Θεῷ M: Θεοῦ *h*
23	ἀδύναμος *h*: ἀδύνατος M
	ἅπερ ἂν *h*: ὅπερ ἂν M
24	ὡς ἀποτίκτεται M: ὅσα τίκτει *h*
	διατριβῆς ἐξελήλαται *h*: *in M the text has been erased and a later hand has replaced it with* διαίτης ἐξώριστο
	προφθέγγεται: *the form found in two of the copies in h; the rest, and* M, *have* προσφθέγγεται
	χαροποιῶν λόγων *Ballerini: the manuscripts have* χαροποιοῦ λόγου
25	οὐρανίου M: ἐπουρανίου *h*
	χαίροις ὦ χαρᾶς τῆς ἀθανάτου παραίτιε *h*: *omitted* M
	σοῦ δευτέρας: *Nissen reversed the order of the words in the manuscripts to preserve the "double dactyl" rhythm*
	ἠνεύρωσας *Ballerini: the manuscripts have* ἐνεύρωσας
	γεγενημένη *Nissen: the manuscripts are divided between* γεγενημένη *and* γενησομένη
26	ἐν σοὶ *h*: ἐπὶ σοὶ M
	λόχευσιν M: γέννησιν *h*
	γεγονὼς M: γενόμενος *h*
	ἐν σοὶ γὰρ *h*: ἐν οἷς γὰρ M
27	<με> *added by Duffy; one of the copies (Athous Lavra 460) inserts it after* στέλλων
28	κεκλήρωσαι M; *the rest are divided between* κεκλήρωκας *and* κεκληρονόμηκας *(see note on 5.54 below)*
	σου δευτερεύει M: δευτερεύει *h*
	κληροῦται *Parisinus Coisl. 274, Constantinopolitanus Patr. Panagh. Kamar. 47: all the other copies have the active form* κληροῖ

ἀφηγήσεταί σου *Duffy*: ἀφηγήσει σοι χαίρων M: σοι χαίρων
ἀφήσει *or* ἀφήσοι *h*
οὐ μόνοις M: οὐ μόνον *h*

29 μετέβαλες *h (written* μετέβαλας*):* μετήγαγες M
οἱ σοὶ *h*: οἱ σοῦ M
χαριζόμενον M: ἐργαζόμενον *h*
τὴν φύσιν M: τῇ φύσει *h*
γὰρ *h*: γὰρ Θεὸς M
σεσαρκωμένος Θεός *h*: Θεὸς δὲ σεσαρκωμένος M

30 τοιούτοις *h*: τοῖς τοιούτοις M
φησίν *h*: *omitted* M

31 καὶ δεδίξεως: *in* M *the text is erased and a later hand replaces it with*
τὴν παρθενικὴν ψυχὴν
οὔκ εἰμι... πλανήσαντα M: *omitted h*
οὔκ εἰμι... πτερνίσαντα *h*: *omitted* M
τὸ πρὶν M: *omitted h*
ἀποδείξαντα M: ἀναδείξαντα *h*

32 σώζεται καὶ *h*: σώζεται M
ἐξόριστος: *a correction in* M, *where the original (like some of the*
other copies) has ἔξοιστος, *which does not satisfy the sense. Compare*
*Homily 5.15 above (*ἐξορίσαντα*) and the use of* ἐξόριστος *several*
times in the same context in Homily 2. Two of the manuscripts in the
present homily have ἔξοικος, *which is likely to be an emendation and*
not a bad one at that.

33 τὴν σὴν M: *omitted h*

35 μεμεγάλυνται Parisinus Coisl. gr. 274: *a good reading, possibly by*
emendation. The same copy has μεγαλύνεται *in the margin, which is*
also the reading of the other manuscripts.
οὐδεὶς κατὰ σὲ Θεῷ: Θεῷ M: Θεοῦ *h*
πεπλούτισται M: πεπλούτηκεν *h*
πάντα νικᾷς τὰ οὐράνια τάγματα M: *omitted h*

37 δεδίττομαι: *in* M *the text has been partly erased and a later hand re-*
places it with δεδιὼς ὁρῶμαι
οὐρανῷ *h*: οὐρανίῳ M
πορεύσεται *h*: προελεύσεται M
τὴν πᾶσιν M: τὴν ἐν πᾶσιν *h*
τοῖς ἀνθρώποις M: τοῖς ἐν βίῳ *h*

πληροῦσαν *h*: πληροῦντα M

38   μηνύω *h*: μηνύων M

χαροπάροχον M: χαροποιὸν *h*

εὗρες χάριν ἣν οὐδεὶς εἰσεδέξατο *h*: *omitted* M

39   ἄκουε . . . κειμήλιον M: *omitted h*

ἐκ σοῦ με M: ἐκ σοῦ *h*

τοῦ Θεοῦ *h*: *omitted* M

διασκέπτομαι M: κατασκέπτομαι *h*

θεωρῶ *h*: ὁρῶ M

νῦν M: *omitted h*

ἦν ὁ ἐν σοὶ χρονικῶς: *corrected by Duffy from* ἦν ὁ ἐκ σοῦ χρονικῶς *of h*

ἦν ὁ ἐν σοὶ χρονικῶς . . . ἄσαρκος *omitted* M

40   γυναίων M: γυναικῶν *h*

ἦν οὐκ ἄρρενος: M *has* ἦν, *but it is omitted by h*

41   ἀλλὰ δὴ καὶ Θεοῦ Parisinus Coisl. 274, Constantinopolitanus Patr. Panagh. Kamar. 47: *the rest have either* ἀλλὰ καὶ Θεοῦ *or just* ἀλλὰ Θεοῦ

ἀλλὰ δὴ καὶ Θεὸν M: ἀλλὰ καὶ Θεὸν *h*

42   κληροῦσθαι: *this reading of* Parisinus Coisl. 274 *and* Constantinopolitanus Patr. Panagh. Kamar. 47 *is probably the result of a correction; the others have* κληροῦν (*see note on 5.54 below*)

δηλῶται *Ballerini: the manuscripts have* δηλοῦται

43   κατορθώματα *h*: κατορθώματα ἦν M

πηγάζων Parisinus Coisl. 274, Constantinopolitanus Patr. Panagh. Kamar. 47: *the rest have* πηγάζει

ἔσται M: ἐστι *h*

αἰῶνος *h*: αἰώνιος M

πρὸ *h*: *omitted* M

υἱὸς *h*: *omitted* M

ἀγγέλλω *h*: ἀναγγέλλω M

44   μετὰ M: καὶ μετὰ *h*

φανησόμενος M: γενησόμενος *h*

διορίζεται *h*: γνωρίζεται M

τὴν φύσιν M: τῇ φύσει *h*

πάντως καὶ τὴν *h*: πάντως καὶ M

HOMILY 5

ἴσην Μ: σὴν *h*
καὶ φυσικὴν . . . μεγαλειότητα Μ: *omitted h*; *Duffy changed to*
μεγαλότητα *to restore the "double dactyl" rhythm*
ἑαυτῷ *h*: αὐτῷ Μ
παρόμοιον Μ: πανόμοιον *h*
45 γεννηθεὶς Μ: *omitted h*
ὑμᾶς τοὺς ἀνθρώπους *h*: Μ *has* ἡμᾶς
46 ἀκοῦσαι καὶ Μ: ἀκοῦσαι τε καὶ *h*
πρὸς ὑμᾶς *h*: πρὸς ἡμᾶς Μ
δι' ὑμᾶς *h*: δι' ἡμᾶς Μ
μὴ χοϊκὴν *h*: μόνην χοϊκὴν Μ
ἀδιάδοχον *h*: διάδοχον Μ
κληρώσειεν: *this form, which is in all manuscripts, is a bit of a puzzle;*
see the note to the translation on 5.54
λαὸν *h*: λεῶν *(sic)* Μ
πτερνίσουσι Parisinus Coisl. 274, Constantinopolitanus Patr.
Panagh. Kamar. 47 *probably by a correction: the rest have either*
πτερνίσωσι *or* πτερνήσωσι
χαρίσηται Μ: δωρήσηται *h*
γεγέννηται *h*: γεγένηται Μ
47 ἀκούουσα Μ: ἀκούσασα *h*
οὐδεμίαν τούτων Μ: οὐδεμίαν *h*
τοκετοὶ βλαστάνειν πεφύκασιν Μ: τόκοι βλαστάνουσιν *h*
σὺ Μ: *omitted h*
48 ποτε Μ: *omitted h*
52 καὶ πάλιν *h*: πάλιν Μ
ἔφησας Μ: ἔφης *h*
ἀπόξενος *h*: ἀμέτοχος Μ
λόγου *Ballerini*: λόγων Μ *after restoration*; λόγον *h*
γάρ με Μ: γὰρ *h*
53 λύσιν *h*: φύσιν Μ
54 κεκλήρωται Parisinus Coisl. 274, Constantinopolitanus Patr.
Panagh. Kamar. 47 *presumably as a correction: all the other manu-*
scripts (including M) have κεκλήρωκεν
προσελήλυθεν Μ: προελήλυθεν *h*
55 προέφερες Μ: παρέφερες *h*

προεκόμιζες M: προσεκόμιζες *h*

οὐκ ἄν μοι νόμους *h*: οὐκ ἄν νόμους M

χθαμαλὰ M: *the rest are divided between* χαμαλὰ, χαμελὰ, *and* χαμερπῆ

56 ὁρίσας *h*: σωτηρίας M

οὗς αὐτὸς *h*: ὡς αὐτὸς M

ἀπότεξιν M: ἀπότευξιν *h*

57 οὗς αὐτὸς M: οἷς αὐτὸς *h*

58 οὖν *h* : *omitted* M

τὸν … κτίσαντα M: *omitted h*

ἐκ τοῦ πατρὸς *h*: πρὸς τοῦ πατρὸς M

ἀπείραστος: M *has* ἀπείρατος, *but after it was overwritten*

60 θαυμάζειν M: θαυμάσαι *h*

61 Πολλὰ M: Πολλάκις *h*

ἀπεγέννησεν M: ἐγγένησεν *h*

ἐπεκόμαζε *h*: ἐπεκόμιζε M

ἀλύουσαν M: λύουσαν *h*

ἀπεπλήρωσε M: ἀνεπλήρωσε *h*

αὕτη τὸν M: αὐτὴ τὸν *h*

ἥτις με M: ἥτις *h*

γεγονυίας M: γενομένας *h*

βεβαιῶσαι νῦν M: *written by a later hand in place of* λέγειν, *which is erased*

62 ἐργᾶσθαι M: ἐργάσασθαι *h*

ποιουμένη *h*: ποιοῦμαι M

ἔφησας, ἔφησα *h*: ἔφησας M

σὲ προσηρώτησα *h*: *omitted* M

ἐπεζήτηκα M: ἐπεζήτησα *h*

ἡ παρθένος M: παρθένος *h*

ῥήματα ἀπιστίας Nissen: *the manuscripts reverse the order, but Nissen changed it in the interest of the "double dactyl" rhythm*

63 διείλεξαι *a correction in the Migne text*: διήλεξαι *h*; διήλεγξαι M

πολλαὶ M: πάλαι *h*

τεκεῖν M: *omitted h*

Κύριος *h*: *omitted* M

64 ἀνθρώποις ὑμῖν *the correct reading in one subgroup of* h: *the rest, and*
M, *have* ἀνθρώποις ἡμῖν
Ἤ ποτε Θεὸς ἐκ νεκρῶν . . . ἀνιστάμενος M: *omitted* h
65 προτεθέσπιστο h: προετεθέσπιστο M
πῶς ἂν h: *omitted* M
ἄλλη θεομήτωρ M: ἄλλη h
καὶ μόνη h: μόνη M
γεννήσειας h: γενήσειας M
66 γὰρ M: γοῦν h
ἀνακέκραγεν: *emended by Nissen from* προανακέκραγεν *of the*
manuscripts, to restore the "double dactyl" cadence
μίαν ῥητῶς M: ἀναντιρρήτως h
τέξεσθαι h: τέξασθαι M
ὁ θεόπνευστος h: ὁ θεοφόρος καὶ θεόπνευστος M
καλέσουσι h: καλέσονται M
ἄλλος M: ἄλλος ὁ h
σὺ εἶ h: σὺ M
67 Ἑβραϊκῇ μὲν . . . Ἑλλάδα δὲ M: Ἑβραϊκῇ . . . Ἑλλάδα h
ὅτε καὶ h: ὅτε M
καὶ θείας h: δὲ καὶ θείας M
ἐνεψύχωσε M: ἐψύχωσε h
οὔτε μὴν M: οὐδὲ μὴν h
68 καὶ ἄνθρωπος ὁ αὐτὸς κατ᾽ ἀλήθειαν: βούλεται *is found after*
κατ᾽ ἀλήθειαν *in* M *and in the Jerusalem copies; it is omitted by* Pa-
risinus Coisl. 274 *and* Constantinopolitanus Patr. Panagh. Ka-
mar. 47, *and was suppressed by Duffy*
κύησιν *most likely a good correction in* Parisinus Coisl. 274 *and*
Constantinopolitanus Patr. Panagh. Kamar. 47: *the rest have*
γέννησιν
ἀναστήσειε M: *the rest have either* ἀναστήσῃ *or* ἀναστήσει
69 ἐπελεύσεται h: ἐλεύσεται M
ποιησόμενος . . . ἐνδειξόμενος . . . ἐργασόμενος h: ποιησομένῳ
. . . ἐνδειξομένῳ . . . ἐργασομένῳ M
70 τῆς αὐτοῦ h: τῆς αὐτῶν M
παρθένον μεῖναι h: παρθένος μεῖναι M

παρθένον σε φυλάττει *h*: παρθένον φυλάττει Μ

71 Γαβριὴλ δὲ *h*: Γαβριὴλ Μ

σοι σαφῶς *h*: σαφῶς Μ

τὸν ἐκ *h*: τὸ ἐκ Μ

φέρει *h*: φέροι Μ

ἀνθρώπους Μ: *omitted h*

ταῦτα *Alexakis: the manuscripts have* οὗτοι

72 γήρει *h*: γήρᾳ Μ

ῥηθέντα Μ: ῥήματα *h*

δέξεται Parisinus Coisl. 274, Constantinopolitanus Patr. Panagh.
   Kamar. 47: *the rest have* δέξηται

73 πάντως *h*: *omitted* Μ

74 τῆς Θεοτόκου Παρθένου Μ: τὴν Θεοτόκον Παρθένον *h*

ἐν αὐτῇ Μ: καὶ ἐξ αὐτῆς *h*

οὔτε τινὸς *h*: οὔθ' Μ

ταὐτῷ Μ: *the rest are divided between* αὐτῷ *and* τῷ

οὐδεμίαν Μ: οὐδεμία γὰρ *h*

75 ἑαυτοῦ *h*: αὐτοῦ Μ

σάρκα σαρκω[θεὶς]: *copy M stops at this point due to the loss of a fo-*
   lium. From here to the end the two subgroups of h, namely y and z, are
   cited.

76 Μένανδροι *z*: Μαίνανδροι *y*

77 ἐφ' οἷς *y*: ἀφ' ἧς *z*

κατοικήσομεν *Ballerini: the manuscripts have* κατοικήσωμεν

78 μονῶν *y*: αὐλῶν *z*

ταύτην τῆς εἰς ἡμᾶς *y*: ταύτης τὴν εἰς ἡμᾶς *z*

καὶ μορφώσας *z*: ἀναμορφώσας *y*

κατεκέκριτο *z*: κατεκρίνετο *y*

θεϊκῶν αὐγῶν *y*: θεϊκῶν αὐτῶν *z*

ἀναπέπλησται *Nissen: the manuscripts have* ἀναπέπλασται

79 ἡμῶν *y*: ἡμετέρων *z*

ἐπέχω τὸν λόγον *y*: *omitted z*

ὑμᾶς *z*: *omitted y*

ἰσχύετε *y*: ἰσχύουσαν *z*

λόγου κόρον *y*: λόγον κόρου *z*

ἐπιτύχωμεν *y*: ἐπιτύχοιμεν *z*

HOMILY 6

title ἐν ἁγίοις: *all copies except* Vaticanus gr. 1667, *which has* ὁσίου

1 τε *g: omitted* k

ἰδικὸν k: ἰδικῶν g

τῇ μικροπρεπείᾳ *Alexakis*: the manuscripts have τῆς μικρο-
πρεπείας

ἄτιμοι k: ἀτιμίας g

τῆς ἀξίας k: ἡ ἀξία g

μὴ διδοῦσι Athous Batopediou 634: μὴ διδῶσι Athous Philo-
theou 8; μὴ δίδωσι Vaticanus gr. 1667; *the others have* δὴ δὸς

εἰ k: ἢ Vaticanus gr. 1667; ἢ Athous Philotheou 8

τοῦ ὑπὲρ *Duffy*: τὸ ὑπὲρ gk

2 οἵ σε ταῖς g: ὃς οἴεται k

ἐθελήσαιεν *Duffy*: ἐθελήσοιεν g: ἐθελήσειεν k

ἀπολείπονται g: ἀπολείπεται k

οὐκ ἔστιν οὐδεὶς ὅς: οὐκέτι οὐδεὶς ὡς *Mai (unnecessary correction)*

ὅλῳ κηρύξειε στόματι: τῷ *deleted by Nissen after* κηρύξειε *to cor-
rect the rhythm*

μυρίαις *Nissen: the manuscripts have* μυρίοις

καθ' ὥραν ἑκάστην g: καθ' ἑκάστην ὁρᾶν *(or* ὁρῶντα*)* k

μὴ δύνηται *Nissen: the manuscripts have* μὴ δεδύνηται

καὶ δύνηται g: καὶ δεδύνητο k

μὴ ἰσχύσῃ g: *omitted* k

κἂν *Nissen*: κὰν (= κἂν) g: καὶ k

τῇ ... μοίρᾳ k: τὴν ... μοῖραν g

εὐγνωμονούντων g: εὐγνωμόνων k

ἐν τῇ g: ἐπὶ τῇ k

ἀχαρίστων *Mai*: ἀχρίστων *(seemingly)* Vaticanus gr. 1667; *the oth-
ers have* ἀχρήστων

συντάττεται k: συνάπτεται g

3 ἀλλὰ λεκτέον k: λεκτέον δὲ g

εἰ καὶ g: καὶ εἰ k

λόγου Vaticanus gr. 1667 *(lacuna* Athous Philotheou 8*)*: λόγων k

οὐδαμόθι γῆς g: οὐδαμόθεν k

δεχομένη k: δεχόμενοι g

γλῶτταν ἡμῖν k: γλῶτταν ἡμῶν g

γεννώμενος k: γενόμενος g

στρέφοντος g: τρέφοντος k

4   σῶν g: omitted k

εἴποι g: εἴποιμι k

ἐσομένην g: ἐσομένης k

τῷ κόσμῳ g: omitted k

Ἀλλὰ . . . δέησις omitted Mai, PG

Ἀλλὰ τὴν ἐκ στείρας . . . πιστεύσειεν: *a very difficult passage, which has probably been corrupted in transmission, as the various attempts at correction in the manuscripts (not reported here) indicate. Possible emendations are now suggested.*

<ἦν Μαρία> *added by Duffy*

<ἦν> τριήμερον *Duffy*

βεβαίως τε καὶ ἀραρότως: οὐ συνελήφθη *deleted by Duffy before these words. Alexakis suggests either* ὃς συνελήφθη *or* ὃν συνέλαβε.

ξηρός σοι μασθὸς: θηλὴν *(in some of the manuscripts* θηλὺ*) deleted by Duffy after these words as a gloss on* μασθὸς. *Alexakis would consider* ἦν ξηροῦ σοι μασθοῦ θηλὴ *a possibility.*

λεὼν g: λαὸν k

ὑπουργόν gk: λειτουργόν *in Mai is a later marginal conjecture for a damaged text in* Vaticanus gr. 1667

λαβὼν καὶ k: λαβὼν g

ἐθέσπιζες *some manuscripts in group* k: ἐθέσπιζεν g *and the rest of* k

πάθει Mai: πάθη g; πάθεσι k

ἄφεσιν g: ἄφιξιν k

5   ἢ . . . δεύτερον g: *omitted* k

καὶ τὸ πέρας g: καί τι περ k

<τὰ> πρωτεύοντα Nissen: *the manuscripts have* πρωτεύουσαν

6   ὁ λόγος ἐπὶ τὴν ἀρχὴν: τοῦ λόγου *deleted by Nissen after these words*

ἥτις k: εἴτις Athous Philotheou 8: εἴτης Vaticanus gr. 1667

γέγονε . . . ποιείσθω προοίμιον: *omitted (due to homoioteleuton) in* Mai, PG

εὐφημούμενος g: ἐπαινούμενος k *(also in the margin of* Vaticanus gr. 1667*)*

τὴν ἐν Ἀδὰμ ἡμῶν: *lacuna before these words detected by Duffy, and*
οὐκ ἀγνοούμενον *deleted after as a gloss*

ἀπαξάπαντες τῷ k: ἅπαξ οἱ πάντες τὸ g

τούτων *the reading of three copies in group* g: *it is preferable to* τοῦτον
in the rest

ἀφανισμὸν k: ἀφορισμὸν g

7 ἐμάστευεν ἔκβασιν: ἑκάστου ἐνέκβασιν *is a misreading in Mai,*
PG

8 νηστείαις τε . . . θεραπεύουσα *omitted Mai,* PG

αἰσχρὰν g: ἐχθρὰν k

τῇ γνώμῃ: *the text of Luke 23:51 has* τῇ πράξει

9 ἄδετον *is likely corrupt. Among the suggested emendations are* ἄδυτον
Nissen; ἄδηλον Duffy; ἀδήριτον; ἀδόκητον Alexakis.

καὶ μὴ κατὰ τὸν ταύτης αὐτὸν χρόνον: ἵνα *deleted by Alexakis
after* καὶ

κατὰ τὸν ταύτης αὐτὸν g: κατὰ τὸν ταύτης k

κληροῦται Alexakis: κληροὶ Vaticanus gr. 1667; κληροῖ Athous
Philotheou 8; κλῆροι k

ἑαυτὸν *two copies of the k group: all the rest in that group, and* g, *have*
ἑαυτῷ

10 δεόμενος καὶ k: τὸν φύσαντα g

πολιτείαν k: πολιτείας g

καθ᾽ ὑμᾶς k: καθ᾽ ἡμᾶς g

ἔτι k: *omitted* g

ἐπιστρέψαι k: καὶ ἐπιστρέψει Vaticanus gr. 1667; καὶ ἐπιστρέψῃ
Athous Philotheou 8

11 προγεννώμενος k: προγεννώμενος ἡγούμενος g

οὓς *a marginal correction in* Vaticanus gr. 1667: *in the text it, and the
rest of the manuscripts, have either* ὁ ῑ̅ς̅ (= ὁ ἰησοῦς) *or* οἷς

ἐκέχυτο k: ἐκέχετο g

ἐπέσκαζε k: ἐπίσκαζε g

ἠδύνατο k: ἠδύναντο g

13 ἀρετὰς PG: *all the manuscripts have* ἀρεταῖς

14 τὸ παράπαν *three copies in the k group: the rest have* τὸ πᾶν;
παντελῶς g

ἔπρεπεν k: ἐπέτρεπεν g

σιωπᾶν k: ᾧ πᾶν g

ἐπύθετο g (-ποίθ- Vaticanus gr. 1667), k: ἐπείθετο *Mai,* PG

καθορίζοντος Nissen: *the manuscripts have* καθαρίζοντος

ἄχρι ἧς k: ἄχρι g

ἐπετιμᾶτο k: ἐπιτιμᾶ g

ἔμελλεν ἔσεσθαι k: ἤμελλεν γενέσθαι g

ἑκατέραις k: ἑκατέρων Vaticanus gr. 1667 *(the text of* Athous Philotheou 8 *is not clearly legible)*

15   εἰ μὴ τῶν Nissen: εἰ μὴ τὸν g; εἰ μὴ τὸ k

προεζωγράφει τὸ ἄπιστον: <τὸ> *added by Nissen. It completes the prose rhythm, and the whole phrase is almost identical to the one at the end of the paragraph:* καὶ τῶν ὑπὸ νόμον προδηλώσοι τὸ ἄπιστον.

θᾶττον *the reading (correction?) of two copies of the* k *group: all the others have* θάτερον

πυθομένης g, *and two members of the* k *group: the rest have* πειθομένης

φωνῆς k: *omitted* g

ἐχθράν g: αἰσχράν k

ψευσάμενος k: ψευσάμενον g

16   κἀκ τούτου Ἰωάννης ὁ g: κατὰ τοῦτο ὁ Ἰωάννης φωνῇ ὅτι k

θεότευκτον g: θεόφθεγκτον k

ἐλαττούμενος Vaticanus gr. 1667: εὐλογούμενος Athous Philotheou 8; τελειούμενος Athous Protatou 48; ἀπολειπόμενος *the rest*

προσρήσεως Athous Batopediou 634 *(a correction, apparently): the rest have* προρρήσεως

ὅτι ἔσται k: ὅτι ἔστι g

κατακομίσαντα *Duffy:* κατακοσμήσαντα g: κομίσαντα k

γεννήτορα *missing in Mai,* PG

17   ἁμαρτιῶν αὐτῶν k: ἁμαρτιῶν ἡμῶν g

οὕτως ὁ Ζαχαρίας Nissen: *the manuscripts have* οὗτος ὁ Ζαχαρίας

φῆσαν g: *omitted* k

μόνῳ k: μόνῳ καὶ g

πολίτευμα καὶ φθάνειν: <καὶ> *supplied by Nissen*

ταυτηνὶ g: ταύτην k

ψῆφον k: *omitted* g

ἑκατέρους ἑκατέροις g: ἑκατέρους k

τοῖς τε *Mai*: τῆς τε g: τε k

στεφανουμένους k: -μένοις g

τοῖς τῆς g: τοὺς τῆς k

λαμπρυνομένους k: -μένοις g

18 ἄγων k: ἁγίων g

<τοῦ> *added by Nissen, for grammar and rhythm*

ἐνόησε: ἔνωσε *Mai*; ἤνωσε PG

19 παχυτέρων: ταχυτέρων PG, *caused by a misreading on the part of*
Mai

ὤν: *Nissen suggested deletion; perhaps read* ἐν ᾧ (*sc.* χρόνῳ)?

ὡς εἴη PG: ὡσήει Vaticanus gr. 1667; ὡσεὶ Athous Philotheou 8;
ὡς οἷα *the rest*

καὶ πάλιν αὐτὸν . . . ἀνακτίσαντα g: *omitted* k

ἀνειμένοις *corrected by Duffy for* ἀνειμένων *of the manuscripts*

ἠγαλλιᾶτο k: ἠγαλλία g

ὡς ἀφίκετο k: ὃς ἀφίκετο g

ὁ πᾶν k: πᾶν g

τὸν ὑπὲρ k: καὶ τὸν ὑπὲρ g

20 προτρέχειν σου k: προτρέχειν g

νόμῳ k: νόμον g; νόμοις *Mai*; νόμους PG

θερμότητα τῆς ἀρχῆθεν: καὶ *is deleted by Nissen after* θερμότητα

γενόμενος k: γέγονεν g

διωρισμένου Athous Batopediou 634 (*a correction*): *the manu-
scripts have* διωρισαμένου; διορισαμένου PG

ἀνεχόμενον *Mai*: *the manuscripts are divided between* ἀνεχόμενος
and ἀνεχομένῳ

ἐπιγίνεται g: ἐπείγεται k

διατάξαντος k: διατάξει g

21 <ἡ δὲ . . . ἀναμφίλογος> *Nissen: Duffy substituted* ἀναμφίλογος
for his ἀναμφίβολος, *which Sophronios was not likely to repeat
from the immediately preceding phrase.*

λαλεῖν: λαβεῖν *is a mistake in* Vaticanus gr. 1667

ἑκατέραν ἐνέργειαν k: ἑκατέρας ἐνέργειαν g

δραμόντες k: δραμὼν g

τοῦτο Athous Batopediou 634 (*a correction*): *the rest have* τούτου

πνευματικὴν παραθώμεθα *k*: παραθώμεθα πνευματικήν *g*

22 ναὶ καὶ ἐθνῶν *k*: *omitted* Vaticanus gr. 1667; *there is a lacuna in*
Athous Philotheou 8, *which extends to paragraph 23*
καὶ Ἰουδαίων Θεός *k*: *omitted* Vaticanus gr. 1667
προσιεμένοις *three members of the k group, probably arising from a*
correction: the rest, along with Vaticanus gr. 1667, *have* προϊεμένοις
τῷ τοῦ Νόμου δουλεύοντες γράμματι *Mai*: τῷ τοῦ νόμου δου-
λεύοντες γράμμα (*sic*) Vaticanus gr. 1667; τῷ τοῦ νόμου
δουλεύοντες προστάγματι *some members of k; others have* τὸ τοῦ
νόμου δουλεύοντες πρόσταγμα
καὶ τῷ τοῦ Νόμου: *the first article was changed to the dative by*
Duffy. All the witnesses have καὶ τὰ τοῦ Νόμου.
προσχωρήσαντες *k*: προσχωρήσαντος Vaticanus gr. 1667
διερευνωμένοις *an emendation in* Athous Batopediou 634; δι-
ερευνωμένη *the other copies in group k*; διερμηνευομένη Vatica-
nus gr. 1667
ἐκεῖνοι *k*: ἐκεῖνοι· ἐκεῖνοι Vaticanus gr. 1667
Οὕτω δὴ *Nissen*: οὕτω δὲ Vaticanus gr. 1667: οὕτως *k*
διαυγὴς *k*: διαυγῆς Vaticanus gr. 1667 (*which gave rise to* δι᾽
αὐγῆς *in Mai,* PG)
φαιδρότατος *k*: λαμπρότατος Vaticanus gr. 1667
τοῦ ἡλίου Athous Batopediou 634: ἡ ἡλίου Vaticanus gr. 1667:
τῷ ἡλίῳ *the rest*
ἀχώρητος *emended Duffy*: ἀχώριστος *all the manuscripts*

23 Οὕτως *Nissen*: οὕτω Athous Batopediou 634, Athous Dionysiou
148: οὗτος *the rest*
Νόμῳ τὴν γλῶτταν Vaticanus gr. 1667: Νόμου τὴν γλῶτταν *k*
τὸν ... ἐλαύνοντα *k*: τῷ ... ἐλαύνοντι Vaticanus gr. 1667
τοῦ Λόγου τῆς Φωνῆς *k*: τὸν Λόγον τῆς Φωνῆς Vaticanus gr.
1667
ταύτην *k*: ταύτῃ *g*
γενόμενος *g*: γεννώμενος *k*
ἐπαγγελίας *k*: ἀπαγγελίας Vaticanus gr. 1667, Athous Batope-
διου 634
κατ᾽ αὐτὸ *Duffy: the manuscripts have* κατ᾽ αὐτὸν

ὡς ἑκάτερα *Nissen*: ὡς ἑκάτερον Athous Batopediou 634: ὡς
ἑκατέρου *the rest*

τῷ … χαρίσματι *k*: τὸ … χάρισμα *g*

χοροῦ: καιροῦ *Mai*

αὐτοῦ *Nissen*: *the manuscripts have* αὐτὸν

24 τῶν ἐν *k*: τὸν ἐν Vaticanus gr. 1667: τὸν ἐκ Athous Philotheou 8

ταύτῃ τοι Vaticanus gr. 1667 *(the text of* Athous Philotheou 8 *has
run out at this point)*; διὰ ταῦτα τοίνυν *k*

ἠξίωται Vaticanus gr. 1667: ἠξιώθη *k*

γεννώμενος *k*: γενέσθαι Vaticanus gr. 1667

δοξάσῃ *k*: δοξάσοι Vaticanus gr. 1667

μόνον δὲ ταύτῃ διὰ τεράτων: τῇ *deleted by Nissen after* ταύτῃ

ἠμφίασε Vaticanus gr. 1667: ἀνέδειξε *k*

ἐποίησε μέγαν *k*: ἐποίει μέγα Vaticanus gr. 1667

ἔχει γὰρ οὕτω *Nissen*: *the manuscripts have* ἔχει γὰρ αὐτῶ; ἔχει
γὰρ αὐτὸ *Mai*, PG

φωνῆς Vaticanus gr. 1667: γραφῆς *k*

διελαλεῖτο *k*: ἐλαλεῖτο Vaticanus gr. 1667

τί ἄρα *k*: τίς ἄρα Vaticanus gr. 1667

βασιλικῷ Athous Batopediou 634, Athous Protatou 48, Athous
Karakallou 52: βασιλικῶς Vaticanus gr. 1667; βασιλικῷ βασι-
λικῶς *the rest*

ἀφ' ἡμῶν *Nissen*: *the manuscripts have* ὑφ' ἡμῶν

ἀνθρώποις[2] *k*: ἀνθρώποις συνώκησεν Vaticanus gr. 1667

εἰ δὲ παρ' *Nissen*: εἰ δὲ ἃ παρ' Vaticanus gr. 1667; εἰ δὲ παρὰ *k*

φανερὸν *k*: φανερῶς Vaticanus gr. 1667

μιμησόμενος Vaticanus gr. 1667: ἀμιλλησόμενος *k*

ἔξεισιν Vaticanus gr. 1667: ἔξεισιν· τούτους γὰρ ἦν ἀμιλλώμε-
νος *k*

25 ἔριν Vaticanus gr. 1667: ἀρετὴν *k*

αὐτῶν *k*: αὐτὸν Vaticanus gr. 1667

συμμέτοχος *k*: -ον Vaticanus gr. 1667

ἂν φανῇ *k*: ἀναφανεῖν Vaticanus gr. 1667

ἀναδεικνύμενος *k*: -ον Vaticanus gr. 1667

αὐτοῖς ἐπικείμενος Vaticanus gr. 1667: αὐτοὺς ἐπαγόμενος

Athous Batopediou 634, Athous Protatou 48; αὐτοὺς ἐπεί-
γομενος *the rest*

φάσκει *Nissen: the manuscripts have* φάσκειν

γεραίρεται: γίνεται *Mai,* PG

Καρχηδόνος *Mai: the manuscripts have* Καλχηδόνος

εἰ καὶ μήπω *k*: καὶ εἰ μήπω Vaticanus gr. 1667

ποιούμενον *k*: ποιεῖν Vaticanus gr. 1667

26   καρτερῶς καὶ *Nissen*: καὶ καρτερῶς Vaticanus gr. 1667: *the rest
have* καρτερῶς

σοὶ *k*: σὺ Vaticanus gr. 1667

εἰδότι *corrected in* PG: *the manuscripts have* εἰδότα

ὃ κἂν *Nissen*: ὃν κἂν Vaticanus gr. 1667; ὃν καὶ Athous Batope-
diou 634; ὧν καὶ *the rest*

βραχὺ Vaticanus gr. 1667: βραχὺ παραλογίσασθαι *k*

ἐγχρήζουσιν *Nissen*: χρήζουσιν Athous Batopediou 634, Athous
Protatou 48; ἐγχειρίζουσιν PG

ἐπινεύσαντα Vaticanus gr. 1667, Athous Batopediou 634: ἐπι-
πνεύσαντα *the rest*

φίλον *k*: φίλῳ Vaticanus gr. 1667

ἄγειν καὶ περιέπειν *Duffy: the manuscripts have* ἄγοις καὶ περι-
έποις

καλοίη Χριστὸς: *Alexakis suggests that* ὅτ' ἂν *should be added before
this phrase*

χωριζόμενοι *Duffy: the manuscripts have* χωριζομένοις

ἃς διδόναι *k*: ὧν διδόναι Vaticanus gr. 1667

πειθαρχήσασι *Nissen*: πειθαρχήσαντες Athous Batopediou 634;
πειθαρχήσαντι *the rest*

HOMILY 7

title   ὁμιλία *not in Mai, because omitted in* Vaticanus gr. 1165, *his source*

1   πρόβλησιν Vaticanus gr. 1667 *and the rest*: πρόκλησιν *Mai (from
his source)*

        ἐτεκτήνατο *Nissen*: ἐτεκτείνατο Vaticanus gr. 1667: ἐτεκτήναιτο
Vaticanus gr. 1165, *Mai*; τεκτήναιτο PG

γνωριζόμενος *Nissen:* γνωρίζεται Vaticanus gr. 1667 *and the rest*
<τε> *added by Nissen*
ταὐτῷ *Nissen:* αὐτῷ Vaticanus gr. 1667 *and the rest*
δοκῇ Vaticanus gr. 1165: δοκεῖ *the rest*

2 διατέμνηται *Nissen:* διατέμνεται Vaticanus gr. 1667 *and the rest*
3 δι' αὐτῶν *Duffy:* δι' αὐτὸν Vaticanus gr. 1667 *and the rest*
αὐγῆς: αὐτῆς *in Mai is a misreading of* Vaticanus gr. 1165
οὐκ ἀκίνδυνον: οὐκανκίνδυνον (= οὐκ ἂν κίνδυνον) Vaticanus
  gr. 1667 *which is avoided by its dependents*
ἀθροίζομεν *Nissen:* ἀθροίζοιμεν Vaticanus gr. 1667 *and the rest*
φαίνεται *Nissen:* φανεῖ Vaticanus gr. 1667 *and the rest;* φανῇ *Mai*
ἐκεῖ *omitted in Mai (as in* Vaticanus gr. 1165*)*

4 ἐκκλίνοντες PG: ἐκκλίναντες Vaticanus gr. 1667 *and the rest*
καὶ κοινὴν ποιοῦνται προέλευσιν *omitted by error in Mai's edition*
τοῦ συνδέσμου *Duffy: the manuscripts have* τῷ συνδέσμῳ
διδάσκων *conjectured Duffy: the manuscripts have* γιγνώσκων
ἀνέχεσθαι Vaticanus gr. 1667 *and the rest:* ἐνδέχεσθαι Vaticanus
  gr. 1165 *(whence Mai)*
τοῦ πλησίον: τὸν πλησίον *Mai*
πάντας τιμήσατε: ἡμᾶς *deleted by Duffy after* πάντας
5 ἐθέλομεν *Nissen: the manuscripts have* ἐθέλοιμεν
χάριτος *corrected by Mai for the transmitted* χάριτας
αὐτῶν *Nissen: the manuscripts have* αὐτοῖς
<καὶ οὐ> *added by Duffy, on the model of James 1:22*
ζηλῶμεν *Nissen: the manuscripts have* ζηλοῦμεν
ποθῶμεν *Nissen: the manuscripts have* ποθοῦμεν
πνεῦμα καὶ ἓν *omitted in PG*
χρίσματι Vaticanus gr. 1165 *(whence Mai): the rest have* χρίσμα
κοινωνήσωμεν *Nissen: the manuscripts have* κοινωνήσοιμεν
6 τάξιν *Nissen: the mansucripts have* πρᾶξιν
αἱρούμενοι: Vaticanus gr. 1165: *the rest have* ἐρούμενοι
αὐγῆς *misread as* αὐτῆς *by Mai*
ἔκλαμψις: ἔλλαμψις *Mai (from* Vaticanus gr. 1165*)*
ἐντολῶν: *the manuscripts have this word after the article* τῶν; *Nissen
  changed its position in order to preserve the "double dactyl" rhythm.*

διαρρήδην: *the manuscripts locate this word before* πρὸς αὐτοὺς; *Nissen preferred it in the other position in the interest of the prose rhythm.*

<ὁ> *restored by Nissen from the text of Luke*

εἰσδέχονται: *Mai got the reading* ἐδέχοντο *from* Vaticanus gr. 1165

γένοιντο . . . ἐκδιδάσκωσι *Nissen: the manuscripts have* ἐκδιδάσκουσι

Χριστὸς ἐνεργήσας *Nissen: the manuscripts have* ἐνεργήσας Χριστὸς

7   ἐντεῦθεν . . . ἁρπάζοντες: *this phrase is not in* Vaticanus gr. 1165 *(and hence not in Mai)*

μιμήσεσι: αἰσθήσεσι *only in* Vaticanus gr. 1165 *and Mai*

Notes to the Translation

title The feast of the Exaltation of the Cross (commemorating Helena's discovery of the True Cross in Jerusalem) was celebrated on September 14 each year, while the dedication of Jerusalem's Church of the Resurrection (also known as the Church of the Holy Sepulchre) was commemorated on the previous day. That fact gives the patriarch the opportunity to preach both on the Cross and on the Resurrection in the same sermon.

1 *Golgotha*: The term comes from an Aramaic word meaning "place of the skull," hence the usual literal Greek rendering as Κρανίου τόπος.

 the debt against us: Colossians 2:14.

 leap with delight . . . let loose from their tethers: See Malachi 3:20.

 For where sin increased . . . all the more: See Romans 5:20.

 it wiped away . . . all tears from every face: See Isaiah 25:8; compare Revelation 21:4.

2 *the one who has crucified himself to the world*: Echoes Galatians 6:14.

 renewed: Psalms 102(103):5.

 putting on the incorruption: See 1 Corinthians 15:53.

 It is sin that produces the former death: See James 1:15.

 James the brother of God: There was a long-standing tradition that James "the brother of Jesus" was the first bishop of Jerusalem. See also Homily 2.13.

 even if medical doctors: This is a gibe at the medical profession, whose members (according to Sophronios) do not believe in the immortality of the soul.

3   *for the last . . . to be the last*: See Luke 13:30 and Matthew 19:30.

   And who can give the reason for this change: Sophronios tries to explain why the order of the festivals is reversed, seeing that the resurrection took place three days after the crucifixion. He admits below (1.4) that there may be another "hidden" reason.

   the Resurrection sprang ahead: As earlier, Sophronios personifies the two events. It is one of the many artificial features of his rhetorical style.

6   *not in debauchery and licentiousness . . . not in quarreling and jealousy*: See Romans 13:13.

   not only do they not look at him and accept him: Again, the feasts are personified.

   in newness of life: Romans 6:4.

   crucified the old man: See Romans 6:6. The reading ἀνεσταύρωσεν (crucified), following the emendation of Nissen, fits better with the biblical text "ὁ παλαιὸς ἡμῶν ἄνθρωπος συνεσταυρώθη" (our old man is crucified), which is echoed here. The verb used in the manuscripts, ἀπεσταύρωσεν, means "to remove from the cross."

7   *"I have been crucified with Christ . . . who lives in me"*: Galatians 2:19–20.

   put to death . . . desire: See Colossians 3:5.

   for without these no one will ever see the Lord: See Hebrews 12:14.

   for He is our peace: Ephesians 2:14.

   sanctification: This and the subsequent "sanctification and redemption" both quote 1 Corinthians 1:30.

HOMILY 2

title   *divine birthday*: Christmas Day (December 25) fell on a Sunday in 634, the first year of Sophronios's patriarchate.

   insurrection: It is very unusual for historical events to be highlighted in a homily. In the winter of 634 Bethlehem was under the control of the Muslims, who prevented the patriarch and his congregation in Jerusalem from making the Christmas pilgrimage to the birthplace of Christ. Sophronios, a lover of wordplay, may well have deliberately chosen the term "insur-

rection" (ἐπανάστασις, "rising, attack") to contrast with the Resurrection (ἀνάστασις).

1   *double*: The impressive opening of the sermon, with its stress on double light and twofold joy, finds its justification in the fact that in 634 the Christian community could celebrate not only the birth of Christ but also the Resurrection, which always falls on a Sunday, on the same day.

sun of righteousness: See Malachi 3:20.

the recesses of Hades: See Wisdom 17:13.

gloomy Death: The image of death as gloomy or unsmiling (ἀμειδής) is found in several of the Church Fathers, such as Cyril of Alexandria, Gregory of Nazianzos, and John Chrysostom.

2   *Mercy and truth . . . will yield its fruit*: Psalms 84:11–13 (85:10–12).

lord of days: Κυριακή (that is, ἡμέρα, "the Lord's day") is still the term for Sunday in the Greek language.

true light: See John 1:9.

3   *Hail, O favored one, the Lord is with you*: Luke 1:28.

in the fields . . . night watch: See Luke 2:8.

Behold, I bring you good news . . . who is Christ the Lord: Luke 2:10–11.

Hail and rejoice!: Matthew 28:9. Here Sophronios has both meanings of the verb (χαίρετε) in mind.

the power of death has been rendered useless: See Hebrews 2:14.

4   *in pain you shall bring forth children*: Genesis 3:16.

the universal joy: Despite the seeming difficulties in this sentence, everything in the Greek structure and in the immediate context (specifically, the juxtaposition of Mary and Eve) supports the decision to understand "the universal joy" to refer to the Theotokos. Fr. Maximos Constas, who provided me with valuable help here, pointed out that there are several Byzantine hymns in which the Mother of God is specifically called (ἡ) παγκόσμιος χαρά (the universal joy). "More generally," he comments, "χαρά [joy], as linked to the Virgin, is in contrast to the ἀρά [curse] linked to Eve, a pun found in the *Akathistos* hymn."

you are dust and to dust you shall return: Genesis 3:19.

the Life: That is, Christ, as reflected in the text of John 11:25 and 14:6.

the Lord kills . . . and raises up: 1 Kings 2:6.

5 *Glory to God in the highest, peace on earth, goodwill among men*: Luke 2:14. This text is repeated numerous times throughout the homily.

our peace: See Ephesians 2:14.

the dividing wall of hostility: See Ephesians 2:14.

unveiled face: See 2 Corinthians 3:18.

God did not make . . . destruction of the living: See Wisdom 1:13.

O death . . . where is thy sting?: 1 Corinthians 15:55.

6 *"O depth of riches and wisdom"*: Romans 11:33.

7 *the ancestor of God*: The fairly widespread tradition that Jesus was descended from David originates in the opening words of Matthew's Gospel, "Βίβλος γενέσεως Ἰησοῦ Χριστοῦ υἱοῦ Δαυὶδ υἱοῦ Ἀβραάμ" (The book of the generation of Jesus Christ, the son of David, the son of Abraham).

I say, "You are gods, and all sons of the Most High": Psalms 81(82):6.

8 *Magi*: The only Gospel account of the Magi is found in Matthew 2:1–12.

correct thinking in matters of faith: Heresy was never far from the mind of Sophronios, who was revered as a champion defender of orthodoxy.

10 *by fear of the Saracens*: The usage here shows that already in the seventh century "Saracens" was being used as a synonym for Muslims.

11 *the pleasure in Paradise*: See Genesis 3:23. The Greek of the Septuagint reads "the Paradise of pleasure" (παράδεισος τῆς τρυφῆς), which is often translated as "the Garden of Eden." The words of Genesis are echoed by Sophronios (τῆς ἐν Παραδείσῳ τρυφῆς), and that is the point of the phrase that follows, "removed from such great enjoyment."

his abode was facing it: See Genesis 3:24.

fiery and turning sword: See Genesis 3:24.

decrees that we stay at home: The Greek verb here (διατάττεται) may refer to an actual decree (διάταξις) issued by the Muslim

commander. There is an insightful commentary on parts of
this homily in Booth, *Crisis of Empire*, 244–49, though he has
no mention of a decree.

13 *For if . . . faith dies . . . good deeds*: See James 2:17.

former shepherd: According to a long-standing tradition, James
"the brother of Jesus" was the first bishop of Jerusalem. See
also Homily 1.2.

how will we complete the good course: Perhaps there is an echo here
of Timothy 4:7, "I have finished the race, I have kept the faith"
(τὸν δρόμον τετέλεκα, τὴν πίστιν τετήρηκα).

by means of good actions . . . wings of beneficence?: Here we encounter
a difficult passage, caused partly by one of Sophronios's flights
of rhetorical fantasy. In stressing the importance of combining
faith with good works, and never separating them, he presents
them (πίστις, "faith," and ἔργα, "actions") figuratively as a cou-
ple, using the language of marriage and divorce. In the midst of
this already complicated scenario, he introduces the idea of
furnishing faith with wings, that is putting the wings of good
deeds on the back of faith. In that context the correction of
Usener from ὦτα (ears) of the manuscripts to νῶτα (back)
makes the best sense. The passage, due to its complexity, is,
however, open to different interpretations. For example, Alex-
ander Alexakis suggests that the "back" in question may not be
that of faith, but of the congregation.

14 *Not everyone who says . . . will enter*: Matthew 7:21.

If you love me, you will keep my commandments: John 14:15.

You are my friends, if you do what I command you: John 15:14.

Ishmaelite . . . Hagarene: In chapter 16 of the book of Genesis,
Hagar, an Egyptian slave, is made pregnant by Abraham and
produces a son, Ishmael. Ishmaelites and Hagarenes later came
to be used interchangeably for Muslims.

15 *united with himself hypostatically*: This refers to the "hypostatic
union" of the two natures (divine and human) in the person of
Christ. The Greek term *hypostasis* literally means "subsistence,
being," but is used in theology in several different senses, in-
cluding "person."

Leo the torchbearer . . . and the most learned Cyril: The references are to Pope Leo the Great (ca. 400–461) and Cyril of Alexandria (ca. 376–444), two leading Church figures of the fifth century, who supported the theological position that there were two natures in Christ. In his *Synodical Letter* Sophronios highlights the pivotal role that the two men played in the struggle for orthodox Christology. For English translation, see Allen, *Sophronius of Jerusalem and Seventh-Century Heresy*, 2.5.4–5.

16   *though rich*: See 2 Corinthians 8:9.

invested with power over everything: It may be no coincidence that almost the identical phrase is used of the Son of God in three different writings of Cyril of Alexandria (κατὰ πάντων ἀνημμένος τὸ κράτος). It is also echoed in the Acts of the Council of Ephesus (431), *ACO* 1.1.5, p. 87, line 18.

uncircumscribed: This is the technical term (ἀπερίγραπτος) meaning that the divinity of Christ is not limited or "circumscribed."

for He committed no sin; no guile was found on his lips: 1 Peter 2:22.

in the likeness of sinful flesh: Romans 8:3.

make him to be sin who knew no sin: See 2 Corinthians 5:21.

17   *sons of the Most High*: See Psalms 81(82):6.

18   *being unable to travel to it*: After an excursus on the natures of Christ and the gifts provided to man by the incarnation, Sophronios returns to the theme of being barred from Bethlehem.

like the most divine Moses: For this episode see Deuteronomy 34:1–5 and Numbers 20:2–12.

19   *when in flight from Saul*: See 2 Kings 23:14–15.

from the well in Bethlehem: In the same passage of 2 Kings.

living water: The expression comes from the next passage quoted, about the Samaritan woman.

If you knew who it is . . . living water: John 4:10

Every one who drinks of this water . . . eternal life: John 4:13–14.

Who will give me water . . . by the gate?: 2 Kings 23:15.

20   *Many prophets and righteous men . . . and did not hear it*: Matthew 13:17.

Without having seen him . . . into which angels long to look: 1 Peter 1:8–12.

21   *desire to drink the water of the well in Bethlehem*: See 2 Kings 23:15.

    at that time . . . was at Bethlehem: See 2 Kings 23:14.

22   *Who will give me water . . . by the gate?*: 2 Kings 23:15.

    Greater love . . . life for his friends: John 15:13.

23   *And the three mighty men . . . brought it to David*: 2 Kings 23:16.

    He would not drink of it . . . he would not drink it: Kings 23:16–17.

    wrongheaded Jews: Jewish "unbelief" is a fairly frequently mentioned topic in the writings of Sophronios.

24   *living water*: John 4:12.

25   *church of the Mother of God*: The "New" Church of the Theotokos, built in the time of the emperor Justinian. The fact that the Christmas celebration was being held there in 634 is important for the history of the building in the early seventh century.

    the day has dawned . . . into the way of peace: See Luke 1:78.

    the Lord is God and He has made his light shine on us: Psalms 117(118):27.

    has raised up a horn of salvation for us in the house of David: Luke 1:69.

    rule upon his shoulders . . . the messenger of the mighty counsel: See Isaiah 9:5.

    wonderful counselor: This phrase (θαύμαστος σύμβουλος) is found in only part of the textual tradition for Isaiah 9:5, and the same applies to several of the italicized words and phrases that follow in the same paragraph. See the critical apparatus in the Rahlfs edition. The same text is cited also in Homily 5.42.

    without a thought: The Greek ἀκηδοῦσα is Duffy's attempt to make sense of this passage. The reading of the manuscript P makes no syntactical sense; Usener's emendation fits the syntax but violates the rhythm and is far removed from the transmitted reading; and Nissen's is not bad, but the sense is not quite what is needed. The reading ἀκηδοῦσα would seem to meet all the requirements and, in addition, makes the mistake in the manuscript more easily explainable on paleographic

grounds: the Greek alpha, when it is written with an extended end loop, can readily be mistaken for the syllable ου.

Christ . . . anointed: The Greek term for "anointed one" is χριστός.

is appropriately called Savior: The Hebrew name Yehoshua (short form Yeshua, whence Jesus) means "God saves."

from the seed of David: This reflects a tradition that Mary was genealogically connected with the house of David.

He is mighty in hand and arm: See Psalms 88:14 (89:13).

HOMILY 3

title The feast of the Baptism of Christ, also known (among other names) as the Feast of Lights (Τὰ Φῶτα) was celebrated each year on January 6.

1 Like Homily 2, this one also opens on a note of light and joy. The first word ("Again," πάλιν), repeated five times in quick succession, is almost certainly in reference to the foregoing feast of Christmas and underscores the theme of light. See also the first note on 3.25 below.

 The heavenly powers are filled with delight . . . Let the Jordan reverse its course: In this section there are clear echoes of both Psalms 95(96):11 and Psalms 113(114):3–6.

 I am the one rightly reverted: Sophronios speaks in the name of mankind regenerated by the waters of baptism.

2 *from the will of the flesh . . . of God*: This formulation is based on John 1:13.

3 *For I have received . . . kept my Father's command*: This "quotation" is stitched together from three passages in John (10:18, 12:49, and 15:10).

4 *substance*: The Greek word φύραμα, meaning variously "mass, lump, dough," is taken here by Sophronios from 1 Corinthians 5:7, where Paul uses it as a metaphor for the human substance.

5 *the Lamp*: The images of John the Baptist as the lamp and the voice are probably based on two passages in the Gospel of John (5:35 and 1:23). Gregory of Nazianzos in turn used the expressions to describe the Baptist in his famous funeral oration on

Basil the Great (Oration 42), edited by F. Boulenger, *Discours funèbres en l'honneur de son frère Césaire et de Basile de Césarée* (Paris, 1908), chapter 75, section 1. See also the opening words of Homily 6.

uncircumscribed: See note on Homily 2.16.

7   *Prepare ... the paths of our God*: Matthew 3:3 (from Isaiah 40:3).

the fulfillment of the complete and ineffable justice: See Matthew 3:15.

sin-filled ravine ... highways that are easy to travel: See Isaiah 40:4.

for God's ability ... with his will: The will of God seems to be much on the mind of Sophronios in the early part of this sermon. He is giving expression to the thought that whatever God wills inevitably comes to pass; see, for instance, Psalms 113(115):11. He expresses similar thoughts elsewhere, for example, at the end of Homily 2.18 and in Homily 5.56 and following.

8   *I need to be baptized ... come to me?*: Matthew 3:14; the refrain is repeated many times in the course of the homily.

9   *And how can you baptize, Baptist ... cleansing?*: Here begins a long exchange that Sophronios sets up between John and those who come to him to be baptized. The Baptist responds at length to a pointed question posed by the faithful. In effect Sophronios puts this part of his homily on baptism and the Jews into the mouth of the Baptist.

for there is no one ... live for just one day: See Job 14:4.

no one could boast of having a pure heart: See Proverbs 20:9.

I ... baptize with water: See John 1:26.

baptize you with fire and the Spirit ... rid of the worst weeds: Much of the wording in this section echoes the text of Matthew 3:11–12 and 13:40.

where no moth appears and no robber enters: See Matthew 6:20.

He will burn the chaff with unquenchable fire: See Matthew 3:12.

Lord of justice: This expression (in Greek, τῆς δικαιοσύνης ὁ πρύτανις) is used numerous times by Cyril of Alexandria.

has an ax ... fire in which the chaff is consumed: Again, this passage is a patchwork of words and ideas based on Matthew 3:10–12.

10   *worthy fruit of repentance ... descent from Abraham*: See Matthew 3:8–9. The immediately following lines also echo Matthew 3:7.

is able to raise up . . . from the barren stones: See Matthew 3:9.

old offshoots . . . into a garden olive: See Romans 11:17–24 for this whole metaphorical section on grafting of fruit trees.

For the ancient . . . have become new: See 2 Corinthians 5:17–18.

Christ has appeared for us: See Hebrews 7:14.

11   *"Then why are you baptizing . . . nor the prophet?"*: John 1:25.

a people . . . zealous for good deeds: See Titus 2:14.

Elijah of Mount Carmel: The association of the prophet with that mountain is found in 3 Kings 18.

brought up as far as heaven: See 4 Kings 2:11.

12   *And the Law spoke to Grace*: At this point John ("the Law," as representing the old dispensation) prepares to address Christ ("Grace," or the new way of life leading to salvation).

but not for those . . . hidden in it: A clear reference to the Jews.

13   *You have not committed . . . from your mouth*: This sentence echoes 1 Peter 2:22.

baptism of repentance: For this expression see Acts 19:4.

14   *The Lamp converses with the Light, the voice addresses the Word*: See the note to 3.5.

in the womb . . . entrusted me with speech: As reported in Luke 1:41–42.

have made me a talking animal on earth: See Job 38:14.

all-consuming fire: That is how God is described in Deuteronomy 4:24 and 9:3.

dipped in water: Sophronios uses the Greek verb βαπτίζειν (to baptize).

15   *For I have come . . . to save the world*: See John 12:47.

16   *he sees the heavens . . . lighting on Christ himself*: See Matthew 3:16.

This is my beloved Son with whom I am well pleased: Matthew 3:17.

Christ is of the same divinity . . . essence with him: Sophronios provides for his congregation a brief theological lesson on the Trinity, and on the interrelationship and natures of the three persons.

"He on whom . . . Spirit and fire": John 1:33. Sophronios knows the version of John that includes the phrase "and fire" (καὶ πυρί). He goes on to use the expression "Holy Spirit and fire" several times in the paragraph. He also continues the lesson on the

378

Trinity and soon launches into an attack on some of the main heretics (mainly of the fourth and fifth centuries) who opposed orthodox teaching relating to the Trinity.

18   *Where now are Areios and Eunomios*: The two are mentioned in the same breath in the list of heretics drawn up by Sophronios in the *Synodical Letter* (section 2.6.1 in the translation of Allen).

19   *Makedonios, who . . . obtained the name "Spirit-Fighter"*: He is also on the list of heretics just mentioned and described with an almost identical phrase (πνευματομάχου προσηγορίαν ἀξίαν δεξάμενος, "having received the just epithet Spirit-Fighter"). The name was traditional, as Makedonios and his followers had been designated the "Spirit-Fighters" already in the fourth century.

20   *human just like us*: In the *Synodical Letter*, in the section already cited, Theodoros of Mopsuestia and Nestorios are described as "the most polluted heralds of the polluted worship of a human being." In his arguments against the divinity of Christ, Nestorios, as reported in this homily, called him "a mere mortal."

a foursome of persons and hypostases, instead of a Trinity: In Trinitarian theology a distinction was made between the nature or substance (οὐσία) of the one Godhead and the three individual modes of existence or hypostases (ὑποστάσεις) or persons (πρόσωπα) of Father, Son, and Holy Spirit. Nestorios—in the argument of Sophronios and others before him—by recognizing a human as well as a divine Christ, made a "foursome" out of the Trinity.

unconfoundedness: A technical term (τὸ ἀσύγχυτον) from the debate concerning the two natures in Christ. The Council of Chalcedon in the year 451 proclaimed that the two natures are not destroyed by the union in the one person, or hypostasis, but are preserved "without confusion (ἀσυγχύτως), without change, without division, without separation."

Nestorios the divider: From an early date Nestorios became synonymous with the effort to divide, or separate, the two natures of Christ.

21   *Where now is Eutyches the God-hounded*: Eutyches was a fifth-

century monastic leader who opposed the teachings of Nesto-
rios. However, he went to the opposite extreme and denied
that Christ was a real human being. In a sense, by insisting on
the single nature of Christ, he became the father of the Mo-
nophysite movement. The epithet "God-hounded," as a term
of abuse, may mean that he was "driven mad by God," or it
could be a reference to his banishment from Constantinople.

22   *the same Word being perfect in divinity and perfect in humanity*: A
very similar formulation is found in the acts of the councils in
Ephesus (431; *ACO* 1.1.4, p. 18) and Chalcedon (451; *ACO* 2.1.1,
p. 110).

for all things are possible to God: See Matthew 19:26.

suffer any confusion: The Greek term is ἀνάχυσις and is likewise
found in the acts of Ephesus and Chalcedon. It has the same
root as τὸ ἀσύγχυτον (unconfoundedness), discussed above in
the note to 3.20.

as the Manichee before him raved: Manes (or Mani) was the founder
of the Manichean religious movement. The Greek pun on his
name (μανία, "madness") is as old as the fourth century. In
the heretic list of the *Synodical Letter* (Allen, 2.6.1) Sophronios
speaks of "Manes who gave his name to the godless madness."

Akephaloi: Literally in Greek it means "the headless ones"
(ἀκέφαλοι), a group of extreme opponents of the Council of
Chalcedon who, following a schism, were left without their
leader or head.

Unless one is born . . . enter the kingdom of God: John 3:5.

23   *But many prophets and just men . . . and to behold*: See Matthew 13:17.
will be shut out from the kingdom of heaven: There seems to be
some text missing at this point.

son of man: For example, Matthew 8:20, and frequently elsewhere
in the New Testament.

who fulfills completely the law of justice: See Matthew 3:15.

Voice of the desert cried out: See Isaiah 40:3.

behold the Lamb of God, who takes away the sin of the world: John
1:29.

the mass of mankind: For the Greek term "mass" in Greek, see
note 3.4 above.

24   *jump with joy . . . becoming like the hills*: See Psalms 113(114):4.

    new dough: 1 Corinthians 5:7. The Greek terms used here is φύραμα. See note above on 3.4.

    let us walk in newness of life: Romans 6:4.

    in reveling . . . licentiousness: Romans 13:13.

    mystical contact: The adjective μυστικῇ (mystical), found only in Athous Dionysiou 228 (presumably as an emendation), makes much better sense than the meaningless μικτικῇ or μικτῇ (mixed) of the other witnesses.

25   *Why is it that . . . Saracens attack us*: Possibly an indication that this homily was delivered in January 635; see Homily 2, which was preached on Christmas Day of 634. Phil Booth, however, in his *Crisis of Empire,* 248, sees the possibility of dating it in 637.

    the birds of the air: The manuscripts are divided here between τὰ πετεινὰ and τὰ πτηνὰ. Both words mean "the birds," but τὰ πετεινὰ τοῦ οὐρανοῦ is a very common phrase in both the Old and the New Testaments. The scriptural wording might also explain the absence of a "double dactyl" at the end, something which Nissen tried to improve by changing the word order.

    on account of you my name is blasphemed among the heathens: Isaiah 52:5.

    abomination that makes desolate: See Daniel 12:11 and 11:31.

    raise their horn on high: See Psalms 74:6 (75:5).

    But we are truly the cause of all these troubles: It is common for Byzantine writers to blame natural and man-made disasters on the sins of the Christian community; such happenings are seen as manifestations of God's anger with his people. For the role of errant doctrine in this connection, see the suggestive comments of Booth, *Crisis of Empire,* 127, 161, and 223.

26   *having curbed our indomitable nature with muzzle and bit*: See Psalms 31(32):9.

HOMILY 4

title   The feast of the Presentation is celebrated on February 2. It commemorates the presentation, forty days after his birth, of

the infant Jesus to the Lord, at the temple in Jerusalem (Luke 2:22, "they brought him up to Jerusalem to present him to the Lord"). In Greek the feast is called Ἀπαντή or Ὑπαπαντή, meaning "meeting" or "encounter," and refers to the encounter between Jesus and the devout old man Simeon at the temple.

1   *another mystery . . . another mighty work*: The earlier "mystery" is the Nativity, celebrated forty days previously. As the present homily develops, the Incarnation, Christ's earthly life, and the role of Mary as Mother of God (Theotokos) become a major focus of attention.

Where is the wise man, . . . of this age?: 1 Corinthians 1:20.

God has made foolish the wisdom of this world: See 1 Corinthians 1:20.

However . . . to save those who believe: See 1 Corinthians 1:21.

2   *O depth of the riches . . . and how inscrutable his ways!*: Romans 11:33–34.

the wisdom of men has been turned into foolishness: Sophronios uses the Pauline idea as a springboard to launch a general attack on pagan wisdom. He condemns the Athenian locations famously associated with the schools of Greek philosophy and proceeds to counter them with the places where the life of Christ passed through its various stages, from birth to ascension into heaven.

3   *hence Jerusalem is foretold*: Nissen supplied the missing text here. The gap was already noted in the seventeenth-century Latin translation.

the northern side: A somewhat vague phrase used of Mount Sion in Psalms 47:3 (48:2).

4   *For I am not ashamed of the Gospel of Christ*: See Romans 1:16.

power of God for salvation to everyone who has faith: See Romans 1:16.

Let not the likes of Aristagoras: Usually, when the names of Hellenes or heretics appear in the plural, it is an idiomatic usage meant to be disparaging. It is somewhat like the negative overtones of "ilk" in English, as "Plato and his ilk."

Aristagoras: A political leader in Ionia who died at the end of the fifth century BC. He does not fit in this group of philosophers,

and Usener suggested in his place (not very convincingly) the sophist Diagoras. Apart from Plato and Aristotle, the other three are well-known Pre-Socratic philosophers. One usually finds Anaximenes mentioned in the company of Anaxagoras and Anaximandros.

understand either . . . confident assertions: 1 Timothy 1:7.

a fisherman's reed . . . a leatherworker's knife: According to Mark 1:16 the apostle Peter was a fisherman, while Acts 18:3 associates Paul with the trade of tentmaker (σκηνοποιός); this is sometimes taken to mean that he worked with leather (σκυτοτόμος).

5   *held her feast on an earlier occasion*: The Marian feast in question, according to a comment kindly supplied by A. Alexakis, "should be the Synaxis of the Theotokos, which is celebrated on December 26. It fits perfectly with the sequence of feasts."

And this mystical event too we celebrated: Sophronios did compose a homily for the feast of the Circumcision (January 1), but it is no longer extant, except for one substantial fragment. See John Duffy, "New Fragments of Sophronius of Jerusalem and Aristo of Pella?" in *Bibel, Byzanz und Christlicher Orient: Festschrift für Stephen Gerö zum 65. Geburtstag,* ed. Dmitrij Bumazhnov, Emmanouela Grypeou, Timothy B. Sailors, and Alexander Toepel (Louvain, 2011), 15–28.

6   *the uncircumscribed*: See above, 2.16.

Nestorios: In this section the patriarch combats the heretical views of Nestorios and Eutyches, as he did above in 3.20 and 21.

hypostasis: See 3.20.

7   *the old woman Anna*: A devout Jewish widow of advanced age who appears in the narrative of Luke 2:35–38. She is described as a prophetess who spoke to people at the temple in Jerusalem about the coming of Jesus.

7–8   *Let no one, then, miss the encounter . . . For this reason, we bring with us the brilliance of candles*: In an important survey article, Pauline Allen, "The Greek Homiletic Tradition of the Feast of the Hypapante," 1–12, very plausibly maintains that the feast in Jerusalem, presided over by Sophronios, included a stational liturgy that traveled (like the Christ child) from Bethlehem to

Jerusalem. Bert Groen, "The Festival of the Presentation of the Lord," 345–81, makes the interesting suggestion that monks from the monastery of the Kathisma (situated on the road between Bethlehem and Jerusalem) may have joined the procession "with candles in their hands." See also below, note on 4.26.

8   *the light has come into the world*: See John 3:19.

    the day has dawned . . . those who sit in darkness: See Luke 1:78–79.

    the light has come . . . their deeds were evil: John 3:19.

    the light shines . . . has not overcome it: John 1:5.

9   *the true light . . . entering into the world*: John 1:9.

    the salvation of God . . . in the presence of all peoples: See Luke 2:30–31.

10   *Every male . . . called holy to the Lord*: Luke 2:23.

12   *and when the time came for their purification*: Luke 2:22.

    the law of the Spirit: See Romans 8:2.

    Lord, now lettest thou thy servant depart . . . thy word: Luke 2:29.

    For mine eyes have seen thy salvation: Luke 2:30.

    Lord, now lettest thou thy servant . . . to thy people Israel: Luke 2:29–32.

    Israel is rendered new: Sophronios (playing on words) uses the same Greek term (νέος) for "new" here and "young" in the previous sentence.

14   *along with those two let the likes of the following depart*: All the heretics mentioned here and in the following section are listed by Sophronios in his *Synodical Letter*. See Homily 3.18–22.

15   *let us sing to the Lord a new song*: See Psalms 97(98):1.

16   *his right hand and his holy arm have saved him*: Psalms 97(98):1.

    new dough, displaying none of the old and pungent leaven: See 1 Corinthians 5:7.

    The Lord has made known . . . in the sight of the nations: Psalms 97(98):2. Clearly this psalm was prominent in the liturgy on the day of the feast of the Presentation.

17   *Lord, now lettest thou thy servant . . . glory to your people Israel*: Luke 2:29–32.

    The prophecy has been fulfilled: Sophronios has Simeon, as representing the old Law, address in turn the child and his mother, Mary.

18   *Behold this child is set for the fall and rise of many in Israel*: Luke 2:34.
      by a wish of the flesh . . . from God: See John 1:13.
19   *But for you yourself . . . will cut through your soul*: See Luke 2:35.
20   *thoughts are revealed from the hearts of many*: See Luke 2:35.
      for a sign that is spoken against: See Luke 2:34.
      a fall . . . resurrection: See Luke 2:34.
21   *for salvation to the one who has faith*: See Romans 1:16
22   *to fulfill*: Duffy adopted the more appropriate future partici-
      ple form πληρώσουσαν from a homily on the *Presentation* by
      George of Nicomedia. It is preserved in Athos Dionysiou 228
      and contains three passages (including the present one) taken
      directly from Sophronios. In this instance it can be regarded as
      a secondary witness for the text, and the seventeenth-century
      Latin version *(mysterium impleturam)* provides further support.
      Pauline Allen first drew Duffy's attention to the Greek homily
      in question.
      the Lord has acknowledged . . . in the sight of the nations: Psalms
      97(98):2.
      burdens hard to bear: See Matthew 23:4.
      a yoke that is kindly and a burden that is light: See Matthew 11:30.
      to those who were looking for the redemption of Israel: See Luke 2:38.
      the word Jesus means savior: See Homily 2.25.
24   *Now what was the purpose of the turtledoves*: Here Sophronios
      moves into exegetical mode. The doves and pigeons (as re-
      quired by the Law) are mentioned in Luke 2:24. A. Alexakis
      provided this enlightening note on the passage: "One has to
      keep in perspective the fact that the feast of the Hypapante is
      about not only the Presentation of Jesus at the Temple but also
      the Feast of the Purification of the Virgin. Accordingly, the
      general tenor of these mostly rhetorical questions is related to
      the unnecessary nature of this expiatory offering of the turtle-
      doves on the part of both, Christ and Mary. In the first place,
      Christ as God but also as a human nature free of sin does not
      need any form of purification. The same holds true for the Vir-
      gin who remains a virgin after the birth of Jesus and, therefore,
      is not subject to the obligation of offering the doves in order

to obtain purification. In paragraph 12 of the Homily there is some more discussion on the same topic."

the letter kills . . . but the Spirit gives life: 2 Corinthians 3:6.

And the letter in a certain way is broken up: After this the Greek text is lacking some word or words, and it is difficult to be sure about what may be lost in such a figurative passage. Usener was the first to see the difficulty, and the partial restoration "while the Spirit" (τὸ Πνεῦμα δὲ) is due to Nissen, who attempted even more changes. However, the addition of "like" (δίκην) suggested by A. Alexakis represents real progress, as it is highly likely that the image employed by Sophronios is that of an oyster, with pearls inside. The "letter" (of the Law) stands for the covering or shell; when it is broken up, the Spirit reaches the real treasure inside.

25   *innocent*: See Matthew 10:16.

the much-loved pigeon who returns to Noah and the ark: See Genesis 8:11.

26   *those who offer themselves to him possess the purity of chastity*: The language used by Sophronios throughout this paragraph suggests strongly that he is addressing monks among the congregation, both solitaries and those who lived in communities. Whether or not they included some from the monastery of the Kathisma (see above, Homily 4.7–8) is an open question.

be still, and know that I am God: Psalms 45:11 (46:10).

assimilation to God in the highest degree: This was a well-known monastic ideal, having its origin in Greek philosophy. It is used, for example, by John Klimax in chapter 15 of the *Heavenly Ladder* (PG 88:888B) in one of his definitions of chastity (Ἁγνεία Θεοῦ οἰκείωσις καὶ ὁμοίωσις κατὰ τὸ δυνατὸν ἀνθρώποις, "Chastity is affinity and assimilation to God in as far as humanly possible").

27   *be perfect, just as your Father in heaven is perfect*: Matthew 5:48.

HOMILY 5

title   The feast of the Annunciation is celebrated on March 25.

1   *Glad tidings*: The Greek word is εὐαγγέλια. It is used through-

out this homily and is variously translated as "glad tidings,"
"good news," or "Gospel," depending on the context.

feet beautiful: This is an echo of Romans 10:15.

the blessed and sovereign Trinity: Straight out of the starting blocks
Sophronios races to a vigorous and creative defense of the doc-
trine of the Trinity, having the main groups of heretics in his
sights. So striking is this opening part of the homily that, in
some manuscripts, there is a marginal notation at the end of
paragraph 11 that indicates τέλος τῆς θεολογίας ("the end of
the theology"), and where the term θεολογία is used in the spe-
cific sense of "Trinitarian teaching"; see the word's entry in
G. W. H. Lampe, *A Patristic Greek Lexicon* (Oxford, 1961). In his
Synodical Letter Sophronios includes a full-blown "Trinitarian
profession of faith"; see Allen, *Synodical Letter,* 2.2.1–7.

hypostases: See note to Homily 3.20.

3   *does not become confused*: In paragraphs 3 to 6, all the talk of "con-
fusing" and "mixing" is a reference to "unconfused" (ἀσύγ-
χυτος), one of the key terms used in the councils of Ephesos
(431) and Chalcedon (451) to define the unity of the two natures
in Christ. In the language of Sophronios, the heretics men-
tioned in these sections were doing the opposite of what the
councils had laid down as orthodox teaching.

Holy, holy, holy is the Lord of hosts: Isaiah 6:2–3.

Sabellian impiety: Sabellios (a third-century theologian) and Sa-
bellianism are also targets in the *Synodical Letter* (Allen, 2.2.3–
4). The Sabellians were opposed to the concept of the Trinity
and held that the Father, Son, and Holy Spirit were three dif-
ferent aspects or modes, rather than persons, of the Godhead.

Makedonios: See note to Homily 3.19.

4   *even though the subject is not the Trinity*: The homilist offers a kind
of apology for foregrounding the theology of the Trinity on a
feast day that is mainly concerned with the Incarnation.

our human mass: For the Greek term used here (φύραμα), see
note on 3.4.

5   *Sabellios, Markellos, Areios, Eunomios, Eudoxios, Asterios*: In the
Greek these names are written in the plural form. This is an
idiomatic way of saying, for example, "Sabellios and his ilk" or

"the Sabellioi of this world." Often the plural form stands for little more than the singular. With the exception of Markellos, all of the names appear in the heresiological part of the patriarch's *Synodical Letter* (Allen, 2.6.1).

Peter and Severos: Peter the Fuller was the anti-Chalcedonian patriarch of Antioch in the late fifth century. He is said to have added the controversial phrase "who was crucified for us" (ὁ σταυρωθεὶς δι' ἡμᾶς) to the *Trishagion* (thrice-holy) prayer or chant. Sophronios simply uses the word "cross" (σταυρός) in this context, and not "crucified" (σταυρωθείς).

Akephaloi: As in the *Synodical Letter* (Allen, 2.6.1), Sophronios here associates Severos, a sixth-century anti-Chalcedonian patriarch of Antioch, with the Akephaloi; on them see note to Homily 3.22.

6   *Eutychian (or rather "unfortunate")*: See note to Homily 3.21. Here the homilist plays on the name Eutyches, which in Greek means "fortunate."

7   *to take a good stand*: A. Alexakis advises that this is a reference to the exclamation "στῶμεν καλῶς," which in the liturgy precedes the *Trishagion* prayer, just before the Holy Anaphora.

8   *climbed to a high mountain*: See Isaiah 40:9.

9   *the wings of a dove . . . reach a good rest*: See Psalms 54:7 (55:6).

11   *children of the light*: See Ephesians 5:8.

       "For," as the Gospel says, "to all who received him . . . but of God": John 1:12–13.

13   *everyone who exalts himself will be humbled*: Luke 14:11.

       one does not take . . . called by God: See Hebrews 5:4.

14   *God did not make death . . . of the living*: See Wisdom 1:13.

18   *"O Lord, my God . . . rescue them from evil men"*: Isaiah 25:1–4.

22   *For all things . . . doable for God*: See Matthew 19:26 and Mark 10:27. The same thought is expressed by Sophronios several times when he goes on to discuss the Immaculate Conception in this sermon. A similar idea is also found in Luke 1:37 ("For with God nothing will be impossible"), which Sophronios cites in 5.72 below.

23   *Good News*: That is, the Gospel according to Luke, who provides

the most detailed account of the Annunciation. See note on 5.title above.

"in the sixth month . . . and the virgin's name was Mary": Luke 1:26–27.

24   *"Be joyful . . . the Lord is with you"*: Luke 1:28. For "be joyful" or "rejoice" in this context, see note on 2.3.

Paradise of pleasure: See note on 2.11.

25   *Rejoice, you deliverer of the supreme joy*: Sophronios has the long address of Gabriel to Mary begin here. It is part of the dialogue between the two, in which the larger speaking role goes to the angel. The opening section takes the form of a litany or hymn composed in carefully crafted rhythmical Greek prose.

you have outranked the ranks of angels: Sophronios goes through the various angelic orders, nine in number. His list, however, does not correspond exactly to any of the traditional classifications. His ranking, if anything, is mostly in reverse order of importance compared to the system introduced by the Pseudo-Dionysios in his *De coelesti hierarchia.*

you have weakened: Ballerini's emendation, ἠνεύρωσας (you have weakened), replaces the verb of the manuscripts, ἐνεύρωσας (you have fortified, made strong), which gives the opposite sense to what is needed. The verb form ἀνευρόω (weaken) is not attested, but this may well be one of the neologisms of Sophronios (compare the adjective ἄνευρος, "without sinews," "slack"). On his neologisms, see further the note on 5.31 below.

26   *Be joyful*: See the note on 2.3.

the Lord is with you: Luke 1:28.

the form of a slave: See Philippians 2:7.

27   *Origen*: A controversial theologian and professor of the Alexandrian School. He and his doctrines were condemned in an edict issued by the emperor Justinian I in 542/3.

Didymos: One-time head of the catechetical school at Alexandria.

Evagrios: A monastic writer and thinker from Pontos. Both Evagrios and Didymos were condemned for their Origenism at the Council of Constantinople in 553. In the *Synodical Letter*

(Allen, 2.6.1), Sophronios dubs them (in Allen's translation) "the all-polluted chief initiates of Origen's sophistry."

29 *you are blessed among women*: Luke 1:42.

30 *But she, seeing him, was greatly troubled . . . greeting this might be*: Luke 1:29.

31 *apprehension*: The noun δέδιξις, translated here as "apprehension," is not attested elsewhere, but it is probably another example of what Photios had in mind when he commented that Sophronios is an "innovator" (*Bibliotheca*, codex 231: ἐννεωτερίζει δὲ πολλαχοῦ τοῖς ῥήμασι, "he innovates with his words in many places"; see *Photius, Bibliothèque*, vol. 5, ed. and trans. René Henry [Paris, 1967], p. 64.16). The verb δεδίττομαι, "to frighten," "alarm," is used several times in this text (for instance in 5.37 and 38). One could also compare, for example, αἰνίττομαι / αἴνιξις ("to hint" or "speak darkly" / "use of dark sayings").

Do not be afraid, Mary: Luke 1:30.

the Paradise of pleasure: See note on 2.11 above.

37 *administers food . . . in good season*: See Psalms 144(145):15.

God has set his own tent . . . with a divine heat: There are several clear echoes of Psalms 18:5–7 (19:4–6) in this passage, where Sophronios weaves words and phrases of the psalmist into the fabric of his own narrative.

39 *Behold, you will conceive . . . there will be no end*: Luke 1:31–33.

43 *messenger of great counsel . . . prince of peace*: See Isaiah 9:6 and Rahlfs's critical apparatus there.

his rule on his own shoulder: See Isaiah 9:5.

father of the age to come: See Isaiah 9:5.

To us a child is born . . . father of the age to come: Isaiah 9:5; this is the complete quotation.

46 *phantom . . . apparition*: A. Alexakis sees in these words a possible reference to heresies (like aphthartodocetism, which taught that Christ's body was incorruptible, before the resurrection as well as after).

mighty in hand: See Psalms 88:14 (89:13).

tripped up: See Genesis 27:36.

subject to suffering and death: Gabriel's first speech ends here.

47 *How shall this be, since I have no husband?*: Luke 1:34.

49 *I was nurtured in the Holy of Holies*: This is a disputed point. It is
    not found in scripture, but the idea does appear in the *Proto-*
    evangelium of James, which includes an account of Mary's early
    life.

50 *marriage is held in honor* and *the marriage bed is undefiled*: Hebrews
    13:4.

54 *obtained*: The middle form of the verb translated here, κεκλήρω-
    ται, appears in two manuscripts, Parisinus Coisl. gr. 274 and
    Constantinopolitanus Patr. Panagh. Kamar. 47, presumably as
    a correction, since all the other manuscripts (including M)
    have κεκλήρωκεν. The situation is a little strange because sev-
    eral times in these homilies, as here, some or all of the manu-
    scripts have the active form of the verb κληρόω where the
    middle is required (compare 5.46 above). The anomaly is diffi-
    cult to explain. It is possible, though not very likely, that Soph-
    ronios sometimes used the active form of the verb in the sense
    of the middle.

55 *from the will of male and flesh*: See John 1:13.

59 *like rain falling on a fleece*: See Psalms 71(72):6.

61 *had white hair*: The verb used here, ἐπικομάζω, is unusual. It
    probably derives from κομάζω, which is a form of the more
    common κομάω, "to abound in."

    she too was called Anna: Again, this information is not attested by
    scripture, but it is reported in New Testament apocrypha, in-
    cluding the *Protoevangelium of James.*

65 *once for all at the end of ages*: Hebrews 9:26.

66 *Behold, the virgin shall conceive and bear a son, and shall call his name*
    Emmanuel: Isaiah 7:14 and Matthew 1:23.

67 *God with us*: Matthew 1:23; compare Isaiah 8:8–10.

    he took up the seed of Abraham: See Hebrews 2:16.

    For the Word of God . . . has remained flesh endowed with a ratio-
    nal soul: See *ACO,* series 2, ed. Rudolf Riedinger (Berlin, 1984–
    2012), vol. 2, part 1, p. 446, lines 9 and following.

69 *The Holy Spirit . . . the Son of God*: Luke 1:35.

	in him all things hold together: See Colossians 1:17.
71	*the name Gabriel*: The two elements contained in the Hebrew name are "strong man" (*gever*) and "God" (*'el*).
	He upholds the universe by his word of power: See Hebrews 1:3.
	will be called Son of the Most High: Luke 1:32.
72	*"Behold, your kinswoman . . . will be impossible"*: Luke 1:36–37.
73	*there would be a fulfillment . . . from the Lord*: Luke 1:45.
	the meek and humble of heart: See Matthew 11:29.
	Behold, I am the handmaid . . . according to your word: Luke 1:38.
74	*For as soon as flesh . . . rational soul*: See Sophronios, *Synodical Letter* (Allen, 2.3.2), and Pseudo-Athanasius (PG 28:532A–B).
	Nor was it ever flesh . . . us humans: See Sophronios, *Synodical Letter* (Allen, 2.3.2).
75–76	See Homily 3:16–22, where many of the same heretics are named. For the use of the plural form in Greek in the case of those heretics, see above, 5.5. Paul and Theodoros refer to Paul of Samosata and Theodoros of Mopsuestia, the latter named in the same breath with Nestorios, in the *Synodical Letter* (Allen, 2.6.1).
78	*the first . . . issued from the ground*: See 1 Corinthians 15:47.
	the yoke of slavery: See Galatians 5:1.
	shout and cry out "Abba, Father": See Romans 8:15.
79	*While your spirit is eager, your flesh is weak*: See Matthew 26:41.
	I know that a surfeit of words is the enemy of the ears: See Gregory of Nazianzos, *Oration* 40 (PG 36:360B).

HOMILY 6

title	The birth of John the Baptist (the Forerunner) is celebrated on June 24. As the word ἐγκώμιον (encomium) in the title indicates, this homily is a eulogy or panegyric, displaying elements of the language and content typical of that genre.
1	*Voice of the Word* and *Lamp of the Light*: See 3.5. John as "the voice" is a theme that recurs numerous times in the present homily.
	the run of words: For the pun, see the note on 6.3 below.
	the shabbiness of our language: Throughout the opening paragraphs

Sophronios indulges in the commonplace of modesty and humility, in a self-deprecating comparison with the subject of the eulogy.

2   *ten lepers*: The episode is described in Luke 17:12–19.

3   *in the desert . . . deserted*: Sophronios resorts to wordplay at the slightest opportunity.

     you released the tongue of your father Zachariah: See Luke 1:64.

     into your racecourse: Here and in the following sentence ("to the starting line"), Sophronios is certainly playing on the element δρόμος (course, race) in John's sobriquet, Πρό-δρομος (Forerunner).

4   *the multitude of your wondrous works*: Traditional encomia always provide a description of the honoree's deeds and accomplishments. In this case Sophronios presents the Baptist's deeds as consisting of all the episodes connected with his conception, birth, and life.

     Gabriel predicted: The account is in Luke 1:11–15.

     your conception: The various episodes from John's life alluded to in this paragraph are found in Luke, chapters 1 and 3.

     King Herod . . . the noble decapitation: See Mark 6:21–28.

5   *asserts as reasonable its right*: Sophronios uses the rhetorical device of personification to represent the deeds vying with one another for first place in the order of the narrative. A similar usage is found later in 6.21, when he describes the actions of Zachariah's hand and tongue.

     the crafty Laban: See Genesis 28:1–29.

6   *you are dust and to dust you shall return*: Genesis 3:19.

7   *all the tribes of the earth . . . would be blessed*: See Genesis 22:18.

     in the Gospels: See Matthew 13:17.

8   *Such a one was Simeon*: See Luke 2:25–28.

     Such a one was Anna: See Luke 2:36–38.

     Such a one was Joseph of Arimathea: See Luke 23:51–52.

     the plot of the Jews against the Savior: The Jews are the target of considerable criticism in this and in the other homilies of Sophronios. See, for example, in the next paragraph where they are characterized as "disobedient," and later at the begin-

ning of paragraph 16, where Sophronios speaks of "the irra-
tional unbelief of the Jews" (τὸ τῆς Ἰουδαϊκῆς ἀπιστίας
ἀλόγιστον).

This man was not in agreement with their plan and intention: See
Luke 23:51. Where Sophronios has τῇ γνώμῃ αὐτῶν (their
intention), the text of the Gospel has τῇ πράξει αὐτῶν (their
action).

9   *The old man . . . on behalf of mankind*: The Greek text of the pas-
sage from here to the end of the paragraph is full of difficulties,
mainly because Sophronios (as sometimes happens) ties him-
self in knots. A. Alexakis has provided great help in extricating
the patriarch.

during the course of his priestly division: See Luke 1:8–9.

10   *Zachariah was troubled . . . and fear fell upon him*: Luke 1:12.

Do not be afraid . . . for your prayer is heard: Luke 1:13.

Your wife Elizabeth . . . a people prepared: Luke 1:13–17.

11   *Now Samuel too*: Another typical element of panegyric is the
"comparisons" *(synkriseis)* with other famous people that are
used to enhance the praise for the subject of the encomium.
For that element here, Sophronios turns to various Old Testa-
ment figures, and the technical term he uses is παράθεσις (in
the opening words of paragraph 12).

Joseph was . . . Egyptian woman: See Genesis 39:7–20.

Jacob I loved, but Esau I hated: Romans 9:13 (from Malachi 1:2–3).

to wrestle with God for a whole night: See Genesis 32:24–26.

was limping from the thigh: See Genesis 32:32.

12   *a razor has never come upon his head*: See Judges 16:17 and 13:5.

Delilah: See Judges 16:1–21.

13   *in the power and spirit of Elijah*: See Luke 1:17.

to the children: That is, "the children of grace," a common expres-
sion for those converted or born into the new dispensation
brought by Christ.

14   *How shall I know . . . advanced in years*: Luke 1:18.

weak of voice and slow of speech: See Exodus 4:10.

I am Gabriel . . . fulfilled in their time: Luke 1:19–20.

a man is punished . . . through which he sins: Wisdom 11:16.

like that food in Samaria: See John 4:32.

15   *I know that . . . is impossible*: Job 42:2.

    How will I know this?: Luke 1:18.

    those who love the special life: Perhaps a reference to the monastic life, which would be appropriate coming from the mouth of Sophronios, who had led the life of a monk for many years. He stresses the "angelic life" of John in the desert later, especially in paragraph 25. See also 4.25.

    ecstatic vision . . . famous Isaac: See Genesis 26:24.

16   *a tree is known by its fruit*: Matthew 12:33 (see also Luke 6:44).

    a bad tree is incapable of producing good fruit: See Matthew 7:18.

    Blessed are you . . . leaped for joy: Luke 1:42–44.

    Blessed is she . . . promises to her!: Luke 1:45.

    Behold your kinswoman Elizabeth: Luke 1:36.

    Blessed be the Lord God . . . prophets from of old: Luke 1:68–70.

17   *And you, child . . . mercy of our God*: Luke 1:76–78.

    And his father Zachariah . . . prophesied, saying: Luke 1:67.

    he was greater before . . . woman: See Matthew 11:11.

    And they were both righteous . . . blameless: Luke 1:6.

    they strove to appear righteous to God alone: See Matthew 6:1.

    concealing the right hand's action from the left: See Matthew 6:3.

18   *all the prophets . . . produced prophecies*: See Matthew 11:13.

    he was ordered to go ahead as a messenger of God: See Matthew 11:10.

    from the days of John the Baptist . . . take it by force: Matthew 11:12.

    remarkable among all the prophets: See Matthew 11:9.

    are with child . . . produce offspring: See Isaiah 26:18.

    according to the angel's words: See Luke 1:15.

19   *a period signifying for us the sensory Law*: In this paragraph Sophronios indulges in some number and gesture symbolism. "Five" also refers to the five books of the Mosaic Law, the Torah of the Jews and the Pentateuch of the Christians. Later, in paragraph 22, he comments on the hidden meaning of the name John.

    the sixth month came: See Luke 1:36.

    the one who wipes away every tear from all faces: See Isaiah 25:8.

    the lamb of God . . . sin of the world: See John 1:29.

    Blessed are you . . . come to me?: Luke 1:42–43.

    I need to be baptized . . . come to me?: Matthew 3:14.

20   *just speak*: Matthew 8:8.

Let it be so now ... righteousness: Matthew 3:15.

as in a cloud, like Moses: See Exodus 19:9.

21 *his naming, on the other hand, was a subject of dispute*: As indicated in the Notes to the Text, there is a lacuna in the Greek at this point.

the grace and support of God: The Greek name Ἰωάννης (John) is a reflection of the Hebrew *Yochanan*, which in turn is composed of two elements meaning "God is gracious."

None of your kindred is called by this name: Luke 1:61.

and he asked for a writing tablet ... will be John: Luke 1:63.

everyone was amazed: The continuation of the previous citation.

the Lamp: That is, John. See 3.5.

22 *Is God ... through their faith*: Romans 3:29–30.

to all who received him ... but of God: John 1:12–13.

the sun of righteousness: See Malachi 3:20.

23 *was enslaved by the Law in the bonds of a speech impediment*: For this and the reference to Moses just below, see above, 6.14.

Immediately his mouth was opened ... blessing God: Luke 1:64.

Who and what will John become?: Luke 1:66.

24 *greater than any of those born of women*: See Luke 7:28.

And fear came ... Lord was with him: Luke 1:65–66.

has been called the right hand and right arm of God the Father: This is stated several times, for example, by Cyril of Alexandria. See his commentary on the Psalms (PG 69:1020A) and his commentary on Isaiah (PG 70:256A).

erroneous Egyptians: It is not easy to understand how the adjective νοητός (usually a positive word meaning "spiritual" or "intellectual," as opposed to "physical" or "material") came to be used negatively in certain Christian contexts. As early as the fourth century, Church Fathers such as Eusebios and Athanasios employ it in the phrases νοητὴ Αἰγυπτία and νοητοὶ Αἰγύπτιοι to mean "sinful" or "erroneous."

he was called a new Elijah: The expression seems not to have been used of John before the fourth century.

in the power and spirit of Elijah: See Luke 1:17.

killed by Herodias a second Jezebel: Sophronios draws a parallel between the story of John the Baptist's persecution (Luke 3:19–

20; Mark 6:14–19) and that of the prophet Elijah, who met his
death at the instigation of Queen Jezebel, the wife of King
Ahab, as related in the Old Testament (1 Kings 16:29–19:19).

25   *the deserted church of the Gentiles*: According to Athanasius of Al-
exandria (and other patristic commentators), it was "deserted"
(that is, a desert) when it was formerly without the knowl-
edge of God. See, for example, Athanasios on the Psalms, PG
27:285D (ἔρημον δὲ τὴν ἐξ ἐθνῶν ἐκκλησίαν ἀποκαλεῖ τὴν
πάλαι ἔρημον οὖσαν τῆς περὶ Θεοῦ γνώσεως, "He calls the
church of the gentiles a desert, since in the past this was desti-
tute of the knowledge of God"). The same idea, in different
words, is found earlier in this homily, toward the end of para-
graph 14.

And the child grew . . . to Israel: Luke 1:80.

Behold, your house will be left deserted: Matthew 23:38.

the body of Christ and individual members of it: 1 Corinthians 12:27.

chosen instrument: That is, Paul, as described in Acts 9:15.

fortified in spirit: See Luke 1:80.

reckoning that strength to be his own because we belong to him: This
section is rather convoluted, and the precise meaning is not
entirely clear.

in desert places: See Luke 1:80.

in many parts of scripture: Not all of these can be pinpointed pre-
cisely. "Islands of the nations" comes from Genesis 10:5, and
"ships of Carthage" is found in Isaiah 23:14.

HOMILY 7

title   *on the fourth day of the Nativity*: This shows that the feast of Pe-
ter and Paul was still being celebrated on December 28 at Je-
rusalem in the fourth decade of the seventh century. The date
is confirmed later in section 6, where it is stated that the two
saints willingly chose "the fourth day" after Christmas for
themselves. The more common date, now universal, is June 29.

1   The opening sentence, with its emphasis on "two" and "double"
in reference to Peter and Paul, also harks back (by the use of
the repeated "again") to the double celebration of Nativity and

397

Resurrection on the previous Sunday, December 25, in the year 634. Compare the opening of Homily 2.

indissoluble pair . . . inseparable couple: Though nowhere mentioned specifically by Sophronios, it is possible that, apart from highlighting the shared honors and feast day, these expressions also reflect an old tradition that Peter and Paul were martyred in the same month, or even on the same day, in Rome.

He is twofold in nature and single in hypostasis: This is close to the formulation found in Athanasius of Alexandria, *Fragmenta Varia* (PG 26:1224B), διπλοῦς ὢν ταῖς φύσεσιν ὁ Χριστός, μοναδικός ἐστι τὴν ὑπόστασιν (Christ, being twofold in his nature, is single in his hypostasis). Sophronios, in his preaching, wastes no opportunity to drive home for his congregation the central tenets of Chalcedonian Christology and devotes most of this section to that lesson.

who knows hearts and kidneys: See Psalms 7:10.

2   *it did not divide their honor . . . distinction in order*: Even in his discussion of the selection, dignity, and order of the apostles, Sophronios uses some of the vocabulary from the realm of Christology.

for the gifts of grace cannot be altered: Romans 11:29.

the boundary . . . pass away: Psalms 103(104):9.

manages everything by scale and balance: See Wisdom 11:20.

He then made a third selection: Sophronios makes a distinction between three selections made by God: the twelve apostles, the seventy-two disciples (Luke 10:1, where there is a textual variant of "seventy"), and the choice of Paul to share the honor assigned to Peter. It is to be noted that Sophronios, in the title of the homily and elsewhere in the text, refers to Paul as an apostle, but he makes it very clear that there was a distinction in rank, Peter being the "head of the apostles" (ὁ κορυφαῖος). In the opening section he expresses the difference by saying that Paul "approaches Peter in apostolic dignity."

for God who is the potter of all of us: See Romans 9:21 and Isaiah 29:16.

Ananias: The episode of Paul and Ananias is related in Acts 9:10–19.

Proceed . . . for the sake of my name: Acts 9:15–16.

He who worked . . . also for the Gentiles: See Galatians 2:8.

3   *to be called Christian after Christ himself*: See Acts 11:26.

4   *to teach us the benefit of spiritual love*: Sophronios turns this sec-
        tion and the following one into a moral lesson on love of one's
        neighbor.

the bond of love: Perhaps a reference to Colossians 3:14.

love does no wrong to a neighbor: Romans 13:10.

instructs . . . forbearance for one another: See Colossians 3:12–13 and
        Ephesians 4:2.

gives the command not to seek one's own interest: See 1 Corinthians
        13:5.

one body and one spirit . . . hope of their calling: Ephesians 4:4.

Having purified your souls . . . love the brotherhood: 1 Peter 1:22 and
        2:16–17.

above all . . . one another . . . love covers a multitude of sins: 1 Peter 4:8.

5   *does no wrong to a neighbor*: Romans 13:10.

carry out the instructions and do not just hear them: See James 1:22–23.

one spirit and one body: Ephesians 4:4.

6   *having ceded to Stephen his feast on the third day*: The feast of Saint
        Stephen the protomartyr was celebrated in the East on De-
        cember 27. Sophronios goes on to supply a fanciful explanation
        for why Peter and Paul, with apostolic rank, were celebrated
        after Saint Stephen, who, as a martyr, ranked lower than an
        apostle.

Whoever would be first among you, let him be last of all: See Mark
        9:35.

Whoever would be first among you must be your slave: Mark 10:44.

Let the greatest among you . . . as one who serves: Luke 22:26.

For everyone who exalts himself . . . will be exalted: Luke 14:11.

those who are last called to the vineyard receive their wages first: An
        encapsulation of Matthew 20:1–16.

Learn from us . . . lowly in heart: based on Matthew 11:29.

consider others better than ourselves: See Philippians 2:3.

clothe ourselves with humility toward one another: See 1 Peter 5:5.

opposes the proud, but gives grace to the humble: See 1 Peter 5:5.

Humble yourselves . . . may exalt you: 1 Peter 5:6.

Bibliography

FURTHER READING

Allen, Pauline. "The Greek Homiletic Tradition of the Feast of the Hypapante: The Place of Sophronius of Jerusalem." In *Byzantina Mediterranea: Festschrift für Johannes Koder zum 65. Geburtstag,* edited by Klaus Belke, Ewald Kislinger, Andreas Külzer, and Maria A. Stassinopoulou, 1–12. Vienna, 2007.

Baynes, Norman H. "The *Pratum Spirituale.*" *Orientalia Christiana Periodica* 13 (1947): 404–14. Reprinted in Baynes, *Byzantine Studies and Other Essays,* 261–70. London, 1955.

Booth, Phil. *Crisis of Empire: Doctrine and Dissent at the End of Late Antiquity.* Berkeley, 2014.

Chadwick, Henry. "John Moschus and his Friend Sophronius the Sophist." *Journal of Theological Studies* n.s. 25 (1974): 41–74.

Groen, Bert. "The Festival of the Presentation of the Lord: Its Origin, Structure and Theology in the Byzantine and Roman Rites." In *Christian Feast and Festival: The Dynamics of Western Liturgy and Culture,* edited by Paul Post, Gerard Rouwhorst, Louis van Tongeren, and Anton Scheer, 345–81. Leuven, 2001.

Olster, David. *Roman Defeat, Christian Response and the Literary Construction of the Jew.* Philadelphia, 1994.

Sahas, Daniel. "The Face to Face Encounter between Patriarch Sophronius of Jerusalem and the Caliph 'Umar ibn al-Khaṭṭāb: Friends or Foes?" In *The Encounter of Eastern Christianity with Early Islam,* edited by Emmanouela Grypeou, Mark Swanson, and David Thomas, 33–44. Leiden, 2006.

Sophronios. *Fêtes chrétiennes à Jérusalem*. Translated by Jeanne de la Ferrière. Notes, thematic guide, and glossary by Marie-Hélène Congourdeau. Paris, 1999.

———. *Le Omelie: Introduzione, traduzione e note*. Edited and translated by Antonino Gallico. Rome, 1991.

———. *Sophronius of Jerusalem and Seventh-Century Heresy: The Synodical Letter and Other Documents*. Edited and translated by Pauline Allen. Oxford, 2009.

von Schönborn, Christoph. *Sophrone de Jérusalem: Vie monastique et confession dogmatique*. Paris, 1972.

Index